ALL THE GREEK VERBS

N. MARINONE

ALL THE GREEK VERBS

DUCKWORTH

This impression 2006

This edition first published in 1985 by
Gerald Duckworth & Co. Ltd.
90-93 Cowcross Street, London EC1M 6BF
Tel: 020 7490 7300
Fax: 020 7490 0080
inquiries@duckworth-publishers.co.uk
www.ducknet.co.uk

A catalogue record for this book is available
from the British Library

A catalogue record for this book is available
from the British Library

ISBN 0 7156 1772 9

Printed in Great Britain by
Biddles, Ltd, King's Lynn, Norfolk

PREFACE

This book presents more than 13,000 Greek verb forms, taken from a careful examination of instances of almost 16,000 simple verbs. All verbs are included which are attested in Greek literature as occurring in at least one tense apart from the present. It seemed hardly worth including the 8,000 or so verbs that occur only in the present tense. Similarly, with few exceptions, compound verbs have not been included. They can be easily established, however, since all the prepositional prefixes (*an(a)-*, *ap(o)-* etc.) have been included (in a different typeface) so that the various combinations can be worked out. The words *togliere e cercare solto l'iniziale resultante* ('see under the following letter') are inserted as a general instruction after each prefix.

No distinction has been made between regular and irregular verbs, the only criterion for inclusion being the frequency of occurrence of the form or its intrinsic difficulty. Grammatical tables present verb endings and inflexions. Poetic and dialect forms are marked with an asterisk. Only forms that are certainly attested in Greek literature have been included.

The book has been reproduced photographically from the Italian edition. The main headings and notes in the grammatical table have been translated, but the body of the text remains unaltered. The following abbreviations pertain throughout.

EXPLANATION OF ABBREVIATIONS

A	accusative
a.	active
aor^1.	weak aorist
aor^2.	strong aorist
cong.	subjunctive
D	dative
du.	dual
fm.	feminine
ft.	future
fta.	future perfect
G	genitive
impf.	imperfect
impr.	imperative
ind.	indicative
inf.	infinitive
m.	middle
msch.	masculine
N	nominative
n.	neuter
ott.	optative
p.	passive
pf.	perfect
pl.	plural
ppf.	pluperfect
pr.	present
pt.	participle
sg.	singular
1	first person
2	second person
3	third person
( )	If part of a verb form is enclosed in this parenthesis it means that this form occurs both with or without that part
[ ]	Means that the listed form is not really derived from the present tense printed in the right-hand column but it is usually connected with it in dictionaries
•	Indicates poetic and dialectic forms

GRAMMATICAL TABLES

ATTIVO

	INDICATIVO						CONGIUNTIVO	OTTATIVO
	pres. dei verbi in μι	impf. dei verbi in μι / ppf. / aor.³ / aor. p.	pres. dei verbi in ω / ft.	impf. dei verbi in ω / aor.²	pf.	aor.¹	di tutti i tempi	di tutti i tempi
sg. 1	μι	ν	ω	ον	α		ω	ίην - ιμι
2	ς		εις	ες	ας		ῃς	ίης - ις
3	σι	=	ει	ε	ε		ῃ	ίη - ι
pl. 1	μεν		ομεν		αμεν		ωμεν	ίημεν - ιμεν
2	τε		ετε		ατε		ητε	ίητε - ιτε
3	ασι	ν - σαν	ουσι	ον	ασι	αν	ωσι	ίησαν - ιεν
du. 2	τον		ετον		ατον		ητον	ίητον - ιτον
3	τον	την	ετον	έτην	ατον	άτην	ητον	ιήτην - ίτην

	IMPERATIVO		
	aor.³ / aor. p.	pres. di tutti i verbi / aor.² / pf.	aor.¹
sg. 2	θι - ς	= - ε	ον
3	τω		
pl. 2	τε		
3	ντων - τωσαν		
du. 2	τον		
3	των		

	INFINITO E PARTICIPIO			
	pres. dei verbi in μι / aor.³ / aor. p.	pres. dei verbi in ω / ft. / aor.²	pf.	aor.¹
	ναι	ειν	έναι	αι
m.	ς	ων	ώς	ας
	ντος...	οντος...	ότος...	αντος...
f.	σα	ουσα	υῖα (ῶσα)	ασα
	σης...	ούσης...	υίας... (ώσης)	ασης...
n.	ν	ον	ός	αν
	ντος	οντος...	ότος...	αντος...

MEDIO						
INDICATIVO					CONGIUNTIVO	OTTATIVO
pres. dei verbi in μι pr.	impf. dei verbi in μι ppf. aor.[3]	pres. dei verbi in ω ft.	impf. dei verbi in ω aor.[2]	aor.[1]	di tutti i tempi	di tutti i tempi
μαι	μην	ομαι	όμην	άμην	ωμαι	ίμην
σαι	σο	η - ει	ου	ω	ῃ	ιο
ται	το	εται	ετο	ατο	ηται	ιτο
μεθα		όμεθα		άμεθα	ώμεθα	ίμεθα
σθε		εσθε		ασθε	ησθε	ισθε
νται	ντο	ονται	οντο	αντο	ωνται	ιντο
σθον		εσθον		ασθον	ησθον	ισθον
σθον	σθην	εσθον	έσθην	άσθην	ησθον	ίσθην

IMPERATIVO			INFINITO E PARTICIPIO		
pres. dei verbi in μι aor.[3] pf.	pres. dei verbi in ω aor.[2]	aor.[1]	pres. dei verbi in μι aor.[3] pf.	pres. dei verbi in ω ft. aor.[2]	aor.[1]
σο	ου	αι	σθαι	εσθαι	ασθαι
	σθω		m. μενος, μένου...	όμενος, ομένου...	άμενος, αμένου...
	σθε		f. μένη, μένης...	ομένη, ομένης...	αμένη, αμένης...
σθων - σθωσαν			n. μενον, μένου...	όμενον, ομένου...	άμενον, αμένου...
	σθον				
	σθων				

		verbi in μι		verbi in νυμι		verbi in ω	
		a.	m.	a.	m.	a.	m.
INDICATIVO (pres.)	sg. 1	μι	μαι	νυμι	νυμαι	ω	ομαι
	2	ς	σαι	νυς	νυσαι	εις	η - ει
	3	σι	ται	νυσι	νυται	ει	εται
	pl. 1	μεν	μεθα	νυμεν	νυμεθα	ομεν	όμεθα
	2	τε	σθε	νυτε	νυσθε	ετε	εσθε
	3	ασι	νται	νυασι	νυνται	ουσι	ονται
	du. 2	τον	σθον	νυτον	νυσθον	ετον	εσθον
	3	τον	σθον	νυτον	νυσθον	ετον	εσθον
INDICATIVO (impf.)	sg. 1	ν	μην	νυν	νύμην	ον	όμην
	2	ς	σο	νυς	νυσο	ες	ου
	3	=	το	νυ	νυτο	ε	ετο
	pl. 1	μεν	μεθα	νυμεν	νύμεθα	ομεν	όμεθα
	2	τε	σθε	νυτε	νυσθε	ετε	εσθε
	3	σαν	ντο	νυσαν	νυντο	ον	οντο
	du. 2	τον	σθον	νυτον	νυσθον	ετον	εσθον
	3	την	σθην	νύτην	νύσθην	έτην	έσθην
CONGIUNTIVO	sg. 1	ῶ	ῶμαι	νύω	νύωμαι	ω	ωμαι
	2	ῇς (ῷς)	ῇ (ῷ)	νύῃς	νύῃ	ῃς	ῃ
	3	ῇ (ῷ)	ῆται (ῶται)	νύῃ	νύηται	ῃ	ηται
	pl. 1	ῶμεν	ώμεθα	νύωμεν	νυώμεθα	ωμεν	ώμεθα
	2	ῆτε (ῶτε)	ῆσθε (ῶσθε)	νύητε	νύησθε	ητε	ησθε
	3	ῶσι	ῶνται	νύωσι	νύωνται	ωσι	ωνται
	du. 2	ῆτον (ῶτον)	ῆσθον (ῶσθον)	νύητον	νύησθον	ητον	ησθον
	3	ῆτον (ῶτον)	ῆσθον (ῶσθον)	νύητον	νύησθον	ητον	ησθον
OTTATIVO	sg. 1	ίην	ίμην	νύοιμι	νυοίμην	οιμι	οίμην
	2	ίης	ῖο	νύοις	νύοιο	οις	οιο
	3	ίη	ῖτο	νύοι	νύοιτο	οι	οιτο
	pl. 1	ίημεν - ῖμεν	ίμεθα	νύοιμεν	νυοίμεθα	οιμεν	οίμεθα
	2	ίητε - ῖτε	ῖσθε	νύοιτε	νύοισθε	οιτε	οισθε
	3	ίησαν - ῖεν	ῖντο	νύοιεν	νύοιντο	οιεν	οιντο
	du. 2	ίητον - ῖτον	ῖσθον	νύοιτον	νύοισθον	οιτον	οισθον
	3	ιήτην - ίτην	ίσθην	νυοίτην	νυοίσθην	οίτην	οίσθην

TENSE (with imperfect)

verbi in άω		*verbi in έω*		*verbi in όω*	
a.	m.	a.	m.	a.	m.
ῶ	ῶμαι	ῶ	οῦμαι	ῶ	οῦμαι
ᾷς	ᾷ	εῖς	ῇ - εῖ	οῖς	οῖ
ᾷ	ᾶται	εῖ	εῖται	οῖ	οῦται
ῶμεν	ώμεθα	οῦμεν	ούμεθα	οῦμεν	ούμεθα
ᾶτε	ᾶσθε	εῖτε	εῖσθε	οῦτε	οῦσθε
ῶσι	ῶνται	οῦσι	οῦνται	οῦσι	οῦνται
ᾶτον	ᾶσθον	εῖτον	εῖσθον	οῦτον	οῦσθον
ᾶτον	ᾶσθον	εῖτον	εῖσθον	οῦτον	οῦσθον
ων	ώμην	ουν	ούμην	ουν	ούμην
ας	ῶ	εις	οῦ	ους	οῦ
α	ᾶτο	ει	εῖτο	ου	οῦτο
ῶμεν	ώμεθα	οῦμεν	ούμεθα	οῦμεν	ούμεθα
ᾶτε	ᾶσθε	εῖτε	εῖσθε	οῦτε	οῦσθε
ων	ῶντο	ουν	οῦντο	ουν	οῦντο
ᾶτον	ᾶσθον	εῖτον	εῖσθον	οῦτον	οῦσθον
άτην	άσθην	είτην	είσθην	ούτην	ούσθην
ῶ	ῶμαι	ῶ	ῶμαι	ῶ	ῶμαι
ᾷς	ᾷ	ῇς	ῇ	οῖς	οῖ
ᾷ	ᾶται	ῇ	ῆται	οῖ	ῶται
ῶμεν	ώμεθα	ῶμεν	ώμεθα	ῶμεν	ώμεθα
ᾶτε	ᾶσθε	ῆτε	ῆσθε	ῶτε	ῶσθε
ῶσι	ῶνται	ῶσι	ῶνται	ῶσι	ῶνται
ᾶτον	ᾶσθον	ῆτον	ῆσθον	ῶτον	ῶσθον
ᾶτον	ᾶσθον	ῆτον	ῆσθον	ῶτον	ῶσθον
ῷμι - ῴην	ῴμην	οῖμι - οίην	οίμην	οῖμι - οίην	οίμην
ῷς - ῴης	ῷο	οῖς - οίης	οῖο	οῖς - οίης	οῖο
ῷ - ῴη	ῷτο	οῖ - οίη	οῖτο	οῖ - οίη	οῖτο
ῷμεν - ῴημεν	ῴμεθα	οῖμεν - οίημεν	οίμεθα	οῖμεν - οίημεν	οίμεθα
ῷτε - ῴητε	ῷσθε	οῖτε - οίητε	οῖσθε	οῖτε - οίητε	οῖσθε
ῷεν - ῴησαν	ῷντο	οῖεν - οίησαν	οῖντο	οῖεν - οίησαν	οῖντο
ῷτον - ῴητον	ῷσθον	οῖτον - οίητον	οῖσθον	οῖτον - οίητον	οῖσθον
ῴτην - ῳήτην	ῴσθην	οίτην - οιήτην	οίσθην	οίτην - οιήτην	οίσθην

		verbi in μι		*verbi in* νυμι		*verbi in* ω	
		a.	m.	a.	m.	a.	m.
IMPERATIVO	sg. 2	θι - ε	σο	νυ	νυσο	ε	ου
	3	τω	σθω	νύτω	νύσθω	έτω	έσθω
	pl. 2	τε	σθε	νυτε	νυσθε	ετε	εσθε
	3 {	ντων	σθων	νύντων	νύσθων	όντων	έσθων
		τωσαν	σθωσαν	νύτωσαν	νύσθωσαν	έτωσαν	έσθωσαν
	du. 2	τον	σθον	νυτον	νυσθον	ετον	εσθον
	3	των	σθων	νύτω ν	νύσθων	έτων	έσθων
INFINITO		ναι	σθαι	νύναι	νυσθαι	ειν	εσθαι

		verbi in μι *e* νυμι			*verbi in* ω		
			attivo			attivo	
PARTICIPIO	sg. N	(νύ)ς	(νῦ)σα	(νύ)ν	ων	ουσα	ον
	G	(νύ)ντος	(νύ)σης	(νύ)ντος	οντος	ούσης	οντος
	D	(νύ)ντι	(νύ)σῃ	(νύ)ντι	οντι	ούσῃ	οντι
	A	(νύ)ντα	(νῦ)σαν	(νύ)ν	οντα	ουσαν	ον
	pl. N	(νύ)ντες	(νῦ)σαι	(νύ)ντα	οντες	ουσαι	οντα
	G	(νύ)ντων	(νυ)σῶν	(νύ)ντων	όντων	ουσῶν	όντων
	D	(νῦ)σι	(νύ)σαις	(νῦ)σι	ουσι	ούσαις	ουσι
	A	(νύ)ντας	(νύ)σας	(νύ)ντα	οντας	ούσας	οντα
	du. NA	(νύ)ντε	(νύ)σα	(νύ)ντε	οντε	ούσα	οντε
	GD	(νύ)ντοιν	(νύ)σαιν	(νύ)ντοιν	όντοιν	ούσαιν	όντοιν
			medio			medio	
	sg. N	(νύ)μενος	(νυ)μένη	(νύ)μενον	όμενος	ομένη	όμενον
	G	(νυ)μένου	(νυ)μένης	(νυ)μένου	ομένου	ομένης	ομένου
	D	(νυ)μένῳ	(νυ)μένῃ	(νυ)μένῳ	ομένῳ	ομένῃ	ομένῳ
	A	(νύ)μενον	(νυ)μένην	(νύ)μενον	όμενον	ομένην	όμενον
	pl. N	(νύ)μενοι	(νύ)μεναι	(νύ)μενα	όμενοι	όμεναι	όμενα
	G	(νυ)μένων	(νυ)μένων	(νυ)μένων	ομένων	ομένων	ομένων
	D	(νυ)μένοις	(νυ)μέναις	(νυ)μένοις	ομένοις	ομέναις	ομένοις
	A	(νυ)μένους	(νυ)μένας	(νύ)μενα	ομένους	ομένας	όμενα
	du. NA	(νυ)μένω	(νυ)μένα	(νυ)μένω	ομένω	ομένα	ομένω
	GD	(νυ)μένοιν	(νυ)μέναιν	(νυ)μένοιν	ομένοιν	ομέναιν	ομένοιν

PRESENT TENSE

verbi in άω		*verbi in έω*		*verbi in όω*	
a.	m.	**a.**	m.	**a.**	m.
α	ῶ	ει	οῦ	ου	οῦ
άτω	άσθω	είτω	είσθω	ούτω	ούσθω
ᾶτε	ᾶσθε	εῖτε	εῖσθε	οῦτε	οῦσθε
ώντων	άσθων	ούντων	είσθων	ούντων	ούσθων
άτωσαν	άσθωσαν	είτωσαν	είσθωσαν	ούτωσαν	ούσθωσαν
ᾶτον	ᾶσθον	εῖτον	εῖσθον	οῦτον	οῦσθον
άτων	άσθων	είτων	είσθων	ούτων	ούσθων
ᾶν	ᾶσθαι	εῖν	εῖσθαι	οῦν	οῦσθαι

verbi in άω			*verbi in έω e όω*		
	attivo			attivo	
ῶν	ῶσα	ῶν	ῶν	οῦσα	οῦν
ῶντος	ώσης	ῶντος	οῦντος	ούσης	οῦντος
ῶντι	ώσῃ	ῶντι	οῦντι	ούσῃ	οῦντι
ῶντα	ῶσαν	ῶν	οῦντα	οῦσαν	οῦν
ῶντες	οῦσαι	ῶντα	οῦντες	οῦσαι	οῦντα
ώντων	ωσῶν	ώντων	ούντων	ουσῶν	ούντων
ῶσι	ώσαις	ῶσι	οῦσι	ούσαις	οῦσι
ῶντας	ώσας	ῶντα	οῦντας	ούσας	οῦντα
ῶντε	ώσα	ῶντε	οῦντε	ούσα	οῦντε
ώντοιν	ώσαιν	ώντοιν	ούντοιν	ούσαιν	ούντοιν
	medio			medio	
ώμενος	ωμένη	ώμενον	ούμενος	ουμένη	ούμενον
ωμένου	ωμένης	ωμένου	ουμένου	ουμένης	ουμένου
ωμένῳ	ωμένῃ	ωμένῳ	ουμένῳ	ουμένῃ	ουμένῳ
ώμενον	ωμένην	ώμενον	ούμενον	ουμένην	ούμενον
ώμενοι	ώμεναι	ώμενα	ούμενοι	ούμεναι	ούμενα
ωμένων	ωμένων	ωμένων	ουμένων	ουμένων	ουμένων
ωμένοις	ωμέναις	ωμένοις	ουμένοις	ουμέναις	ουμένοις
ωμένους	ωμένας	ώμενα	ουμένους	ουμένας	ούμενα
ωμένω	ωμένα	ωμένω	ουμένω	ουμένα	ουμένω
ωμένοιν	ωμέναιν	ωμένοιν	ουμένοιν	ουμέναιν	ουμένοιν

ENDINGS OF THE

		sigmatico		contr., att., dor.		passivo
		a. (ψ, ξ)	m.	a.	m.	
INDICATIVO	sg. 1	σω	σομαι	ῶ	οῦμαι	(θ)ήσομαι
	2	σεις	σῃ - σει	εῖς	ῇ - εῖ	(θ)ήσῃ
	3	σει	σεται	εῖ	εῖται	(θ)ήσεται
	pl. 1	σομεν	σόμεθα	οῦμεν	ούμεθα	(θ)ησόμεθα
	2	σετε	σεσθε	εῖτε	εῖσθε	(θ)ήσεσθε
	3	σουσι	σονται	οῦσι	οῦνται	(θ)ήσονται
	du. 2	σετον	σεσθον	εῖτον	εῖσθον	(θ)ήσεσθον
	3	σετον	σεσθον	εῖτον	εῖσθον	(θ)ήσεσθον
OTTATIVO	sg. 1	σοιμι	σοίμην	οῖμι	οίμην	(θ)ησοίμην
	2	σοις	σοιο	οῖς	οῖο	(θ)ήσοιο
	3	σοι	σοιτο	οῖ	οῖτο	(θ)ήσοιτο
	pl. 1	σοιμεν	σοίμεθα	οῖμεν	οίμεθα	(θ)ησοίμεθα
	2	σοιτε	σοισθε	οῖτε	οῖσθε	(θ)ήσοισθε
	3	σοιεν	σοιντο	οῖεν	οῖντο	(θ)ήσοιντο
	du. 2	σοιτον	σοισθον	οῖτον	οῖσθον	(θ)ήσοισθον
	3	σοίτην	σοίσθην	οίτην	οίσθην	(θ)ησοίσθην
INFINITO		σειν	σεσθαι	εῖν	εῖσθαι	(θ)ήσεσθαι

		passivo		
PARTICIPIO	sg. N	(θ)ησόμενος	(θ)ησομένη	(θ)ησόμενον
	G	(θ)ησομένου	(θ)ησομένης	(θ)ησομένου
	D	(θ)ησομένῳ	(θ)ησομένῃ	(θ)ησομένῳ
	A	(θ)ησόμενον	(θ)ησομένην	(θ)ησόμενον
	pl. N	(θ)ησόμενοι	(θ)ησόμεναι	(θ)ησόμενα
	G	(θ)ησομένων	(θ)ησομένων	(θ)ησομένων
	D	(θ)ησομένοις	(θ)ησομέναις	(θ)ησομένοις
	A	(θ)ησομένους	(θ)ησομένας	(θ)ησόμενα
	du. NA	(θ)ησομένω	(θ)ησομένα	(θ)ησομένω
	GD	(θ)ησομένοιν	(θ)ησομέναιν	(θ)ησομένοιν

FUTURE TENSE

sigmatico

PARTICIPIO		attivo			medio		
		(ψ, ξ)			(ψ, ξ)		
sg.	N	σων	σουσα	σον	σόμενος	σομένη	σόμενον
	G	σοντος	σούσης	σοντος	σομένου	σομένης	σομένου
	D	σοντι	σούσῃ	σοντι	σομένῳ	σομένῃ	σομένῳ
	A	σοντα	σουσαν	σον	σόμενον	σομένην	σόμενον
pl.	N	σοντες	σουσαι	σοντα	σόμενοι	σόμενοι	σόμενα
	G	σόντων	σουσῶν	σόντων	σομένων	σομένων	σομένων
	D	σουσι	σούσαις	σουσι	σομένοις	σομέναις	σομένοις
	A	σοντας	σούσας	σοντα	σομένους	σομένας	σόμενα
du.	NA	σοντε	σούσα	σοντε	σομένω	σομένα	σομένω
	GD	σόντοιν	σούσαιν	σόντοιν	σομένοιν	σομέναιν	σομένοιν

contratto, attico, dorico

PARTICIPIO		attivo			medio		
sg.	N	ὦν	οὖσα	οὖν	ούμενος	ουμένη	ούμενον
	G	οὖντος	ούσης	οὖντος	ουμένου	ουμένης	ουμένου
	D	οὖντι	ούσῃ	οὖντι	ουμένῳ	ουμένῃ	ουμένῳ
	A	οὖντα	οὖσαν	οὖν	ούμενον	ουμένην	ούμενον
pl.	N	οὖντες	οὖσαι	οὖντα	ούμενοι	ούμεναι	ούμενα
	G	οὖντων	ουσῶν	ούντων	ουμένων	ουμένων	ουμένων
	D	οὖσι	ούσαις	οὖσι	ουμένοις	ουμέναις	ουμένοις
	A	οὖντας	ούσας	οὖντα	ουμένους	ουμένας	ούμενα
du.	NA	οὖντε	ούσα	οὖντε	ουμένω	ουμένα	ουμένω
	GD	ούντοιν	ούσαιν	ούντοιν	ουμένοιν	ουμέναιν	ουμένοιν

		aor.[1] a.	*aor.*[1] m.	*aor.*[2] a.	*aor.*[2] m.
		(ψ, ξ)	(ψ, ξ)		
INDICATIVO	sg. 1	(σ)α	(σ)άμην	ον	όμην
	2	(σ)ας	(σ)ω	ες	ου
	3	(σ)ε	(σ)ατο	ε	ετο
	pl. 1	(σ)αμεν	(σ)άμεθα	ομεν	όμεθα
	2	(σ)ατε	(σ)ασθε	ετε	εσθε
	3	(σ)αν	(σ)αντο	ον	οντο
	du. 2	(σ)ατον	(σ)ασθον	ετον	εσθον
	3	(σ)άτην	(σ)άσθην	έτην	έσθην
CONGIUNTIVO	sg. 1	(σ)ω	(σ)ωμαι	ω	ωμαι
	2	(σ)ῃς	(σ)ῃ	ῃς	ῃ
	3	(σ)ῃ	(σ)ηται	ῃ	ηται
	pl. 1	(σ)ωμεν	(σ)ώμεθα	ωμεν	ώμεθα
	2	(σ)ητε	(σ)ησθε	ητε	ησθε
	3	(σ)ωσι	(σ)ωνται	ωσι	ωνται
	du. 2	(σ)ητον	(σ)ησθον	ητον	ησθον
	3	(σ)ητον	(σ)ησθον	ητον	ησθον
OTTATIVO	sg. 1	(σ)αιμι	(σ)αίμην	οιμι	οίμην
	2	(σ)αις - (σ)ειας	(σ)αιο	οις	οιο
	3	(σ)αι - (σ)ειε	(σ)αιτο	οι	οιτο
	pl. 1	(σ)αιμεν	(σ)αίμεθα	οιμεν	οίμεθα
	2	(σ)αιτε	(σ)αισθε	οιτε	οισθε
	3	(σ)αιεν - (σ)ειαν	(σ)αιντο	οιεν	οιντο
	du. 2	(σ)αιτον	(σ)αισθον	οιτον	οισθον
	3	(σ)αίτην	(σ)αίσθην	οίτην	οίσθην

AORIST TENSE

aor.[3] a.	*aor.*[3] m.	*aor. p.*
ν (κα)	μην	(θ)ην
ς (κας)	σο - ου	(θ)ης
= (κε)	το	(θ)η
μεν (καμεν)	μεθα	(θ)ημεν
τε (κατε)	σθε	(θ)ητε
σαν (καν)	ντο	(θ)ησαν
τον (κατον)	σθον	(θ)ητον
την (κάτην)	σθην	(θ)ήτην
ῶ	ῶμαι	(θ)ῶ
ῇς (ῷς)	ῇ (ῷ)	(θ)ῇς
ῇ (ῷ)	ῆται (ῶται)	(θ)ῇ
ῶμεν	ώμεθα	(θ)ῶμεν
ῆτε (ῶτε)	ῆσθε (ῶσθε)	(θ)ῆτε
ῶσι	ῶνται	(θ)ῶσι
ῆτον (ῶτον)	ῆσθον (ῶσθον)	(θ)ῆτον
ῆτον (ῶτον)	ῆσθον (ῶσθον)	(θ)ῆτον
ίην	ίμην	(θ)είην
ίης	ῖο	(θ)είης
ίη	ῖτο	(θ)είη
ίημεν - ῖμεν	ίμεθα	(θ)είημεν - (θ)εῖμεν
ίητε - ῖτε	ῖσθε	(θ)είητε - (θ)εῖτε
ίησαν - ῖεν	ῖντο	(θ)είησαν - (θ)εῖεν
ίητον - ῖτον	ῖσθον	(θ)είητον - (θ)εῖτον
ιήτην - ίτην	ίσθην	(θ)ειήτην - (θ)είτην

		aor.[1] a. (ψ, ξ)	aor.[1] m. (ψ, ξ)	aor.[2] a.	aor.[2] m.
IMPERATIVO	sg. 2	(σ)ον	(σ)αι	ε (έ)	οῦ
	3	(σ)άτω	(σ)άσθω	έτω	έσθω
	pl. 2	(σ)ατε	(σ)ασθε	ετε	εσθε
	3 {	(σ)άντων	(σ)άσθων	όντων	έσθων
		(σ)άτωσαν	(σ)άσθωσαν	έτωσαν	έσθωσαν
	du. 2	(σ)ατον	(σ)ασθον	ετον	εσθον
	3	(σ)άτων	(σ)άσθων	έτων	έσθων
INFINITO		(σ)αι	(σ)ασθαι	εῖν	έσθαι

PARTICIPIO		aor.[1] attivo (ψ, ξ)			aor.[2] attivo		
sg.	N	(σ)ας	(σ)ασα	(σ)αν	ών	οῦσα	όν
	G	(σ)αντος	(σ)άσης	(σ)αντος	όντος	ούσης	όντος
	D	(σ)αντι	(σ)άσῃ	(σ)αντι	όντι	ούσῃ	όντι
	A	(σ)αντα	(σ)ασαν	(σ)αν	όντα	οῦσαν	όν
pl.	N	(σ)αντες	(σ)ασαι	(σ)αντα	όντες	οῦσαι	όντα
	G	(σ)άντων	(σ)ασῶν	(σ)άντων	όντων	ουσῶν	όντων
	D	(σ)ασι	(σ)άσαις	(σ)ασι	οῦσι	ούσαις	οῦσι
	A	(σ)αντας	(σ)άσας	(σ)αντα	όντας	ούσας	όντα
du.	NA	(σ)αντε	(σ)άσα	(σ)αντε	όντε	ούσα	όντε
	GD	(σ)άντοιν	(σ)άσαιν	(σ)άντοιν	όντοιν	ούσαιν	όντοιν

PARTICIPIO		aor.[1] medio			aor.[2] medio		
sg.	N	(σ)άμενος	(σ)αμένη	(σ)άμενον	όμενος	ομένη	όμενον
	G	(σ)αμένου	(σ)αμένης	(σ)αμένου	ομένου	ομένης	ομένου
	D	(σ)αμένῳ	(σ)αμένῃ	(σ)αμένῳ	ομένῳ	ομένῃ	ομένῳ
	A	(σ)άμενον	(σ)αμένην	(σ)άμενον	όμενον	ομένην	όμενον
pl.	N	(σ)άμενοι	(σ)άμεναι	(σ)άμενα	όμενοι	όμεναι	όμενα
	G	(σ)αμένων	(σ)αμένων	(σ)αμένων	ομένων	ομένων	ομένων
	D	(σ)αμένοις	(σ)αμέναις	(σ)αμένοις	ομένοις	ομέναις	ομένοις
	A	(σ)αμένους	(σ)αμένας	(σ)άμενα	ομένους	ομένας	όμενα
du.	NA	(σ)αμένω	(σ)αμένα	(σ)αμένω	ομένω	ομένα	ομένω
	GD	(σ)αμένοιν	(σ)αμέναιν	(σ)αμένοιν	ομένοιν	ομέναιν	ομένοιν

AORIST TENSE

aor.[3] a.	*aor.*[3] m.	*aor. p.*
θι - ς	οῦ	(θ)ητι
τω	σθω	(θ)ήτω
τε	σθε	(θ)ητε
ντων	σθων	(θ)έντων
τωσαν	σθωσαν	(θ)ήτωσαν
τον	σθον	(θ)ητον
των	σθων	(θ)ήτων
ναι	σθαι	(θ)ῆναι

attivo					
ς	σα	ν	(θ)είς	(θ)εῖσα	(θ)έν
ντος	σης	ντος	(θ)έντος	(θ)είσης	(θ)έντος
ντι	ση	ντι	(θ)έντι	(θ)είση	(θ)έντι
ντα	σαν	ν	(θ)έντα	(θ)εῖσαν	(θ)έν
ντες	σαι	ντα	(θ)έντες	(θ)εῖσαι	(θ)έντα
ντων	σῶν	ντων	(θ)έντων	(θ)εισῶν	(θ)έντων
σι	σαις	σι	(θ)εῖσι	(θ)είσαις	(θ)εῖσι
ντας	σας	ντα	(θ)έντας	(θ)είσας	(θ)έντα
ντε	σα	ντε	(θ)έντε	(θ)είσα	(θ)έντε
ντοιν	σαιν	ντοιν	(θ)έντοιν	(θ)είσαιν	(θ)έντοιν
medio					
μενος	μένη	μενον			
μένου	μένης	μένου			
μένῳ	μένῃ	μένῳ			
μενον	μένην	μενον			
μενοι	μεναι	μενα			
μένων	μένων	μένων			
μένοις	μέναις	μένοις			
μένους	μένας	μενα			
μένω	μένα	μένω			
μένοιν	μέναιν	μένοιν			

ENDINGS OF THE PERFECT

N.B. The stem is always preceded by reduplication

			attivo	medio	
INDICATIVO (pf.)	sg.	1	(κ)α	μαι	(μμαι - γμαι - σμαι)
		2	(κ)ας	σαι	(ψαι - ξαι)
		3	(κ)ε	ται	(πται - κται - σται)
	pl.	1	(κ)αμεν	μεθα	(μμεθα - γμεθα - σμεθα)
		2	(κ)ατε	σθε	(φθε - χθε)
		3	(κ)ασι	νται - αται	(μμένοι, γμένοι, σμένοι εἰσί)
	du.	2	(κ)ατον	σθον	(φθον - χθον)
		3	(κ)ατον	σθον	(φθον - χθον)
INDICATIVO (ppf.)	sg.	1	(κ)η - (κ)ειν	μην	(μμην - γμην - σμην)
		2	(κ)ης - (κ)εις	σο	(ψο - ξο)
		3	(κ)ει	το	(πτο - κτο - στο)
	pl.	1	(κ)εμεν - (κ)ειμεν	μεθα	(μμεθα - γμεθα - σμεθα)
		2	(κ)ετε - (κ)ειτε	σθε	(φθε - χθε)
		3	(κ)εσαν - (κ)εισαν	ντο - ατο	(μμένοι, γμένοι, σμένοι ἦσαν)
	du.	2	(κ)ετον - (κ)ειτον	σθον	(φθον - χθον)
		3	(κ)έτην - (κ)είτην	σθην	(φθην - χθην)
CONGIUNTIVO	sg.	1	(κ)ω	(*Manca*)	
		2	(κ)ης		
		3	(κ)η		
	pl.	1	(κ)ωμεν		
		2	(κ)ητε		
		3	(κ)ωσι		
	du.	2	(κ)ητον		
		3	(κ)ητον		
OTTATIVO	sg.	1	(κ)οιμι	(*Manca*)	
		2	(κ)οις		
		3	(κ)οι		
	pl.	1	(κ)οιμεν		
		2	(κ)οιτε		
		3	(κ)οιεν		
	du.	2	(κ)οιτον		
		3	(κ)οίτην		

TENSE (with pluperfect and future perfect)

N.B. The stem is always preceded by reduplication

FUT. ANT. (*solo medio*)			
(ψ, ξ)	σομαι		
	σῃ		
	σεται		
	σόμεθα		
	σεσθε		
	σονται		
	σεσθον		
	σεσθον		

		attivo	medio	
IMPERATIVO	sg. 2	(κ)ε	σο	(ψο - ξο)
	3	(κ)έτω	σθω	(φθω - χθω)
	pl. 2	(κ)ετε	σθε	(φθε - χθε)
	3 {	(κ)όντων	σθων	(φθων - χθων)
		(κ)έτωσαν	σθωσαν	(φθ-, χθωσαν)
	du. 2	(κ)ετον	σθον	(φθον - χθον)
	3	(κ)έτων	σθων	(φθων - χθων)
INFINITO		(κ)έναι	σθαι	(φθαι - χθαι)

PARTICIPIO

		attivo		
sg.	N	(κ)ώς - ώς	(κ)υῖα - ῶσα	(κ)ός - ός
	G	(κ)ότος - ῶτος	(κ)υίας - ώσης	(κ)ότος - ῶτος
	D	(κ)ότι - ῶτι	(κ)υίᾳ - ώσῃ	(κ)ότι - ῶτι
	A	(κ)ότα - ῶτα	(κ)υῖαν - ῶσαν	(κ)ός - ός
pl.	N	(κ)ότες - ῶτες	(κ)υῖαι - ῶσαι	(κ)ότα - ῶτα
	G	(κ)ότων - ώτων	(κ)υιῶν - ωσῶν	(κ)ότων - ώτων
	D	(κ)όσι - ῶσι	(κ)υίαις - ώσαις	(κ)όσι - ῶσι
	A	(κ)ότας - ῶτας	(κ)υίας - ώσας	(κ)ότα - ῶτα
du.	NA	(κ)ότε - ῶτε	(κ)υία - ώσα	(κ)ότε - ῶτε
	GD	(κ)ότοιν - ώτοιν	(κ)υίαιν - ώσαιν	(κ)ότοιν - ώτοιν

(μμένο- γμένο- σμένο-)		medio		
sg.	N	μένος	μένη	μένον
	G	μένου	μένης	μένου
	D	μένῳ	μένῃ	μένῳ
	A	μένον	μένην	μένον
pl.	N	μένοι	μέναι	μένα
	G	μένων	μένων	μένων
	D	μένοις	μέναις	μένοις
	A	μένους	μένας	μένα
du.	NA	μένω	μένα	μένω
	GD	μένοιν	μέναιν	μένοιν

PERIPHRASTIC FORMS OF THE PERFECT (with pluperfect & future perfect)

		attivo	medio		attivo	medio
INDICATIVO (pf.)	sg. 1	(κ)ώς εἰμι	μένος εἰμί	CONGIUNTIVO	(κ)ὼς ὦ	μένος ὦ
	2	(κ)ὼς εἶ	μένος εἶ		(κ)ὼς ᾖς	μένος ᾖς
	3	(κ)ώς ἐστι	μένος ἐστί		(κ)ὼς ᾖ	μένος ᾖ
	pl. 1	(κ)ότες ἐσμέν	μένοι ἐσμέν		(κ)ότες ὦμεν	μένοι ὦμεν
	2	(κ)ότες ἐστέ	μένοι ἐστέ		(κ)ότες ἦτε	μένοι ἦτε
	3	(κ)ότες εἰσί	μένοι εἰσί		(κ)ότες ὦσι	μένοι ὦσι
	du. 2	(κ)ότε ἐστόν	μένω ἐστόν		(κ)ότε ἦτον	μένω ἦτον
	3	(κ)ότε ἐστόν	μένω ἐστόν		(κ)ότε ἦτον	μένω ἦτον
INDICATIVO (ppf.)	sg. 1	(κ)ὼς ἦν	μένος ἦν	OTTATIVO	(κ)ὼς εἴην	μένος εἴην
	2	(κ)ὼς ἦσθα	μένος ἦσθα		(κ)ὼς εἴης	μένος εἴης
	3	(κ)ὼς ἦν	μένος ἦν		(κ)ὼς εἴη	μένος εἴη
	pl. 1	(κ)ότες ἦμεν	μένοι ἦμεν		(κ)ότες εἴημεν - εἶμεν	μένοι εἴημεν - εἶμεν
	2	(κ)ότες ἦτε- ἦστε	μένοι ἦτε - ἦστε		(κ)ότες εἴητε	μένοι εἴητε
	3	(κ)ότες ἦσαν	μένοι ἦσαν		(κ)ότες εἴησαν - εἶεν	μένοι εἴησαν - εἶεν
	du. 2	(κ)ότε ἦστον - ἦτον	μένω ἦστον - ἦτον		(κ)ότε εἴητον	μένω εἴητον
	3	(κ)ότε ἤστην - ἤτην	μένω ἤστην - ἤτην		(κ)ότε εἰήτην - εἴτην	μένω εἰήτην - εἴτην
INDICATIVO (fta.)	sg. 1	(κ)ὼς ἔσομαι	μένος ἔσομαι			
	2	(κ)ὼς ἔσῃ	μένος ἔσῃ			
	3	(κ)ὼς ἔσται	μένος ἔσται			
	pl. 1	(κ)ότες ἐσόμεθα	μένοι ἐσόμεθα			
	2	(κ)ότες ἔσεσθε	μένοι ἔσεσθε			
	3	(κ)ότες ἔσονται	μένοι ἔσονται			
	du. 2	(κ)ότε ἔσεσθον	μένω ἔσεσθον			
	3	(κ)ότε ἔσεσθον	μένω ἔσεσθον			

N.B. The participle, shown here only in the masculine, agrees in gender with the subject.

ENDINGS OF INFINITIVES AND PARTICIPLES

INFINITO		PARTICIPIO		
a.	m.	a.	m.	
ναι	σθαι	ʹς, ʹσα, ʹν	μενος, -η, -ον	pres. in μι - aor.[2]
νύναι	νυσθαι	νύς, νῦσα, νύν	νύμενος, -η, -ον	pres. in νυμι
(κ)έναι	ʹσθαι	(κ)ώς, (κ)υῖα, (κ)ός	μένος, -η, -ον	pf.
ειν	εσθαι	ων, ουσα, ον	όμενος, -η, -ον	pres. in ω
εῖν	έσθαι	ών, οῦσα, όν	όμενος, -η, -ον	aor.[2]
εῖν	εῖσθαι	ῶν, οῦσα, οῦν	ούμενος, -η, -ον	pres. in έω - ft. contr. att. dor.
οῦν	οῦσθαι	ῶν, οῦσα, οῦν	ούμενος, -η, -ον	pres. in όω
ᾶν	ᾶσθαι	ῶν, ῶσα, ῶν	ώμενος, -η, -ον	pres. in άω
σειν	σεσθαι	σων, σουσα, σον	σόμενος, -η, -ον	ft. sigmatico
(σ)αι	(σ)ασθαι	(σ)ας, (σ)ασα, (σ)αν	(σ)άμενος, -η, -ον	aor.[1]
(θ)ῆναι		(θ)είς, (θ)εῖσα, (θ)έν		aor. p.
	(θ)ήσεσθαι		(θ)ησόμενος, -η, -ον	ft. p.

DICTIONARY OF FORMS

A

*ἄασα	aor.^{1} ind. a. 1 sg.	ἀάω
*ἀασάμην	aor.^{1} ind. m. 1 sg.	»
*ἀασθείς	aor. pt. p. N sg.	»
*ἀάσθην	aor. ind. p. 1 sg.	»
*ἄασον	aor.^{1} impr. a. 2 sg.	ἄω
*ἄαται	pr. ind. m. 3 sg.	»
*ἀᾶται	pr. ind. m. 3 sg.	ἀάω
*ἀβάκησαν	aor.^{1} in. a. 3 pl.	ἀβακέω
ἀβλεπτηθέντα	aor. pt. p. A sg.	ἀβλεπτέω
*ἀβόλησαν	aor.^{1} ind. a. 3 pl.	ἀβολέω
*ἀβροτάξομεν	aor.^{1} cong. a. 1 pl.	ἀβροτάζω
ἁβρῦναι	aor.^{1} inf. a.	ἁβρύνω
*ἀγ- (*per ἀνα*):	*togliere e cercare sotto*	*l'iniziale risultante.*
*ἀγάασθαι	pr. inf. m.	ἄγαμαι, ἀγάομαι
ἀγάασθε	pr. ind. m. 2 pl.	» »
ἀγαγεῖν	aor.^{2} inf. a.	ἄγω
ἀγαγέσθαι	aor.^{2} inf. m.	»
ἀγάγῃ, *-ῃσι	aor.^{2} cong. a. 3 sg.	»
ἀγαγοίην	aor.^{2} ott. a. 1 sg.	»
ἀγαγοίμην	aor.^{2} ott. m. 1 sg	»
ἀγάγοιμι	aor.^{2} ott. a. 1 sg.	»
ἀγαγόμενος	aor.^{2} pt. m. N sg.	»
*ἀγάγοχα	pf. ind. a. 1 sg.	»
ἀγάγω, *-ωμι	aor.^{2} cong. a. 1 sg.	»
ἀγαγών	aor.^{2} pt. a. N sg.	»

ἀγαλθῆναι	aor. inf. p.	ἀγάλλω
*ἀγάλλεο	pr. impr. m. 2 sg.	»
ἀγαλλιάσομαι	ft. ind. m. 1 sg.	ἀγαλλιάομαι
ἀγαλοῦμαι	ft. ind. m. 1 sg.	ἀγάλλω
ἀγαλῶ	ft. ind. a. 1 sg.	»
*ἀγαιόμενος	pr. pt. m. N sg.	ἀγά(ι)ομαι
ἀγανακτησάμενος	aor. pt. m. N sg.	ἀγανακτέω
*ἀγαπαζέμεν	pr. inf. a.	ἀγαπά(ζ)ω
*ἀγαπάζεο	pr. impr. m. 2 sg.	»
*ἀγαπάξαι	aor.^{1} inf. a.	»
*ἀγαπῆν	pr. inf. a.	»
*ἀγάπησα	aor.^{1} ind. a. 1 sg.	»
*ἄγασαι	pr. ind. m. 2 sg.	ἄγαμαι, ἀγάομαι
*ἀγάσ(σ)αντο	aor.^{1} ind. m. 3 pl.	» »
*ἀγάσ(σ)ασθαι	aor.^{1} inf. m.	» »
ἀγασθείς	aor. pt. p. N sg.	» »
ἀγασθήσομαι	ft. ind. p. 1 sg.	» »
*ἀγάσ(σ)ομαι	ft. ind. m. 1 sg.	» »
ἀγγεῖλαι	aor.^{1} inf. a.	ἀγγέλλω
ἀγγείλαι	aor.^{1} ott. a. 3 sg.	»
ἄγγειλαι	aor.^{1} impr. m. 2 sg.	»
ἀγγειλάμενος	aor.^{1} pt. m. N sg.	»
ἀγγείλας	aor.^{1} pt. a. N sg.	»
ἀγγελεῖν	ft. inf. a.	»
*ἀγγελέτην	aor.^{2} ind. a. 3 du.	»
*ἀγγελέω	ft. ind. a. 1 sg.	»
ἀγγελήσομαι	ft. ind. p. 1 sg.	»
ἀγγελθείς	aor. pt. p. N sg.	»
ἀγγελθῆναι	aor. inf. p.	»
ἀγγελθήσομαι	ft. ind. p. 1 sg.	»
*ἀγγέλλεσκε	impf. ind. a. 3 sg.	»
*ἀγγελοίμην	aor.^{2} ott. m. 1 sg.	»
ἀγγελοῦμαι	ft. ind. m. 1 sg.	»
*ἄγγελτο	ppf. ind. m. 3 sg.	»
ἀγγελῶ	ft. ind. a. 1 sg.	»
*ἄγγηλα	aor.^{1} ind. a. 1 sg.	»
*ἀγέαται	pf. ind. m. 3 pl.	ἡγέομαι
*ἀγείοχα	pf. ind. a. 1 sg.	ἄγω
ἀγεῖραι	aor.^{1} inf. a.	ἀγείρω
ἀγείραι	aor.^{1} ott. a. 3 sg.	»
ἀγείρας, *-αις	aor.^{1} pt. a. N sg.	»

*ἀγεῖρεν	pr. inf. a.	ἀγείρω
ἀγείς	aor. pt. p. N sg.	ἄγνυμι
ἀγελάσαι	aor.^{1} inf. a	ἀγελάζομαι
*ἀγέμεν	pr. inf. a.	ἄγω
*ἄγεν	pr. inf. a.	»
*ἄγεν	aor. ind. p. 3 pl.	ἄγνυμι
*ἆγεν	impf. ind. a. 3 sg.	ἄγω
ἀγερέσθαι	aor.^{2} inf. m.	ἀγείρω
*ἄγερθεν	aor. ind. p. 3 pl.	»
*ἀγέρθην	aor. ind. p. 1 sg.	»
ἀγερθήσομαι	ft. ind. p. 1 sg.	»
*ἀγέροντο	aor.^{2} ind. m. 3 pl.	»
ἀγεροῦμαι	ft. ind. m. 1 sg.	»
ἀγερῶ	ft. ind. a. 1 sg.	»
*ἄγεσκον	impf. ind. a. 1 sg./3 pl.	ἄγω
*ἀγέτην	impf. ind. a. 3 du.	»
*ἀγέωχα	pf. ind. a. 1 sg.	»
*ἀγηγέρατο	ppf. ind. m. 3 pl.	ἀγείρω
*ἀγήγερκα	pf. ind. a. 1 sg.	»
*ἀγήγερμαι	pf. ind. m. 1 sg.	»
*ἀγηγέρμην	ppf. ind. m. 1 sg.	»
*ἀγήγοχα	pf. ind. a. 1 sg.	ἄγω
ἀγῆλαι	aor.^{1} inf a.	ἀγάλλω
ἀγήλαιμι	aor.^{1} ott. a. 1 sg.	»
ἀγήλω	aor.^{1} cong. a. 1 sg.	»
*ἄγημαι	pf. ind. m. 1 sg.	ἡγέομαι
*ἄγην	pr. inf. a.	ἄγω
ἀγῆναι	aor. inf. p.	ἄγνυμι
ἀγήοχα	pf. ind. a. 1 sg.	ἄγω
ἀγηόχειν	ppf. ind. a. 1 sg.	»
ἄγῃ, *-ησι	pr. cong. a. 3 sg.	»
*ἀγῆται	pr. cong. m. 3 sg.	ἡγέομαι
*ἄγι	pr. impr. a. 2 sg.	ἄγω
ἀγιασθήτω	aor. impr. p. 3 sg.	ἁγιάζω
*ἀγινέμεν(αι)	pr. inf. a.	ἀγινέω
*ἀγίνεσκον	impf. ind. a. 3 pl.	»
*ἀγινεῦσι	pr. ind. a. 3 pl.	»
ἀγινήσω	ft. ind. a .1 sg.	»
ἁγισθέντες	aor. pt. p. N pl.	ἁγίζω
*ἄγιτε	pr. impr. a. 2 pl.	ἄγω
ἁγιῶ	ft. ind. a. 1 sg.	ἁγίζω

*ἀγκάσσασθαι	aor.^{1} inf. m.	ἀγκάζομαι
ἀγκυρίσας	aor.^{1} pt. a. N. sg.	ἀγκυρίζω
ἀγκυριῶ	ft. ind. a. 1 sg.	»
ἀγλαϊεῖσθαι	ft. inf. m.	ἀγλαΐζω
*ἀγλάϊσα	aor.^{1} ind. a 1 sg.	»
ἀγλαϊῶ	ft. ind. a. 1 sg.	»
ἀγνηκώς	pf. pt. a. N sg.	ἀγνέω
ἀγνίσας	aor.^{1} pt. a. N sg.	ἀγνίζω
ἀγνίσθητι	aor. impr. p. 2 sg.	»
ἀγνοηθήσομαι	ft. ind. p. 1 sg.	ἀγνοέω
ἀγνοήσομαι	ft. ind. m. 1 sg.	»
ἀγνοήσω	ft. ind. a. 1 sg.	»
*ἀγνοιῆσι	pr. cong. a. 3 sg.	»
ἀγνωμονηθείς	aor. pt. p. N sg.	ἀγνωμονέ(υ)ω
*ἀγνώσασκε	aor.^{1} ind. a. 3 sg.	ἀγνοέω
ἄγξαι	aor.^{1} inf. a.	ἄγχω
ἄγξειε	aor.^{1} ott. a. 3 sg.	»
ἄγξω	ft. ind. a. 1 sg.	»
*ἄγον	impf. ind. a. 1 sg./3 pl.	ἄγω
ἀγοράσω, *-ασῶ	ft. ind. a. 1 sg.	ἀγοράζω
*ἀγορεύμεν(αι)	pr. inf. a.	ἀγορεύω
*ἀγόρευσα	aor.^{1} ind. a. 1 sg.	»
ἀγόρευσον	aor.^{1} impr. a. 2 sg.	»
ἀγορεύσω	ft. ind. a. 1 sg.	»
*ἀγορησάμην	aor.^{1} ind. m. 1 sg.	ἀγοράομαι
*ἀγορόωντο	impf. ind. m. 3 pl.	»
*ἀγρεῖ, ἄγρει	pr. ind. a. 3 sg.	ἀγρέω = αἱρέω
*ἀγρεῖτε	pr. impr. a. 2 pl.	» »
ἀγρεύσω	ft. ind. a. 1 sg.	ἀγρεύω
ἀγριανθήσομαι	ft. ind. p. 1 sg.	ἀγριαίνω
ἀγριανῶ	ft. ind. a. 1 sg.	»
ἀγρόμενος	aor.^{2} pt. m. N sg.	ἀγείρω
*ἄγχον	impf. ind. a. 1 sg./3 pl.	ἄγχω
*ἀγώμενος	pr. pt. m. N sg.	ἄγαμαι, ἀγάομαι
ἀγωνιάσω	ft. ind. a. 1 sg.	ἀγωνιάω
*ἀγωνίδαται	pf. ind. m. 3 pl.	ἀγωνίζομαι
ἀγωνιοῦμαι, *-εῦμαι	ft. ind. m. 1 sg.	»
*ἀγωνισάμην	aor.^{1} ind. m. 1 sg.	»
ἀγωνισθήσομαι	ft. ind. p. 1 sg.	»
*ἀγωνίσομαι	ft. ind. m. 1 sg.	ἀγωνίζομαι
ἀδεῖν, *ἀδεῖν	aor.^{2} inf. a.	ἀνδάνω

ἄδῃ	aor.^{2} cong. a. 3 sg.	ἁνδάνω
*ἄδηκε	pf. ind. a. 3 sg.	»
ἀδηκότες	pf. pt. a. N pl.	ἀδέω
ἀδημονῆσαι	aor.^{1} inf. a.	ἀδημονέω
ἀδήσειεν	aor.^{1} ott. a. 3 sg.	ἀδέω
ἁδήσω	ft. ind. a. 1 sg.	ἁνδάνω
ἀδικηθήσομαι	ft. ind. p. 1 sg.	ἀδικέω
ἀδικησάντων	aor.^{1} pt. a. G pl.	»
ἀδικήσομαι	ft. ind. m. 1 sg.	»
ἅδοι	aor.^{2} ott. a. 3 sg.	ἁνδάνω
*ἁδόμενος	pr. pt. m. N sg.	ἥδομαι
*ᾆδον	impf. ind. a. 1 sg./3 pl.	ᾄδω, ἀείδω
*ἅδον	aor.^{2} ind. a. 3 pl.	ἁνδάνω
ἁδρῦναι	aor.^{1} inf. a.	ἁδρύνω
ἁδρυνῶ	ft. ind. a. 1 sg.	»
ἅδω	aor.^{2} cong. a. 1 sg.	ἁνδάνω
*ἁδών	aor.^{2} pt. a. N sg.	»
*ἀέθλεον	impf. ind. a. 1 sg./3 pl.	ἀθλέω
ἄει	pr. ind. a. 3 sg.	ἄω
*ἀειδέμεν(αι)	pr. inf. a.	ᾄδω, ἀείδω
*ἀείδετο	impf. ind. m. 3 sg.	» »
*ἀείδην	pr. inf. a.	» »
*ἀείδῃ(σι)	pr. cong. a. 3 sg.	» »
*ἄειδον	impf. ind. a. 1 sg./3 pl.	» »
*ἀεικισθήμεναι	aor. inf. p.	ἀεικίζω
*ἀείκισσα	aor.^{1} ind. a. 1 sg.	»
*ἀεικισσάμην	aor.^{1} ind. m. 1 sg.	»
ἀεικιῶ, *-ίσσω	ft. ind. a. 1 sg.	»
*ἄειρα	aor.^{1} ind. a. 1 sg.	αἴρω, ἀείρω
*ἀείρα(ι)ς	aor.^{1} pt. a. N sg.	» »
*ἀειράμενος	aor.^{1} pt. m. N sg.	» »
*ἀείραο	aor.^{1} ind. m. 2 sg.	» »
*ἀείρασθαι	aor.^{1} inf. m.	» »
*ἀειρέσθην	impf. ind. m. 3 du.	» »
*ἀείρεται	pr. cong. m. 3 sg.	» »
*ἄειρον	impf. ind. a. 1 sg./3 pl.	» »
*ἀείς	pr. pt. a. N sg.	ἄημι
*ἄεισα	aor.^{1} ind. a. 1 sg.	ᾄδω, ἀείδω
*ἀεισάμην	aor.^{1} ind. m. 1 sg.	» »
*ἀείσεο	aor.^{1} impr. m. 2 sg.	» »
*ἄεισι	pr. ind. a. 3 pl.	ἄημι

*ἀείσομαι	ft. ind. m. 1 sg.	ᾄδω, ἀείδω
*ἄεισον	aor.[1] impr. a. 2 sg.	» »
*ἀείσω	ft. ind. a. 1 sg.	» »
*ἄεν	impf. ind. a. 3 sg.	ἄω = ἄημι
*ἀέξετο	impf. ind. m. 3 sg.	ἀέξω
*ἀεξήθην	aor. ind. p. 1 sg.	»
*ἀεξήσω	ft. ind. a. 1 sg.	»
*ἄεξον	impf. ind. a. 1 sg./3 pl	»
*ἀερθείς	aor. pt. p. N sg.	αἴρω, ἀείρω
*ἄερθεν	aor. ind. p. 3 pl.	» »
*ἀέρθην	aor. ind. p. 1 sg.	» »
ἀεροβατήσας	aor.[1] pt. a. N sg.	ἀεροβατέω
*ἀέρρατε	aor.[1] impr. a. 2 pl.	αἴρω, ἀείρω
*ἀέρσῃ	aor.[1] cong. a. 3 sg.	» »
*ἄεσα	aor.[1] ind. a. 1 sg.	ἄω = αὔω
*ἀέσαμεν	aor.[1] ind. a. 1 pl.	» »
*ἄεσαν	aor.[1] ind. a. 3 pl.	» »
*ἄεται	pr. ind. m. 3 sg.	ἄω
*ἄζευ	pr. impr. m. 2 sg.	ἄζομαι
*ἄζηται	pr. cong. m. 3 sg.	ἄζω
*ἀζήνασκε	aor.[1] ind. a. 3 sg.	ἀζαίνω
*ἀζήνῃ(σι)	aor.[1] cong. a. 3 sg.	»
*ἄη	impf. ind. a. 3 sg.	ἄημι
ἀηδῆσαι	aor.[1] inf. a.	ἀηδέω
ἀηδήσειεν	aor.[1] ott. a. 3 sg.	»
*ἀήμεναι	pr. inf. a.	ἄημι
*ἀήμενος	pr. pt. m. N sg.	»
*ἀῆναι	pr. inf. a.	»
*ἀήσει	ft. ind. a. 3 sg.	»
*ἀήσεται	ft. ind. m. 3 sg.	»
*ἄησι	pr. ind. a. 3 sg.	»
*ἀῇσι	pr. cong. a. 3 sg.	»
*ἄηται	pr. ind. m. 3 sg.	»
*ἄητο	impf. ind. m. 3 sg.	»
*ἀήτω	pr. impr. a. 3 sg.	»
*ἀθέριξα	aor.[1] ind. a. 1 sg.	ἀθερίζω
*ἀθερίσσατο	aor.[1] ind. m. 3 sg.	»
ἀθλεύσω	ft. ind. a. 1 sg.	ἀθλεύω
ἀθρῆσαι	aor.[1] inf. a.	ἀθρέω
ἀθρήσειε	aor.[1] ott. a. 3 sg.	»
ἀθροίσας	aor.[1] pt. a. N sg.	ἀθροίζω

ἀθροισθέντες	aor. pt. p. N pl.	ἀθροίζω
ἄθροισον	aor.[1] impr. a. 2 sg.	»
ἄθυρε	pr. impr. a. 2 sg.	ἀθύρω
ἀθύρων	pr. pt. a. N sg.	»
*αἰάξας	aor.[1] pt. a. N sg.	αἰάζω
*αἰάξω	ft. ind. a. 1 sg.	»
*αἰδεῖο, αἴδειο	pr. impr. m. 2 sg.	αἰδέομαι
*αἰδέο, αἴδεο	pr. impr. m. 2 sg.	»
*αἰδέοντο	impf. ind. m. 3 pl.	»
*αἰδεσάμην	aor.[1] ind. m. 1 sg.	»
αἰδεσθείην	aor. ott. p. 1 sg.	»
αἰδεσθείς	aor. pt. p. N sg.	»
*αἴδεσθεν	aor. ind. p. 3 pl.	»
αἰδεσθήσομαι	ft. ind. p. 1 sg.	»
αἴδεσαι, *-σσαι	aor.[1] impr. m. 2 sg.	»
αἰδέσομαι, *-σσομαι	ft. ind. m. 1 sg.	»
*αἰδεῦ	pr. impr. m. 2 sg.	»
*αἰδεῦμαι	pr. ind. m. 1 sg.	»
αἰδοῦ	pr. impr. m. 2 sg.	»
*ἄιε	impf. ind. a. 3 sg.	ἀΐω
αἰθέσθω	pr. impr. m. 3 sg.	αἴθω
αἰθριήσας	aor.[1] pt. a. N sg.	αἰθριάω
*αἴθυξα	aor. ind. a. 1 sg.	αἰθύσσω
αἰθύξω	ft. ind. a. 1 sg.	»
αἰκίσομαι, -ιοῦμαι	ft. ind. m. 1 sg.	αἰκίζω
αἱμάξω	ft. ind. a. 1 sg.	αἱμάττω
αἱματίσαι	aor.[1] inf. a.	αἱματίζω
αἱματῶσαι	aor.[1] inf. a.	αἱματόω
*αἱμάχθην	aor. ind. p. 1 sg.	αἱμάττω
αἰνεθείς	aor. pt. p. N sg.	αἰνέω
αἰνείσθω	pr. impr. m. 3 sg.	»
*αἴνεσα, -ησα	aor.[1] ind. a. 1 sg.	»
αἰνέσομαι	ft. ind. m. 1 sg.	»
αἰνέσω	ft. ind. a. 1 sg.	»
αἰνήσας, *-αις	aor.[1] pt. a. N sg.	»
αἰνήσειε	aor.[1] ott. a. 3 sg.	»
αἰνήσουσι	ft. ind. a. 3 pl.	αἰνέω
αἰνήσωμεν	aor.[1] cong. a. 1 pl.	»
*αἰνιξάμην	aor.[1] ind. m. 1 sg.	αἰνίσσομαι
αἰνίξομαι	ft. ind. m. 1 sg.	»
αἰνοῖεν	pr. ott. a. 3 pl.	αἰνέω

*αἴνυτο	impf. ind. m. 3 sg.	αἴνυμαι
*ἀΐξας	aor.^{1} pt. a. N sg.	ᾄττω, ἀΐσσω
*ἀΐξασθαι	aor.^{1} inf. m.	» »
*ἀΐξασκε	aor.^{1} ind. a. 3 sg.	» »
*ἀΐξω	aor.^{1} cong. a. 1 sg.	» »
*ἀΐξω	ft. ind. a. 1 sg.	» »
*ἄιον	impf. ind. a. 1 sg.	ἀΐω
*ἄιον	impf. ind. a. 1 sg.	ἀΐω = ἄημι
*αἱρέεσκον	impf. ind. a. 1 sg./3 pl.	αἱρέω
*αἱρέθην	aor. ind. p. 1 sg.	»
αἱρεθήσομαι	ft. ind. p. 1 sg.	»
*αἴρεσκον	impf. ind. a. 1 sg./3 pl.	αἴρω, ἀείρω
αἱρετίσας	aor.^{1} pt. a. N sg.	αἱρετίζω
αἱρετιῶ	ft. ind. a. 1 sg.	»
*αἱρεύμην	impf. ind. m. 1 sg.	αἱρέω
*αἱρήκειν	ppf. ind. a. 1 sg.	»
*αἵρηκα	pf. ind. a. 1 sg.	»
*αἵρημαι	pf. ind. m. 1 sg.	»
*αἱρησέμεν	ft. inf. a.	»
αἱρήσομαι	ft. ind. m. 1 sg.	»
αἱρήσω	ft. ind. a. 1 sg.	»
αἰσθανθήσομαι	ft. ind. p. 1 sg.	αἰσθάνομαι
*αἰσθανοίατο	pr. ott. m. 3 pl.	»
*ἄισθε	impf. ind. a. 3 sg.	ἀΐσθω = ἄημι
αἰσθέσθαι	aor.^{2} inf. m.	αἰσθάνομαι
αἰσθηθήσομαι	ft. ind. p. 1 sg.	»
αἰσθήσομαι	ft. ind. m. 1 sg.	»
*αἰσιμώθην	aor. ind. p. 1 sg.	αἰσιμόω
*αἰσίμωμαι	pf. ind. m. 1 sg.	»
αἰσιμώσωσι	aor.^{1} cong. a. 3 pl.	»
*ἀΐσσεσκον	impf. ind. a. 1 sg./3 pl.	ᾄττω, ἀΐσσω
ἀιστωθείη	aor. ott. p. 3 sg.	ἀιστόω
*ἀιστώθησαν	aor. ind. p. 3 pl.	»
*ἀιστώσαντο	aor.^{1} ind. m. 3 pl.	»
ἀιστώσειαν	aor.^{1} ott. a. 3 pl.	»
ἀιστώσω	ft. ind. a. 1 sg.	»
αἰσχῦναι	aor.^{1} inf. a.	αἰσχύνω
*αἰσχυνέμεν	pr. inf. a.	»
*αἰσχύνεσκε	impf. ind. a. 3 sg.	»
*αἰσχυνέω	ft. ind. a. 1 sg.	»
αἰσχυνθείην	aor. ott. p. 1 sg.	»

*αἰσχυνθήμεν	aor. inf. p.	αισχύνω
αἰσχυνθήσομαι	ft. ind. p. 1 sg.	»
αἰσχυνοῦμαι	ft. ind. m. 1 sg.	»
αἰσχυνῶ	ft. ind. a. 1 sg.	»
*αἰτεύμενος	pr. pt. m. N sg.	αἰτέω
αἰτηθέντες	aor. pt. p. N pl.	»
αἰτήσω	ft. ind. a. 1 sg.	»
*αἰτιάασθαι	pr. inf. m.	αἰτιάομαι
αἰτιαθήσομαι	ft. ind. p. 1 sg.	»
*αἰτίαο	impf. ind. m. 2 sg.	»
αἰτιάσομαι	ft. ind. m. 1 sg.	»
*αἰτιόωνται	pr. ind. m. 3 pl.	»
*αἰτιόῳο	pr. ott. m. 2 sg.	»
*αἰτιόῳτο	pr. ott. m. 3 sg.	»
αἰτοίην	pr. ott. a. 1 sg.	αἰτέω
*ἀίχθην	aor. ind. p. 1 sg.	ᾄττω, ἀίσσω
*ἀιχθῆναι	aor. inf. p.	» »
*ἀιχθήτην	aor. ind. p. 3 du.	» »
αἰχμαλωτίσομαι	ft. ind. m. 1 sg.	αἰχμαλωτίζω
αἰχμάσαι	aor.[1] inf. a.	αἰχμάζω
αἰχμάσω, *-σσω	ft. ind. a. 1 sg.	»
αἰωρηθήσομαι	ft. ind. p. 1 sg.	αἰωρέω
αἰωρήσομαι	ft. ind. m. 1 sg.	»
*ἀκαχείατο, -ήατο	ppf. ind. m. 3 pl.	ἀχέω
*ἀκαχεῖν	aor.[2] inf. a.	»
*ἀκάχημαι	pf. ind. m. 1 sg.	»
*ἀκαχήμενος	pf. pt. m. N sg.	»
*ἀκάχησα	aor.[1] ind. a. 1 sg.	»
*ἀκάχησθαι	pf. inf. m.	»
*ἀκάχησο	pf. impr. m. 2 sg.	»
*ἀκαχήσω	ft. ind. a. 1 sg.	»
*ἀκαχίζεο, -ίζευ	pr. impr. m. 2 sg.	[»], ἀκαχίζω
*ἀκαχοίμεθα	aor.[2] ott. m. 1 pl.	»
*ἀκάχοιτο	aor.[2] ott. m. 3 sg.	»
*ἀκαχών	aor.[2] pt. a. N sg.	»
*ἀκειόμενος	pr. pt. m. N sg.	ἀκέομαι
*ἀκέο	pr. impr. m. 2 sg.	»
*ἀκέοντο	impf. ind. m. 3 pl.	»
ἀκεσθῆναι	aor. inf. p.	»
ἀκέσομαι, *-σσομαι	ft. ind. m. 1 sg.	»
*ἄκεσσαι	aor.[1] impr. m. 2 sg.	»

*ἀκέσσαιο	aor.[1] ott. m. 2 sg.	ἀκέομαι
*ἀκήδεσα, -ησα	aor.[1] ind. a. 1 sg.	ἀκηδέω
ἀκηδήσω	ft. ind. a. 1 sg.	»
ἀκήκοα	pf. ind. a. 1 sg.	ἀκούω
*ἀκηκόειν, -όη	ppf. ind. a. 1 sg.	»
ἀκηκοέτω	pf. impr. a. 3 sg.	»
*ἀκήκουκα	pf. ind. a. 1 sg.	»
ἀκήκουσμαι	pf. ind. m. 1 sg.	»
ἀκηκοώς	pf. pt. a. N sg.	»
*ἀκηχέδαται	pf. ind. m. 3 pl.	ἀχέω
ἀκηχέμενος	pf. pt. m. N sg.	»
ἀκκιοῦμαι	ft. ind. m. 1 sg.	ἀκκίζομαι
ἀκολαστανῶ	ft. ind. a. 1 sg.	ἀκολασταίνω
ἀκοντισάτω	aor.[1] impr. a. 3 sg.	ἀκοντίζω
*ἀκόντισε	aor.[1] ind. a. 3 sg.	»
*ἀκοντίσσαι	aor.[1] inf. a.	»
ἀκοντιῶ	ft. ind. a. 1 sg.	»
ἀκοστήσας	aor. pt. a. N sg.	ἀκοστάω
ἀκοῦ	pr. impr. m. 2 sg.	ἀκέομαι
ἀκουάζεσθον	pr. ind. m. 2-3 du.	ἀκουάζομαι
*ἀκουέμεν(αι)	pr. inf. a.	ἀκούω
*ἄκουκα	pf. ind. a. 1 sg.	»
*ἀκοῦμαι	ft. ind. m. 1 sg.	ἀκέομαι
*ἄκουσα	aor.[1] ind. a. 1 sg.	ἀκούω
ἀκουσαίμην	aor.[1] ott. m. 1 sg.	»
ἀκούσας, *-αις	aor.[1] pt. a. N sg.	»
ἀκουσθείς	aor. pt. p. N sg.	»
ἀκουσθῆναι	aor. inf. p.	»
ἀκουσθήσομαι	ft. ind. p. 1 sg.	»
ἀκούσομαι	ft. ind. m. 1 sg.	»
ἄκουσον	aor.[1] impr. a. 2 sg.	»
ἀκρατιοῦμαι	ft. ind. m. 1 sg.	ἀκρατίζομαι
ἀκρατιῶ	ft. ind. a. 1 sg.	»
ἀκριβώσω	ft. ind. a. 1 sg.	ἀκριβόω
ἀκροαθείς	aor. pt. p. N sg.	ἀκροάομαι
ἀκροάσομαι	ft. ind. m. 1 sg.	»
ἀκταινῶσαι	aor.[1] inf. a.	ἀκταινόω
ἀκτάσωμεν	aor.[1] cong. a. 1 pl.	ἀκτάζω
*ἀλ- (*per* ἀνα):	*togliere e cercare sotto*	*l'iniziale risultante*
*ἀλαθείς	aor. pt. p. N sg.	ἀλάομαι
*ἀλάλαξε	aor.[1] ind. a. 3 sg.	ἀλαλάζω

ἀλαλάξομαι	ft. ind. m. 1 sg.	ἀλαλάζω
ἀλαλάξω	ft. ind. a. 1 sg.	»
*ἀλάλημαι	pf. ind. m. 1 sg.	ἀλάομαι
*ἀλαλήμενος	pf. pt. m. N sg.	»
*ἀλάληντο	ppf. ind. m. 3 pl.	»
*ἀλάλησθαι	pf. inf. m.	»
*ἄλαλκε	aor.² ind. a. 3 sg.	ἀλέξω, ἀλέκω
*ἄλαλκε	aor.² impr. a. 2 sg.	» »
*ἀλαλκεῖν, -έμεν(αι)	aor.² inf. a.	» »
*ἀλάλκῃσι	aor.² cong. a. 3 sg.	» »
*ἀλαλκήσουσι	ft. ind. a. 3 pl.	» (ἀλάλκω)
*ἀλάλκοιεν	aor.² ott. a. 3 pl.	» ἀλέκω
*ἀλάλκοις	aor.² ott. a. 2 sg.	» »
*ἀλάλκουσι	pr. ind. a. 3 pl.	» (ἀλάλκω)
*ἀλαλκών	aor.² pt. a. N sg.	» ἀλέκω
*ἀλαλύκτημαι	pf. ind. m. 1 sg.	ἀλυκτέω
*ἀλάλυκτο	ppf. ind. m. 3 sg.	ἀλύσσω, ἀλύω
*ἀλάμενος	aor.¹ pt. m. N sg.	ἅλλομαι
*ἀλάπαξα	aor.¹ ind. a. 1 sg.	ἀλαπάζω
*ἀλαπαξέμεν	ft. inf. a.	»
ἀλαπάξω	ft. ind. a. 1 sg.	»
ἀλαπαχθῇ	aor. cong. p. 3 sg.	»
ἅλασθαι	aor.¹ inf. m.	ἅλλομαι
ἀλᾶσθαι	pr. inf. m.	ἀλάομαι
*ἀλατεύσω	ft. ind. a. 1 sg.	ἀλητεύω
*ἅλατο	aor.¹ ind. m. 3 sg.	ἅλλομαι
*ἀλᾶτο	impf. ind. m. 3 sg.	ἀλάομαι
ἀλαῶσαι	aor.¹ inf. a.	ἀλαόω
*ἀλάωσε	aor.¹ ind. a. 3 sg.	»
ἄλγησον	aor.¹ impr. a. 2 sg.	ἀλγέω
ἀλγήσω	ft. ind. a. 1 sg.	»
ἀλγῦναι	aor.¹ inf. a.	ἀλγύνω
*ἀλγύνεσκε	impf. ind. a. 3 sg.	»
ἀλγυνθήσομαι	ft. ind. p. 1 sg.	»
ἀλγυνθῶ	aor. cong. p. 1 sg.	»
ἀλγυνοῦμαι	ft. ind. m. 1 sg.	»
ἀλγυνῶ	ft. ind. a. 1 sg.	»
*ἀλδήσασκε	aor.¹ ind. a. 3 sg.	ἀλδαίνω
*ἀλέαιτο	aor.¹ ott. m. 3 sg.	ἀλέ(υ)ομαι
*ἀλέασθαι	aor.¹ inf. m.	»
*ἀλέασθε	aor.¹ impr. m. 2 pl.	»

*ἀλεγύνατο	aor.[1] ind. m. 3 sg.	ἀλεγύνω
ἀλεεῖναι	aor.[1] inf. a.	ἀλεείνω
*ἄλει	pr. impr. a. 2 sg.	ἀλέω
*ἀλείς	aor. pt. p. N sg.	εἴλω
ἀλειφθῇ	aor. cong. p. 3 sg.	ἀλείφω
ἀλειφθήσομαι	ft. ind. p. 1 sg.	»
*ἄλειφον	impf. ind. a. 1 sg./3 pl.	»
*ἄλειψα	aor.[1] ind. a. 1 sg.	»
ἀλειψαίμην	aor.[1] ott. m. 1 sg.	»
ἀλείψας	aor.[1] pt. a. N sg.	»
ἀλείψομαι	ft. ind. m. 1 sg.	»
ἀλείψω	ft. ind. a. 1 sg.	»
*ἄλεν	aor. ind. p. 3 pl.	εἴλω
ἀλέξαι	aor.[1] ott. a. 3 sg.	[ἀλέξω], ἀλέκω
ἀλέξασθαι	aor.[1] inf. m.	» »
*ἀλεξέμεν(αι)	pr. inf. a.	»
ἀλεξῆσαι	aor.[1] inf. a.	»
ἀλεξήσας	aor.[1] pt. a. N sg.	»
ἀλεξήσασθαι	aor.[1] inf. m.	»
ἀλεξήσειε	aor.[1] ott. a. 3 sg.	»
ἀλεξήσομαι	ft. ind. m. 1 sg.	»
ἀλεξήσω	ft. ind. a. 1 sg.	»
ἀλεξοίμην	ft. ott. m. 1 sg.	» »
ἀλέξω	ft. ind. a. 1 sg.	» »
*ἀλέοιντο	pr. ott. m. 3 pl.	ἀλέ(υ)ομαι
*ἀλέοιο	pr. ott. m. 2 sg.	»
*ἀλέοντο	impf. ind. m. 3 pl.	»
ἀλέσθαι	aor.[2] inf. m.	ἅλλομαι
*ἄλεσσα	aor.[1] ind. a. 1 sg.	ἀλέω
ἀλέσω	ft. ind. a. 1 sg.	»
*ἅλεται	aor.[2] cong. m. 3 sg.	ἅλλομαι
ἀλετρεύσω	ft. ind. a. 1 sg.	ἀλετρεύω
*ἄλευ, ἀλεῦ	pr. impr. m. 2 sg.	ἀλέ(υ)ομαι
*ἄλευαι	aor.[1] impr. m. 2 sg.	»
*ἀλευάμην	aor.[1] ind. m. 1 sg.	»
*ἀλεύασθαι	aor.[1] inf. m.	»
*ἀλεῦμαι	pr. ind. m. 1 sg.	»
*ἀλεῦμαι	ft. ind. m. 1 sg.	ἅλλομαι
*ἀλεύσατε	aor.[1] impr. a. 2 pl.	ἀλέ(υ)ομαι
*ἄλευσον	aor.[1] impr. a. 2 sg.	»
*ἀλεύσω	ft. ind. a. 1 sg.	»

ἀληθεύσω	ft. ind. a. 1 sg.	ἀληθεύω
*ἀλήθην	aor. ind. p. 1 sg.	ἀλάομαι
*ἀλήλεκα	pf. ind. a. 1 sg.	ἀλέω
ἀλήλεμαι, *-σμαι	pf. ind. m. 1 sg.	»
ἀλήλιμμαι	pf. ind. m. 1 sg.	ἀλείφω
ἀλήλιφα	pf. ind. a. 1 sg.	»
*ἅλην	aor. ind. p. 1 sg.	εἴλω
*ἁλῆναι, ἀλήμεναι	aor. inf. p.	»
*ἀλήσατο	aor.^{1} ind. m. 3 sg.	ἀλάομαι
ἀλησθέν	aor. pt. p. N sg. n.	ἀλήθω
ἀλήσομαι	ft. ind. m. 1 sg.	ἀλάομαι
*ἅληται	aor.^{2} cong. m. 3 sg.	ἅλλομαι
*ἀλῆτο	impf. ind. m. 3 sg.	ἀλάομαι
ἀλθέξομαι	ft. ind. m. 1 sg.	[ἀλθαίνω]
ἀλθεσθῆναι	aor. inf. p.	»
*ἄλθετο	aor.^{2}/impf. ind. m. 3 sg.	»
ἀλθήσομαι	ft. ind. m. 1 sg.	»
ἀλθήσω	ft. ind. a. 1 sg.	»
ἀλινδηθείς	aor. pt. p. N sg.	ἀλινδέω, ἀλίνδω
ἁλίξεται	ft. ind. m. 3 sg.	ἁλίζω = riunire
ἁλίσας	aor.^{1} pt. a. N sg.	» »
ἁλισθέν	aor. pt. p. N sg. n.	» »
*ἁλισμένος	pf. pt. m. N sg.	» »
ἁλίσω	ft. ind. a. 1 sg.	» »
ἀλιτεῖν	aor.^{2} inf. a.	ἀλιταίνω
ἀλιτέσθαι	aor.^{2} inf. m.	»
ἀλίτῃ	aor.^{2} cong. a. 3 sg.	»
*ἀλίτησα	aor.^{1} ind. a. 1 sg.	»
ἀλίτοιμι	aor.^{2} ott. a. 1 sg.	»
*ἀλίτοντο	impf. ind. m. 3 pl.	»
ἀλίτωμαι	aor.^{2} cong. m. 1 sg.	»
ἀλιτών	aor.^{2} pt. a. N sg.	»
*ἁλίωσα	aor.^{1} ind. a. 1 sg.	ἁλιόω
ἁλιώσω	ft. ind. a. 1 sg.	»
*ἀλκαθεῖν, -κάθειν	aor.^{2} / (pr.) inf. a.	[ἀλέξω], (ἀλκάθω)
ἀλλαγείς	aor. pt. p. N sg.	ἀλλάττω
ἀλλαγῆναι	aor. inf. p.	»
ἀλλαγήσομαι	ft. ind. p. 1 sg.	»
*ἄλλαξα	aor.^{1} ind. a. 1 sg.	»
ἀλλάξαι	aor.^{1} inf. a.	»
ἀλλάξω	ft. ind. a. 1 sg.	»

*ἀλλάχθην	aor. ind. p. 1 sg.	ἀλλάττω
ἀλλαχθήσομαι	ft. ind. p. 1 sg.	»
ἀλλαχθῆτε	aor. cong. p. 2 pl.	»
ἀλλάχθητε	aor. impr. p. 2 pl.	»
*ἄλλοντο	impf. ind. m. 3 pl.	ἄλλομαι
*ἄλμενος, ἄλ-	aor.^{2} pt. m. N sg.	»
*ἀλοαθείς	aor. pt. p. N sg.	ἀλοάω
*ἀλοάσας	aor.^{1} pt. a. N sg.	»
ἀλογήσει	ft. ind. a. 3 sg.	ἀλογέω
ἀλοηθήσομαι	ft. ind. p. 1 sg.	ἀλοάω
ἀλοήσω	ft. ind. a. 1 sg.	»
*ἀλοία	impf. ind. a. 3 sg.	»
*ἀλοιηθείς	aor. pt. p. N sg.	»
ἁλοίην	aor.^{2} ott. a. 1 sg.	ἁλίσκομαι
*ἀλοιησέω	ft. ind. a. 1 sg.	ἀλοάω
*ἀλοιήσῃ	aor.^{1} cong. a. 3 sg.	»
ἁλοίμην	aor.^{2} ott. m. 1 sg.	ἅλλομαι
ἁλόμενος	aor.^{2} pt. m. N sg.	»
ἁλοῦμαι	ft. ind. m. 1 sg.	»
ἁλούς	aor.^{2} pt. a. N sg.msch.	ἁλίσκομαι
ἁλοῦσα	aor.^{2} pt. a. N sg. fm.	»
*ἀλόω	pr. impr. m. 2 sg.	ἀλάομαι
*ἀλόωνται	pr. ind. m. 3 pl.	»
*ἆλσο	aor.^{2} ind. m. 2 sg.	ἅλλομαι
*ἆλτο	aor.^{2} ind. m. 3 sg.	»
ἀλυκτήσας	aor.^{1} pt. a. N sg.	ἀλυκτέω
*ἄλυξα	aor.^{1} ind. a. 1 sg.	ἀλύσκω
ἀλύξαι	aor.^{1} inf. a.	»
ἀλύξας	aor.^{1} pt. a. N sg.	»
*ἀλυξέμεν	ft. inf. a.	»
ἀλύξομαι	ft. ind. m. 1 sg.	»
ἀλύξω	ft. ind. a. 1 sg.	»
ἀλύξω	ft. ind. a. 1 sg.	ἀλύζω, ἀλύσσω = ἀλύω
ἄλφῃ	aor.^{2} cong. a. 3 sg.	ἀλφάνω
ἄλφοι	aor.^{2} ott. a. 3 sg.	»
*ἅλω	aor.^{1} ind. m. 2 sg.	ἅλλομαι
ἀλῶ	ft. ind. a. 1 sg.	ἀλέω
*ἁλῶ	aor.^{2} cong. a. 1 sg.	ἁλίσκομαι
*ἁλῷ	aor.^{2} cong. a. 3 sg.	»
*ἁλώῃ	aor.^{2} cong. a. 3 sg.	»
*ἁλῴη	aor.^{2} ott. a. 3 sg.	»

*ἁλῴης	aor.^{2} ott. a. 2 sg.	ἁλίσκομαι
*ἁλώῃς	aor.^{2} cong. a. 2 sg.	»
ἁλωθῆναι	aor. inf. p.	»
ἁλωθήσομαι	ft. ind. p. 1 sg.	»
*ἅλωκα	pf. ind. a. 1 sg.	»
*ἁλωκότα	pf. pt. a. A sg. msch.	»
*ἅλωμαι	aor.^{2} cong. m. 1 sg.	ἅλλομαι
*ἁλῶναι, ἁλώμεναι	aor.^{2} inf. a.	ἁλίσκομαι
*ἁλῷς	aor.^{2} cong. a. 2 sg.	»
ἁλώσει, *ἁλώσεαι	ft. ind. m. 2 sg.	»
*ἁλῶσι	aor.^{2} cong. a. 3 pl.	»
ἁλωσόμενος	ft. pt. m. N sg.	»
*ἁλώω	aor.^{2} cong. a. 1 sg.	»
*ἀμ- (*per ἀνα*):	*togliere e cercare sotto*	*l'iniziale risultante*
ἀμαλδῦναι	aor.^{1} inf. a.	ἀμαλδύνω
ἀμαλδύνηται	pr. cong. m. 3 sg.	»
ἀμαλδυνθεῖσα	aor. pt. p. N sg. fm.	»
ἀμαλδυνθήσομαι	ft. ind. p. 1 sg.	»
*ἀμάντεσσι	pr. pt. a. D pl.	ἀμάω
ἁμαρτεῖν	aor.^{2} inf. a.	ἁμαρτάνω
ἁμαρτήσομαι	ft. ind. m. 1 sg.	»
ἁμαρτήσω	ft. ind. a. 1 sg.	»
ἁμάρτοιμι	aor.^{2} ott. a. 1 sg.	»
*ἅμαρτον	aor.^{2} ind. a. 1 sg./3 pl.	»
ἁμάρτω	aor.^{2} cong. a. 1 sg.	»
ἁμαρτών	aor.^{2} pt. a. N sg.	»
*ἀμάρυσσεν	impf. ind. a. 3 sg.	ἀμαρύσσω
*ἀμασάμην	aor.^{1} ind. m. 1 sg.	ἀμάω
*ἀμάσας	aor.^{1} pt. a. N sg.	»
*ἀμάσομαι	ft. ind. m. 1 sg.	»
*ἀμαυρώθην	aor. ind. p. 1 sg.	ἀμαυρόω
*ἀμαύρωσα	aor.^{1} ind. a. 1 sg.	»
ἀμαυρῶσαι	aor.^{1} inf. a.	»
ἀμαυρώσας	aor.^{1} pt. a. N sg.	»
ἀμαυρώσω	ft. ind. a. 1 sg.	»
*ἀμβλακών	aor.^{2} pt. a. N sg.	ἀμπλακίσκω
ἀμβλυνθήσομαι	ft. ind. p. 1 sg.	ἀμβλύνω
ἀμβλυνοῦμαι	ft. ind. m. 1 sg.	»
ἀμβλυνῶ	ft. ind. a. 1 sg.	»
ἀμβλωθῇ	aor. cong. p. 3 sg.	ἀμβλόω
ἀμβλῶναι	aor.^{2} inf. a.	»

ἀμβλώσω	ft. ind. a. 1 sg.	ἀμβλόω
*ἄμβροτε	aor.^{2} ind. a. 3 sg.	ἁμαρτάνω
*ἀμβροτεῖν, -τῆν	aor.^{2} inf. a.	»
*ἄμειπτο	ppf. ind. m. 3 sg.	ἀμείβω
*ἀμείφθην	aor. ind. p. 1 sg.	»
ἀμειφθήσεται	ft. ind. p. 3 sg.	»
*ἄμειψα	aor.^{1} ind. a. 1 sg.	»
ἀμεῖψαι	aor.^{1} inf. a.	»
*ἀμειψάμην	aor.^{1} ind. m. 1 sg.	»
ἀμείψας	aor.^{1} pt. a. N sg.	»
ἀμείψεται	ft. ind. m. 3 sg.	»
*ἀμείψεται	aor.^{1} cong. m. 3 sg.	»
ἀμείψω	ft. ind. a. 1 sg.	»
*ἄμελγον	impf. ind. a. 1 sg./3 pl.	ἀμέλγω
ἀμέλει	pr. impr. a. 2 sg.	ἀμελέω
*ἀμέλησα	aor.^{1} ind. a. 1 sg.	»
ἀμελήσει	ft. ind. a. 3 sg.	»
*ἄμελξε	aor.^{1} ind. a. 3 sg.	ἀμέλγω
ἀμέλξω	ft. ind. a. 1 sg.	»
*ἄμεναι	pr. inf. a.	ἄω
*ἀμενήνωσε	aor.^{1} ind. a. 3 sg.	ἀμενηνόω
*ἄμερδεν	impf. ind. a. 3 sg.	ἀμέρδω
*ἀμερθέν	aor. pt. p. N sg.	»
*ἀμερθῶ	aor. cong. p. 1 sg.	»
*ἀμερξάμεναι	aor.^{1} inf. a.	ἀμέργω
*ἀμέρξω	ft. ind. a. 1 sg.	»
*ἄμερσα	aor.^{1} ind. a. 1 sg.	ἀμέρδω
*ἀμέρσαι	aor.^{1} inf. a.	»
*ἀμέρσας	aor.^{1} pt. a. N sg.	»
*ἀμερσέμεναι	ft. inf. a.	»
*ἀμέρσω	ft. ind. a. 1 sg.	»
*ἀμερώσαις	aor.^{1} pt. a. N sg.	ἡμερόω
*ἀμεύσασθε	aor.^{1} ind. m. 2 pl.	[ἀμείβω], ἀμεύομαι
*ἀμεύσεσθε	ft. ind. m. 2 pl.	» »
ἀμηθείς	aor. pt. p. N sg.	ἀμάω
ἀμῆσαι	aor.^{1} inf. a.	»
ἀμησάμενος	aor.^{1} pt. m. N sg.	»
ἀμήσας	aor.^{1} pt. a. N sg.	»
ἄμησον	aor.^{1} impr. a. 2 sg.	»
ἀμήσονται	ft. ind. m. 3 pl.	»
ἀμήσω	ft. ind. a 1 sg.	»

ἀμηχανήσω	ft. ind. a. 1 sg.	ἀμηχανάω
ἀμιλληθῶ, *-αθῶ	aor. cong. p. 1 sg.	ἀμιλλάομαι
ἀμιλλήσομαι	ft. ind. m. 1 sg.	»
*ἄμμαι	pf. ind. m. 1 sg.	ἅπτω
*ἀμναμόνευε	pr. impr. a. 2 sg.	ἀμνημονέω
ἀμνημονήσω	ft. ind. a. 1 sg.	»
ἀμπ(ι)- (per ἀμφι):	*togliere e cercare sotto*	*l'iniziale risultante*
ἀμπλακεῖν	aor.^{2} inf. a.	ἀμπλακίσκω
ἀμπλάκω	aor.^{2} cong. a. 1 sg.	»
ἀμπλακών	aor.^{2} pt. a. N sg.	»
ἀμπρεύσει	ft. ind. a. 3 sg.	ἀμπρεύω
ἀμπυκασθείς	aor. pt. p. N sg.	ἀμπυκάζω
*ἄμυνα	aor.^{1} ind. a. 1 sg.	ἀμύνω
*ἀμυνάθετε	aor.^{2} impr. a. 2 pl.	»
*ἀμυνάθοιτο	aor.^{2} ott. m. 3 sg.	»
*ἀμυναθοῦ	aor.^{2} impr. m. 2 sg.	»
ἀμῦναι	aor.^{1} inf. a.	»
ἀμύναι	aor.^{1} ott. a. 3 sg.	»
ἀμύναιμι	aor.^{1} ott. a. 1 sg.	»
ἀμυναίμην	aor.^{1} ott. m. 1 sg.	»
ἀμύνασθαι	aor.^{1} inf. m.	»
*ἀμυνεῖν	ft. inf. a.	»
*ἀμυνέμεν(αι)	pr. inf. a.	»
ἀμυνεῦσι	ft. ind. a. 3 pl.	»
ἀμυνοῦμαι, *-εῦμαι	ft. ind. m. 1 sg.	»
ἀμυνῶ, *ἀμυνέω	ft. ind. a. 1 sg.	»
*ἄμυξα	aor.^{1} ind. a. 1 sg.	ἀμύσσω
ἀμύξω	ft. ind. a. 1 sg.	»
ἀμυχθέν	aor. pt. p. N sg. n.	»
ἀμυχθήσομαι	ft. ind. p. 1 sg.	»
ἀμφ(ι)-:	*togliere e cercare sotto*	*l'iniziale risultante*
ἀμφιάσω	ft. ind. a. 1 sg.	ἀμφιάζω
ἀμφιγνοήσω	ft. ind. a. 1 sg.	ἀμφιγνοέω
*ἀμφιέσασθε	aor.^{1} ind. m. 2 pl.	ἀμφιέννυμι
ἀμφιεσθείς	aor. pt. p. N sg.	»
ἀμφιέσομαι	ft. ind. m. 1 sg.	»
ἀμφιέσω	ft. ind. a. 1 sg.	»
ἀμφικαθ-, ἀμφιπαρ-:	*togliere e cercare sotto*	*l'iniziale risultante*
ἀμφιπερι-:	*togliere e cercare sotto*	*l'iniziale risultante*
ἀμφιρ- (+ ρ):	*togliere e cercare sotto*	*l'iniziale ῥ-*
*ἀμφισβατέειν	pr. inf. a.	ἀμφισβητέω

*ἀμφισβατέων	pr. pt. a. N sg.	ἀμφισβητέω
ἀμφισβητήσω	ft. ind. a. 1 sg.	»
ἀμφιῶ	ft. ind. a. 1 sg.	ἀμφιέννυμι
ἀμῷεν	pr. ott. a. 3 pl.	ἀμάω
ἀμῷμι	pr. ott. a. 1 sg.	»
ἀμῷς	pr. ott. a. 2 sg.	»
*ἀμώων	pr. pt. a. N sg.	»
ἀν(α)-:	*togliere e cercare sotto*	*l'iniziale risultante*
ἀναγκάσω	ft. ind. a. 1 sg.	ἀναγκάζω
*ἀναινόμην	impf. ind. m. 1 sg.	ἀναίνομαι
*ἀναισίμου	impf. ind. a. 3 sg.	ἀναισιμόω
*ἀναισίμωνται	pf. ind. m. 3 pl.	»
*ἀναισιμώθη	aor. ind. p. 3 sg.	ἀναισιμόω
ἀνακαθ-:	*togliere e cercare sotto*	*l'iniziale risultante*
*ἀνάλισκον	impf. ind. a. 1 sg./3pl.	ἀναλίσκω, -λόω
*ἀναλίσκοισα	pr. pt. a. N sg. fm.	» »
*ἀνάλωκα	pf. ind. a. 1 sg.	» »
*ἀνάλωμαι	pf. ind. m. 1 sg.	» »
*ἀνάλωσα	aor.[1] ind. a. 1 sg.	» »
ἀναλώσω	ft. ind. a. 1 sg.	» »
*ἄναξα	aor.[1] ind. a. 1 sg.	ἀνάσσω
ἀνάξω	ft. ind. a. 1 sg.	»
*ἀναοίγεσκον	impf. ind. a. 1 sg./3 pl.	ἀνοίγω, -γνυμι
ἀναπο-:	*togliere e cercare sotto*	*l'iniziale risultante*
ἀναρ- (+ *ρ*):	*togliere e cercare sotto*	*l'iniziale ῥ-*
*ἀνασσέμεν	pr. inf. a.	ἀνάσσω
ἀνασυν-:	*togliere e cercare sotto*	*l'iniziale risultante*
*ἀνδάνην	pr. inf. a.	ἀνδάνω
ἀνδραγαθίσασθαι	aor.[1] inf. m.	ἀνδραγαθίζομαι, -θέω
*ἀνδραποδιεῦμαι	ft. ind. m. 1 sg.	ἀνδροποδίζω
ἀνδραποδισθήσομαι	ft. ind. p. 1 sg.	»
ἀνδραποδιῶ	ft. ind. a. 1 sg.	»
*ἀνδρώθην	aor. ind. p. 1 sg.	ἀνδρόω
ἀνεκ-, *ἀνεξ-*:	*togliere e cercare sotto*	*l'iniziale risultante*
ἀνεπ(ι)-:	*togliere e cercare sotto*	*l'iniziale risultante*
ἀνέτω	pr. impr. a. 3 sg.	ἄνω
ἀνέῳγα	pf. ind. a. 1 sg.	ἀνοίγω, -γνυμι
ἀνεῴγειν	ppf. ind. a. 1 sg.	» »
ἀνέῳγμαι	pf. ind. m. 1 sg.	» »
ἀνεῴγμην	ppf. ind. m. 1 sg.	» »
*ἀνεῴγνυ	impf. ind. a. 3 sg.	[»] »

ἀνεῳγόμην	impf. ind. m. 1 sg.	ἀνοίγω, -γνυμι
*ἀνέῳγον	impf. ind. a. 1 sg./3 pl.	» »
ἀνέῳξα	aor.^{1} ind. a. 1 sg.	» »
ἀνεῴξομαι	ft. ind. m. 1 sg.	» »
ἀνέῳχα	pf. ind. a. 1 sg.	» »
ἀνεῴχθην	aor. ind. p. 1 sg.	» »
*ἀνηκούστησε	aor.^{1} ind. a. 3 sg.	ἀνηκουστέω
ἀνήλισκον	impf. ind. a. 1 sg./3 pl.	ἀναλίσκω, [-λόω]
ἀνήλωκα	pf. ind. a. 1 sg.	» »
ἀνηλώκειν	ppf. ind. a. 1 sg.	» »
ἀνήλωσα	aor.^{1} ind. a. 1 sg.	» »
*ἀνηνάμην	aor.^{1} ind. m. 1 sg.	ἀναίνομαι
ἀνηνόμην	impf. ind. m. 1 sg.	»
ἀνησίμωκας	pf. ind. a. 2 sg.	ἀναισιμόω
ἄνηται	pr. cong. m. 3 sg.	ἄνω
ἀνθ-:	*togliere e cercare sotto*	*l'iniziale risultante*
*ἀνθεῦσα	pr. pt. a. N sg. fm.	ἀνθέω
*ἄνθησα	aor.^{1} ind. a. 1 sg.	»
ἀνθίσω	ft. ind. a. 1 sg.	ἀνθίζω
ἀνθυπ(ο)-, ἀνθυφ-:	*togliere e cercare sotto*	*l'iniziale risultante*
ἀνία	pr. impr. a. 2 sg.	ἀνιάω
*ἀνιάζεσκον	impf. ind. a. 1 sg./3 pl.	ἀνιά(ζ)ω
ἀνιαθήσομαι	ft. ind. p. 1 sg.	ἀνιάω
*ἀνίασα	aor.^{1} ind. a. 1 sg.	»
ἀνιάσομαι	ft. ind. m. 1 sg.	»
ἀνιάσω, -ήσω	ft. ind. a. 1 sg.	»
*ἀνιήσεαι	ft. ind. m. 2 sg.	»
ἀνιῷντο, *-ῴατο	pr. ott. m. 3 pl.	»
*ἀνοιγήσομαι	ft. ind. p. 1 sg.	ἀνοίγω, -γνυμι
*ἄνοιξα	aor.^{1} ind. a. 1 sg.	» »
ἀνοίξομαι	ft. ind. m. 1 sg.	» »
ἄνοις	pr. ott. a. 2 sg.	ἄνω
ἄνοιτο	pr. ott. m. 3 sg.	»
ἀνοιχθείς	aor. pt. p. N sg.	ἀνοίγω, -γνυμι
ἀνοιχθῆναι	aor. inf. p.	» »
ἀνοιχθήσομαι	ft. ind. p. 1 sg.	» »
ἀνόμενον	pr. pt. m. NA sg. n.	ἄνω
ἀντ-:	*togliere e cercare sotto*	*l'iniziale risultante*
ἀνταν(α)-, ἀνταπ(ο)-:	*togliere e cercare sotto*	*l'iniziale risultante*
*ἄντασε	aor.^{1} ind. a. 3 sg.	ἀντάω
*ἀντάσω	ft. ind. a. 1 sg.	»

ἀνταφ-, ἀντεγ-:	*togliere e cercare sotto l'iniziale risultante*	
ἀντεισ-, ἀντεκ-:	*togliere e cercare sotto l'iniziale risultante*	
ἀντεμ-, ἀντεν-:	*togliere e cercare sotto l'iniziale risultante*	
ἀντεξ-, ἀντεπ(ι)-:	*togliere e cercare sotto l'iniziale risultante*	
ἀντέσθην	impf. ind. m. 3 du.	ἄντομαι
ἀντεφ-:	*togliere e cercare sotto l'iniziale risultante*	
ἀντήσομεν	ft. ind. a. 1 pl.	ἀντάω
ἀντήσω	aor.^{1} cong. a. 1 sg.	»
*ἀντήτην	impf. ind. a. 3 du.	»
ἀντι-:	*togliere e cercare sotto l'iniziale risultante*	
ἀντιάξω, -άσω	ft. ind. a. 1 sg.	ἀντιά(ζ)ω
ἀντιδι(α)-, -διεξ-:	*togliere e cercare sotto l'iniziale risultante*	
ἀντικαθ-, -κατ(α)-:	*togliere e cercare sotto l'iniziale risultante*	
ἀντιμεθ-, -μετ(α)-:	*togliere e cercare sotto l'iniziale risultante*	
*ἀντιόω	pr. / ft. ind. a. 1 sg.	ἀντιάω
*ἀντιόων	pr. pt. a. N sg. masch.	»
*ἀντιοώντων	pr. impr. a. 3 pl.	»
*ἀντιόωσα	pr. pt. a. N sg. fm.	»
*ἀντιόῳτο	pr. ott. m. 3 sg.	»
ἀντιπαρ(α)-:	*togliere e cercare sotto l'iniziale risultante*	
ἀντιπαρεκ-, -παρεξ-:	*togliere e cercare sotto l'iniziale risultante*	
ἀντιπερι-:	*togliere e cercare sotto l'iniziale risultante*	
ἀντιπρο-, ἀντιπροσ-:	*togliere e cercare sotto l'iniziale risultante*	
ἀντιρ- (+ ρ):	*togliere e cercare sotto l'iniziale ῥ-*	
*ἀντιώθην	aor. ind. p. 1 sg.	ἀντιόομαι
ἀντιώσεσθαι	ft. inf. m.	»
ἀντιώσομαι	ft. ind. m. 1 sg.	»
ἀντλήσας	aor.^{1} pt. a. N sg.	ἀντλέω
ἀντλήσω	ft. ind. a. 1 sg.	»
**ἀντυπ-:*	*togliere e cercare sotto l'iniziale risultante*	
ἀντῴη	pr. ott. a. 3 sg.	ἀντάω
ἀντωχύρωσα	aor.^{1} ind. a. 1 sg.	ἀντοχυρόω
*ἄνυον	impf. ind. a. 1 sg./3 pl.	ἀνύ(τ)ω
*ἀνυσάμην	aor.^{1} ind. m. 1 sg.	»
ἀνύσασα	aor.^{1} pt. a. N sg. fm.	»
ἀνύσασθαι	aor.^{1} inf. m.	»
ἀνύσειε	aor.^{1} ott. a. 3 sg.	»
ἀνυσθήσομαι	ft. ind. p. 1 sg.	»
*ἀνύσσαι	aor.^{1} inf. a.	»
*ἀνύσσομαι	ft. ind. m. 1 sg.	»
ἀνύσω	ft. ind. a. 1 sg.	»

ἄνυται	pr. ind. m. 3 sg.	ἀνύ(τ)ω
*ἄνυτο	impf. ind. m. 3 sg.	»
*ἀνῷγμαι	pf. ind. m. 1 sg.	ἀνοίγω, -γνυμι
*ἀνῷγον	impf. ind. a. 1 sg./3 pl.	» »
*ἀνωῖξαι	aor.^{1} inf. a.	» »
*ἀνωΐχθην	aor. ind. p. 1 sg.	» »
*ἀνῷξα	aor.^{1} ind. a. 1 sg.	» »
*ᾆξα	aor.^{1} ind. a. 1 sg.	ᾄττω, ἀΐσσω
ἄξαι	aor.^{1} inf. a.	ἄγω
ἆξαι	aor.^{1} inf. a.	ἄγνυμι
ἄξαιμι	aor.^{1} ott. a. 1 sg.	»
ἄξαις	aor.^{1} ott. a. 2 sg.	»
*ἀξάμην	aor.^{1} ind. m. 1 sg.	ἄγω
ᾄξαντες	aor.^{1} pt. a. N pl.	ᾄττω, ἀΐσσω
ἄξας	aor.^{1} pt. a. N sg.	ἄγω
ἄξας	aor.^{1} pt. a. N sg.	ἄγνυμι
ᾄξας	aor.^{1} pt. a. N sg.	ᾄττω, ἀΐσσω
ἄξασθε	aor.^{1} impr. m. 2 pl.	ἄγω
ἄξατε, *ἄξετε	aor.^{1} impr. a. 2 pl.	»
ἄξειαν	aor.^{1} ott. a. 3 pl.	ἄγνυμι
*ἀξέμεν(αι)	aor.^{1} inf. a.	ἄγω
*ἄξεσθε	aor.^{1} impr. m. 2 pl.	»
*ἀξιεύμενος	pr. pt. m. N sg.	ἀξιόω
ἀξιωθήσομαι	ft. ind. p. 1 sg.	»
*ἄξοισι	ft. ind. a. 3 pl.	ἄγω
ἄξομαι	ft. ind. m. 1 sg.	»
*ἆξον	aor.^{1} impr. a. 2 sg.	ἄγνυμι
*ἄξοντο	aor.^{1} ind. m. 3 pl.	ἄγω
ἄξω	ft. ind. a. 1 sg.	»
ἄξω	ft. ind. a. 1 sg.	ἄγνυμι
ᾄξω	ft. ind. a. 1 sg.	ᾄττω, ἀΐσσω
ἄξωσι	aor.^{1} cong. a. 3 pl.	ἄγω
ἄξωσι	aor.^{1} cong. a. 3 pl.	ἄγνυμι
ἀολλισθήσομαι	ft. ind. p. 1 sg.	ἀολλίζω
*ἀολλίσθησαν	aor. ind. p. 3 pl.	»
*ἀόλλισσαν	aor.^{1} ind. a. 3 pl.	»
*ἀολλίσσασα	aor.^{1} pt. a. N sg. fm.	»
ἀορτηθείς	aor. pt. p. N sg.	ἀορτέω
*ἄορτο	ppf. ind. m. 3 sg.	αἴρω, ἀείρω
ἀοσσῆσαι	aor.^{1} inf. a.	ἀοσσέω
ἀπ-:	*togliere e cercare sotto*	*l'iniziale risultante*

ἀπαμ-. ἀπαν(α)-:	*togliere e cercare sotto l'iniziale risultante*	
*ἀπάτασα, -ησα	aor.^{1} ind. a. 1 sg.	ἀπατάω
ἀπατηθήσομαι	ft. ind. p. 1 sg.	»
ἀπατήσομαι	ft. ind. m. 1 sg.	»
ἀπατήσω	ft. ind. a. 1 sg.	»
*ἀπάφησε	aor.^{1} ind. a. 3 sg.	ἀπαφίσκω
ἀπαφήσω	ft. ind. a. 1 sg.	»
*ἀπάφοιτο	aor.^{2} ott. m. 3 sg.	»
*ἀπαφών	aor.^{2} pt. a. N sg.	»
ἀπεδιήτησα	aor.^{1} ind. a. 1 sg.	ἀποδιαιτάω
*ἀπείλεον	impf. ind. a. 1 sg./3 pl.	ἀπειλέω
ἀπειλήσω	ft. ind. a. 1 sg.	»
ἀπεκ-:	*togliere e cercare sotto l'iniziale risultante*	
ἀπεμ-, ἀπεν-:	*togliere e cercare sotto l'iniziale risultante*	
ἀπεξ-:	*togliere e cercare sotto l'iniziale risultante*	
*ἀπεχθάνεαι	pr. ind. m. 2 sg.	ἀπεχθάνομαι
ἀπεχθήσομαι	ft. ind. m. 1 sg.	»
ἀπήντηκα	pf. ind. a. 1 sg.	ἀπαντάω
ἀπηχθανόμην	impf. ind. m. 1 sg.	ἀπεχθάνομαι
ἀπηχθόμην	aor.^{2} ind. m. 1 sg.	»
ἀπιστηθήσομαι	ft. ind. p. 1 sg.	ἀπιστέω
ἀπιστήσομαι	ft. ind. m. 1 sg.	»
ἀπλώσας	aor.^{1} pt. a. N sg.	ἀπλόω
ἄπλωσον	aor.^{1} impr. a. 2 sg.	»
ἀπο-, ἀποδι(α)-:	*togliere e cercare sotto l'iniziale risultante*	
*ἀπόερσε	aor.^{1} ind. a. 3 sg.	ἀπόερσε
*ἀποέρσῃ	aor.^{1} cong. a. 3 sg.	»
*ἀπόερσον	aor.^{1} impr. a. 2 sg.	»
ἀποκαθ-, -κατ(α)-:	*togliere e cercare sotto l'iniziale risultante*	
ἀποκαταρ- (+ ρ):	*togliere e cercare sotto l'iniziale ῥ-*	
ἀπομεθ-:	*togliere e cercare sotto l'iniziale risultante*	
ἀποπρο-, ἀποπροσ-:	*togliere e cercare sotto l'iniziale risultante*	
ἀπορ- (+ ρ):	*togliere e cercare sotto l'iniziale ῥ-*	
ἀπορηθείς	aor. pt. p. N sg.	ἀπορέω
ἀπορηθήσομαι	ft. ind. p. 1 sg.	»
ἀπορήσας	aor.^{1} pt. a. N sg.	»
ἀπορήσομαι	ft. ind. m. 1 sg.	»
ἀποσυμ-, ἀποσυν-:	*togliere e cercare sotto l'iniziale risultante*	
ἀποσυ(σ)-:	*togliere e cercare sotto l'iniziale risultante*	
*ἅπτεαι	pr. ind. m. 2 sg.	ἅπτω
ἅπτεσθον	pr. impr. m. 2 du.	»

ἀπτέσθω	pr. impr. m. 3 sg.	ἅπτω
*ἀπυ- (*per* ἀπο):	*togliere e cercare sotto l'iniziale risultante*	
*ἀπύει	pr. ind. a. 3 sg.	ἠπύω
*ἄπυεν	impf. ind. a. 3 sg.	»
*ἀπυέσθω	pr. impr. m. 3 sg.	»
*ἀπύσατε	aor.¹ impr. a. 2 pl.	»
*ἀπύσει	ft. ind. a. 3 sg.	»
*ἀπύων	pr. pt. a. N sg.	»
ἆραι	aor.¹ inf. a.	αἴρω, ἀείρω
ἀραίμην	aor.¹ ott. m. 1 sg.	» »
*ἀραιρέατο	ppf. ind. m. 3 pl.	αἱρέω
*ἀραίρηκα	pf. ind. a. 1 sg.	»
*ἀραιρήκεε	ppf. ind. a. 3 sg.	»
*ἀραιρηκώς	pf. pt. a. N sg.	»
*ἀραίρημαι	pf. ind. m. 1 sg.	»
*ἀραιρημένος	pf. pt. m. N sg.	»
*ἀραίρητο	ppf. ind. m. 3 sg.	»
ἄραιτο	aor.¹ ott. m. 3 sg.	αἴρω, ἀείρω
ἀράμενος	aor.¹ pt. m. N sg.	» »
*ἄραξα	aor.¹ ind. a. 1 sg.	ἀράσσω
ἀράξας	aor.¹ pt. a. N sg.	»
ἀράξειε	aor.¹ ott. a. 3 sg.	»
ἀράξω, *ἀραξῶ	ft. ind. a. 1 sg.	»
ἄραρε	pf. ind. a. 3 sg.	ἀραρίσκω
ἀραρεῖν	aor.² inf. a.	»
ἀραρέναι	pf. inf. a.	»
*ἀραροίατο	aor.² ott. m. 3 pl.	»
*ἄραρον	aor.² ind. a. 1 sg./3 pl.	»
ἀραρυῖα	pf. pt. a. N sg. fm.	»
ἀράρω	aor.² cong. a. 1 sg.	»
ἀραρών	aor.² pt. a. N sg.	»
ἀραρώς	pf. pt. a. N sg. msch.	»
ἄρας	aor.¹ pt. a. N sg.	αἴρω, ἀείρω
ἀράσαντο	aor.¹ ind. m. 3 pl.	ἀράομαι
ἄρασθαι	aor.¹ inf. m.	αἴρω, ἀείρω
ἀράσομαι	ft. ind. m. 1 sg.	ἀράομαι
*ἀράσσεσκον	impf. ind. a. 1 sg./3 pl.	ἀράσσω
*ἄρατο	aor.¹ ind. m. 3 sg.	αἴρω, ἀείρω
ἀράτω	aor.¹ impr. a. 3 sg.	» »
*ἀράχθην	aor. ind. p. 1 sg.	ἀράσσω
*ἄργμαι	pf. ind. m. 1 sg.	ἄρχω

ἀργήσω	ft. ind. a. 1 sg.	ἀργέω
ἀργυρωθεῖσαι	aor. pt. p. N pl. fm.	ἀργυρόω
*ἄρδεσκε	impf. ind. a. 3 sg.	ἄρδω
ἀρδόμενος	pr. pt. m. N sg.	»
ἄρειας	aor.[1] ott. a. 2 sg.	αἴρω, ἀείρω
*ἀρέομαι	ft. ind. m. 1 sg.	[αἴρω], ἄρνυμαι
ἀρεῖται	ft. ind. m. 3 sg.	» »
ἀρέσαι	aor.[1] inf. a.	ἀρέσκω
ἀρέσθαι	aor.[2] inf. m.	αἴρω, ἀείρω
ἀρεσθείς	aor. pt. p. N sg.	ἀρέσκω
*ἄρεσσα	aor.[1] ind. a. 1 sg.	»
*ἀρεσσάμενος	aor.[1] pt. m. N sg.	»
*ἀρεσ(σ)άμην	aor.[1] ind. m. 1 sg.	»
*ἀρεσ(σ)άσθω	aor.[1] impr. m. 3 sg.	»
*ἀρέσ(σ)ομαι	ft. ind. m. 1 sg.	»
ἀρέσω, *ἀρέσσω	ft. ind. a. 1 sg.	»
*ἄρηαι	aor.[2] cong. m. 2 sg.	[αἴρω], ἄρνυμαι
*ἀρήμεναι	pr. inf. a.	ἀράομαι
*ἀρημένος	pf. pt. m. N sg.	[ἀράω]
ἄρηξον	aor.[1] impr. a. 2 sg.	ἀρήγω
ἀρήξω	ft. ind. a. 1 sg.	»
*ἄρηρα	pf. ind. a. 1 sg.	ἀραρίσκω
*ἀρήρειν	ppf. ind. a. 1 sg.	»
ἀρήρεκα	pf. ind. a. 1 sg.	ἀρέσκω
*ἀρήρεμαι	pf. ind. m. 1 sg.	ἀραρίσκω
*ἀρηρεμένος	pf. pt. m. N sg.	»
*ἄρηρεν	aor.[2] ind. a. 3 sg.	»
*ἀρήρεται	pf. ind. m. 3 sg.	»
*ἀρήρομαι	pf. ind. m. 1 sg.	ἀρόω
*ἀρηρομένος	pf. pt. m. N sg.	»
*ἀρήροτο	ppf. ind. m. 3 sg.	»
*ἀρηρυῖα	pf. pt. a. N sg. fm.	ἀραρίσκω
*ἀρήρω	pf. cong. a. 1 sg.	»
*ἀρηρώς	pf. pt. a. N sg. msch.	»
*ἀρησάιατο	aor.[1] ott. m. 3 pl.	ἀράομαι
*ἀρήσομαι	ft. ind. m. 1 sg.	»
ἄρηται	aor.[2] cong. m. 3 sg.	[αἴρω], ἄρνυμαι
ἀρθείην	aor. ott. p. 1 sg.	αἴρω, ἀείρω
ἀρθείς	aor. pt. p. N sg.	» »
*ἄρθεν	aor. ind. p. 3 pl.	» »
ἀρθῆναι	aor. inf. p.	» »

ἀρθήσομαι	ft. ind. p. 1 sg.	αἴρω, ἀείρω
ἄρθητε	aor. impr. p. 2 pl.	» »
ἀρθῶ	aor. cong. p. 1 sg.	» »
*ἀριθμηθήμεναι	aor. inf. p.	ἀριθμέω
ἀριθμηθήσομαι	ft. ind. p. 1 sg.	»
ἀριθμήσομαι	ft. ind. m. 1 sg.	»
*ἀριστῆν	pr. inf. a.	ἀριστάω
*ἄρκεσα	aor.^{1} ind. a. 1 sg.	ἀρκέω
ἀρκεσθήσομαι	ft. ind. p. 1 sg.	»
ἀρκέσω	ft. ind. a. 1 sg.	»
*ἄρμενος	aor.^{2} pt. m. N sg.	ἀραρίσκω
*ἅρμοκται	pf. ind. m. 3 sg.	ἁρμόττω, ἁρμόζω
*ἅρμοξα	aor.^{1} ind. a. 1 sg.	» »
*ἁρμόσαμεν	aor.^{1} ind. a. 1 pl.	» »
ἁρμόσει	ft. ind. a. 3 sg.	» »
ἁρμόσειε	aor.^{1} ott. a. 3 sg.	» »
*ἁρμόσθαι	pf. inf. m.	» »
ἁρμοσθήσομαι	ft. ind. p. 1 sg.	» »
*ἅρμοσμαι	pf. ind. m. 1 sg.	» »
ἁρμόσω	ft. ind. a. 1 sg.	» »
*ἁρμόχθαι	pf. inf. m.	» »
*ἁρμόχθην	aor. ind. p. 1 sg.	» »
ἀρνηθήσομαι	ft. ind. p. 1 sg.	ἀρνέομαι
ἀρνήσαιο	aor.^{1} ott. m. 2 sg.	»
ἀρνησάσθω	aor.^{1} impr. m. 3 sg.	»
ἀρνήσομαι	ft. ind. m. 1 sg.	»
*ἄρνυσο	pr. impr. m. 2 sg.	ἄρνυμαι
*ἄρξατο	aor.^{1} ind. m. 3 sg.	ἄρχω
ἄρξομαι, *ἀρξεῦμαι	ft. ind. m. 1 sg.	»
ἄρξον	aor.^{1} impr. a. 2 sg.	»
ἄρξω	ft. ind. a. 1 sg.	»
ἀροίμην	aor.^{2} ott. m. 1 sg.	[αἴρω], ἄρνυμαι
*ἀρόμην	aor.^{2} ind. m. 1 sg.	» »
*ἀρόμεναι	pr. inf. a.	ἀρόω
ἆρον	aor.^{1} impr. a. 2 sg.	αἴρω, ἀείρω
*ἄροσε	aor.^{1} ind. a. 3 sg.	ἀρόω
*ἀρόσειε	aor.^{1} ott. a. 3 sg.	»
*ἀρόσ(σ)αι	aor.^{1} inf. a.	»
*ἀρόσ(σ)ω	ft. ind. a. 1 sg.	»
ἀροῦμαι	ft. ind. m. 1 sg.	[αἴρω], ἄρνυμαι
*ἀρόῳς	pr. cong. a. 2 sg.	ἀρόω

*ἀρόωσι	pr. ind. a. 3 pl.	ἀρόω
ἁρπᾷ	ft. ind. m. 2 sg.	ἁρπάζω
ἁρπαγήσομαι	ft. ind. p. 1 sg.	»
*ἁρπάμενος	aor.^{2} pt. m. N sg.	»
ἁρπαξαίμην	aor.^{1} ott. m. 1 sg.	»
ἁρπάξας	aor.^{1} pt. a. N sg.	»
*ἁρπάξω	ft. ind. a. 1 sg.	»
ἁρπάσαιο	aor.^{1} ott. m. 2 sg.	»
ἁρπασθήσομαι	ft. ind. p. 1 sg.	»
ἁρπάσομαι	ft. ind. m. 1 sg.	»
ἁρπάσω	ft. ind. a. 1 sg.	»
ἁρπᾶται	ft. ind. m. 3 sg.	»
ἁρπαχθείς	aor. pt. p. N sg.	»
ἁρπῶμαι	ft. ind. m. 1 sg.	»
*ἆρσα	aor.^{1} ind. a. 1 sg.	ἀραρίσκω
*ἀρσάμενος	aor.^{1} pt. m. N sg.	»
*ἄρσας	aor.^{1} pt. a. N sg.	»
*ἄρσας	aor.^{1} pt. a. N sg.	ἄρδω
*ἄρσετε	aor.^{1} impr. a. 2 pl.	ἀραρίσκω
*ἄρσῃ	aor.^{1} cong. a. 3 sg.	ἄρδω
*ἄρσομαι	ft. ind. m. 1 sg.	ἀραρίσκω
*ἄρσον	aor.^{1} impr. a. 2 sg.	»
*ἄρσω	ft. ind. a. 1 sg.	»
*ἀρτέαται	pf. ind. m. 3 pl.	ἀρτάω
ἀρτῆσαι	aor.^{1} inf. a.	»
ἀρτήσας	aor.^{1} pt. a. N sg.	»
ἀρτήσω	ft. ind. a. 1 sg.	»
*ἀρτύνθην	aor. ind. p. 1 sg.	ἀρτύνω
ἀρτυνῶ, *ἀρτυνέω	ft. ind. a. 1 sg.	»
ἀρτύσω	ft. ind. a. 1 sg.	ἀρτύω
ἄρυσαι	aor.^{1} impr. m. 2 sg.	ἀρύ(τ)ω
ἀρυσαίμην	aor.^{1} ott. m. 1 sg.	»
*ἀρυσ(σ)άμενος	aor.^{1} pt. m. N sg.	»
ἀρύσασθαι	aor.^{1} inf. m.	»
ἀρυσθείς, *ἀρυθείς	aor. pt. p. N sg.	»
ἀρύσομαι	ft. ind. m. 1 sg.	»
*ἀρυτήμενοι	pr. pt. m. N pl.	»
*ἀρχέμεναι	pr. inf. a.	ἄρχω
ἀρχθῆναι	aor. inf. p.	»
ἀρχθήσομαι	ft. ind. p. 1 sg.	»
ἀρῶ	pr. ind. a. 1 sg.	ἀρόω

ἀρῶ	ft. ind. a. 1 sg.	αἴρω, ἀείρω
ἄρω	aor.² cong. a. 1 sg.	[»], ἄρνυμαι
ἄρωμαι	aor.² cong. m. 1 sg.	[»] »
*ἀρώμεναι. ἀρῶν	pr. inf. a.	ἀρόω
ἀρώσω, *ἀρώσσω	ft. ind. a. 1 sg.	»
*ᾆσα	aor.¹ ind. a. 1 sg.	ᾄδω, ἀείδω
*ἆσα	aor.¹ ind. a. 1 sg.	ἄω
*ἆσα	aor.¹ ind. a. 1 sg.	ἀάω
*ἆσαι	aor.¹ inf. a.	ἀάω
*ἆσαι	aor.¹ inf. a.	ἄω
ᾆσαι	aor.¹ inf. a.	ᾄδω, ἀείδω
*ἄσαιο	pr. ott. m. 2 sg.	ἀσάω
*ἀσάμενοι	pr. pt. m. N pl.	ἀσάω
*ἀσάμην	aor.¹ ind. m. 1 sg.	ἄω
*ἀσάμην	aor.¹ ind. m. 1 sg.	ἀάω
*ἄσασθαι	aor.¹ inf. m.	ἄω
ἀσᾶται	pr. ind. m. 3 sg.	ἀσάω
*ἆσε	aor.¹ ind. a. 3 sg.	ἀάω
ἀσελγᾶναι	aor.¹ inf. a.	ἀσελγαίνω
ἀσελγανῶ	ft. ind. a. 1 sg.	»
*ᾀσεῦμαι	ft. ind. m. 1 sg.	ᾄδω, ἀείδω
*ᾀσῇ	ft. ind. m. 2 sg.	» »
ἀσηθείη	aor. ott. p. 3 sg.	ἀσάω
ἀσηθῇς	aor. cong. p. 2 sg.	»
ἀσήσει	ft. ind. m. 2 sg.	»
ᾀσθείς	aor. pt. p. N sg.	ᾄδω, ἀείδω
ἀσκαριῶ	ft. ind. a. 1 sg.	ἀσκαρίζω
*ἀσκήσεαι	ft. ind. m. 2 sg.	ἀσκέω
ἀσκήσω	ft. ind. a. 1 sg.	»
*ἄσομαι	ft. ind. m. 1 sg.	ἄω
ᾄσομαι	ft. ind. m. 1 sg.	ᾄδω, ἀείδω
ἀστράψω	ft. ind. a. 1 sg.	ἀστράπτω
ἀσφαλιοῦμαι, -ίσομαι	ft. ind. m. 1 sg.	ἀσφαλίζω
ἀσχάλα	pr. impr. a. 2 sg.	ἀσχαλάω
*ἀσχαλάαν	pr. inf. a.	»
ἀσχαλεῖ	ft. ind. a. 3 sg.	[»], ἀσχάλλω
ἀσχαλήσω	ft. ind. a. 1 sg.	»
ἄσχαλλε	pr. impr. a. 2 sg.	[»] »
ἀσχάλλῃς	pr. cong. a. 2 sg.	[»] »
*ἀσχαλόων	pr. pt. a. N. sg.	»
*ἀσχαλόωσι	pr. ind. a. 3 pl.	»

ἀσχοληθήσομαι	ft. ind. p. 1 sg.	ἀσχολέω
ἀσχολήσομαι	ft. ind. m. 1 sg.	»
*ἄσω	ft. ind. a. 1 sg.	ἄω
ᾄσω, *ᾀσῶ	ft. ind. a. 1 sg.	ᾄδω, ἀείδω
ἀσῶ	pr. impr. m. 2 sg.	ἀσάω
ἀσώμενος	pr. pt. m. N sg.	»
ἀσῶν	pr. pt. a. N sg.	»
*ἀταθείη	aor. ott. p. 3 sg.	ἀτάομαι
ἄταλλε	pr. impr. a. 2 sg.	ἀτάλλω
*ἄταλλον	impf. ind. a. 1 sg./3 pl.	»
*ἀτασθῶσι	aor. cong. p. 3 pl.	ἀτάομαι
*ἀτέμβηαι	pr. cong. m. 2 sg.	ἀτέμβω
ἀτίμα	pr. impr. a. 2 sg.	ἀτιμάω
ἀτιμασθήσομαι	ft. ind. p. 1 sg.	ἀτιμάζω
ἀτιμάσω	ft. ind. a. 1 sg.	»
ἀτιμήσω	ft. ind. a. 1 sg.	ἀτιμάω
ἀτιμωθήσομαι	ft. ind. p. 1 sg.	ἀτιμόω
ἀτιμώσω	ft. ind. a. 1 sg.	»
ἀτίσεις	ft. ind. a. 2 sg.	ἀτίζω
ἀτίσῃς	aor.^{1} cong. a. 2 sg.	»
*ἄτισ(σ)αν	aor.^{1} ind. a. 3 pl.	»
*ἀτιταλλέμεναι	pr. inf. a.	ἀτιτάλλω
*ἀτίταλλον	impf. ind. a. 1 sg./3 pl.	»
*ἀτίτηλα	aor.^{1} ind. a. 1 sg.	»
*ἀτιτήλατο	aor.^{1} ind. m. 3 sg.	»
*ἀτρεμέωσι	pr. cong. a. 3 pl.	ἀτρεμέω
ἀτρεμήσω	ft. ind. a. 1 sg.	»
ἀτρεμιεῖν	ft. inf. a.	ἀτρεμίζω
ἀτρεμιεῖσθαι	ft. inf. m.	»
ἀτρεμιῶ	ft. ind. a. 1 sg.	»
ἀτρεμοῖεν	pr. ott. a. 3 pl.	ἀτρεμέω
ἀτύξαι	aor.^{1} ott. a. 3 sg.	ἀτύζω
ἀτύξω	ft. ind. a. 1 sg.	»
ἀτυχηθέντα	aor. pt. p. NA pl. n.	ἀτυχέω
ἀτυχήσω	ft. ind. a. 1 sg.	»
ἀτυχθείς	aor. pt. p. N sg.	ἀτύζω
*ἀτώμεσθα	pr. ind. m. 1 pl.	ἀτάομαι
*αὑαινόμην	impf. ind. m. 1 sg.	αὑαίνω, αὑ-
*αὑάνθην	aor. ind. p. 1 sg.	» »
αὑανθήσομαι, *αὑ-	ft. ind. p. 1 sg.	» »
*αὑανοῦμαι	ft. ind. m. 1 sg.	» »

*αὐανῶ	ft. ind. a. 1 sg.	αὐαίνω, αὐ-
αὐγασθεῖσα	aor. pt. p. N sg. fm.	αὐγάζω
*αὐγάσω	ft. ind. a. 1 sg.	»
*αὐδαθείς	aor. pt. p. N sg.	αὐδάω
*αὐδάξασθαι	aor.[1] inf. m.	αὐδάζω
*αὐδάξω	ft. ind. a. 1 sg.	»
*αὔδασα	aor.[1] ind. a. 1 sg.	αὐδάω
*αὐδάσομαι	ft. ind. m. 1 sg.	»
*αὔδασον	aor.[1] impr. a. 2 sg.	»
*αὐδασοῦντι	ft. ind. a. 3 pl.	»
*αὐδάσω	ft. ind. a. 1 sg.	»
αὐδαχθεῖσα	aor. pt. p. N sg. fm.	αὐδάζω
αὐδηθείς	aor. pt. p. N sg. msch.	αὐδάω
αὐδηθήσομαι	ft. ind. p. 1 sg.	»
αὐδήσας	aor.[1] pt. a. N sg.	»
*αὐδήσασκε	impf./aor.[1] ind. a. 3 sg.	»
αὐδήσομαι	ft. ind. m. 1 sg.	»
αὐδήσω	ft. ind. a. 1 sg.	»
*αὐδήτην	impf. ind. a. 3 du.	»
*αὐδώωνται	pr. ind. m. 3 pl.	»
*αὐέρυον	impf. ind. a. 1 sg./3 pl.	αὐερύω
*αὐέρυσα	aor.[1] ind. a. 1 sg.	»
*αὔηνα	aor.[1] ind. a. 1 sg.	αὐαίνω, αὐ-
αὐῆναι	aor.[1] inf. a.	» »
αὐήνας	aor.[1] pt. a. N sg.	» »
αὔηνον	aor.[1] impr. a. 2 sg.	» »
*αὐλακισμέναν	pf. pt. m. A sg. fm.	αὐλακίζω
*αὔλησα	aor.[1] ind. a. 1 sg.	αὐλέω
*αὐλησεῦντι	ft. ind. a. 3 pl.	»
αὐλισθήσεται	ft. ind. p. 3 sg.	αὐλίζομαι
*αὐξανόμην	impf. ind. m. 1 sg.	αὐξάνω
αὐξανῶ	ft. ind. a. 1 sg.	»
αὖξε	pr. impr. a. 2 sg.	[»], αὔξω
αὐξηθήσομαι	ft. ind. p. 1 sg.	»
*αὔξημαι	pf. ind. m. 1 sg.	»
αὐξήσομαι	ft. ind. m. 1 sg.	»
αὐξήσω	ft. ind. a. 1 sg.	»
αὐξυνθείς	aor. pt. p. N sg.	[»], αὐξύνω
*ἆυσαι	aor.[1] inf. a	αὔω
*ἀύσας	aor.[1] pt. a. N sg.	»
*ἀύσατε	aor.[1] impr. a. 2 pl.	»

*ἄυσεν	aor.[1] ind. a. 3 sg.	αὔω
*ἀύσῃς	aor.[1] cong. a. 2 sg.	»
*ἀύσω	ft. ind. a. 1 sg.	»
*ἀύτει	impf. ind. a. 3 sg.	ἀυτέω
*ἀυτεῖ	pr. ind. a. 3 sg.	»
*ἀύτευν	impf. ind. a. 3 pl.	»
αὐχήσω	ft. ind. a. 1 sg.	αὐχέω
αὐχμήσῃ	aor.[1] cong. a. 3 sg.	αὐχμάω, αὐχμέω
*αὐχμώοντα	pr. pt. a. A sg. msch.	»
ἀφ- (*per* ἀπο):	*togliere e cercare sotto*	*l'iniziale risultante*
ἀφανισθεῖσαν	aor. pt. p. A sg. fm.	ἀφανίζω
ἀφανιῶ	ft. ind. a. 1 sg.	»
ἄφασον	aor.[1] impr. a. 2 sg.	ἀφάσσω
ἀφῆναι	aor. inf. p.	ἅπτω
*ἀφήσατο	aor.[1] ind. m. 3 sg.	ἀφάω
*ἄφθην	aor. ind. p. 1 sg.	ἅπτω
ἀφθήσομαι	ft. ind. p. 1 sg.	»
*ἀφόων	pr. pt. a. N sg.	ἀφάω
*ἀφόωντο	impf. ind. m. 3 pl.	»
*ἄφρεον	impf. ind. a. 1 sg./3 pl.	ἀφρέω
ἀφύξω, *ἀφυξῶ	ft. ind. a. 1 sg.	ἀφύσσω
*ἄφυσσα	aor.[1] ind. a. 1 sg.	»
*ἀφύσσατο, -ετο	aor.[1] ind. m. 3 sg.	»
*ἄφυσσον	impf. ind. a. 1 sg./3 pl.	»
*ἄφυσσον	aor.[1] impr. a. 2 sg.	»
*ἄχει	impf./pr. ind. a. 3 sg.	ἠχέω
*ἄχει	pr. impr. a. 2 sg.	»
*ἀχεῦσι	pr. ind. a. 3 pl.	»
*ἀχεύων	pr. pt. a. N sg.	[ἀχέω], ἀχεύω
*ἀχήσῃ	aor.[1] cong. a. 3 sg.	ἠχέω
ἀχθείς	aor. pt. p. N sg.	ἄγω
ἀχθεσθήσομαι	ft. ind. p. 1 sg.	ἄχθομαι
ἀχθέσομαι	ft. ind. m. 1 sg.	»
*ἄχθην	aor. ind. p. 1 sg.	ἄγω
ἀχθήσομαι	ft. ind. p. 1 sg.	»
*ἄχνυτο	impf. ind. m. 3 sg.	[ἀχέω], ἄχνυμαι
*ἀχοῦσι	pr. ind. a. 3 pl.	ἠχέω
ἅψαι	aor.[1] inf. a.	ἅπτω
*ἅψαντο	aor.[1] ind. m. 3 pl.	»
*ἅψαο	aor.[1] ind. m. 2 sg.	»
ἅψας	aor.[1] pt. a. N sg.	»

*ἀψάσθην	aor.^{1} ind. m. 3 du.	ἅπτω
ἅψομαι	ft. ind. m. 1 sg.	»
ἅψω	ft. ind. a. 1 sg.	»
*ἄωρτο	ppf. ind. m. 3 sg.	αἴρω, ἀείρω
*ἀωτεῖτε	pr. impr. a. 2 pl.	ἀωτέω

B

-βα	aor.^{2} impr. a. 2 sg.	βαίνω
βαβάξαι	aor.^{1} inf. a.	βαβάζω
βαδιοῦμαι, -ίσομαι	ft. ind. m. 1 sg.	βαδίζω
βαδίσω, βαδιῶ	ft. ind. a. 1 sg.	»
βαθήσομαι	ft. ind. p. 1 sg.	βαίνω
*βᾶθι	aor.^{2} impr. a. 2 sg.	»
βαθύνας	aor.^{1} pt. a. N sg.	βαθύνω
βαθυνθέντες	aor. pt. p. N pl.	»
βαῖεν	aor.^{2} ott. a. 3 pl.	βαίνω
βαίην	aor.^{2} ott. a. 1 sg.	»
βαῖμεν	aor.^{2} ott. a. 1 pl.	»
*βαινέμεν	pr. inf. a.	»
*βαίνεσκον	impf. ind. a. 1 sg./3 pl.	»
βαῖτε	aor.^{2} ott. a. 2 pl.	»
βάλαι	aor.^{1} inf. a.	βάλλω
βάλε	aor.^{2} impr. a. 2 sg.	»
*βαλέει	ft. ind. a. 3 sg.	»
βαλεῖν, *βαλέειν	aor.^{2} inf. a.	»
βαλείς	aor. pt. p. N sg.	»
*βάλεο	aor.^{2} impr. m. 2 sg.	»
*βαλέομαι	ft. ind. m. 1 sg.	»
βαλέσθαι	aor.^{2} inf. m.	»
*βάλεσκε	aor.^{2} ind. a. 3 sg.	»
βαλέτω	aor.^{2} impr. a. 3 sg.	»
*βάλευ, βαλεῦ	aor.^{2} impr. m. 2 sg.	»
*βαλεῦμαι	ft. ind. m. 1 sg.	»
*βαλέω	ft. ind. a. 1 sg.	»
*βάληαι	aor.^{2} cong. m. 2 sg.	»
*βάλησθα	aor.^{2} cong. a. 2 sg.	»
*βαλλέσκετο	impf. ind. m. 3 sg.	»
*βάλλευ	pr. impr. m. 2 sg.	»
*βαλλήσω	ft. ind. a. 1 sg.	»

*βαλλόμην	impf. ind. m. 1 sg.	βάλλω
*βάλλον	impf. ind. a. 1 sg./3 pl.	»
βάλοι	aor.^{2} ott. a. 3 sg.	»
βαλοίμην	aor.^{2} ott. m. 1 sg.	»
*βαλοῖσα	ft. pt. a. N sg. fm.	»
*βάλοισθα	aor.^{2} ott. a. 2 sg.	»
βάλοιτο	aor.^{2} ott. m. 3 sg.	»
*βαλόμην	aor.^{2} ind. m. 1 sg.	»
*βάλον	aor.^{2} ind. a. 3 pl.	»
βαλόν	aor.^{2} pt. a. N sg. n.	»
βαλοῦ	aor.^{2} impr. m. 2 sg.	»
βαλοῦμαι	ft. ind. m. 1 sg.	»
βαλοῦν	ft. pt. a. N sg. n.	»
βαλοῦσα	ft./aor.^{2} pt. a. N sg. fm.	»
βάλω	aor.^{2} cong. a. 1 sg.	»
βαλῶ	ft. ind. a. 1 sg.	»
βάλωμαι	aor.^{2} cong. m. 1 sg.	»
βαλών, *βάλων	aor.^{2} pt. a. N. sg. msch.	»
βαλῶν	ft. pt. a. N sg. msch.	»
βάλωσι	aor.^{2} cong. a. 3 pl.	»
βάν	aor.^{2} pt. a. N sg. n.	βαίνω
*βάν	aor.^{2} ind. a. 3 pl.	»
βάντων	aor.^{2} impr. a. 3 pl.	»
*βάξω	ft. ind. a. 1 sg.	βάζω
βαρήσω	ft. ind. a. 1 sg.	βαρέω
*βάρυνθεν	aor. ind. p. 3 pl.	βαρύνω
βαρυνθήσομαι	ft. ind. p. 1 sg.	»
βαρυνῶ	ft. ind. a. 1 sg.	»
βάς	aor.^{2} pt. a. N sg. msch.	βαίνω
βᾶσα	aor.^{2} pt. a. N sg. fm.	»
*βάσαν	aor.$^{1-2}$ ind. a. 3 pl.	»
βασανισθησόμενοι	ft. pt. p. N pl.	βασανίζω
βασανίσω	aor.^{1} cong. a. 1 sg.	»
βασανιῶ	ft. ind. a. 1 sg.	»
*βασεῦμαι, βασοῦμαι	ft. ind. m. 1 sg.	βαίνω
βασκανῶ	ft. ind. a. 1 sg.	βασκαίνω
*βάσομεν	ft. ind. a. 1 pl.	βαίνω
βασσαρήσω	ft. ind. a. 1 sg.	βασσαρέω
βασταγῆναι	aor. inf. p.	βαστάζω
βαστάσας	aor.^{1} pt. a. N sg.	»
βαστάσω, *-άξω	ft. ind. a. 1 sg.	»

βασταχθήσομαι	ft. ind. p. 1 sg.	βαστάζω
*βάσω	ft. ind. a. 1 sg.	βαίνω
*βᾶτε	aor.^{2} impr. a. 2 pl.	»
*βατεῦνται	pr. ind. m. 3 pl.	βατέω
*βάτην	aor.^{2} ind. a. 3 du.	βαίνω
*βάτω	aor.^{2} impr. a. 3 sg.	»
βαΰξω	ft. ind. a. 1 sg.	βαΰζω
βαΰξας	aor.^{1} pt. a. N sg.	»
βαφ(θ)είς	aor. pt. p. N sg.	βάπτω
βαφ(θ)ῆναι	aor. inf. p.	»
βαφθείην	aor. ott. p. 1 sg.	»
βαφ(θ)ήσομαι	ft. ind. p. 1 sg.	»
βάφθητι	aor. impr. p. 2 sg.	»
βάψαι	aor.^{1} inf. a.	»
βάψαι	aor.^{1} impr. m. 2 sg.	»
βαψάμενος	aor.^{1} pt. m. N sg.	»
βάψας	aor.^{1} pt. a. N sg.	»
βάψασθαι	aor.^{1} inf. m.	»
βαψάσθω	aor.^{1} impr. m. 3 sg.	»
βαψάτω	aor.^{1} impr. a. 3 sg.	»
βάψομαι	ft. ind. m. 1 sg.	»
βάψον	aor.^{1} impr. a. 2 sg.	»
βάψω	ft. ind. a. 1 sg.	»
βάψων	ft. pt. a. N sg.	»
*βδάλας	aor.^{1} pt. a. N sg.	βδάλλω
βδαλῶ	ft. ind. a. 1 sg.	»
βδελύξομαι	ft. ind. m. 1 sg.	βδελύττομαι
βδελύξω	ft. ind. a. 1 sg.	»
βδελυχθείς	aor. pt. p. N sg.	»
βδελυχθήσομαι	ft. ind. p. 1 sg.	»
*βδέσα	aor.^{1} ind. a. 1 sg.	βδέω
βδήλαιο	aor.^{1} ott. m. 2 sg.	βδάλλω
*βεβάασι	pf. ind. a. 3 pl.	βαίνω
βεβάδικα	pf. ind. a. 1 sg.	βαδίζω
βέβαθι	pf. impr. a. 2 sg.	βαίνω
βεβάθυμμαι, -σμαι	pf. ind. m. 1 sg.	βαθύνω
*βεβάθυστο	ppf. ind. m. 3 sg.	»
βεβαῖεν	pf. ott. a. 3 pl.	βαίνω
βεβαίημεν, -αῖμεν	pf. ott. a. 1 pl.	»
βεβαίην	pf. ott. a. 1 sg.	»
*βέβακα	pf. ind. a. 1 sg.	»

βέβακται	pf. ind. m. 3 sg.	βάζω
*βεβαλάνωκε	pf. ind. a. 3 sg.	βαλανόω
βέβαμαι	pf. ind. m. 1 sg.	βαίνω
βέβαμεν	pf. ind. a. 1 pl.	»
βέβαμμαι	pf. ind. m. 1 sg.	βάπτω
βεβάναι, *βεβάμεν	pf. inf. a.	βαίνω
βέβαπται	pf. ind. m. 3 sg.	βάπτω
βεβαπτίσθαι	pf. inf. m.	βαπτίζω
βεβάρηκα	pf. ind. a. 1 sg.	βαρέω
βεβαρηκώς, *-ρηώς	pf. pt. a. N sg.	»
βεβάρημαι	pf. ind. m. 1 sg.	»
βεβαρημένος	pf. pt. m. N sg.	»
βεβάρυμμαι	pf. ind. m. 1 sg.	βαρύνω
*βέβασαν	ppf. ind. a. 3 pl.	βαίνω
βεβασάνισμαι	pf. ind. m. 1 sg.	βασανίζω
βεβᾶσι	pf. ind. a. 3 pl.	βαίνω
βέβασμαι	pf. ind. m. 1 sg.	»
βεβάσταγμαι	pf. ind. m. 1 sg.	βαστάζω
βεβάφθαι	pf. inf. m.	βάπτω
*βεβαυῖα	pf. pt. a. N sg. fm.	βαίνω
*βεβαώς	pf. pt. a. N sg. msch.	»
βέβηκα	pf. ind. a. 1 sg.	»
βεβήκειν	ppf. ind. a. 1 sg.	»
βεβηκέναι	pf. inf. a.	»
βεβηκώς	pf. pt. a. N sg.	»
βεβίασμαι	pf. ind. m. 1 sg.	βιάζω
βεβίβασται	pf. ind. m. 3 sg.	βιβάζω
*βεβιήκειν	ppf. ind. a. 1 sg.	βιάω
*βεβίηκεν	pf. ind. a. 3 sg.	»
βεβίημαι	pf. ind. m. 1 sg.	»
βεβίωκα	pf. ind. a. 1 sg.	βιόω
βεβίωμαι	pf. ind. m. 1 sg.	»
βεβιωμένα	pf. pt. m. NA pl. n.	»
βεβλαίσωται	pf. ind. m. 3 sg.	βλαισόομαι
βέβλαμμαι	pf. ind. m. 1 sg.	βλάπτω
βεβλαμμένος	pf. pt. m. N sg.	»
βεβλάστηκα	pf. ind. a. 1 sg.	βλαστάνω
βεβλασφήμηκα	pf. ind. a. 1 sg.	βλασφημέω
βεβλασφημημένος	pf. pt. m. N sg.	»
βέβλαφα	pf. ind. a. 1 sg.	βλάπτω
βεβλάψομαι	fta. ind. m. 1 sg.	»

βέβλεμμαι	pf. ind. m. 1 sg.	βλέπω
βέβλεφα	pf. ind. a. 1 sg.	»
*βέβληαι	pf. ind. m. 2 sg.	βάλλω
*βεβλήαται	pf. ind. m. 3 pl.	»
*βεβλήατο	ppf. ind. m. 3 pl.	»
βέβληκα	pf. ind. a. 1 sg.	»
*βεβλήκειν	ppf. ind. a. 1 sg.	»
βέβλημαι	pf. ind. m. 1 sg.	»
*βεβλήμεναι	pf. pt. m. N pl. fm.	»
βεβλημένος	pf. pt. m. N sg.	»
βέβληνται	pf. ind. m.3pl.	»
βεβλῆσθαι	pf. inf. m.	»
βεβλῇσθε	pf. ott. m. 2 pl.	»
βεβλήσομαι	fta. ind. m. 1 sg.	»
*βέβλητο	ppf. ind. m. 3 sg.	»
βέβλοφα	pf. ind. a. 1 sg.	βλέπω
βεβοηθημένη	pf. pt. m. N sg. fm.	βοηθέω
βεβόηκα	pf. ind. a. 1 sg.	βοάω
βεβόημαι, *-όαμαι	pf. ind. m. 1 sg.	»
*βεβολήατο	ppf. ind. m. 3 pl.	[βάλλω], βολέω
*βεβόλημαι	pf. ind. m. 1 sg.	» »
*βεβολημένος	pf. pt. m. N sg.	» »
*βεβόλητο	ppf. ind. m. 3 sg.	» »
βεβόσκηκα	pf. ind. a. 1 sg.	βόσκω
*βέβουλα	pf. ind. a. 1 sg.	βούλομαι
*βεβούλευκα	pf. ind. a. 1 sg.	βουλεύω
βεβούλευμαι	pf. ind. m. 1 sg.	»
βεβούλημαι	pf. ind. m. 1 sg.	βούλομαι
βέβρασμαι	pf. ind. m. 1 sg.	βράζω
βέβρεγμαι	pf. ind. m. 1 sg.	βρέχω
βέβριθα	pf. ind. a. 1 sg.	βρίθω
*βεβρίθει	ppf. ind. a. 3 sg.	»
*βεβροτωμένα	pf. pt. m. NA pl. n.	βροτόομαι
*βέβροχα	pf. ind. a. 1 sg.	βρόχω
*βέβρυχα	pf. ind. a. 1 sg.	βρυχάομαι
*βεβρυχώς	pf. pt. a. N sg.	»
*βεβρώθοις	pf. ott. a. 2 sg.	βιβρώσκω
βέβρωκα	pf. ind. a. 1 sg.	»
βέβρωμαι	pf. ind. m. 1 sg.	»
βεβρωμένοι	pf. pt. m. N pl.	»
*βεβρώς	pf. pt. a. N sg.	»

βεβρώσομαι	fta. ind. m. 1 sg.	βιβρώσκω
βεβυλλῶσθαι	pf. inf. m.	βυλλόω
βέβυσμαι	pf. ind. m. 1 sg.	βύω
*βεβυσμένος	pf. pt. m. N sg.	»
*βέβυστο	ppf. ind. m. 3 sg.	»
βεβωλασμένα	pf. pt. m. NA pl. n.	βωλάζω
βεβωμένος	pf. pt. m. N sg.	βοάω
βεβώς	pf. pt. a. N sg.	βαίνω
βεβῶσι	pf. cong. a. 3 pl.	»
*βέῃ	pr./ft. ind. m. 2 sg.	[βιόω], βέ(ι)ομαι
*βέῃ	aor.^{2} cong. m. 2 sg.	βαίνω
*βείομεν	aor.^{2} cong. a. 1 pl.	»
*βέμβλωκα	pf. ind. a. 1 sg.	βλώσκω
*βέω, βείω	aor.^{2} cong. a. 1 sg.	βαίνω
*βέωμεν	aor.^{2} cong. a. 1 pl.	»
*βῆ	aor.^{2} ind. a. 3 sg.	»
βῇ, *βήῃ	aor.^{2} cong. a. 3 sg.	»
βῆθι	aor.^{2} impr. a. 2 sg.	»
*βῆμεν	aor.^{2} ind. a. 1 pl.	»
βῆναι, *βήμεναι	aor.^{2} inf. a.	»
βήξω	ft. ind. a. 1 sg.	βήττω
*βῆσαν	aor.^{1} ind. a. 3 pl.	βαίνω
βήσας	aor.^{1} pt. a. N sg.	»
βήσασθαι	aor.^{1} inf. m.	»
*βήσατο	aor.^{1} ind. m. 3 sg.	»
βησάτω	aor.^{1} impr. a. 3 sg.	»
*βῆσε	aor.^{1} ind. a. 3 sg.	»
*βήσεαι	ft. ind. m. 2 sg.	»
βήσειν, *βησέμεν	ft. inf. a.	»
*βήσεο	aor.^{1} impr. m. 2 sg.	»
βήσεσθαι	ft. inf. m.	»
βήσομαι	ft. ind. m. 1 sg.	»
*βήσομεν	aor.^{1} cong. a. 1 pl.	»
βησόμενος	ft. pt. m. N sg.	»
βῆσον	aor.^{1} impr. a. 2 sg.	»
*βήσω	ft. ind. a. 1 sg.	»
βῆτε	aor.^{2} cong. a. 2 pl.	»
*βήτην	aor.^{2} ind. a. 3 du.	»
*βῆτον	aor.^{2} ind./impr. a. 2 du.	»
βήτω	aor.^{2} impr. a. 3 sg.	»
*βήω	aor.^{2} cong. a. 1 sg.	»

βιασάμενος	aor.^{1} pt. m. N sg.	βιάζω	
βιάσασθαι	aor.^{1} inf. m.	»	
βιασθείς	aor. pt. p. N sg.	»	
βιασθήσομαι	ft. ind. p. 1 sg.	»	
βιασθῶσι	aor. cong. p. 3 pl.	»	
*βιβᾷ	pr. ind. a. 3 sg.	[βιβάζω],	βιβάω
*βιβάντα	pr. pt. a. A sg.	»	βίβημι
*βιβάς	pr. pt. a. N sg.	»	»
βιβασθείς	aor. pt. p. N sg.	»	
βιβασθήσομαι	ft. ind. p. 1 sg.	»	
βιβάσομαι	ft. ind. m. 1 sg.	»	
βιβάσοντες	ft. pt. a. N pl.	»	
βιβάσω, βιβῶ	ft. ind. a. 1 sg.	»	
βιβῶμαι	ft. ind. m. 1 sg.	»	
βιβῶν	ft. pt. a. N sg.	»	
*βιβῶν	pr. pt. a. N sg. msch.	[»],	βιβάω
*βιβῶσα	pr. pt. a. N sg. fm.	»	»
*βιεῦντες	pr. pt. a. N pl.	βιόω	
*βιηθείς	aor. pt. p. N sg.	βιάω	
*βιήσατο	aor.^{1} ind. m. 3 sg.	»	
*βιήσεται	aor.^{1} cong. m. 3 sg.	»	
*βινεσκόμην	impf. ind. m. 1 sg.	βινέω	
βινοίην	pr. ott. a. 1 sg.	»	
βιοῖεν	aor.^{2}/pr. ott. a. 3 pl.	βιόω	
βιοίη	aor.^{2}/pr. ott. a. 3 sg.	»	
βιόν	aor.^{2} pt. a. N sg. n.	»	
βιούς	aor.^{2} pt. a. N sg. msch.	»	
*βιόωνται	pr. ind. m. 3 pl.	βιάω	
*βιόωντο	impf. ind. m. 3 pl.	»	
βιῶ	pr./aor.^{2} cong. a. 1 sg.	βιόω	
βιῷ	pr./aor.^{2} cong. a. 3 sg.	»	
*βιῴατο	pr. ott. m. 3 pl.	βιάω	
*βιῴην	aor.^{2} ott. a. 1 sg.	βιόω	
βιωθήσομαι	ft. ind. p. 1 sg.	»	
βίωθι	aor.^{2} impr. a. 2 sg.	»	
βιῶναι	aor.^{2} inf. a.	»	
*βιωόμενος	pr. pt. m. N sg.	βιάω	
βιῶσαι	aor.^{1} inf. a.	βιόω	
*βιωσέμεν	ft. inf. a.	»	
βιῶσι	aor.^{2}/pr. cong. a. 3 pl.	»	
βιώσομαι	ft. ind. m. 1 sg.	»	

βιώσω	ft. ind. a. 1 sg.	βιόω
βιώτω	aor.^{2} impr. a. 3 sg.	»
βλαβείς	aor. pt. p. N sg.	βλάπτω
*βλάβεν	aor. ind. p. 3 pl.	»
βλαβήσομαι	ft. ind. p. 1 sg.	»
βλαβών	aor.^{2} pt. a. N sg.	»
*βλαστάνεσκε	impf. ind. a. 3 sg.	βλαστάνω
*βλάστεν	aor.^{2} ind. a. 3 sg.	»
*βλάστεον	impf. ind. a. 1 sg./3 pl.	[»], βλαστέω
βλαστηθείς	aor. pt. p. N sg.	»
βλαστήσειεν	aor.^{1} ott. a. 3 sg.	»
βλαστήσω	ft. ind. a. 1 sg.	»
βλαστών	aor.^{2} pt. a. N sg.	»
βλαφθείς	aor. pt. p. N sg.	βλάπτω
βλάψη	aor.^{1} cong. a. 3 sg.	»
βλάψομαι	ft. ind. m. 1 sg.	»
βλάψω	ft. ind. a. 1 sg.	»
*βλέαται	pf. ind. m. 3 pl.	βάλλω
*βλεῖο	aor.^{2} ott. m. 2 sg.	»
*βλεψεῖσθαι	ft. inf. m.	βλέπω
βλέψομαι	ft. ind. m. 1 sg.	»
βλέψω	ft. ind. a. 1 sg.	»
*βλήεται	aor.^{2} cong. m. 3 sg.	βάλλω
βληθείς	aor. pt. p. N sg.	»
βληθῆναι	aor. inf. p.	»
βληθήσομαι	ft. ind. p. 1 sg.	»
βληθῶ	aor. cong. p. 1 sg.	»
*βλήμεναι	aor.^{2} inf. a.	»
*βλήμενος	aor.^{2} pt. m. N sg.	»
*βλῆο	aor.^{2} ott. m. 2 sg.	»
*βλῆσθαι	aor.^{2} inf. m.	»
*βλῆτο	aor.^{2} ind. m. 3 sg.	»
*βληχοῖντο, -ῷντο	pr. ott. m. 3 pl.	βληχάομαι, -έομαι
*βληχώμενοι	pr. pt. m. N pl.	»
*βλύζεσκε	impf. ind. a. 3 sg.	βλύζω
*βλύσσειε	aor.^{1} ott. a. 3 sg.	»
*βλύσσω	ft. ind. a. 1 sg.	»
βλώξω	ft. ind. a. 1 sg.	βλώσκω
*βλωσκέμεν	pr. inf. a.	»
*βοάασκε	impf. ind. a. 3 sg.	βοάω
*βόασα, βόησα	aor.^{1} ind. a. 1 sg.	»

βοάσθω	pr. impr. m. 3 sg.	βοάω
βοηθηθήσομαι	ft. ind. p. 1 sg.	βοηθέω
βοηθήσομαι	ft. ind. m. 1 sg.	»
*βοήσας	aor.¹ pt. a. N. sg.	βοάω
*βοήσατο	aor.¹ ind. m. 3 sg.	»
βοήσομαι, *-άσομαι	ft. ind. m. 1 sg.	»
βοήσω, *-άσω	ft. ind. a. 1 sg.	»
*βόλεσθε	pr. ind. m. 2 pl.	[βούλομαι], βόλομαι
*βόλεται	pr. ind. m. 3 sg.	» , »
*βοληθείς	aor. pt. p. N sg.	[βάλλω], βολέω
*βομβεῦσι	pr. ind. a. 3 pl.	βομβέω
*βόμβησε	aor.¹ ind. a. 3 sg.	»
*βοόων	pr. pt. a. N sg.	βοάω
*βοόωσι	pr. ind. a. 3 pl.	»
*βόσκεαι	pr. ind. m. 2 sg.	βόσκω
*βοσκέσκοντο	impf. ind. m. 3 pl.	»
βοσκήσω	ft. ind. a. 1 sg.	»
*βοσκησεῦμαι, -σοῦμαι	ft. ind. m. 1 sg.	»
*βοτείων	pr. pt. a. N sg.	[»], βοτέω
*βουκολιαξεῦμαι	ft. ind. m. 1 sg.	βουκολιάζομαι
βούλει, *βούλεαι	pr. ind. m. 2 sg.	βούλομαι
*βούλεο	pr. impr. m. 2 sg.	»
βουλεύει	pr. ind. m. 2 sg.	βουλεύω
*βουλευέμεν	pr. inf. a.	»
*βουλεύευ	pr. impr. m. 2 sg.	»
*βουλεύησθα	pr. cong. a. 2 sg.	»
βούλευσαι	aor.¹ impr. m. 2 sg.	»
βουλεῦσαι	aor.¹ inf. a.	»
*βουλεύσατο	aor.¹ ind. m. 3 sg.	»
*βουλευσέμεν	ft. inf. a.	»
βουλεύσομαι	ft. ind. m. 1 sg.	»
*βούληαι	pr. cong. m. 2 sg.	βούλομαι
βουληθείς	aor. pt. p. N sg.	»
βουληθήσομαι	ft. ind. p. 1 sg.	»
βουλήσομαι	ft. ind. m. 1 sg.	»
*βουλοίατο	pr. ott. m. 3 pl.	»
*βουλόμην	impf. ind. m. 1 sg.	»
βοώην, βοῷμι	pr. ott. a. 1 sg.	βοάω
βοώμενος	pr. pt. m. N sg.	»
*βόων	pr. pt. a. N sg.	»
βραβευθῆναι	aor. inf. p.	βραβεύω

βραβευθήσεται	ft. ind. p. 3 sg.	βραβεύω
βραβεύσειν	ft. inf. a.	»
βραδυνῶ	ft. ind. a. 1 sg.	βραδύνω
*βράχε	aor.[2] ind. a. 3 sg.	βραχεῖν
βραχείς	aor. pt. p. N sg. msch.	βρέχω
βραχέν	aor. pt. p. N sg. n.	»
βραχήσομαι	ft. ind. p. 1 sg.	»
βρέξαι	aor.[1] inf. a.	»
βρέξας	aor.[1] pt. a. N sg.	»
βρέξον	aor.[1] impr. a. 2 sg.	»
βρέξω	ft. ind. a. 1 sg.	»
βρεχθῶ	aor. cong. p. 1 sg.	»
*βρέχον	impf. ind. a. 1 sg./3 pl.	»
βρίζων	pr. pt. a. N sg.	βρίζω
*βρίθησι	pr. cong. a. 3 sg.	βρίθω
*βρίθοντο	impf. ind. m. 3 pl.	»
βριμήσαιο	aor.[1] ott. m. 2 sg.	[βριμόομαι], -άομαι
*βριμώμενοι	pr. pt. m. N pl.	» »
βρίξον	aor.[1] impr. a. 2 sg.	βρίζω
*βρῖσα	aor.[1] ind. a. 1 sg.	βρίθω
βρίσαντες	aor.[1] pt. a. N pl.	»
*βρισέμεν	ft. inf. a.	»
βρίση	aor.[1] cong. a. 3 sg.	»
βρισθείς	aor. pt. p. N sg.	βρίζω
βρίσω	ft. ind. a. 1 sg.	βρίθω
*βρομέει	pr. ind. a. 3 sg.	βρομέω
βρομήσω	ft. ind. a. 1 sg.	»
βροντήσαντος	aor.[1] pt. a. G sg.	βροντάω
*βρόντησε	aor.[1] ind. a. 3 sg.	»
βρόξαι	aor.[1] inf. a.	βρόχω
βρόξασα	aor.[1] pt. a. N sg. fm.	»
*βρόξειε	aor.[1] ott. a. 3 sg.	»
βρόξη	aor.[1] cong. a. 3 sg.	»
*βροχέν	aor. pt. p. N sg. n.	»
βροχθείς	aor. pt. p. N sg. msch.	»
βρυάσομαι	ft. ind. m. 1sg.	βρυάζω
βρύξω	ft. ind. a. 1 sg.	βρύχω, βρύκω
βρύσας	aor.[1] pt. a. N sg.	βρύω
βρυχηθείς	aor. pt. p. N sg.	βρυχάομαι
*βρυχησάμην	aor.[1] ind. m. 1 sg.	»
βρυχήσομαι	ft. ind. m. 1 sg.	»

βρυχθείς	aor. pt. p. N sg.	βρύχω, βρύκω
βρωθείς	aor. pt. p. N sg.	βιβρώσκω
βρωθῆναι	aor. inf. p.	»
βρωθήσομαι	ft. ind. p. 1 sg.	»
βρῶξαι	aor.¹ inf. a.	»
*-βρώξας (per -βρο-)	aor.¹ pt. a. N sg.	βρόχω
*-βρώξειε (per -βρο-)	aor.¹ ott. a. 3 sg.	»
*-βρώξῃ (per -βρο-)	aor.¹ cong. a. 3 sg.	»
βρώσομαι	ft. ind. m. 1 sg.	βιβρώσκω
βύσας	aor.¹ pt. a. N sg.	βύω
βῦσον	aor.¹ impr. a. 2 sg.	»
βύσω	ft. ind. a. 1 sg.	»
βῶ	aor.² cong. a. 1 sg.	βαίνω
*βῶ	pr. impr. a. 2 sg.	βοάω
*βωθέοντες	pr. pt. a. N pl.	βοηθέω
βῶμεν	aor.² cong. a. 1 pl.	βαίνω
*βῶσαι	aor.¹ inf. a.	βοάω
*βώσας	aor.¹ pt. a. N sg.	»
*βώσεσθε (per βιω-)	ft. ind. m. 2 pl.	βιόω
βῶσι	aor.² cong. a. 3 pl.	βαίνω
*βώσομαι	ft. ind. m. 1 sg.	βοάω
*βῶσον	aor.¹ impr. a. 2 sg.	»

Γ

*γαθεῦσα	pr. pt. a. N sg. fm.	γηθέω
*γάθησα	aor.¹ ind. a. 1 sg.	»
*γαμεθεῖσα	aor. pt. p. N sg. fm.	γαμέω
*γαμέσσεται	ft. ind. m. 3 sg.	»
*γαμέω	pr./ft. ind. a. 1 sg.	»
γαμηθήσομαι	ft. ind. p. 1 sg.	»
γαμήσομαι, -μοῦμαι	ft. ind. m. 1 sg.	»
γαμήσω, γαμῶ	ft. ind. a. 1 sg.	»
*γανάοντες, -όωντες	pr. pt. a. N pl. msch.	γανάω
*γανόωσαι	pr. pt. a. N pl. fm.	»
*γανύσσεται	ft. ind. m. 3 sg.	γάνυμαι
γανώσας	aor.¹ pt. a. N sg.	γανόω
*γαρυέμεν, γαρύεν	pr. inf. a.	γηρύω
*γαρύσαιντο	aor.¹ ott. m. 3 pl.	»
*γαρύσομαι	ft. ind. m. 1 sg.	»

γαυροῦ	pr. impr. m. 2 sg.	γαυρόω
γαυρωθείς	aor. pt. p. N sg.	»
γαυρωθήσομαι	ft. ind. p. 1 sg.	»
*γεγάαμεν	pf. ind. a. 1 pl.	γίγνομαι
*γεγάασι	pf. ind. a. 3 pl.	»
*γεγάατε	pf. ind. a. 2 pl.	»
*γέγαθε	pf. ind. a. 3 sg.	γηθέω
*γεγάθειν	ppf. ind. a. 1 sg.	»
*γέγαθι	pf. impr. a. 2 sg.	»
*γεγάθι	ppf. ind. a. 3 sg.	»
*γεγαθώς	pf. pt. a. N sg.	»
*γεγάκασι	pf. ind. a. 3 pl.	γίγνομαι
*γεγάκειν, γεγάμεν	pf. inf. a.	»
*γέγαμεν	pf. ind. a. 1 pl.	»
γεγάμηκα	pf. ind. a. 1 sg.	γαμέω
γεγάμημαι	pf. ind. m. 1 sg.	»
*γεγανυμένος	pf. pt. m. N sg.	γάνυμαι
*γεγανωμένα	pf. pt. m. NA pl. n.	γανόω
*γεγάονται	pf. ind. m. 3 pl.	γίγνομαι
γεγαστρίσμεθα	pf. ind. m. 1 pl.	γαστρίζω
*γεγαυῖα	pf. pt. a. N sg. fm.	γίγνομαι
γεγαύρωμαι	pf. ind. m. 1 sg.	γαυρόω
γεγαύσωται	pf. ind. m. 3 sg.	γαυσόομαι
*γεγαώς	pf. pt. a. N sg. msch.	γίγνομαι
*γεγαῶτε	pf. pt. a. NA du.	»
γεγέλασται	pf. ind. m. 3 sg.	γελάω
*γεγέναμαι	pf. ind. m. 1 sg.	γίγνομαι
*γεγενέανται	pf. ind. m. 3 pl.	»
*γεγενεηλόγηται	pf. ind. m. 3 sg.	γενεαλογέω
*γεγενείακα	pf. ind. a. 1 sg.	γενειάζω
γεγένημαι	pf. ind. m. 1 sg.	γίγνομαι
*γεγενήμην	ppf. ind. m. 1 sg.	»
γεγενήσομαι	fta. ind. m. 1 sg.	»
*γεγενναμένοι	pf. pt. m. N pl.	γεννάω
γέγευμαι	pf. ind. m. 1 sg.	γεύω
γεγεωργημένης	pf. pt. m. G sg. fm.	γεωργέω
γέγηθα	pf. ind. a. 1 sg.	γηθέω
*γεγήθειν	ppf. ind. a. 1 sg.	»
γεγηθώς	pf. pt. a. N sg.	»
γεγήρακα	pf. ind. a. 1 sg.	γηράω, γηράσκω
γεγλύκασμαι	pf. ind. m. 1 sg.	γλυκαίνω

γέγλυμμαι	pf. ind. m. 1 sg.	γλύφω
*γεγλωσσαμένος	pf. pt. m. N sg.	γλωσσάομαι
γεγόμφωται	pf. ind. m. 3 sg.	γομφόω
γεγομωμένη	pf. pt. m. N sg. fm.	γομόω
γέγονα	pf. ind. a. 1 sg.	γίγνομαι
*γέγοναν	pf. ind. a. 3 pl.	»
γεγόνασι	pf. ind. a. 3 pl.	»
γεγονέναι	pf. inf. a.	»
γεγόνη	pf. cong. a. 3 sg.	»
γέγραμμαι	pf. ind. m. 1 sg.	γράφω
γεγραμμένος	pf. pt. m. N sg.	»
*γέγραπτο	ppf. ind. m. 3 sg.	»
γέγραφα	pf. ind. a. 1 sg.	»
*γεγράφαται	pf. ind. a. 3 pl.	»
γεγράφηκα	pf. ind. a. 1 sg.	»
γεγράφημαι	pf. ind. m. 1 sg.	»
γέγραφθε	pf. ind. m. 2 pl.	»
γεγράφθω	pf. impr. m. 3 sg.	»
*γέγραψο	ppf. ind. m. 2 sg.	»
γεγράψομαι	fta. ind. m. 1 sg.	»
γεγύμνακα	pf. ind. a. 1 sg.	γυμνάζω
γεγύμνασμαι	pf. ind. m. 1 sg.	»
*γέγωνα	pf. ind. a. 1 sg.	[γέγωνα], γεγωνέω
γεγωνεῖν, *-νέμεν	pr. inf. a.	» »
γεγωνείτω	pr. impr. a. 3 sg.	» »
γεγωνέοντες	pr. pt. a. N pl.	» »
*γεγώνευν	impf. ind. a. 3 pl.	» »
γεγωνῆσαι	aor.[1] inf. a.	» »
γεγωνήσας	aor.[1] pt. a. N sg.	» »
γεγωνήσω	ft. ind. a. 1 sg.	» »
γεγωνώς	pf. pt. a. N sg.	» »
γεγώς	pf. pt. a. N sg. msch.	γίγνομαι
γεγῶσα	pf. pt. a. N sg. fm.	»
γεινάμενοι	aor.[1] pt. m. N pl.	γείνομαι
γεινάσθω	aor.[1] impr. m. 3 sg.	»
*γείνατο	aor.[1] ind. m. 3 sg.	»
*γείνεαι	pr. cong. m. 2 sg.	»
*γεινόμεθα	impf. ind. m. 1 pl.	»
γείνωνται	aor.[1] cong. m. 3 pl.	»
γειτνιάσω	ft. ind. a. 1 sg.	γειτνιάω
*γελάη	pr. cong. a. 3 sg.	γελάω

*γελαίσας	pr. pt. a. G sg. fm.	γελάω	
*γέλαν	aor.^{1} ind. a. 3 pl.	»	
*γελάξαι	aor.^{1} ott. a. 3 sg.	»	
*γελάξας	aor.^{1} pt. a. N sg.	»	
*γελᾶσα	pr. pt. a. N sg. fm.	»	
γελάσαι	aor.^{1} inf. a.	»	
γελάσας	aor.^{1} pt. a. N sg. msch.	»	
γελάσασα	aor.^{1} pt. a. N sg. fm.	»	
γελασθῆναι	aor. inf. p.	»	
γελασθήσομαι	ft. ind. p. 1 sg.	»	
γελάσομαι	ft. ind. m. 1 sg.	»	
*γέλασσαν	aor.^{1} ind. a. 3 pl.	»	
*γέλασσε	aor.^{1} ind. a. 3 sg.	»	
γελάσω	ft. ind. a. 1 sg.	»	
*γελεῦσα	pr. pt. a. N sg. fm.	»	
*γελῇ	pr. ind. a. 3 sg.	»	
*γελῆν	pr. inf. a.	»	
*γελοιήσασα	aor.^{1} pt. a. N sg. fm.	»	γελόω
*γελοίων, -ώων	impf. ind. a. 3 pl.	»	»
*γελοίωντες, -όωντες	pr. pt. a. N pl.	»	»
*γελῶντι	pr. ind. a. 3 pl.	»	
γελώντων	pr. impr. a. 3 pl.	»	
*γελώοντες, -ώωντες	pr. pt. a. N pl.	»	
γεμίσας	aor.^{1} pt. a. N sg.	γεμίζω	
γεμισθείς	aor. pt. p. N sg.	»	
γεμίσω	ft. ind. a. 1 sg.	»	
γενειήσαντα	aor.^{1} pt. a. A sg.	γενειάω	
*γενειῶν	pr. pt. a. N sg.	»	
γενέσθαι, *γέν-	aor.^{2} inf. m.	γίγνομαι	
*γενέσκετο	aor.^{2} ind. m. 3 sg.	»	
*γενέσκοντο	aor.^{2} ind. m. 3 pl.	»	
*γένευ, γένεο	aor.^{2} ind. m. 2 sg.	»	
*γενεῦ	aor.^{2} impr. m. 2 sg.	»	
γένῃ	aor.^{2} cong. m. 2 sg.	»	
γενηθήσομαι	ft. ind. p. 1 sg.	»	
γενήσεσθαι	ft. inf. m.	»	
γενήσομαι, *-σοῦμαι	ft. ind. m. 1 sg.	»	
γενησόμενος	ft. pt. m. N sg.	»	
γένηται	aor.^{2} cong. m. 3 sg.	»	
*γέννα	pr. impr. a. 2 sg.	γεννάω	
*γεννάσω	ft. ind. a. 1 sg.	»	

*γέννατο	aor.^{1} ind. m. 3 sg.	γείνομαι
γεννηθήσομαι	ft. ind. p. 1 sg.	γεννάω
γεννήσας	aor.^{1} pt. a. N sg.	»
γεννήση	aor.^{1} cong. a. 3 sg.	»
γεννήσομαι	ft. ind. m. 1 sg.	»
γεννήσω	ft. ind. a. 1 sg.	»
γεννώμενον	pr. pt. m. N sg. n.	»
γεννῶν	pr. pt. a. N sg. msch.	»
γεννῶσι	pr. cong. a. 3 pl.	»
γενοίμην	aor.^{2} ott. m. 1 sg.	γίγνομαι
γένοιντο, *-οίατο	aor.^{2} ott. m. 3 pl.	»
γένοιο	aor.^{2} ott. m. 2 sg.	»
γένοιτο	aor.^{2} ott. m. 3 sg.	»
*γενόμην, -μαν	aor.^{2} ind. m. 1 sg.	»
*γέντο	aor.^{2} ind. m. 3 sg.	»
*γέντο	aor.^{2} ind. m. 3 sg.	= ἔλαβεν
*γεραίρεν	pr. inf. a.	γεραίρω
γέραιρον	impf. ind. a. 1 sg./3 pl.	»
γεραρῶ	ft. ind. a. 1 sg.	»
*γέρηρα	aor.^{1} ind. a. 1 sg.	»
γεροντεύσας	aor.^{1} pt. a. N sg.	γεροντεύω
*γεύμεθα	pf. ind. m. 1 pl.	γεύω
*γευσαίατο	aor.^{1} ott. m. 3 pl.	»
γεύσας	aor.^{1} pt. a. N sg.	»
γεύσεσθαι	ft. inf. m.	»
*γεύσεται	aor.^{1} cong. m. 3 sg.	»
γεύσομαι	ft. ind. m. 1 sg.	»
*γευσόμεθα	aor.^{1} cong. m. 1 pl.	»
γεύσω	ft. ind. a. 1 sg.	»
*γεφύρωσεν	aor.^{1} ind. a. 3 sg.	γεφυρόω
γεωργηθησομένης	ft. pt. p. G sg. fm.	γεωργέω
*γήθησα	aor.^{1} ind. a. 1 sg.	γηθέω
γηθήσας	aor.^{1} pt. a. N sg.	»
γηθήσει	ft. ind. a. 3 sg.	»
γηθήσειε	aor.^{1} ott. a. 3 sg.	»
γῆμαι	aor.^{1} inf. a.	γαμέω
γήμας	aor.^{1} pt. a. N sg.	»
*γήματο	aor.^{1} ind. m. 3 sg.	»
γηραθείς	aor. pt. p. N sg.	γηρά(σκ)ω
γηράναι, -ᾶναι	aor.^{2} inf. a.	»
*γηράντεσσι	aor.^{2} pt. a. D pl.	»

*γηράντων	aor.^{2} pt. a. G pl.	γηρά(σκ)ω
*γηράς	aor.^{2} pt. a. N sg.	»
γηρᾶσαι	aor.^{1} inf. a.	»
γηράσας	aor.^{1} pt. a. N sg.	»
*γηρασέμεν	ft. inf. a.	»
*γηρασκέμεν	pr. inf. a.	»
γηράσομαι	ft. ind. m. 1 sg.	»
γηράσω	ft. ind. a. 1 sg.	»
*γηρείς	aor.^{2} pt. a. N sg.	»
*γηρυόμην	impf. ind. m. 1 sg.	γηρύω
γηρωβοσκήσει	ft. ind. a. 3 sg.	γηρωβοσκέω
*γίγνετο	impf. ind. m. 3 sg.	γίγνομαι
γίγνου, *γίνευ	pr. impr. m. 2 sg.	» γίνο-
γλαῦξον	aor.^{1} impr. a. 2 sg.	γλαύσσω
*γλίχεαι	pr. ind. m. 2 sg.	γλίχομαι
γλυκανθήσομαι	ft. ind. p. 1 sg.	γλυκαίνω
γλυκανῶ	ft. ind. a. 1 sg.	»
γλυφ(θ)έν	aor. pt. p. N sg. n.	γλύφω
γλύψω	ft. ind. a. 1 sg.	»
*γνάμψεν	aor.^{1} ind. a. 3 sg.	γνάμπτω
*γνάμψω	ft. ind. a. 1 sg.	»
γνοῖεν	aor.^{2} ott. a. 3 pl.	γιγνώσκω
γνοίη	aor.^{2} ott. a. 3 sg.	»
γνοίημεν, -οῖμεν	aor.^{2} ott. a. 1 pl.	»
γνοῖτο	aor.^{2} ott. m. 3 sg.	»
γνόν	aor.^{2} pt. a. N sg. n.	»
γνούς	aor.^{2} pt. a. N sg. msch.	»
γνοῦσα	aor.^{2} pt. a. N sg. fm.	»
*γνῶ	aor.^{2} ind. a. 3 sg.	»
γνῶ, *γνώω	aor.^{2} cong. a. 1 sg.	»
γνῷ	aor.^{2} cong. a. 3 sg.	»
*γνῴη- per γνοίη-	aor.^{2} ott. a.	»
*γνώῃ	aor. cong. a. 3 sg.	»
*γνώῃς	aor. cong. a. 2 sg.	»
γνῶθι	aor.^{2} impr. a. 2 sg.	»
*γνῶν	aor.^{2} ind. a. 1 sg.	»
γνῶναι, *γνώμεναι	aor.^{2} inf. a.	»
*γνώομεν	aor.^{2} cong. a. 1 pl.	»
γνωριῶ	ft. ind. a. 1 sg.	γνωρίζω
*γνῶς	aor.^{2} ind. a. 2 sg.	γιγνώσκω
γνῷς	aor.^{2} cong. a. 2 sg.	»

γνώσασθαι	aor.^{1} inf. m.	γιγνώσκω
*γνώσει, -σῃ, *-σεαι	ft. ind. m. 2 sg.	»
*γνωσεῖται	ft. ind. m. 3 sg.	»
γνωσθήσομαι	ft. ind. p. 1 sg.	»
γνῶσι, *-ώωσι	aor.^{2} cong. a. 3 pl.	»
γνωσοίατο	ft. ott. m. 3 pl.	»
γνώσομαι	ft. ind. m. 1 sg.	»
γνώσω	ft. ind. a. 1 sg.	»
γνῶτε	aor.^{2} impr. a. 2 pl.	»
*γνώτην	aor.^{2} ind. a. 3 du.	»
*γοάασκεν	impf. ind. a. 3 sg.	γοάω
*γοάοιμεν	pr. ott. a. 1 pl.	»
*γοάοισθε	pr. ott. m. 2 pl.	»
*γοάουσι, -άοντι	pr. ind. a. 3 pl.	»
*γοᾶτο	impf. ind. m. 3 sg.	»
γοηθείς	aor. pt. p. N sg.	»
*γοήμεναι	pr. inf. a.	»
*γοησάμην	aor.^{1} ind. m. 1 sg.	»
γοήσομαι	ft. ind. m. 1 sg.	»
γοήσω	ft. ind. a. 1 sg.	»
*γόον	impf./aor.^{2} ind. a. 3 pl.	»
*γοόων	pr. pt. a. N sg. msch.	»
*γοόωσα	pr. pt. a. N sg. fm.	»
*γοόωσι	pr. cong. a. 3 pl.	»
*γουναζέσθην	impf. ind. m. 3 du.	γουνάζομαι
*γουνασάμεσθα	aor.^{1} ind. m. 1 pl.	»
γουνάσομαι	ft. ind. m. 1 sg.	»
*γουνάσσηαι	aor.^{1} cong. m. 2 sg.	»
*γουνούμενος	pr. pt. m. N sg.	γουνόομαι
*γουνούμην	impf. ind. m. 1 sg.	»
γουνοῦσθαι	pr. inf. m.	»
*γόων	impf. ind. a. 3 pl.	γοάω
γραφείς	aor. pt. p. N sg.	γράφω
γραφῆναι	aor. inf. p.	»
γραφήσομαι	ft. ind. p. 1 sg.	»
γράψαι	aor.^{1} inf. a.	»
γράψας	aor.^{1} pt. a. N sg.	»
*γράψεν	aor.^{1} ind. a. 3 sg.	»
γράψομαι	ft. ind. m. 1 sg.	»
γράψω	ft. ind. a. 1 sg.	»
*γρυλιξεῖτε	ft. ind. a. 2 pl.	γρυλίζω

γρύξαι	aor.^{1} inf. a.	γρύζω
γρύξαντος	aor.^{1} pt. a. G sg.	»
γρύξει	ft. ind. m. 2 sg.	»
γρύξομαι	ft. ind. m. 1 sg.	»
γρύξω	ft. ind. a. 1 sg.	»
γρύσει	ft. ind. a. 3 sg.	= τήξει
γυμνάσω	ft. ind. a. 1 sg.	γυμνάζω
*γυμνώθη	aor. ind. p. 3 sg.	γυμνόω
γυμνώσαντες	aor.^{1} pt. a. N pl.	»

Δ

*δάε	aor.^{2} ind. a. 3 sg.	δάω
*δαεῖεν	aor.^{2} ott. a. 3 pl.	»
*δαείην	aor.^{2} ott. a. 1 sg.	»
*δαείς	aor.^{2} pt. a. N sg.	»
*δαείω	aor.^{2} cong. a. 1 sg.	»
*δαῆναι, δαήμενα	aor.^{2} inf. a.	»
*δαήσεαι	ft. ind. m. 2 sg.	»
*δαήσομαι	ft. ind. m. 1 sg.	»
*δάηται	aor.^{2} cong. m. 3 sg.	δαίω
*δαιδαλθέντα	aor. pt. p. NA pl. n.	δαιδάλλω
*δαιδαλωσέμεν	ft. inf. a.	[»], δαιδαλόω
*δαῖε	impf. ind. a. 3 sg.	δαίω
*δαίετο	impf. ind. m. 3 sg.	δαίομαι
*δαΐζέμεναι	pr. inf. a.	δαΐζω
*δαΐζετο	impf. ind. m. 3 sg.	»
*δάιζον	impf. ind. a. 1 sg./3 pl.	»
*δαίνυ	pr. impr. a. 2 sg.	δαίνυμι
*δαίνυ (εν)	impf. ind. a. 3 sg.	»
*δαίνυ' (ο)	impf. ind. m. 2 sg.	»
*δαινύατο	pr. ott. m. 3 pl.	»
*δαινύῃ	pr. cong. m. 2 sg.	»
*δαινύμενος	pr. pt. m. N sg.	»
*δαινύντα	pr. pt. a. A sg. msch.	»
*δαινύσθω	pr. impr. m. 3 sg.	»
*δαινῦτο	pr. ott. m. 3 sg.	»
*δαΐξαι	aor.^{1} inf. a.	δαΐζω
*δαΐξας	aor.^{1} pt. a. N sg.	»
*δαΐξω	ft. ind. a. 1 sg.	»

*δαισάμενοι	aor.[1] pt. m. N pl.	δαίνυμι	
*δαίσας	aor.[1] pt. a. N sg.	»	
*δαίσασθαι	aor.[1] inf. m.	»	
*δαίσειν	ft. inf. a.	»	
*δαίσῃ	aor.[1] cong. m. 2 sg.	»	
*δαισθείς	aor. pt. p. N sg.	δαίω (o δαίνυμι?)	
*δαΐσονται	ft. ind. m. 3 pl.	δαΐζω	
*δαίσω	ft. ind. a. 1 sg.	δαίνυμι	
*δαϊχθείς	aor. pt. p. N sg.	δαΐζω	
*δάκε	aor.[2] ind. a. 3 sg.	δάκνω	
δακεῖν, *δακέειν	aor.[2] inf. a.	»	
δάκῃ	aor.[2] cong. a. 3 sg.	»	
δάκοιμι	aor.[2] ott. a. 1 sg.	»	
*δάκρυσα	aor.[1] ind. a. 1 sg.	δακρύω	
*δακρύσατο	aor.[1] ind. m. 3 sg.	δακρύω	
δακρύσομαι	ft. ind. m. 1 sg.	»	
δακρύσω	ft. ind. a. 1 sg.	»	
δακών	aor.[2] pt. a. N sg.	δάκνω	
*δαλησάμην	aor.[1] ind. m. 1 sg.	δηλέομαι	
*δαμᾷ, δαμάᾳ	ft. ind. a. 3 sg.	δαμάζω	
*δαμᾷς, δαμάᾳς	ft. ind. a. 2 sg.	»	
*δαμασαίατο	aor.[1] ott. m. 3 pl.	»	
*δαμάσαιτο	aor.[1] ott. m. 3 sg.	»	
*δαμάσαντο	aor.[1] ind. m. 3 pl.	»	
δαμάσασθαι	aor.[1] inf. m.	»	
δαμασθεῖεν	aor. ott. p. 3 pl.	»	
*δαμάσθην	aor. ind. p. 1 sg.	»	
δαμασθῆναι	aor. inf. p.	»	
*δάμασσα	aor.[1] ind. a. 1 sg.	»	
*δαμάσσαι	aor.[1] inf. a.	»	
*δαμασσάμενος	aor.[1] pt. m. N sg.	»	
*δαμάσσομαι	ft. ind. m. 1 sg.	»	
δαμάσω, *-άσσω	ft. ind. a. 1 sg.	»	
*δαμεῖεν	aor. ott. p. 3 pl.	»	δάμνημι
*δαμείην	aor. ott. p. 1 sg.	»	»
*δαμείς	aor. pt. p. N sg. msch.	»	»
*δαμεῖσα	aor. pt. p. N sg. fm.	»	»
*δαμείω	aor. cong. p. 1 sg.	»	»
*δάμεν	aor. ind. p. 3 pl.	»	»
*δαμέν	aor. pt. p. N sg. n.	»	»
δαμῇ, *-δαμήῃ	aor. cong. p. 3 sg.	»	»

*δαμήετε	aor. cong. p. 2 pl.	δαμάζω,	δάμνημι
*δαμήης	aor. cong. p. 2 sg.	»	»
*δάμην	aor. ind. p. 1 sg.	»	»
*δαμῆναι, -ήμεναι	aor. inf. p.	»	»
*δάμνα	pr. impr. a. 2 sg.	»	δαμνάω
*δάμνα	impf. ind. a. 3 sg.	»	»
*δαμνᾷ	pr. ind. a. 3 sg.	»	»
*δαμνᾷ	pr. ind. m. 2 sg.	»	δάμνημι
*δάμναμαι	pr. ind. m. 1 sg.	»	»
*δαμναμένους	pr. pt. m. A pl. msch.	»	»
*δάμναο	pr. impr. m. 2 sg.	»	»
*δάμνασθαι	pr. inf. m.	»	»
*δάμνασκε	impf. ind. a. 3 sg.	»	»
*δάμνατο	impf. ind. m. 3 sg.	»	»
*δαμοῦμαι	ft. ind. m. 1 sg.	»	»
*δαμόωνται	ft./pr. ind. m. 3 pl.	»	δαμάω
*δαμόωσι	ft./pr. ind. a. 3 pl.	»	»
*δαμωσόμεθα	ft. ind. m. 1 pl.	δημόομαι	
δανεῖσαι	aor.¹ inf. a.	δαν(ε)ίζω	
δανεισάμενοι	aor.¹ pt. m. N pl.	»	
δανείσομαι, -ιοῦμαι	ft. ind. m. 1 sg.	»	
δανείσω, δανιῶ	ft. ind. a. 1 sg.	»	
δανίσας	aor.¹ pt. a. N sg.	»	
δαπανηθήσομαι	ft. ind. p. 1 sg.	δαπανάω	
*δαπτέμεν	pr. inf. a	δάπτω	
δαρδάψη	aor.¹ cong. a. 3 sg.	δαρδάπτω	
δαρήσομαι	ft. ind. p. 1 sg.	δέρω, δείρω	
δαρθεῖν	aor.² inf. a.	δαρθάνω	
δαρ(θ)είς	aor. pt. p. N sg.	δέρω, δείρω	
δαρθοῦσα	aor.² pt. a. N sg. fm.	δαρθάνω	
δαρθών	aor.² pt. a. N sg. msch.	»	
*δασ(σ)άμενοι	aor.¹ pt. m. N pl.	δατέομαι	
*δάσασθαι	aor.¹ inf. m.	»	
*δασάσκετο	aor.¹ ind. m. 3 sg.	»	
*δασθείς	aor. pt. p. N sg.	»	
*δασθῆναι	aor. inf. p.	»	
δασμολογήσω	ft. ind. a. 1 sg.	δασμολογέω	
*δάσομαι	ft. ind. m. 1 sg.	δατέομαι	
*δάσσαντο	aor.¹ ind. m. 3 pl.	»	
*δατέασθαι	pr. inf. m.	»	
*δατέοντο, -εῦντο	impf. ind. m. 3 pl.	»	

*δαχθείς	aor. pt. p. N. sg.	δάκνω
*δάψα	aor.[1] ind. a. 1 sg.	δάπτω
δάψω	ft. ind. a. 1 sg.	»
δαῶμεν	aor. cong. p. 1 pl.	δάω
*δεάσητοι	aor.[1] ott. a. 3 sg.	δέατο
*δέατο	impf. ind. m. 3 sg.	»
*δέατοι	pr. ott. a. 3 sg.	»
*δέγμενος	pf. pt. m. N sg.	δέχομαι
*δεδάασθαι	aor.[2]/pf. inf. m.	δάω
*δεδαγμένος	pf. pt. m. N sg.	δάκνω
*δέδαε	aor.[2] ind. a. 3 sg.	δάω
*δεδάει	ppf. ind. a. 3 sg.	»
*δεδάηκα	pf. ind. a. 1 sg.	»
*δεδαηκέναι	pf. inf. a.	»
*δεδαηκώς	pf. pt. a. N sg.	»
*δεδάημαι	pf. ind. m. 1 sg.	»
*δεδαημένος	pf. pt. m. N sg.	»
*δεδαίαται	pf. ind. m. 3 pl.	δαίομαι
*δεδαϊγμένος	pf. pt. m. N sg.	δαΐζω
*δεδαΐγμην	ppf. ind. m. 1 sg.	»
*δεδαιδαλμένοι	pf. pt. m. N pl.	δαιδάλλω
*δέδακε	aor.[2] ind. a. 3 sg.	δάκνω
δεδάκρυκα	pf. ind. a. 1 sg.	δακρύω
δεδάκρυμαι	pf. ind. m. 1 sg.	»
*δεδάμακα	pf. ind. a. 1 sg.	δαμάζω
*δεδαμακώς	pf. pt. a. N sg.	»
δεδαμασμένος	pf. pt. m. N sg.	»
*δεδάμαστο	ppf. ind. m. 3 sg.	»
*δεδαμναμέναι	pf. pt. m. N pl. fm.	[»], δάμνημι
δεδάνεικα	pf. ind. a. 1 sg.	δανείζω
δεδάνεισμαι	pf. ind. m. 1 sg.	»
*δέδαον	aor.[2] ind. a. 1 sg.	δάω
δεδαπάνημαι	pf. ind. m. 1 sg.	δαπανάω
*δεδαπάνητο	ppf. ind. m. 3 sg.	»
δεδάρδαφα	pf. ind. a. 1 sg.	δαρδάπτω
δεδάρθαι	pf. inf. m.	δέρω, δείρω
δεδαρθηκώς	pf. pt. a. N sg.	δαρθάνω
δέδαρμαι	pf. ind. m. 1 sg.	δέρω, δείρω
δεδαρμένος	pf. pt. m. N sg.	» »
δέδασμαι	pf. ind. m. 1 sg.	δατέομαι
δεδάσυμμαι, -σμαι	pf. ind. m. 1 sg.	δασύνω

*δεδαυῖα	pf. pt. a. N sg. fm.	δαίω
*δέδαυμαι	pf. ind. m. 1 sg.	»
*δεδαυμένος	pf. pt. m. N sg.	»
*δεδαώς	pf. pt. a. N sg.	δάω
*δέδεγμαι	pf. ind. m. 1 sg.	δείκνυμι
δέδεγμαι	pf. ind. m. 1 sg.	δέχομαι
δεδεγμένος	pf. pt. m. N sg.	»
δεδέηκεν	pf. ind. a. 3 sg.	δέω = mancare
δεδέημαι	pf. ind. m. 1 sg.	» »
δέδειγμαι	pf. ind. m. 1 sg.	δείκνυμι
δεδείξομαι	fta. ind. m. 1 sg.	»
*δεδείπναμεν	pf. ind. m. 1 pl.	δειπνέω
*δεδειπνάναι	pf. inf. a.	»
δεδείπνηκα	pf. ind. a. 1 sg.	»
*δεδειπνήκειν	ppf. ind. a. 1 sg.	»
δεδειπνισμένων	pf. pt. m. G pl.	δειπνίζω
δέδειχα	pf. ind. a. 1 sg.	δείκνυμι
δέδεκα	pf. ind. a. 1 sg.	δέω = legare
δεδεκασμέναι	pf. pt. m. N pl. fm.	δεκάζω
δέδεμαι	pf. ind. m. 1 sg.	δέω = legare
δεδεμένος	pf. pt. m. N sg.	» »
*δεδέμην	ppf. ind. m. 1 sg.	» »
δέδεξο	pr. impr. m. 2 sg.	δέχομαι
δεδέξομαι	fta. ind. m. 1 sg.	»
δεδέσθω	pf. impr. m. 3 sg.	δέω = legare
δέδεσο	pf. impr. m. 2 sg.	» »
δεδέσομαι	fta. ind. m. 1 sg.	» »
*δέδετο	ppf. ind. m. 3 sg.	» »
δέδευμαι	pf. ind. m. 1 sg.	δεύω
*δεδέχαται	pf. ind. m. 3 pl.	δέχομαι
δεδέχθαι	pf. inf. m.	»
δέδεχθε	pf. ind./impr. m. 2 pl.	»
*δέδηα	pf. ind. a. 1 sg.	δαίω
δέδηγμαι	pf. ind. m. 1 sg.	δάκνω
δεδηγμένος	pf. pt. m. N sg.	»
*δεδήειν	ppf. ind. a. 1 sg.	δαίω
δεδηκότας	pf. pt. a. A pl. msch.	δέω = legare
δεδήλημαι	pf. ind. m. 1 sg.	δηλέομαι
δεδηλώσομαι	fta. ind. m. 1 sg.	δηλόω
δεδημάρχηκα	pf. ind. a. 1 sg.	δημαρχέω
δεδήμευται	pf. ind. m. 3 sg.	δημεύω

δεδημοκράτημαι	pf. ind. m. 1 sg.	δημοκρατέομαι
δεδημοσιευμένα	pf. pt. m. N pl. n.	δημοσιεύω
δεδήσομαι	fta. ind. m. 1 sg.	δέω = legare
δέδηχα	pf. ind. a. 1 sg.	δάκνω
δεδηχώς	pf. pt. a. N sg.	δάκνω
δεδήωκα	pf. ind. a. 1 sg.	δηῶ, δηϊόω
δεδηωμένος	pf. pt. m. N sg.	» »
δέδια	pf. ind. a. 1 sg.	δείδω
δεδιακόνημαι	pf. ind. m. 1 sg.	διακονέω
δεδιακονήσομαι	fta. ind. m. 1 sg.	»
δεδίασι	pf. ind. a. 3 pl.	δείδω
δεδίδακται	pf. ind. m. 3 sg.	διδάσκω
δεδίδαχα	pf. ind. a. 1 sg.	»
δεδιδάχθαι	pf. inf. m.	»
δεδιδάχθω	pf. impr. m. 3 sg.	»
δέδιε	pf. ind. a. 3 sg.	δείδω
δεδιείη	pf. ott. a. 3 sg.	»
δεδιέναι	pf. inf. a.	»
δεδίῃ	pf. cong. a. 3 sg.	»
*δεδιηκόνηκα	pf. ind. a. 1 sg.	διακονέω
δεδιῄτηκα	pf. ind. a. 1 sg.	διαιτάω
δεδιῄτημαι	pf. ind. m. 1 sg.	»
*δέδιθι	pf. impr. a. 2 sg.	δείδω
δεδικαίωμαι	pf. ind. m. 1 sg.	δικαιόω
δεδίκακα	pf. ind. a. 1 sg.	δικάζω
δεδίκασμαι	pf. ind. m. 1 sg.	»
δεδικάσομαι	fta. ind. m. 1 sg.	»
δέδιμεν	pf. ind. a. 1 pl.	δείδω
δεδίνημαι	pf. ind. m. 1 sg.	δινέω
δεδιξάμενος	aor.[1] pt. m. N sg.	δε(ι)δίττομαι
δεδίξασθαι	aor.[1] inf. m.	»
δεδίξομαι	ft. ind. m. 1 sg.	»
δεδιπλωμένον	pf. pt. m. N sg.	διπλόω
δέδιτε	pf. ind. a. 2 pl.	δείδω
δεδιχασμένον	pf. pt. m. NA sg.	διχά(ζ)ω
δεδίψηκα	pf. ind. a. 1 sg.	διψάω
δεδιυῖα	pf. pt. a. N sg. fm.	δείδω
δεδίωγμαι	pf. ind. m. 1 sg.	διώκω
δεδιῴκηκα	pf. ind. a. 1 sg.	διοικέω
δεδιῴκηται	pf. ind. m. 3 sg.	»
δεδιώς	pf. pt. a. N sg. msch.	δείδω

δεδίωσι	pf. cong. a. 3 pl.	δείδω
δεδίωχα	pf. ind. a. 1 sg.	διώκω
*δέδμαντο (-νθ')	ppf. ind. m. 3 pl.	δέμω
*δεδμήατο	ppf. ind. m. 3 pl.	δαμάζω, δάμνημι
*δέδμημαι	pf. ind. m. 1 sg.	» »
*δέδμημαι	pf. ind. m. 1 sg.	δέμω
*δεδμημένος	pf. pt. m. N sg.	δαμάζω, δάμνημι
*δεδμήμεσθα	pf. ind. m. 1 pl.	» »
*δέδμηνται	pf. ind. m. 3 pl.	δέμω
*δεδμήσομαι	fta. ind. m. 1 sg.	δαμάζω, δάμνημι
*δέδμηται	pf. ind. m. 3 sg.	δέμω
*δέδμητο	ppf. ind. m. 3 sg.	δαμάζω, δάμνημι
*δέδογμαι	pf. ind. m. 1 sg.	δοκέω
δεδογμένος	pf. ind. m. N sg.	»
δέδοικα	pf. ind. a. 1 sg.	δείδω
δεδοικέναι	pf. inf. a.	»
*δεδοίκεσαν	ppf. ind. a. 3 pl.	»
*δεδοικήσω	ft. ind. a. 1 sg.	[»], δεδοίκω
δεδοίκωσι	pf. cong. a. 3 pl.	»
δεδόκηκα	pf. ind. a. 1 sg.	δοκέω
δεδόκημαι	pf. ind. m. 1 sg.	»
*δεδοκημένος	pf. pt. m. N sg.	δέχομαι
δεδοκιμασμένος	pf. pt. m. N sg.	δοκιμάζω
δέδοκται	pf. ind. m. 3 sg.	δοκέω
*δέδοκτο	ppf. ind. m. 3 sg.	»
δέδομαι	pf. ind. m. 1 sg.	δίδωμι
δεδομένος	pf. pt. m. N sg.	»
δεδομημένοι	pf. pt. m. N pl.	δομάω, δομέω
δεδομήσομαι	fta. ind. m. 1 sg.	» »
*δεδονημένον	pf. pt. m. NA sg. n.	δονέω
*δεδόνητο	ppf. ind. m. 3 sg.	»
δεδόξασθαι	pf. inf. m.	δοξάζω
δεδοξασμένος	pf. pt. m. N sg.	»
δεδόξωσθε	pf. ind. m. 2 pl.	δοξόω
δέδορκα	pf. ind. a. 1 sg.	δέρκομαι
δεδορκώς	pf. pt. a. N sg.	»
δεδόσθαι	pf. inf. m.	δίδωμι
δεδόσθω	pf. impr. m. 3 sg.	»
δέδουπα	pf. ind. a. 1 sg.	δουπέω
δέδοχα	pf. ind. a. 1 sg.	δοκέω
δεδόχθω	pf. impr. m. 3 sg.	»

δέδραγμαι	pf. ind. m. 1 sg.	δράττομαι
δεδραγμένος	pf. pt. m. N sg.	»
δέδρακα	pf. ind. a. 1 sg.	δράω
δέδρακα	pf. ind. a. 1 sg.	διδράσκω
δεδρακότες	pf. pt. a. N pl.	διδράσκω
δεδρακώς	pf. pt. m. N sg.	δράω
δέδραμαι	pf. ind. m. 1 sg.	»
δεδρα(σ)μένων	pf. pt. m. G pl.	»
δεδράμηκα	pf. ind. a. 1 sg.	τρέχω
δεδραμήκεσαν	ppf. ind. a. 3 pl.	»
δεδράμημαι	pf. ind. m. 1 sg.	»
δέδραξαι	pf. ind. m. 2 sg.	δράττομαι
*δέδρηκα	pf. ind. a. 1 sg.	διδράσκω
*δέδρομα	pf. ind. a. 1 sg.	τρέχω
δεδρόμηκα, * -ακα	pf. ind. a. 1 sg.	»
δεδροσισμένον	pf. pt. m. N sg. n.	δροσίζω
*δεδροσωμένος	pf. pt. m. N sg.	δροσόομαι
*δέδρυμμαι	pf. ind. m. 1 sg.	δρύπτω
*δέδρυπτο	ppf. ind. m. 3 sg.	»
δέδυκα	pf. ind. a. 1 sg.	δύω
δεδυκέναι, *-κεῖν	pf. inf. a.	»
δεδυκώς	pf. pt. a. N sg.	»
δέδυμαι	pf. ind. m. 1 sg.	»
δεδύνημαι	pf. ind. m. 1 sg.	δύναμαι
δεδυνήσομαι	fta. ind. m. 1 sg.	»
δεδυστύχηκα	pf. ind. a. 1 sg.	δυστυχέω
δέδωκα	pf. ind. a. 1 sg.	δίδωμι
δεδώκοιεν	pf. ott. a. 3 pl.	»
δεδώρηται	pf. ind. m. 3 sg.	δωρέω
*δέει	pr. ind. m. 2 sg.	δέω = mancare
δέῃ	pr. cong. a. 3 sg.	δεῖ
δεηθήσομαι	ft. ind. p. 1 sg.	δέω = mancare
δεηθείην	aor. ott. p. 1 sg.	» »
δεηθῶ	aor. cong. p. 1 sg.	» »
δεῆσαν	aor.¹ pt. a. N sg. n.	δεῖ
δεήσει	ft. ind. a. 3 sg.	»
δεήσειε	aor.¹ ott. a. 3 sg.	»
δεήσομαι	ft. ind. m. 1 sg.	δέω = mancare
δεῆσον	ft. pt. a. N sg. n.	δεῖ
δεήσω	ft. ind. a. 1 sg.	δέω = mancare
δεθείς	aor. pt. p. N sg.	δέω = legare

δεθῆναι	aor. inf. p.	δέω = legare	
δεθήσομαι	ft. ind. p. 1 sg.	» »	
δεθῶ	aor. cong. p. 1 sg.	» »	
δειγματισθήσεται	ft. ind. p. 3 sg.	δειγματίζω	
*δείδεκτο	ppf. ind. m. 3 sg.	δειδίσκομαι	
*δειδέχαται	pf. ind. m. 3 pl.	»	
*δειδέχατο	ppf. ind. m. 3 pl.	»	
*δείδια	pf. ind. a. 1 sg.	δείδω	
*δείδιε	pf./ppf. ind. a. 3 sg.	»	
*δείδιθι	pf. impr. a. 2 sg.	»	
*δείδιμεν	pf. ind. a. 1 pl.	»	
*δειδίμεν	pf. inf. a.	»	
*δειδίξασθαι	aor.^{1} inf. m.	δειδίττομαι	
δειδίξεσθαι	ft. inf. m.	»	
*δειδίξομαι	ft. ind. m. 1 sg.	»	
*δειδιότες	pf. pt. a N pl.	δείδω	
δειδισάμενος	aor.^{1} pt. m. N sg.	δειδίττομαι	
*δείδισαν	ppf. ind. a. 3 pl.	δείδω	
*δειδίσκετο	impf. ind. m. 3 sg.	δειδίσκομαι	
*δειδίσσεο	pr. impr. m. 2 sg.	δειδίττομαι	
*δειδισσέσθω	pr. impr. m. 3 sg.	»	
*δειδίσσετο	impf. ind. m. 3 sg.	»	
*δείδιτε	pf. ind. a. 2 pl.	δείδω	
*δείδοικα	pf. ind. a. 1 sg.	»	
*δείκνυ	pr. ind. a. 3 sg.	δείκνυμι	
δείκνυε	pr. impr. a. 2 sg.	»	δεικνύω
*δείκνυε	impf. ind. a. 3 sg.	»	»
δεικνύτω	pr. impr. a. 3 sg.	»	
*δεῖμα	aor.^{1} ind. a. 1 sg.	δέμω	
δειμανῶ	ft. ind. a. 1 sg.	δειμαίνω	
*δείματο (-θ')	aor.^{1} ind. m. 3 sg.	δέμω	
*δειμάσθην	aor.^{1} ind. m. 3 du.	»	
*δείμομεν	aor.^{1} cong. a. 1 pl.	»	
δεῖν	pr. inf. a.	δέω = legare	
δεῖν	pr. inf. a.	δέω = mancare	
δεῖν	pr. inf. a.	δεῖ	
*δεῖξα	aor.^{1} ind. a. 1 sg.	δείκνυμι	
δεῖξαι	aor.^{1} inf. a.	»	
δείξας	aor.^{1} pt. a. N sg.	»	
δείξω	ft. ind. a. 1 sg.	»	
*δείπνησα	aor.^{1} ind. a. 1 sg.	δειπνέω	

δειπνήσω	ft. ind. a. 1 sg.	δειπνέω
*δειπνίσσας	aor.[1] pt. a. N sg.	δειπνίζω
δειπνιῶ	ft. ind. a. 1 sg.	»
δεῖραι	aor.[1] inf. a.	δέρω, δείρω
δείρας	aor.[1] pt. a. N sg.	» »
δειροτομήσω	ft. ind. a. 1 sg.	δειροτομέω
δείσας, *-σαις	aor.[1] pt. a. N sg.	δείδω
δείσειε	aor.[1] ott. a. 3 sg.	»
δείσομαι	ft. ind. m. 1 sg.	»
δείσω	ft. ind. a. 1 sg.	»
δειχθείς	aor. pt. p. N sg.	δείκνυμι
δειχθῆναι	aor. inf. p.	»
δειχθήσομαι	ft. ind. p. 1 sg.	»
δεκατευθῆναι	aor. inf. p.	δεκατεύω
δεκατεῦσαι	aor.[1] inf. a.	»
*δέκευ	pr. impr. m. 2 sg.	δέχομαι
*δέκοντο	impf. ind. m. 3 pl.	»
*δέκτο	impf. ind. m. 3 sg.	»
*δενδρώσατο	aor.[1] ind. m. 3 sg.	δενδρόω
*δεννάσεις	ft. ind. a. 2 sg.	δεννάζω
*δέξαι	aor.[1] impr. m. 2 sg.	δείκνυμι
*δεξαίατο	aor.[1] ott. m. 3 pl.	δέχομαι
δεξαίμην	aor.[1] ott. m. 1 sg.	»
δέξασθαι	aor.[1] inf. m.	»
*δέξατο	aor.[1] ind. m. 3 sg.	»
δέξῃ	aor.[1] cong. m. 2 sg.	»
*δεξιόωντο	impf. ind. m. 3 pl.	δεξιόομαι
δεξιώσομαι	ft. ind. m. 1 sg.	»
δέξο	pr. impr. m. 2 sg.	δέχομαι
*δεξοίατο	ft. ott. m. 3 pl.	»
δέξομαι, *-οῦμαι	ft. ind. m. 1 sg.	»
*δέξω	ft. ind. a. 1 sg.	δείκνυμι
δέοι	pr. ott. a. 3 sg.	δεῖ
δέον	pr. pt. a. N sg. n.	»
*δέον	impf. ind. a. 1 sg./3 pl.	δέω = legare
*δεοῦμαι	ft. ind. m. 1 sg.	δέω = mancare
*δερκέσκετο	impf. ind. m. 3 sg.	δέρκομαι
*δέρξατο	aor.[1] ind. m. 3 sg.	»
δέρξομαι	ft. ind. m. 1 sg.	»
δέρον	impf. ind. a. 1 sg./3 pl.	δέρω
δερχθείς	aor. pt. p. N sg.	δέρκομαι

*δέρχθη	aor. ind. p. 3 sg.	δέρκομαι
δέρχθητε	aor. impr. p. 2 pl.	»
δερῶ	ft. ind. a. 1 sg.	δέρω, δείρω
δεσπόσω	ft. ind. a. 1 sg.	δεσπόζω
*δεύεαι	pr. ind. m. 2 sg.	δέ(υ)ω = mancare
*δεύεσαν	aor.¹ ind. a. 3 pl.	δεύω
*δεύεσκον	impf. ind. a. 1 sg./3 pl.	»
*δευήσομαι	ft. ind. m. 1 sg.	δέ(υ)ω = mancare
*δευήσω	ft. ind. a. 1 sg.	» »
*δεύμενος	pr. pt. m. N sg.	» »
*δευοίατο	pr. ott. m. 3 pl.	» »
*δεύοντο	impf. ind. m. 3 pl.	δεύω
δεύσομαι	ft. ind. m. 1 sg.	»
δεύσω	ft. ind. a. 1 sg.	»
*δέχαται	pr. ind. m. 3 pl.	δέχομαι
*δέχθαι	pr. inf. m.	»
*δέχθε	pr. impr. m. 2 pl.	»
δεχθείς	aor. pt. p. N sg.	»
*δεχθείς	aor. pt. p. N sg.	δείκνυμι
δεχθήσομαι	ft. ind. p. 1 sg.	δέχομαι
*δεχοίατο	pr. ott. m. 3 pl.	»
δεψήσας	aor.¹ pt. a. N sg.	δέψω
δῇ	pr. cong. a. 3 sg.	δεῖ
δῇ	pr. cong. a. 3 sg.	δέω = legare
*δήετε	pr. ind. a. 2 pl.	δήω
*δηθύνησθα	pr. cong. a. 2 sg.	δηθύνω
*δηιάασκον	impf. ind. a. 1 sg./3 pl.	δηῶ, δηιόω
*δηιόῳεν	pr. ott. a. 3 pl.	» »
*δηιόων	pr. pt. a. N sg.	» »
*δηιόωντο	impf. ind. m. 3 pl.	» »
*δηιώσας	aor.¹ pt. a. N sg.	» »
*δηλεύμενος	pr. pt. m. N sg.	δηλέομαι
δηλήσασθαι	aor.¹ inf. m.	»
*δηλήσατο	aor.¹ ind. m. 3 sg.	»
*δηλήσεαι	aor.¹ cong. m. 2 sg.	»
*δηλήσεται	aor.¹ cong. m. 3 sg.	»
δηλήσομαι	ft. ind. m. 1 sg.	»
δηλωθήσομαι	ft. ind. p. 1 sg.	δηλόω
δηλώσομαι	ft. ind. m. 1 sg.	»
δηλώσω	ft. ind. a. 1 sg.	»
δημιουργήσασα	aor.¹ pt. a. N sg. fm.	δημιουργέω

δημοκρατηθήσομαι	ft. ind. p. 1 sg.	δημοκρατέομαι
δημοκρατήσομαι	ft. ind. m. 1 sg.	»
δήξομαι	ft. ind. m. 1 sg.	δάκνω
δῆξον	aor.[1] impr. a. 2 sg.	»
δήξω	ft. ind. a. 1 sg.	»
δήξωμαι	aor.[1] cong. m. 1 sg.	»
*δήομεν	pr. ind. a. 1 pl.	δήω
δηοῦμεν	pr. ind. a. 1 pl.	δηῶ, δηιόω
*δήουν	impf. ind. a. 3 pl.	» »
*δήουσι	pr. ind. a. 3 pl.	δήω
δηοῦτε	pr. ind. a. 2 pl.	δηῶ, δηιόω
*δηριάασθαι	pr. inf. m.	δηριάομαι
*δηριάασθον	pr. ind. m. 3 du.	»
*δηριαάσθων	pr. impr. m. 3 pl.	»
*δηριάασκον	impf. ind. a. 1 sg./3 pl.	»
δηρινθέντες	aor. pt. p. N pl.	δηρίομαι
δηρινθῆναι	aor. inf. p.	»
*δηρινθήτην	aor. ind. p. 3 du.	»
*δηριόωντες	pr. pt. a. N pl.	δηριάω
*δηριόωντο	impf. ind. m. 3 pl.	δηριάομαι
*δήρισα	aor.[1] ind. a. 1 sg.	δηρίομαι
*δηρίσαντο	aor.[1] ind. m. 3 pl.	»
*δηρισάντοιν	aor.[1] pt. a. GD du.	»
δηρίσομαι	ft. ind. m. 1 sg.	»
*δῆσα	aor.[1] ind. a. 1 sg.	δέω = mancare
*δῆσα	aor.[1] ind. a. 1 sg.	δέω = legare
δησάσθω	aor.[1] impr. m. 3 sg.	» »
*δησάσκετο	aor.[1] ind. m. 3 sg.	» »
*δῆσε	aor.[1] ind. a. 3 sg.	» »
δῆσθε	pr. ind. m. 2 pl.	» »
δήσω	ft. ind. a. 1 sg.	» »
δηχθήσομαι	ft. ind. p. 1 sg.	δάκνω
δηχθῶ	aor. cong. p. 1 sg.	»
δηωθείς	aor. pt. p. N sg.	δηῶ, δηιόω
δηῶν	pr. pt. a. N sg.	» »
δηώσας	aor.[1] pt. a. N sg.	» »
δηώσασθαι	aor.[1] inf. m.	» »
δηώσεσθαι	ft. inf. m.	» »
δηώσῃ	aor.[1] cong. a. 3 sg.	» »
δηώσω	ft. ind. a. 1 sg.	» »
δι(α)-:	*togliere e cercare sotto*	*l'iniziale risultante*

*διαίνετο	impf. ind. m. 3 sg.	διαίνω
*διαίτασα	aor.[1] ind. a. 1 sg.	διαιτάω
*διαιτᾶτο	impf. ind. m. 3 sg.	»
*διαιτεύμενος	pr. pt. m. N sg.	»
*διαιτήθην	aor. ind. p. 1 sg.	»
διαιτήσομαι	ft. ind. m. 1 sg.	»
*διαιτώμην	impf. ind. m. 1 sg.	»
διακαθ-, διακατ-:	*togliere e cercare sotto l'iniziale risultante*	
διακονείσθωσαν	pr. impr. m. 3 pl.	διακονέω
διακονηθῆναι	aor. inf. p.	»
διακονῆσαι	aor.[1] inf. a.	»
διακονήσομαι	ft. ind. m. 1 sg.	»
διακονήσω	ft. ind. a. 1 sg.	»
διακονοῦντες	pr. pt. a. N pl.	»
δια-(+ μβλ-):	*togliere e cercare sotto l'iniziale βλ-*	
διαμεθ-:	*togliere e cercare sotto l'iniziale risultante*	
διαμπ-, διαμφ(ι)-:	*togliere e cercare sotto l'iniziale risultante*	
διαν(α)-:	*togliere e cercare sotto l'iniziale risultante*	
διᾶναι	aor.[1] inf. a.	διαίνω
διανῶ	ft. ind. a. 1 sg.	»
διαπαρ(α)-:	*togliere e cercare sotto l'iniziale risultante*	
διαπερι-, διαπρο-:	*togliere e cercare sotto l'iniziale risultante*	
διαρ- (+ ρ):	*togliere e cercare sotto l'iniziale ῥ-*	
διασυγ-, διασυν-:	*togliere e cercare sotto l'iniziale risultante*	
διαφ-	*togliere e cercare sotto l'iniziale risultante*	
*δίδαξα	aor.[1] ind. a. 1 sg.	διδάσκω
διδάξασθαι	aor.[1] inf. m.	»
διδάξαιμι	aor.[1] ott. a. 1 sg.	»
διδάξομαι	ft. ind. m. 1 sg.	»
δίδαξον	aor.[1] impr. a. 2 sg.	»
διδάξω	ft. ind. a. 1 sg.	»
*διδασκέμεν(αι)	pr. inf. a.	»
*διδασκῆσαι	aor.[1] inf. a.	»
*διδασκήσαιμι	aor.[1] ott. a. 1 sg.	»
διδαχθείς	aor. pt. p. N sg.	»
διδαχθῆναι	aor. inf. p.	»
διδαχθήσομαι	ft. ind. p. 1 sg.	»
διδέασι	pr. ind. a. 3 pl.	δίδημι
διδείς	pr. pt. a. N sg.	»
*δίδη	impf. ind. a. 3 sg.	»
*δίδην	pr. inf. a.	»

διδόαμεν	pr. ind. a. 1 pl.	δίδωμι	
διδόασι	pr. ind. a. 3 pl.	»	
*διδόαται	pr. ind. m. 3 pl.	»	
*δίδοι	pr. impr. a. 2 sg.	»	
διδοῖ	pr. ind. a. 3 sg.	»	διδόω
διδοῖεν	pr. ott. a. 3 pl.	»	»
διδοίην	pr. ott. a. 1 sg.	»	»
διδοίησαν	pr. ott. a. 3 pl.	»	»
διδοῖμεν	pr. ott. a. 1 pl.	»	»
διδοίμην	pr. ott. m. 1 sg.	»	»
διδοῖντο	pr. ott. m. 3 pl.	»	»
*διδοῖς, δίδοις	pr. ind. a. 2 sg.	»	»
*διδοῖσθα, δίδοισθα	pr. ind. a. 2 sg.	»	»
δίδομεν	pr. ind. a. 1 pl.	»	
*διδόμεν	pr. inf. a.	»	
δίδον	impf. ind. a. 1 sg./3 pl.	»	
διδόναι	pr. inf. a.	»	
*δίδοσαν	impf. ind. a. 3 pl.	»	
*δίδοσκον	impf. ind. a. 1 sg./3 pl.	»	
διδότω	pr. impr. a. 3 sg.	»	
*δίδου	impf. ind. a. 3 sg.	»	
δίδου	pr. impr. a. 2 sg.	»	
*δίδουν	impf. ind. a. 1 sg./3 pl.	»	
*διδοῦν(αι)	pr. inf. a.	»	
*διδοῦσι	pr. ind. a. 3 pl.	»	
διδῶ	pr. cong. a. 1 sg.	»	
διδῷ	pr. cong. a. 3 sg.	»	
*δίδω	impf. ind. a. 3 sg.	»	
διδῴη	pr. ott. a. 3 sg.	»	
*δίδωθι	pr. impr. a. 2 sg.	»	
*δίδων	impf. ind. a. 1 sg.	»	
δίδως	pr. ind. a. 2 sg.	»	
*δίδως	impf. ind. a. 2 sg.	»	
διδῷς	pr. cong. a. 2 sg.	»	
*διδώσειν	ft. inf. a.	»	
δίδωσι	pr. ind. a. 3 sg.	»	
*δίδωσι	pr. ind. a. 3 pl.	»	
*διδώσω	ft. ind. a. 1 sg.	»	δίδόω
διεγ-	*togliere e cercare sotto l'iniziale risultante*		
διεδρήστευσε	aor.[1] ind. a. 3 sg.	διαδρηστεύω	
διεισ-, διεκ-:	*togliere e cercare sotto l'iniziale risultante*		

διεκάναξε	aor.[1] ind. a. 3 sg.	διακανάζω, -σσω
διεμ-, διεν-:	*togliere e cercare sotto*	*l'iniziale risultante*
*δίενται	pr. ind. m. 3 pl.	δίεμαι
διεξ-, διεξαν-:	*togliere e cercare sotto*	*l'iniziale risultante*
διεπι-, διεφ-:	*togliere e cercare sotto*	*l'iniziale risultante*
*δίεσθαι	pr. inf. m.	δίω
*δίζεαι	pr. ind. m. 2 sg.	δίζω
*δίζηαι	pr. ind. m. 2 sg.	δίζημαι
διζήμενος	pr. pt. m. N sg.	»
*διζήμην	impf. ind. m. 1 sg.	»
δίζηνται	pr. ind. m. 3 pl.	»
*διζήσεαι	ft. ind. m. 2 sg.	»
διζήσομαι	ft. ind. m. 1 sg.	»
διζόμενος	pr. pt. m. N sg.	δίζω
*δίζον	impf. ind. a. 1 sg./3 pl.	»
*δίζοντο	impf. ind. m. 3 pl.	»
διηκονεῖτο	impf. ind. m. 3 sg.	διακονέω
διηκονήθην	aor. ind. p. 1 sg.	»
διηκόνησα	aor.[1] ind. a. 1 sg.	»
διηκονῆσαι	aor.[1] inf. a.	»
διηκονησάμην	aor.[1] ind. m. 1 sg.	»
διηκονούμην	impf. ind. m. 1 sg.	»
διῆναι	aor.[1] inf. a.	διαίνω
διηκόνουν	impf. ind. a. 1 sg./3 pl.	διακονέω
*διητέοντο	impf. ind. m. 3 pl.	διαιτάω
διητήθην	aor. ind. p. 1 sg.	»
διήτημαι	pf. ind. m. 1 sg.	»
διητημένος	pf. pt. m. N sg.	»
διήτησαν	aor.[1] ind. a. 3 pl.	»
διητώμην	impf. ind. m. 1 sg.	»
διήτων	impf. ind. a. 1 sg./3 pl.	»
*δικαζέμεν	pr. inf. a.	δικάζω
*δικαιεῦν	pr. inf. a.	δικαιόω
*δικαιεῦσι	pr. ind. a. 3 pl.	»
δικαιολογήσομαι	ft. ind. m. 1 sg.	δικαιολογέομαι
δικαιωθήσομαι	ft. ind. p. 1 sg.	δικαιόω
δικαιωθέν	aor. pt. p. N sg. n.	»
*δικαίως	impf. ind. a. 2 sg.	»
δικαιώσομαι	ft. ind. m. 1 sg.	»
δικαιώσω	ft. ind. a. 1 sg.	»
*δικᾶν	ft. inf. a.	δικάζω

*δίκασ(σ)α	aor.^{1} ind. a. 1 sg.	δικάζω	
*δικάσσαι	aor.^{1} inf. a.	»	
δικασθήσομαι	ft. ind. p. 1 sg.	»	
δικάσομαι	ft. ind. m. 1 sg.	»	
δικάσω	ft. ind. a. 1 sg.	»	
*δικᾶται	ft. ind. m. 3 sg.	»	
*δίκε	aor.^{2} impr. a. 2 sg.	δικεῖν	
*δίκον	aor.^{2} ind. a. 1 sg./3 pl.	»	
*δικῶ	ft. ind. a. 1 sg.	δικάζω	
*δικών	aor.^{2} pt. a. N sg.	δικεῖν	
*δίνασε	aor.^{1} ind. a. 3 sg.	δινέω	
δινεῖσθαι	pr. inf. m.	»	
*δινείσθην	impf. ind. m. 3 du.	»	
*δινέμεν	pr. inf. a.	δίνω	
*δίνεον, δινεύεσκον	impf. ind. a. 1 sg./3 pl.	δινέω,	δινεύω
*δινεύηται	pr. cong. m. 3 sg.	»	»
*δινεῦντες	pr. pt. a. N pl.	»	
*δινεύσας	aor.^{1} pt. a. N sg.	»	»
δινηθείς	aor. pt. p. N sg.	»	
*δινήθην	aor. ind. p. 1 sg.	»	
*δινηθῆναι	aor. inf. p.	»	
*δίνηντο	impf. ind. m. 3 pl.	»	δίνημι
δινήσας	aor.^{1} pt. a. N sg.	»	
δινήσομαι	ft. ind. m. 1 sg.	»	
*δινvῆντες	pr. pt. a. N pl.	»	δίννημι
*δινομένην	pr. pt. m. A sg. fm.	δίνω	
*διοικοῦντο	impf. ind. m. 3 pl.	διοικέω	
δίον	aor.^{2} ind. a. 1 sg.	δείδω	
διστάσω	ft. ind. a. 1 sg.	διστάζω	
διυπερ-:	*togliere e cercare sotto*	*l'iniziale risultante*	
διυπ(ο)-, διυφ-:	*togliere e cercare sotto*	*l'iniziale risultante*	
διχάσω	ft. ind. a. 1 sg.	διχάω,	διχάζω
*διχόωντο	impf. ind. m. 3 pl.	»	
*διχόωσα	pr. pt. a. N sg. fm.	»	
διψᾷ, διψῇ	pr. ind. a. 3 sg.	διψάω	
διψάῃ, διψῇ	pr. cong. a. 3 sg.	»	
διψᾶν, *διψῆν	pr. inf. a.	»	
διψᾷς	pr. ind. a. 2 sg.	»	
*διψεῦσα	pr. pt. a. N sg. fm.	»	διψέω
*διψέων	pr. pt. a. N sg. msch.	»	»
διψήσω	ft. ind. a. 1 sg.	»	

διψῷ	pr. ott. a. 3 sg.	διψάω	
διψῷεν	pr. ott. a. 3 pl.	»	
διψῴην	pr. ott. a. 1 sg.	»	
διψῷς	pr. ott. a. 2 sg.	»	
*διωκαθεῖν	aor.^{2} inf. a.	διώκω	
*διωκάθω	aor.^{2} cong. a. 1 sg.	»	
*διωκέμεν(αι)	pr. inf. a.	»	
διώξομαι	ft. ind. m. 1 sg.	»	
διώξω	ft. ind. a. 1 sg.	»	
διωχθήσομαι	ft. ind. p. 1 sg.	»	
δμηθείς, *δμαθείς	aor. pt. p. N sg.	δαμάζω,	δάμνημι
δμηθῆναι, *-θήμεναι	aor. inf. p.	»	»
δμηθήτω	aor. impr. p. 3 sg.	»	»
δνοπαλίξεις	ft. ind. a. 2 sg.	δνοπαλίζω	
*δοάσσαι	aor.^{1} ott. a. 3 sg.	δο(ι)άζω	
*δοάσσατο	aor.^{1} ind. m. 3 sg.	»	δοάσσατο
*δοάσσ ται	aor.^{1} cong. m. 3 sg.	»	»
δοθείην	aor. ott. p. 1 sg.	δίδωμι	
δοθείς	aor. pt. p. N sg.	»	
δοθῆναι	aor. inf. p.	»	
δοθήσομαι	ft. ind. p. 1 sg.	»	
δοθῶ	aor. cong. p. 1 sg.	»	
*δοῖ	aor. cong./ott. a. 3 sg.	»	
*δοιάζεσκε	impf. ind. a. 3 sg.	δοιάζω	
*δοιάζοντο	impf. ind. m. 3 pl.	»	
*δοίαξε	aor.^{1} ind. a. 3 sg.	»	
δοῖεν, δοίησαν	aor.^{2} ott. a. 3 pl.	δίδωμι	
δοίην	aor.^{2} ott. a. 1 sg.	»	
δοῖμεν	aor.^{2} ott. a. 1 pl.	»	
δοίμεθα	aor.^{2} ott. m. 1 pl.	»	
δοίμην	aor.^{2} ott. m. 1 sg.	»	
δοῖντο	aor.^{2} ott. m. 3 pl.	»	
δοῖο	aor.^{2} ott. m. 2 sg.	»	
*δοῖσα	aor.^{2} pt. a. N sg. fm.	»	
δοῖσθε	aor.^{2} ott. m. 2 pl.	»	
δοῖτο	aor.^{2} ott. m. 3 sg.	»	
*δοκασῶ	ft. ind. a. 1 sg.	δοκέω	
*δοκέεσκον	impf. ind. a. 1 sg./3 pl.	»	
*δοκέοντο	impf. ind. m. 3 pl.	»	
*δοκεύμενον	pr. pt. m. NA sg. n.	»	
δοκεύσας	aor.^{1} pt. a. N sg.	δοκεύω	

*δόκησα	aor.[1] ind. a. 1 sg.	δοκέω
*δοκήσω, δοκησῶ	ft. ind. a. 1 sg.	»
δοκιμᾷ	ft. ind. a. 3 sg.	δοκιμάζω
δοκιμάσαντες	aor.[1] pt. a. N pl.	»
δοκιμασθῇ	aor. cong. p. 3 sg.	»
δοκιμῶ	ft. ind. a. 1 sg.	»
δοκοῖεν, δοκοίησαν	pr. ott. a. 3 pl.	δοκέω
δοκοίην	pr. ott. a. 1 sg.	»
δοκοῖμι	pr. ott. a. 1 sg.	»
*δόμεν	aor.[2] ind. a. 1 pl.	δίδωμι
*δόμεν(αι)	aor.[2] inf. a.	»
*δομήσατο	aor.[1] ind. m. 3 sg.	δομάω, δομέω
δόν	aor.[2] pt. a. N sg. n.	δίδωμι
*δονέοντο	impf. ind. m. 3 pl.	δονέω
δονήσεται	ft. ind. m. 3 sg.	»
δόντων	aor.[2] impr. a. 3 pl.	δίδωμι
δόντων	aor.[2] pt. a. G pl.	»
δόξαιμι	aor.[1] ott. a. 1 sg.	δοκέω
δοξάσω	ft. ind. a. 1 sg.	δοξάζω
δόξειαν	aor.[1] ott. a. 3 pl.	δοκέω
δόξειε	aor.[1] ott. a. 3 sg.	»
δόξω, *δοξῶ	ft. ind. a. 1 sg.	»
*δορπήτην	impf. ind. a. 3 du.	δορπέω
δορύξω	ft. ind. a. 1 sg.	δορύσσω
δός	aor.[2] impr. a. 2 sg.	δίδωμι
*δόσαν	aor.[2] ind. a. 3 pl.	»
δόσθαι	aor.[2] inf. m.	»
δόσθω	aor.[2] impr. m. 3 sg.	»
*δόσκον	impf. ind. a. 1 sg./3 pl.	»
δότε	aor.[2] impr. a. 2 pl.	»
δότω	aor.[2] impr. a. 3 sg.	»
δότων	aor.[2] impr. a. 3 du.	»
δότωσαν	aor.[2] impr. a. 3 pl.	»
δοῦ	aor.[2] impr. m. 2 sg.	»
δοῦναι, *δοῦν	aor.[2] inf. a.	»
*δούπησα	aor.[1] ind. a. 1 sg.	δουπέω
δουπήσω	ft. ind. a. 1 sg.	»
δούς	aor.[2] pt. a. N sg. msch.	δίδωμι
δοῦσα	aor.[2] pt. a. N sg. fm.	»
δοχθείς	aor. pt. p. N sg.	δοκέω
*δραθέτην	aor.[2] ind. a. 3 du.	δαρθάνω

δρᾶθι	aor.^{2} impr. a. 2 sg.	διδράσκω
*δράθω	aor.^{2} cong. a. 1 sg.	δαρθάνω
δραίημεν	aor.^{2} ott. a. 1 pl.	διδράσκω
δραίην	aor.^{2} ott. a. 1 sg.	»
*δραῖσι	pr. ind. a. 3 pl.	δράω
δρακεῖν	aor.^{2} inf. a.	δέρκομαι
δρακείς	aor. pt. p. N sg.	»
δρακῆναι	aor. inf. p.	»
δράκοι	aor.^{2} ott. a. 3 sg.	»
*δράκον	aor.^{2} ind. a. 3 pl.	»
δρακών	aor.^{2} pt. a. N sg.	»
*δραμάτην	aor.^{1} ind. a. 3 du.	τρέχω
δραμεῖν	aor.^{2} inf. a.	»
*δράμεται	ft. ind. m. 3 sg.	»
δράμοι	aor.^{2} ott. a. 3 sg.	»
*δράμον	aor.^{2} ind. a. 1 sg./3 pl.	»
δραμοῦμαι, *-έομαι	ft. ind. m. 1 sg.	»
δράμω	aor.^{2} cong. a. 1 sg.	»
δραμῶ	ft. ind. a. 1 sg.	»
δραμών	aor.^{2} pt. a. N sg.	»
δράμωσι	aor.^{2} cong. a. 3 pl.	»
δράν	aor.^{2} pt. a. N sg. n.	διδράσκω
δρᾶναι	aor.^{2} inf. a.	»
δράξαιντο	aor.^{1} ott. m. 3 pl.	δράττομαι
δραξάμενοι	aor.^{1} pt. m. N pl.	»
δράξασθαι	aor.^{1} inf. m.	»
δράξομαι	ft. ind. m. 1 sg.	»
*δραπών	aor.^{2} pt. a. N sg.	δρέπω
δράς	aor.^{2} pt. a. N sg. msch.	διδράσκω
δρᾶσα	aor.^{2} pt. a. N sg. fm.	»
δρᾶσαι	aor.^{1} inf. a.	δράω
δράσας	aor.^{1} pt. a. N sg. msch.	»
δράσας	aor.^{1} pt. a. N sg. msch.	διδράσκω
δράσασα	aor.^{1} pt. a. N sg. fm.	δράω
δράσειε	aor.^{1} ott. a. 3 sg.	διδράσκω
δράσῃ	aor.^{1} cong. a. 3 sg.	»
δράσομαι	ft. ind. m. 1 sg.	»
δράσω	ft. ind. a. 1 sg.	»
δράτω	pr. impr. a. 3 sg.	δράω
*δρέπον, δρέπτον	impf. ind. a. 1 sg./3 pl.	δρέπω, δρέπτω
*δρεψάμενοι	aor.^{1} pt. m. N pl.	»

*δρεψεύμεναι	ft. inf. a.	δρέπω
δρέψομαι, *-εῦμαι	ft. ind. m. 1 sg.	»
*δρῆν	pr. inf. a.	δράω
*δρῆναι	aor.[2] inf. a.	διδράσκω
*δρήσας	aor.[1] pt. a. N sg.	δράω
*δρήσομαι	ft. ind. m. 1 sg.	διδράσκω
*δρόπωσι	aor.[2] cong. a. 3 pl.	δρέπω
δροσισθῆ	aor. cong. p. 3 sg.	δροσίζω
δρυξάμενος	aor.[1] pt. m. N sg.	δρύσσομαι
*δρύφθην	aor. ind. p. 1 sg.	δρύπτω
*δρύψα	aor.[1] ind. a. 1 sg.	»
δρυψάμενος	aor.[1] pt. m. N sg.	»
δρύψω	ft. ind. a. 1 sg.	»
δρῶ	aor.[2] cong. a. 1 sg.	διδράσκω
δρῷ	pr. ott. a. 3 sg.	δράω
δρῴην	aor.[2] ott. a. 1 sg.	διδράσκω
δρῴην	pr. ott. a. 1 sg.	δράω
δρῷμεν	pr. ott. a. 1 pl.	»
δρῷμι, *δρώοιμι	pr. ott. a. 1 sg.	»
δρῶσι	aor.[2] cong. a. 3 pl.	διδράσκω
*δρώωσι	pr. ind. a. 3 pl.	δράω
*δῦ	aor.[2] ind. a. 3 sg.	δύω
*δύε	impf. ind. a. 3 sg.	»
*δύη	aor.[2] ott. a. 3 sg.	»
*δύῃ	aor.[2] cong. a. 3 sg.	»
δυθῆ	aor. cong. p. 3 sg.	»
δυθήσομαι	ft. ind. p. 1 sg.	»
δῦθι	aor.[2] impr. a. 2 sg.	»
δυθῶσι	aor. cong. p. 3 pl.	»
*δυῖεν	aor.[2] ott. a. 3 pl.	»
*δυίη	aor.[2] ott. a. 3 sg.	»
*δυίην	aor.[2] ott. a. 1 sg.	»
*δυίης	aor.[2] ott. a. 2 sg.	»
*δύμεναι, δῦμεν	aor.[2] inf. a.	»
δύνᾳ	pr. ind. m. 2 sg.	δύναμαι
δῦναι	aor.[2] inf. a.	δύω
δύναιο	pr. ott. m. 2 sg.	δύναμαι
δύναιτο	pr. ott. m. 3 sg.	»
δύνας	aor.[1] pt. a. N sg.	δύ(ν)ω
*δυνάσθην	aor. ind. p. 1 sg.	δύναμαι
*δυνάσομαι, -σοῦμαι	ft. ind. m. 1 sg.	»

*δυνέαται	pr. ind. m. 3 pl.	δύναμαι
δύνῃ	pr. ind./cong. m. 2 sg.	»
δύνῃ	pr. ind./cong. a. 3 sg.	δύ(ν)ω
*δύνηαι	pr. cong. m. 2 sg.	δύναμαι
δυνηθήσομαι	ft. ind. p. 1 sg.	»
*δυνησάμην	aor.[1] ind. m. 1 sg.	»
δυνήσομαι	ft. ind. m. 1 sg.	»
δυνησόμενος	ft. pt. m. N sg.	»
δυνήσωνται	aor.[1] cong. m. 3 pl.	»
*δῦνον	impf. ind. a. 1 sg./3 pl.	δύ(ν)ω
δύνωμαι	pr. cong. m. 1 sg.	δύναμαι
δύνωσι	pr. cong. a. 3 pl.	δύω, δύνω
*δύοντο	impf. ind. m. 3 pl.	»
δύου	pr. impr. m. 2 sg.	»
*δυόωσι	pr. ind. a. 3 pl.	δυάω
δύς	aor.[2] pt. a. N sg. msch.	δύω
δῦσα	aor.[2] pt. a. N sg. fm.	»
*δυσαίατο, δυσοίατο	aor.[1] ott. m. 3 pl.	»
δύσαιτο	aor.[1] ott. m. 3 sg.	»
δυσάμενος	aor.[1] pt. m. N sg.	»
*δύσαντο	aor.[1] ind. m. 3 pl.	»
δύσασθαι	aor.[1] inf. m.	»
δύσει, *δύσεαι	ft. ind. m. 2 sg.	»
*δύσεο	aor.[1] impr. m. 2 sg.	»
*δύσετο	aor.[1] ind. m. 3 sg.	»
*δύσκεν	impf. ind. a. 3 sg.	»
δύσομαι	ft. ind. m. 1 sg.	»
δυσόμενος	ft. pt. m. N sg.	»
δῦσον	aor.[1] impr. a. 2 sg.	»
δύσω	ft. ind. a. 1 sg.	»
δυσχεράναντα	aor.[1] pt. a. NA pl. n.	δυσχεραίνω
δυσχερανῶ	ft. ind. a. 1 sg.	»
δῦτε	aor.[2] impr. a. 2 pl.	δύω
δύωσι	aor.[2] cong. a. 3 pl.	»
δῶ	aor.[2] cong. a. 1 sg.	δίδωμι
δῷ	aor.[2] cong. a. 3 sg.	»
*δῴη	aor.[2] ott. a. 3 sg.	»
*δῴῃ, δώῃσι	aor.[2] cong. a. 3 sg.	»
*δῴην	aor.[2] ott. a. 1 sg.	»
*δῴης	aor.[2] ott. a. 2 sg.	»
*δῶκα	aor.[1] ind. a. 1 sg.	»

δώκωσι	aor.^{1} cong. a. 3 pl.	διδωμι
δῶμαι	aor.^{2} cong. m. 1 sg.	»
δῶναι	aor.^{2} inf. a.	»
*δώομεν	aor.^{2} cong. a. 1 pl.	»
δωρηθῆναι	aor. inf. p.	δωρέω
*δωρησαίατε	aor.^{1} ott. m. 3 pl.	»
δωρήσω	ft. ind. a. 1 sg.	»
δῷς	aor.^{2} cong. a. 2 sg.	δίδωμι
δώσειν, *δωσέμεν(αι)	ft. inf. a.	»
δῶσι, *δώωσι	aor.^{2} cong. a. 3 pl.	»
δώσομαι	ft. ind. m. 1 sg.	»
δώσω, *δωσῶ	ft. ind. a. 1 sg.	»

E

ἔα	pr. impr. a. 2 sg.	ἐάω
*ἔα = εἴη	pr. ott. a. 3 sg.	εἰμί
*ἐάᾳ	pr. ind. a. 3 sg.	ἐάω
*ἐάαν	pr. inf. a.	»
*ἐάᾳς	pr. ind. a. 2 sg.	»
ἔαγα	pf. ind. a. 1 sg.	ἄγνυμι
ἐάγην	aor. ind. p. 1 sg.	»
ἔαγμαι	pf. ind. m. 1 sg.	»
*ἕαδα	pf. ind. a. 1 sg.	ἁνδάνω
ἕαδον	aor.^{2} ind. a. 1 sg./3 pl.	»
ἑαδώς	pf. pt. a. N sg.	»
*ἐάλην	aor. ind. p. 1 sg.	εἴλω, εἰλέω
ἑάλω	aor.^{2} ind. a. 3 sg.	ἁλίσκομαι
ἑάλωκα	pf. ind. a. 1 sg.	»
ἑαλώκειν	ppf. ind. a. 1 sg.	»
ἑάλωσαν	aor.^{2} ind. a. 3 pl.	»
ἐάνασσε	impf. ind. a. 3 sg.	ἀνάσσω
*ἑάνδανον	impf. ind. a. 1 sg./3 pl.	ἁνδάνω
ἔαξε	aor.^{1} ind. a. 3 sg.	ἄγνυμι
ἔασα	aor.^{1} ind. a. 1 sg.	ἐάω
ἐᾶσα	pr. pt. a. N sg. fm.	εἰμί
ἐάσῃς	aor.^{1} cong. a. 2 sg.	ἐάω
ἐάσθω	pr. impr. m. 3 sg.	»
*ἔασκον	impf. ind. a. 1 sg./3 pl.	»
ἐάσομαι	ft. ind. m. 1 sg.	»

ἔασον	aor.^{1} impr. a. 2 sg.	ἐάω
*ἔασσα	pr. pt. a. N sg. fm.	εἰμί
ἐβάδισα	aor.^{1} ind. a. 1 sg.	βαδίζω
ἐβάθην	aor. ind. p. 1 sg.	βαίνω
*ἐβαθόη	impf. ind. a. 3 sg.	[βοηθέω], βαθόημι
ἔβαλα	aor.^{1} ind. a. 1 sg.	βάλλω
ἔβαλε	aor.^{2} ind. a. 3 sg.	»
ἐβαλόμην	aor.^{2} ind. m. 1 sg.	»
ἔβαλον	aor.^{2} ind. a. 1 sg./3 pl.	»
*ἔβαν	aor.^{2} ind. a. 1 sg./3 pl.	βαίνω
ἐβάνθην	aor. ind. p. 1 sg.	»
ἔβαξα	aor.^{1} ind. a. 1 sg.	βάζω
ἐβάπτισαν	aor.^{1} ind. a. 3 pl.	βαπτίζω
ἐβαρήθην	aor. ind. p. 1 sg.	βαρέω
ἐβάρυνα	aor.^{1} ind. a. 1 sg.	βαρύνω
ἐβαρύνθην	aor. ind. p. 1 sg.	»
ἐβασάνισα	aor.^{1} ind. a. 1 sg.	βασανίζω
ἐβασανίσθην	aor. ind. p. 1 sg.	»
ἐβάσκανα, -σκηνα	aor.^{1} ind. a. 1 sg.	βασκαίνω
ἐβασκάνθην	aor. ind. p. 1 sg.	»
ἐβάστασα, *-αξα	aor.^{1} ind. a. 1 sg.	βαστάζω
ἐβαστάχθην	aor. ind. p. 1 sg.	»
*ἐβάτευν	impf. ind. a. 1 sg./3 pl.	βατέω
ἐβάφ(θ)ην	aor. ind. p. 1 sg.	βάπτω
ἔβαψα	aor.^{1} ind. a. 1 sg.	»
ἐβδέλυξα	aor.^{1} ind. a. 1 sg.	βδελύσσω
ἐβδελύχθην	aor. ind. p. 1 sg.	»
ἔβδευσα	aor.^{1} ind. a. 1 sg.	βδέω
ἐβεβάρητο	ppf. ind. m. 3 sg.	βαρέω
ἐβεβήκειν	ppf. ind. a. 1 sg.	βαίνω
ἐβεβλαστήκει	ppf. ind. a. 3 sg.	βλαστάνω
*ἐβεβλέατο	ppf. ind. m. 3 pl.	βάλλω
ἐβεβλήκειν	ppf. ind. a. 1 sg.	»
ἐβεβλήμην	ppf. ind. m. 1 sg.	»
ἐβεβόητο	ppf. ind. m. 3 sg.	βοάω
ἐβεβραδύκειν	ppf. ind. a. 1 sg.	βραδύνω
ἐβεβρύχειν	ppf. ind. a. 1 sg.	βρυχάομαι
ἐβεβρώκει	ppf. ind. a. 3 sg.	βιβρώσκω
ἐβέβρωτο	ppf. ind. m. 3 sg.	»
ἐβέβυστο	ppf. ind. m. 3 sg.	βύω
ἔβην	aor.^{2} ind. a. 1 sg.	βαίνω

ἔβηξα	aor.^{1} ind. a. 1 sg.	βήσσω
ἔβησα	aor.^{1} ind. a. 1 sg.	βαίνω
ἔβησαν	aor.^{1}/aor.^{2} ind. a. 3 pl.	»
ἐβήσατο, *ἐβήσετο	aor.^{1} ind. m. 3 sg.	»
ἐβήσω, *ἐβήσαο	aor.^{1} ind. m. 2 sg.	»
ἐβήτην	aor.^{2} ind. a. 3 du.	»
ἐβήχθην	aor. ind. p. 1 sg.	βήσσω
ἐβιασάμην	aor.^{1} ind. m. 1 sg.	βιάζω
ἐβιάσθην	aor. ind. p. 1 sg.	»
ἐβίβασα	aor.^{1} ind. a. 1 sg.	βιβάζω
*ἐβίβασκε	impf. ind. a. 3 sg.	βιβάω
ἐβίουν	impf. ind. a. 1 sg./3 pl.	βιόω
ἐβίων	aor.^{2} ind. a. 1 sg.	»
ἐβίωσα	aor.^{1} ind. a. 1 sg.	»
*ἔβλαβεν	aor. ind. p. 3 pl.	βλάπτω
ἐβλάβην	aor. ind. p. 1 sg.	»
ἔβλαβον	aor.^{2} ind. a. 1 sg./3 pl.	»
*ἐβλαίσωται	pf. ind. m. 3 sg.	βλαισόομαι
ἐβλαστήθην	aor. ind. p. 1 sg.	βλαστάνω
ἐβλάστηκα	pf. ind. a. 1 sg.	»
ἐβλάστησα	aor.^{1} ind. a. 1 sg.	»
ἔβλαστον	aor.^{2} ind. a. 1 sg./3 pl.	»
ἐβλασφήμησαν	aor.^{1} ind. a. 3 pl.	βλασφημέω
ἔβλαφα	pf. ind. a. 1 sg.	βλάπτω
ἐβλάφθην	aor. ind. p. 1 sg.	»
ἔβλαψα	aor.^{1} ind. a. 1 sg.	»
ἐβλέφθην	aor. ind. p. 1 sg.	βλέπω
ἔβλεψα	aor.^{1} ind. a. 1 sg.	»
ἐβλήθην, *ἔβλην	aor. ind. p. 1 sg.	βάλλω
ἔβλητο	aor.^{2} ind. m. 3 sg.	»
ἐβληχησάμην	aor.^{1} ind. m. 1 sg.	βληχάομαι
ἐβλιμάσθην	aor. ind. p. 1 sg.	βλιμάζω
ἔβλισα	aor.^{1} ind. a. 1 sg.	βλίττω
ἔβλυσα	aor.^{1} ind. a. 1 sg.	βλύζω
ἐβλύσθην	aor. ind. p. 1 sg.	»
ἔβλωξα	aor.^{1} ind. a. 1 sg.	βλώσκω
ἐβόησα	aor.^{1} ind. a. 1 sg.	βοάω
ἐβοσκήθην	aor. ind. p. 1 sg.	βόσκω
ἐβόσκησα	aor.^{1} ind. a. 1 sg.	»
*ἐβουλέατο	impf. ind. m. 3 pl.	βούλομαι
ἐβουλεύθην	aor. ind. p. 1 sg.	βουλεύω

ἐβούλευσα	aor.^{1} ind. a. 1 sg.	βουλεύω
ἐβουλευσάμην	aor.^{1} ind. m. 1 sg.	»
ἐβουλεύσω	aor.^{1} ind. m. 2 sg.	»
ἐβουλήθην	aor. ind. p. 1 sg.	βούλομαι
ἐβουλόμην	impf. ind. m. 1 sg.	»
ἐβράβευσεν	aor.^{1} ind. a. 3 sg.	βραβεύω
ἐβράδυνα	aor.^{1} ind. a. 1 sg.	βραδύνω
ἔβρασα	aor.^{1} ind. a. 1 sg.	βράττω
ἐβράσθην	aor. ind. p. 1 sg.	»
*ἔβραχε	aor.^{2} ind. a. 3 sg.	βραχεῖν
ἐβράχην	aor. ind. p. 1 sg.	βρέχω
ἔβρεξα	aor.^{1} ind. a. 1 sg.	»
ἐβρέχ(θ)ην	aor. ind. p. 1 sg.	»
ἔβριξα	aor.^{1} ind. a. 1 sg.	βρίζω
ἔβρισα	aor.^{1} ind. a. 1 sg.	βρίθω
ἔβροξα	aor.^{1} ind. a. 1 sg.	βρόχω
ἐβρύαξα	aor.^{1} ind. a. 1 sg.	βρυάζω
ἔβρυκε, ἔβρυχε	aor.^{2}/impf. ind. a. 3 sg.	βρύκω, βρύχω
ἔβρυξα	aor.^{1} ind. a. 1 sg.	» »
ἐβρυχήθην	aor. ind. p. 1 sg.	βρυχάομαι
ἐβρυχησάμην	aor.^{1} ind. m. 1 sg.	»
ἐβρυώθην	aor. ind. p. 1 sg.	βρυόομαι
ἐβρώθην	aor. ind. p. 1 sg.	βιβρώσκω
ἔβρων	aor.^{2} ind. a. 1 sg.	»
*ἔβρωσα, ἔβρωξα	aor.^{1} ind. a. 1 sg.	»
ἐβύθισαν	aor.^{1} ind. a. 3 pl.	βυθίζω
ἔβυξε	aor.^{1} ind. a. 3 sg.	βύζω
ἔβυσα	aor.^{1} ind. a. 1 sg.	βύω
ἐβύσθην	aor. ind. p. 1 sg.	»
*ἔβωσα	aor.^{1} ind. a. 1 sg.	βοάω
*ἐβώσατο	aor.^{1} ind. m. 3 sg.	»
*ἐβώσθην	aor. ind. p. 1 sg.	»
ἐγ-:	*togliere e cercare sotto l'iniziale risultante*	
ἐγαμήθην	aor. ind. p. 1 sg.	γαμέω
ἐγάμησα	aor.^{1} ind. a. 1 sg.	»
ἐγανώθην	aor. ind. p. 1 sg.	γανόω
ἐγαυρούμην	impf. ind. m. 1 sg.	γαυρόω
ἐγαυρώθην	aor. ind. p. 1 sg.	»
ἐγαύρωσα	aor.^{1} ind. a. 1 sg.	»
ἐγγεγύηκα	pf. ind. a. 1 sg.	ἐγγυάω
ἐγγεγύημαι	pf. ind. m. 1 sg.	»

ἐγγεγυήμην	ppf. ind. m. 1 sg.	ἐγγυάω
ἐγγυάλιξα	aor.^{1} ind. a. 1 sg.	ἐγγυαλίζω
ἐγγυαλίξω	ft. ind. a. 1 sg.	»
ἐγγυηθείς	aor. pt. p. N sg.	ἐγγυάω
ἐγγυήσομαι	ft. ind. m. 1 sg.	»
ἐγεγαμήκει	ppf. ind. a. 3 sg.	γαμέω
ἐγεγάμητο	ppf. ind. m. 3 sg.	»
ἐγεγάνυσο	ppf. ind. m. 2 sg.	γάνυμαι
ἐγεγελάσμην	ppf. ind. m. 1 sg.	γελάω
ἐγεγένητο	ppf. ind. m. 3 sg.	γίγνομαι
ἐγέγευντο	ppf. ind. m. 3 pl.	γεύω
ἐγεγήθειν	ppf. ind. a. 1 sg.	γηθέω
ἐγεγλύμμην	ppf. ind. m. 1 sg.	γλύφω
ἐγεγόνει	ppf. ind. a. 3 sg.	γίγνομαι
ἐγέγραπτο	ppf. ind. m. 3 sg.	γράφω
*ἐγεγράφατο	ppf. ind. m. 3 pl.	»
ἐγεγράφει	ppf. ind. a. 3 sg.	»
*ἐγεγώνειν	ppf. ind. a. 1 sg.	[γέγωνα], γεγώνω
*ἐγέγωνεν	impf. ind. a. 3 sg.	» »
*ἐγεγώνισκον	impf. ind. a. 1 sg./3 pl.	» »
ἐγεινάμην	aor.^{1} ind. m. 1 sg.	γείνομαι
*ἔγειρα	aor.^{1} ind. a. 1 sg.	ἐγείρω
ἐγειτνία	impf. ind. a. 3 sg.	γειτνιάω
ἐγειτνίασα	aor.^{1} ind. a. 1 sg.	»
*ἐγέλαξα	aor.^{1} ind. a. 1 sg.	γελάω
ἐγέλασα, *-ασσα	aor.^{1} ind. a. 1 sg.	»
ἐγελάσθην	aor. ind. p. 1 sg.	»
ἐγενάμην	aor.^{1} ind. m. 1 sg.	γίγνομαι
ἐγενεαλογήθη	aor. ind. p. 3 sg.	γενεαλογέω
ἐγενήθην	aor. ind. p. 1 sg.	γίγνομαι
ἐγεννήθην	aor. ind. p. 1 sg.	γεννάω
ἐγεννησάμην	aor.^{1} ind. m. 1 sg.	»
ἐγενόμην	aor.^{2} ind. m. 1 sg.	γίγνομαι
ἐγένου	aor.^{2} ind. m. 2 sg.	»
*ἐγέραρα, ἐγέρηρα	aor.^{1} ind. a. 1 sg.	γεραίρω
*ἔγερθεν	aor. ind. p. 3 pl.	ἐγείρω
ἐγέρθην	aor. ind. p. 1 sg.	»
ἐγερθήσομαι	ft. ind. p. 1 sg.	»
ἐγεροῦμαι	ft. ind. m. 1 sg.	»
*ἐγέρρην	pr. inf. a.	»
ἐγερῶ	ft. ind. a. 1 sg.	»

ἔγευσα	aor.^{1} ind. a. 1 sg.	γεύω
ἐγευσάμην	aor.^{1} ind. m. 1 sg.	»
ἐγεφυρώθη	aor. ind. p. 3 sg.	γεφυρόω
ἐγήγερκα	pf. ind. a. 1 sg.	ἐγείρω
ἐγηγέρκειν	ppf. ind. a. 1 sg.	»
ἐγήγερμαι	pf. ind. m. 1 sg.	»
ἐγήγερτο	ppf. ind. m. 3 sg.	»
ἐγήθησα	aor.^{1} ind. a. 1 sg.	γηθέω
ἔγημα	aor.^{1} ind. a. 1 sg.	γαμέω
ἐγήματο	aor.^{1} ind. m. 3 sg.	»
*ἐγήρα	aor.^{2} ind. a. 3 sg.	γηρά(σκ)ω
ἐγήρασα	aor.^{1} ind. a. 1 sg.	»
ἐγηρασάμην	aor.^{1} ind. m. 1 sg.	»
ἐγηρύθην	aor. ind. p. 1 sg.	γηρύω
ἐγήρυσα	aor.^{1} ind. a. 1 sg.	»
ἐγηρύσω	aor.^{1} ind. m. 2 sg.	»
ἐγκαθ-, ἐγκατ(α)-:	*togliere e cercare sotto l'iniziale risultante*	
ἐγκεκωμίακα	pf. ind. a. 1 sg.	ἐγκωμιάζω
ἐγκεκωμίασμαι	pf. ind. m. 1 sg.	»
ἐγκωμιάσομαι	ft. ind. m. 1 sg.	»
ἐγκωμιάσω	ft. ind. a. 1 sg.	»
*ἐγλαύσσεσκε	impf. ind. a. 3 sg.	γλαύσσω
ἔγλαψα	aor.^{1} ind. a. 1 sg.	γλάφω
ἐγλιξάμην	aor.^{1} ind. m. 1 sg.	γλίχομαι
ἐγλύκανα	aor.^{1} ind. a. 1 sg.	γλυκαίνω
ἐγλυκάνθην	aor. ind. p. 1 sg.	»
ἔγλυμμαι	pf. ind. m. 1 sg.	γλύφω
ἐγλύφ(θ)ην	aor. ind. p. 1 sg.	»
ἔγλυψα	aor.^{1} ind. a. 1 sg.	»
*ἐγνάμφθην	aor. ind. p. 1 sg.	γνάμπτω
*ἔγναμψα	aor.^{1} ind. a. 1 sg.	»
ἔγνωκα	pf. ind. a. 1 sg.	γιγνώσκω
ἐγνώκειν	ppf. ind. a. 1 sg.	»
ἔγνων	aor.^{2} ind. a. 1 sg.	»
ἐγνώρικα	pf. ind. a. 1 sg.	γνωρίζω
ἐγνωρισμένοι	pf. pt. m. N pl.	»
ἔγνωσα	aor.^{1} ind. a. 1 sg.	γιγνώσκω
ἔγνωσαν	aor.^{2} ind. a. 3 pl.	»
ἐγνώσθην	aor. ind. p. 1 sg.	»
ἔγνωσμαι	pf. ind. m. 1 sg.	»
ἐγνώσμην	ppf. ind. m. 1 sg.	»

*ἐγόμφωσεν	aor.^{1} ind. a. 3 sg.	γομφόω
*ἔγραμμαι	pf. ind. m. 1 sg.	γράφω
ἔγραπται	pf. ind. m. 3 sg.	»
ἐγράφ(θ)ην	aor. ind. p. 1 sg.	»
*ἔγραψα	aor.^{1} ind. a. 1 sg.	»
*ἔγρεο	aor.^{2} impr. m. 2 sg.	ἐγείρω
*ἐγρέσθαι, ἔγρεσθαι	aor.^{2} inf. m.	»
*ἔγρεσθε	aor.^{2} impr. m. 2 pl.	»
*ἔγρετο	aor.^{2} ind. m. 3 sg.	»
ἔγρῃ	aor.^{2} cong. m. 2 sg.	»
ἐγρήγορα	pf. ind. a. 1 sg.	»
ἐγρηγόρει	ppf. ind. a. 3 sg.	»
ἐγρηγόρεσαν	ppf. ind. a. 3 pl	»
*ἐγρηγορήθη	aor. ind. p. 3 sg.	» γρηγορέω
*ἐγρήγορθαι	pf. inf. a.	»
*ἐγρηγόρθασι	pf. ind. a. 3 pl.	»
*ἐγρήγορθε	pf. impr. a. 2 sg.	»
*ἔγροιτο	aor.^{2} ott. m. 3 sg.	»
*ἐγρόμενος	aor.^{2} pt. m. N sg.	»
ἐγρυμμέναν	pf. pt. m. A sg. fm.	γρύπτω
ἔγρυξα	aor.^{1} ind. a. 1 sg.	γρύζω
ἔγρυπον	aor.^{2} ind. a. 1 sg./3 pl.	γρύπτω
ἐγύμνασα	aor.^{1} ind. a. 1 sg.	γυμνάζω
ἐγυμνάσθην	aor. ind. p. 1 sg.	»
ἐγυμνώθη	aor. ind. p. 3 sg.	γυμνόω
ἐγχυμάτισα	aor.^{1} ind. a. 1 sg.	ἐγχυματίζω
ἐδᾳδουχήσατο	aor.^{1} ind. m. 3 sg.	δᾳδουχέω
*ἔδαε	aor.^{2} ind. a. 3 sg.	δάω
*ἐδάην	aor. ind. p. 1 sg.	»
ἐδάιξα	aor.^{1} ind. a. 1 sg.	δαΐζω
ἔδαισα	aor.^{1} ind. a. 1 sg.	δαίω, δαίνυμι
ἐδαισάμην	aor.^{1} ind. m. 1 sg.	» »
ἐδαΐχθην	aor. ind. p. 1 sg.	δαΐζω
ἔδακα	aor.^{1} ind. a. 1 sg.	δάκνω
ἐδάκην	aor. ind. p. 1 sg.	»
ἔδακον	aor.^{2} ind. a. 1 sg./3 pl.	»
ἐδάκρυσα	aor.^{1} ind. a. 1 sg.	δακρύω
ἐδάμασα, *-σσα	aor.^{1} ind. a. 1 sg.	δαμάζω, δάμνημι
ἐδαμάσθην	aor. ind. p. 1 sg.	» »
*ἐδαμάσσατο	aor.^{1} ind. m. 3 sg.	» »
*ἐδάμην	aor. ind. p. 1 sg.	» »

ἐδάμνατο	impf. ind. m. 3 sg.	δαμάζω, δάμνημι
ἐδανεισάμην	aor.^{1} ind. m. 1 sg.	δανείζω
ἐδανείσθην	aor. ind. p. 1 sg.	»
ἐδαπανήθην	aor. ind. p. 1 sg.	δαπανάω
ἐδαπανησάμην	aor.^{1} ind. m. 1 sg.	»
ἐδάρδαψα	aor.^{1} ind. a. 1 sg.	δαρδάπτω
ἐδάρην	aor. ind. p. 1 sg.	δέρω, δείρω
ἐδάρθην	aor. ind. p. 1 sg.	δαρθάνω
ἔδαρθον	aor.^{2} ind. a. 1 sg./3 pl.	»
ἐδασάμην	aor.^{1} ind. m. 1 sg.	δατέομαι
ἔδαυσεν	aor.^{1} ind. a. 3 sg.	δαύω
ἔδαψα	aor.^{1} ind. a. 1 sg.	δάπτω
*ἐδέγμην	impf. ind. m. 1 sg.	δέχομαι
*ἐδεδέατο	ppf. ind. m. 3 pl.	δέω = legare
ἐδέδεικτο	ppf. ind. m. 3 sg.	δείκνυμι
ἐδεδειπνήκεσαν	ppf. ind. a. 3 pl.	δειπνέω
ἐδεδέμην	ppf. ind. m. 1 sg.	δέω = legare
ἐδεδήκει	ppf. ind. a. 3 sg.	» »
ἐδεδίειν	ppf. ind. a. 1 sg.	δείδω
ἐδεδίεσαν	ppf. ind. a. 3 pl.	»
ἐδεδιητήκειν	ppf. ind. a. 1 sg.	διαιτάω
ἐδεδιήτητο	ppf. ind. m. 3 sg.	»
ἐδεδίκαστο	ppf. ind. m. 3 sg.	δικάζω
ἐδεδιξάμην	aor.^{1} ind. m. 1 sg.	δε(ι)δίττομαι
ἐδεδίπλωτο	ppf. ind. m. 3 sg.	διπλόω
ἐδέδισαν	ppf. ind. a. 3 pl.	δείδω
ἐδέδμητο	ppf. ind. m. 3 sg.	δέμω
ἐδεδοίκει	ppf. ind. a. 3 sg.	δείδω
ἐδέδοκτο	ppf. ind. m. 3 sg.	δοκέω
ἐδέδοτο	ppf. ind. m. 3 sg.	δίδωμι
ἐδεδόχεσαν	ppf. ind. a. 3 pl.	δοκέω
ἐδεδράκειν	ppf. ind. a. 1 sg.	διδράσκω
ἐδεδραμήκειν	ppf. ind. a. 1 sg.	τρέχω
ἐδεδύκειν	ppf. ind. a. 1 sg.	δύω
ἐδεδώκειν	ppf. ind. a. 1 sg.	δίδωμι
*ἔδεε	impf. ind. a. 3 sg.	δεῖ
ἐδεήθην	aor. ind. p. 1 sg.	δέω = mancare
ἐδέησε	aor.^{1} ind. a. 3 sg.	» »
ἐδέησε	aor.^{1} ind. a. 3 sg.	δεῖ
ἐδέθην	aor. ind. p. 1 sg.	δέω = legare
ἔδει	impf. ind. a. 3 sg.	δεῖ

*ἐδείδιμεν	ppf. ind. a. 1 pl.	δείδω
*ἐδείδιον	impf. ind. a. 1 sg./3 pl.	»
*ἐδείδισαν	ppf. ind. a. 3 pl.	»
ἐδείκνυσαν	impf. ind. a. 3 pl.	δείκνυμι
ἔδειμα	aor.¹ ind. a. 1 sg.	δέμω
ἔδειξα	aor.¹ ind. a. 1 sg.	δείκνυμι
ἐδείπνησα	aor.¹ ind. a. 1 sg.	δειπνέω
ἐδείπνισα	aor.¹ ind. a. 1 sg.	δειπνίζω
ἔδειρα	aor.¹ ind. a. 1 sg.	δέρω, δείρω
ἔδεισα	aor.¹ ind. a. 1 sg.	δείδω
ἐδεῖτο	impf. ind. m. 3 sg.	δέω = mancare
ἐδείχθην	aor. ind. p. 1 sg.	δείκνυμι
*ἔδεκτο	impf. ind. m. 3 sg.	δέχομαι
*ἔδεξα	aor.¹ ind. a. 1 sg.	δείκνυμι
ἐδέξατο	aor.¹ ind. m. 3 sg.	δέχομαι
ἐδεξιούμην	impf. ind. m. 1 sg.	δεξιόομαι
ἐδεξιώθην	aor. ind. p. 1 sg.	»
ἐδεξιωσάμην	aor.¹ ind. m. 1 sg.	»
ἐδέξω	aor.¹ ind. m. 2 sg.	δέχομαι
ἐδέου	impf. ind. m. 2 sg.	δέω = mancare
ἐδερξάμην	aor.¹ ind. m. 1 sg.	δέρκομαι
ἐδέρχθην	aor. ind. p. 1 sg.	»
ἐδεσθῇ	aor. cong. p. 3 sg.	[ἐσθίω], ἔδω
ἔδεσκε	impf. ind. a. 3 sg.	» »
*ἐδεύησεν	aor.¹ ind. a. 3 sg.	δέω = mancare
ἐδεύθην	aor. ind. p. 1 sg.	δεύω
ἔδευσα	aor.¹ ind. a. 1 sg.	»
ἐδέχθην	aor. ind. p. 1 sg.	δέχομαι
*ἐδέχθην	aor. ind. p. 1 sg.	δείκνυμι
ἐδέψησα	aor.¹ ind. a. 1 sg.	δέψω
ἐδήδε(σ)μαι	pf. ind. m. 1 sg.	[ἐσθίω], ἔδω
ἐδήδοκα	pf. ind. a. 1 sg.	» »
ἐδηδόκειν	ppf. ind. a. 1 sg.	» »
ἐδηδοκοίη	pf. ott. a. 3 sg.	» »
*ἐδήδοται	pf. ind. m. 3 sg.	» »
ἐδηδώς	pf. pt. a. N sg.	» »
ἐδηίουν	impf. ind. a. 3 pl.	δηῶ, δηιόω
*ἐδηιώθην	aor. ind. p. 1 sg.	» »
ἐδηλησάμην	aor.¹ ind. m. 1 sg.	δηλέομαι
ἔδηξα	aor.¹ ind. a. 1 sg.	δάκνω
ἐδήουν	impf. ind. a. 1 sg./3 pl.	δηῶ, δηιόω

ἐδησάμην	aor.[1] ind. m. 1 sg.	δέω = legare
ἐδήχθην	aor. ind. p. 1 sg.	δάκνω
ἐδήωσα	aor.[1] ind. a. 1 sg.	δηῶ, δηιόω
ἐδιαίτησα	aor.[1] ind. a. 1 sg.	διαιτάω
ἐδιακονήθην	aor. ind. p. 1 sg.	διακονέω
ἐδιακόνουν	impf. ind. a. 1 sg.	»
ἐδίδαξα, *ἐδιδάσκησα	aor.[1] ind. a. 1 sg.	διδάσκω
ἐδιδάχθην	aor. ind. p. 1 sg.	»
*ἔδιδον	impf. ind. a. 1 sg./3 pl.	δίδωμι
ἐδίδοσαν	impf. ind. a. 3 pl.	»
ἐδίδουν	impf. ind. a. 1 sg.	»
ἐδιζησάμην	aor.[1] ind. m. 1 sg.	δίζημαι
ἐδίζητο	impf. ind. m. 3 sg.	»
ἐδίηνα	aor.[1] ind. a. 1 sg.	διαίνω
ἐδιήτα	impf. ind. a. 3 sg.	διαιτάω
ἐδιητήθην	aor. ind. p. 1 sg.	»
ἐδιήτησα	aor.[1] ind. a. 1 sg.	»
ἐδιήτων	impf. ind. a. 1 sg./3 pl.	»
*ἐδικαίευν	impf. ind. a. 1 sg./3 pl.	δικαιόω
ἐδικαιολογήθην	aor. ind. p. 1 sg.	δικαιολογέομαι
ἐδικαιολογησάμην	aor.[1] ind. m. 1 sg.	»
ἐδικαιώθην	aor. ind. p. 1 sg.	δικαιόω
ἐδικαίωσα	aor.[1] ind. a. 1 sg.	»
ἐδίκασα	aor.[1] ind. a. 1 sg.	δικάζω
ἐδικασάμην	aor.[1] ind. m. 1 sg.	»
ἐδικάσθην	aor. ind. p. 1 sg.	»
*ἔδικον	aor.[2] ind. a. 1 sg./3 pl.	δικεῖν
ἐδινήθην	aor. ind. p. 1 sg.	δινέω
ἐδίψη	impf. ind. a. 3 sg.	διψάω
ἐδίψησα	aor.[1] ind. a. 1 sg.	»
*ἐδιώκαθον	aor.[2] ind. a. 1 sg./3 pl.	διώκω
ἐδίωξα	aor.[1] ind. a. 1 sg.	»
ἐδιώχθην	aor. ind. p. 1 sg.	»
*ἔδμεναι	pr. inf. a.	[ἐσθίω], ἔδω
ἐδμήθην	aor. ind. p. 1 sg.	δαμάζω, δάμνημι
*ἔδνωσε	aor.[1] ind. a. 3 sg.	ἑδνόω
*ἑδνώσομαι	ft. ind. m. 1 sg.	»
ἐδόθην	aor. ind. p. 1 sg.	δίδωμι
ἐδοίασα	aor.[1] ind. a. 1 sg.	δο(ι)άζω
ἐδόκει	impf. ind. a. 3 sg.	δοκέω
ἐδοκήθην	aor. ind. p. 1 sg.	»

ἐδόκησα	aor.^{1} ind. a. 1 sg.	δοκέω (δοκάω in comp.)
ἐδόκουν	impf. ind. a. 1 sg./3 pl.	»
ἔδομαι	ft. ind. m. 1 sg.	[ἐσθίω], ἔδω
ἔδομεν	aor.^{2} ind. a. 1 pl.	δίδωμι
ἐδόμην	aor.^{2} ind. m. 1 sg.	»
*ἔδον	impf. ind. a. 1 sg./3 pl.	[ἐσθίω], ἔδω
*ἔδον	aor.^{2} ind. a. 3 pl.	δίδωμι
ἐδόνησεν	aor.^{1} ind. a. 3 sg.	δονέω
ἔδοξα	aor.^{1} ind. a. 1 sg.	δοκέω
ἐδόξασαν	aor.^{1} ind. a. 3 pl.	δοξάζω
ἐδοξώθη	aor. ind. p. 3 sg.	δοξόω
ἔδοσαν	aor.^{2} ind. a. 3 pl.	δίδωμι
ἔδου	aor.^{2} ind. m. 2 sg.	»
ἐδοῦμαι	ft. ind. m. 1 sg.	[ἐσθίω], ἔδω
ἐδουπήθησαν	aor. ind. p. 3 pl.	δουπέω
ἐδούπησαν	aor.^{1} ind. a. 3 pl.	»
ἐδόχθην	aor. ind. p. 1 sg.	δοκέω
ἔδρα	impf. ind. a. 3 sg.	δράω
*ἔδραθον	aor.^{2} ind. a. 1 sg./3 pl.	δαρθάνω
ἔδρακα	aor.^{1} ind. a. 1 sg.	δέρκομαι
ἐδράκην	aor. ind. p. 1 sg.	»
ἐδρακόμην	aor.^{2} ind. m. 1 sg.	»
ἔδρακον	aor.^{2} ind. a. 1 sg./3 pl.	»
ἔδραμον	aor.^{2} ind. a. 1 sg./3 pl.	τρέχω
ἔδραν	aor.^{2} ind. a. 1 sg.	διδράσκω
ἐδραξάμην	aor.^{1} ind. m. 1 sg.	δράττω
ἔδραπον	aor.^{2} ind. a. 1 sg./3 pl.	δρέπω
ἔδρασαν	aor.^{2} ind. a. 3 pl.	διδράσκω
ἔδρασαν	aor.^{1} ind. a. 3 pl.	δράω
ἐδράσθην	aor. ind. p. 1 sg.	»
ἔδρεπον	impf. ind. a. 1 sg./3 pl.	δρέπω
ἐδρέφθην	aor. ind. p. 1 sg.	»
ἔδρεψα	aor.^{1} ind. a. 1 sg.	»
ἐδρεψάμην	aor.^{1} ind. m. 1 sg.	»
*ἔδρησα	aor.^{1} ind. a. 1 sg.	δράω
*ἐδριόωντο	impf. ind. m. 3 pl.	ἑδριάω
ἐδρύφθην	aor. ind. p. 1 sg.	δρύπτω
ἔδρυψα	aor.^{1} ind. a. 1 sg.	»
ἔδρων	impf. ind. a. 1 sg./3 pl.	δράω
ἐδύθην	aor. ind. p. 1 sg.	δύω
ἔδυν	aor.^{2} ind. a. 1 sg.	»

ἔδυνα	aor.^{1} ind. a. 1 sg.	δύω, δύνω
ἐδυνάμην	impf. ind. m. 1 sg.	δύναμαι
*ἐδυνάσθην	aor. ind. p. 1 sg.	»
*ἐδύνασο	impf. ind. m. 2 sg.	»
*ἐδυνέατο	impf. ind. m. 3 pl.	»
ἐδυνήθην	aor. ind. p. 1 sg.	»
*ἐδυνησάμην	aor.^{1} ind. m. 1 sg.	»
ἐδύνω	impf. ind. m. 2 sg.	»
ἔδυσα	aor.^{1} ind. a. 1 sg.	δύω
ἐδυσάμην	aor.^{1} ind. m. 1 sg.	»
ἔδυσαν	aor.$^{1-2}$ ind. a. 3 pl	»
*ἐδύσεο	aor.^{1} ind. m. 2 sg.	»
*ἐδύσετο	aor.^{1} ind. m. 3 sg.	»
ἐδύσοιξα	aor.^{1} ind. a. 1 sg.	δυσοίζω
ἐδυσχέρανα	aor.^{1} ind. a. 1 sg.	δυσχεραίνω
ἐδυσχεράνθην	aor. ind. p. 1 sg.	»
ἐδυστύχησα	aor.^{1} ind. a. 1 sg.	δυστυχέω
ἐδυσώπησα	aor.^{1} ind. a. 1 sg.	δυσωπέω
ἔδυτε	aor.^{2} ind. a. 2 pl.	δύω
ἔδυψα	aor.^{1} ind. a. 1 sg.	δύπτω
ἔδωκα	aor.^{1} ind. a. 1 sg.	δίδωμι
ἐδώκαμεν	aor.^{1} ind. a. 1 pl.	»
ἔδωκαν	aor.^{1} ind. a. 3 pl.	»
ἐδώκατε	aor.^{1} ind. a. 2 pl.	»
ἔδωκε	aor.^{1} ind. a. 3 sg.	»
*ἔδων	aor.^{2} ind. a. 1 sg.	»
ἐδώρησα	aor.^{1} ind. a. 1 sg.	δωρέω
*ἐέδμεναι	pr. inf. a.	[ἐσθίω], ἔδω
*ἐεδνώσαιτο	aor.^{1} ott. m. 3 sg.	ἑδνόω
*ἐεικώς	pf. pt. a. N sg.	εἴκω
*ἐείλεον	impf. ind. a. 1 sg./3 pl.	εἴλω, εἰλέω
*ἔειξα	aor.^{1} ind. a. 1 sg.	εἴκω
*ἔειπα	aor.^{1} ind. a. 1 sg.	εἶπον
*ἐείπαν	aor.^{1} ind. a. 3 pl.	»
*ἔειπον	aor.^{2} ind a. 1 sg./3 pl.	»
*ἐεισάμενος	aor.^{1} pt. m. N sg.	εἴδομαι
*ἐεισάσθην	aor.^{1} ind. m. 3 du.	εἶμι
*ἐείσατο	aor.^{1} ind. m. 3 sg.	»
*ἐελδέσθω	pr. impr. m. 3 sg	ἔλδομαι
*ἔελμαι	pf. ind. m. 1 sg.	εἴλω, εἰλέω
*ἐελμένος	pf. pt. m. N sg.	» »

*ἐέλσαι	aor.^{1} inf. a.	εἴλω, εἰλέω
*ἐεϱγ-:	*vedi sotto l'iniziale* εἰϱγ- *opp.* εἱϱγ-	
*ἐεργμένος	pf. pt. m. N sg.	εἴργω, εἵργω
*ἔερδον	impf. ind. a. 1 sg./3 pl.	ἔρδω
*ἐερμένος	pf. pt. m. N sg.	εἴρω = intrecciare
*ἔερτο	ppf. ind. m. 3 sg.	» = »
*ἐεϱχ-:	*vedi sotto l'iniziale* ἐϱχ-	
*ἔεστο	ppf. ind. m. 3 sg.	ἕννυμι
*ἔζεε	impf. ind. a. 3 sg.	ζέω
ἔζεσα	aor.^{1} ind. a. 1 sg.	»
ἐζέσθην	aor. ind. p. 1 sg.	»
*ἑζέσθην	impf. ind. m. 3 du.	ἕζομαι
ἔζεσμαι	pf. ind. m. 1 sg.	ζέω
*ἕζετο	impf. ind. m. 3 sg.	ἕζομαι
*ἕζευ	pr. impr. m. 2 sg.	»
ἔζευγμαι	pf. ind. m. 1 sg.	ζεύγνυμι
ἐζεύγνυντο	impf. ind. m. 3 pl.	»
ἐζεύγνυσαν	impf. ind. a. 3 pl.	»
ἔζευκτο	ppf. ind. m. 3 sg.	»
ἔζευξα	aor.^{1} ind. a. 1 sg.	»
ἐζευξάμην	aor.^{1} ind. m. 1 sg.	»
ἔζευχα	pf. ind. a. 1 sg.	»
ἐζεύχθην	aor. ind. p. 1 sg.	»
ἔζη	impf. ind. a. 3 sg.	ζῶ
ἔζηκα	pf. ind. a. 1 sg.	»
ἐζήλωκε	pf. ind. a. 3 sg.	ζηλόω
ἐζημιώθην	aor. ind. p. 1 sg.	ζημιόω
ἐζημίωκα	pf. ind. a. 1 sg.	»
ἐζημίωμαι	pf. ind. m. 1 sg.	»
ἐζημίωσα	aor.^{1} ind. a. 1 sg.	»
ἐζημίωτο	ppf. ind. m. 3 sg.	»
ἔζησα	aor.^{1} ind. a. 1 sg.	ζῶ
ἐζήτηκα	pf. ind. a. 1 sg.	ζητέω
ἐζήτησα	aor.^{1} ind. a. 1 sg.	»
ἐζητησάμην	aor.^{1} ind. m. 1 sg.	»
ἐζήτουν	impf. ind. a. 1 sg./3 pl.	»
ἐζύγην	aor. ind. p. 1 sg.	ζεύγνυμι
ἐζωγραφημέναι	pf. pt. m. N pl.	ζωγραφέω
ἐζώγρησεν	aor.^{1} ind. a. 3 sg.	ζωγρέ(υ)ω
ἔζωκα	pf. ind. a. 1 sg.	ζώννυμι
ἐζωκότα	pf. pt. a. A sg.	ζῶ

ἔζωμαι	pf. ind. m. 1 sg.	ζώννυμι
ἔζων, *ἔζωον	impf. ind. a. 1 sg./3 pl.	ζῶ
ἐζώννυον	impf. ind. a. 1 sg./3 pl.	[ζώννυμι], ζωννύω
*ἔζωσα	aor.^{1} ind. a. 1 sg.	ζῶ
ἔζωσα	aor.^{1} ind. a. 1 sg.	ζώννυμι
ἐζωσάμην	aor.^{1} ind. m. 1 sg.	»
ἐζώσθην	aor. ind. p. 1 sg.	»
ἐζωσμένη	pf. pt. m. N sg. fm.	»
ἔζω(σ)ται	pf. ind. m. 3 sg.	»
ἔζωστο	ppf. ind. m. 3 sg.	»
ἐζωωμένη	pf. pt. m. N sg. fm.	ζωόω
*ἔῃ	pr. cong. a. 3 sg.	εἰμί
*ἔηγα	pf. ind. a. 1 sg.	ἄγνυμι
*ἔηκα	aor.^{1} ind. a. 1 sg.	ἵημι
*ἔην	impf. ind. a. 1/3 sg.	εἰμί
*ἑήνδανον	impf. ind. a. 1 sg./3 pl.	ἁνδάνω
*ἔησθα	impf. ind. a. 2 sg.	εἰμί
*ἔῃσι	pr. cong. a. 3 sg.	»
ἔθαλον	aor.^{2} ind. a. 1 sg./3 pl.	θάλλω
ἔθαλψεν	aor.^{1} ind. a. 3 sg.	θάλπω
ἐθάμβησεν	aor.^{1} ind. a. 3 sg.	θαμβέ(υ)ω
ἐθανατώθην	aor. ind. p. 1 sg.	θανατόω
ἔθανον	aor.^{2} ind. a. 1 sg./3 pl.	θνήσκω
ἐθαύμασα	aor.^{1} ind. a. 1 sg.	θαυμάζω
ἐθαυμάσθην	aor. ind. p. 1 sg.	»
ἐθάφθην	aor. ind. p. 1 sg.	θάπτω
ἔθαψα	aor.^{1} ind. a. 1 sg.	»
ἐθεάθην	aor. ind. p. 1 sg.	θεάομαι
ἐθεασάμην	aor.^{1} ind. m. 1 sg.	»
*ἐθεήσαντο	aor.^{1} ind. m. 3 pl.	»
*ἐθεῆτο	impf. ind. m. 3 sg.	»
ἔθει, *ἔθεε	impf. ind. a. 3 sg.	θέω
ἐθειάσθη	aor. ind. p. 3 sg.	θειάζω
ἔθεινα	aor.^{1} ind. a. 1 sg.	θείνω
ἔθεινον	impf. ind. a. 1 sg./3 pl.	»
ἐθείς	aor. pt. p. N sg.	ἵημι
*ἐθέλεσκον	impf. ind. a. 1 sg./3 pl.	(ἐ)θέλω
ἐθέλησα	aor.^{1} ind. a. 1 sg.	»
*ἐθέλῃσθα	pr. cong. a. 2 sg.	»
ἐθέλησον	aor.^{1} impr. a. 2 sg.	»
ἐθελήσω	ft. ind. a. 1 sg.	»

ἔθελξα	aor.[1] ind. a. 1 sg.	θέλγω
ἔθελον	impf. ind. a. 1 sg./3 pl.	(ἐ)θέλω
*ἔθελχθεν	aor. ind. p. 3 pl.	θέλγω
ἐθέλχθην	aor. ind. p. 1 sg.	»
*ἐθέλωμι	pr. cong. a. 1 sg.	(ἐ)θέλω
ἔθεμεν	aor.[2] ind. a. 1 pl.	τίθημι
ἐθέμην	aor.[2] ind. m. 1 sg.	»
*ἔθεν	aor.[2] ind. a. 3 pl.	»
ἔθεντο	aor.[2] ind. m. 3 pl.	»
ἐθεραπευσάμην	aor.[1] ind. m. 1 sg.	θεραπεύω
ἐθεραπεύ(σ)θην	aor. ind. p. 1 sg.	»
ἐθέρην	aor. ind. p. 1 sg.	θέρω
ἐθέρισα, *-σσα	aor.[1] ind. a. 1 sg.	θερίζω
ἐθερίσθην	aor. ind. p. 1 sg.	»
ἐθέρμανα, *-ηνα	aor.[1] ind. a. 1 sg.	θερμαίνω
ἔθεσαν	aor.[2] ind. a. 3 pl.	τίθημι
ἔθεσο, *ἔθευ	aor.[2] ind. m. 2 sg.	»
*ἐθέσπιξα	aor.[1] ind. a. 1 sg.	θεσπίζω
ἔθετε	aor.[2] ind. a. 2 pl.	τίθημι
ἔθετο	aor.[2] ind. m. 3 sg.	»
ἔθευσα	aor.[1] ind. a. 1 sg.	θέω
ἐθεωρήσατε	aor.[1] ind. a. 2 pl.	θεωρέω
*ἐθηεῖτο	impf. ind. m. 3 sg.	θεάομαι
*ἐθηεύμεσθα	impf. ind. m. 1 pl.	»
*ἐθηεῦντο	impf. ind. m. 3 pl.	»
*ἐθηήσαντο	aor.[1] ind. m. 3 pl.	»
ἔθηκα	aor.[1] ind. a. 1 sg.	τίθημι
ἐθήκαμεν	aor.[1] ind. a. 1 pl.	»
ἐθηκάμην	aor.[1] ind. m. 1 sg.	»
ἔθηκαν	aor.[1] ind. a. 3 pl.	»
ἐθήκαντο	aor.[1] ind. m. 3 pl.	»
*ἐθήκαο	aor.[1] ind. m. 2 sg.	»
ἐθήκατε	aor.[1] ind. a. 2 pl.	»
ἔθηκε	aor.[1] ind. a. 3 sg.	»
ἔθηλα	aor.[1] ind. a. 1 sg.	θάλλω
ἐθήλασα, *ἐθήλαξα	aor.[1] ind. a. 1 sg.	θηλάζω
ἐθήλησα	aor.[1] ind. a. 1 sg.	θηλέω
ἐθήλυνα	aor.[1] ind. a. 1 sg.	θηλύνω
ἐθηλύνθην	aor. ind. p. 1 sg.	»
ἔθην	aor.[2] ind. a. 1 sg.	τίθημι
ἐθῆναι	aor. inf. p.	ἵημι

ἔθηξα	aor.[1] ind. a. 1 sg.	θήγω
ἐθηξάμην	aor.[1] ind. m. 1 sg.	»
ἐθηράθην	aor. ind. p. 1 sg.	θηράω
ἐθήρασα	aor.[1] ind. a. 1 sg.	»
ἐθηρασάμην	aor.[1] ind. m. 1 sg.	»
ἐθηρεύθην	aor. ind. p. 1 sg.	θηρεύω
ἐθήρευσα	aor.[1] ind. a. 1 sg.	»
ἐθηρευσάμην	aor.[1] ind. m. 1 sg.	»
ἐθήσομαι	ft. ind. p. 1 sg.	ἵημι
ἔθιγον	aor.[2] ind. a. 1 sg./3 pl.	θιγγάνω
ἐθισθήσομαι	ft. ind. p. 1 sg.	ἐθίζω
ἐθίσω, ἐθιῶ	ft. ind. a. 1 sg.	»
ἐθίχθην	aor. ind. p. 1 sg.	θιγγάνω
ἔθλα	impf. ind. a. 3 sg.	θλάω
ἔθλασα	aor.[1] ind. a. 1 sg.	»
ἐθλάσθην	aor. ind. p. 1 sg.	»
ἐθλίβην, ἐθλίφθην	aor. ind. p. 1 sg.	θλίβω
ἔθλιψα	aor.[1] ind. a. 1 sg.	»
ἐθοινήθην	aor. ind. p. 1 sg.	θοινάω
ἐθοινησάμην	aor.[1] ind. m. 1 sg.	»
ἔθορον	aor.[2] ind. a. 1 sg./3 pl.	θρώσκω
ἔθου	aor.[2] ind. m. 2 sg.	τίθημι
ἔθραξα	aor.[1] ind. a. 1 sg.	θράττω
ἔθρασα	aor.[1] ind. a. 1 sg.	θράζω
ἐθρασυνάμην	aor.[1] ind. m. 1 sg	θρασύνω
ἔθραυσα	aor.[1] ind. a. 1 sg.	θραύω
ἐθραύσθην	aor. ind. p. 1 sg.	»
ἐθράφθη	aor. ind. p. 3 sg.	τρέφω
ἐθράχθην	aor. ind. p. 1 sg.	θράττω
ἔθρεξα	aor.[1] ind. a. 1 sg.	τρέχω
ἐθρέφθην	aor. ind. p. 1 sg.	τρέφω
ἔθρεψα	aor.[1] ind. a. 1 sg.	»
ἐθρεψάμην	aor.[1] ind. m. 1 sg.	»
ἐθρήνησα	aor.[1] ind. a. 1 sg.	θρηνέω
*ἔθρισα	aor.[1] ind. a. 1 sg.	θερίζω
ἐθροήθη	aor. ind. p. 3 sg.	θροέω
ἐθρόησα	aor.[1] ind. a. 1 sg.	»
ἐθρύβην, ἐθρύφθην	aor. ind. p. 1 sg.	θρύπτω
ἔθρυψα	aor.[1] ind. a. 1 sg.	»
ἔθρωξα	aor.[1] ind. a. 1 sg.	θρώσκω
ἐθυμιάθην	aor. ind. p. 1 sg.	θυμιάω

ἐθυμιασάμην, -ησάμην	aor.^{1} ind. m. 1 sg.	θυμιάω	
ἐθυμίησα	aor.^{1} ind. a. 1 sg.	»	
ἐθυμώθην	aor. ind. p. 1 sg.	θυμόω	
ἐθυμωσάμην	aor.^{1} ind. m. 1 sg.	»	
ἔθυνα	aor.^{1} ind. a. 1 sg.	θύνω	
ἔθυον	impf. ind. a. 1 sg./3 pl.	θύω	
ἔθυσα	aor.^{1} ind. a. 1 sg.	»	
ἐθυσάμην	aor.^{1} ind. m. 1 sg.	»	
ἑθῶ	aor. cong. p. 1 sg.	ἵημι	
*ἐθώκαντι	pf. ind. a. 3 pl.	ἔθω	
*ἐθώμασα	aor.^{1} ind. a. 1 sg.	θαυμάζω	
ἔθων	pr. pt. a. N sg.	ἔθω	
ἐθωράκισε	aor.^{1} ind. a. 3 sg.	θωρακίζω	
ἐθωρηξάμην	aor.^{1} ind. m. 1 sg.	θωρήσσω	
ἐθωρήχθην	aor. ind. p. 1 sg.	»	
ἐθώϋξας	aor.^{1} ind. a. 2 sg.	θωΰσσω	
εἶ	pr. ind. a. 2 sg.	εἰμί	
*εἶ	pr. ind./impr. a. 2 sg.	εἶμι	
*εἶα	impf. ind. a. 3 sg.	ἐάω	
εἴακα	pf. ind. a. 1 sg.	»	
εἴαμαι	pf. ind. m. 1 sg.	»	
εἴασα	aor.^{1} ind. a. 1 sg.	»	
*εἰά(σ)θην	aor. ind. p. 1 sg.	»	
*εἴασκον	impf. ind. a. 1 sg./3 pl.	»	
*εἴατο	impf. ind. m. 3 pl.	εἰμί	
*εἵατο	ppf. ind. m. 3 pl.	ἕννυμι	
εἰδεῖεν, εἰδείησαν	pf. ott. a. 3 pl.	[οἶδα],	εἴδομαι
εἰδείην	pf. ott. a. 1 sg.	»	»
εἰδεῖμεν	pf. ott. a. 1 pl.	»	»
εἰδέναι	pf. inf. a.	»	»
*εἴδετε	pf. cong. a. 2 pl.	»	»
*εἰδέω	pf. cong. a. 1 sg.	»	»
*εἰδέωσι	pf. cong. a. 3 pl.	»	»
εἰδῆσαι	aor.^{1} inf. a.	»	»
*εἰδησέμεν	ft. inf. a.	»	»
εἴδησον	aor.^{1} impr. a. 2 sg.	»	»
*εἰδήσω	ft. ind. a. 1 sg.	»	»
εἰδήσωσιν	aor.^{1} cong. a. 3 pl.	»	»
*εἴδομεν	pf. cong. a. 1 pl.	»	»
εἰδόμην	aor.^{2} ind. m. 1 sg.	[ὁράω],	»
εἶδον	aor.^{2} ind. a. 1 sg./3 pl.	»	»

εἴδοντο	aor.² ind. m. 3 pl.	[ὁράω], εἴδομαι
εἰδυῖα	pf. pt. a. N sg. fm.	[οἶδα] »
εἰδῶ, *εἴδω	pf. cong. a. 1 sg.	» »
εἰδῶμεν	pf. cong. a. 1 pl.	» »
εἰδώς	pf. pt. a. N sg. msch.	» »
εἰδῶσι	pf. cong. a. 3 pl.	» »
εἶεν	pr. ott. a. 3 pl.	εἰμί
εἶεν	aor.² ott. a. 3 pl.	ἵημι
εἴη	pr. ott. a. 3 sg.	εἰμί
εἵη	aor.² ott. a. 3 sg.	ἵημι
*εἴη	pr. ott. a. 3 sg.	εἶμι
εἴημεν	pr. ott. a. 1 pl.	εἰμί
εἵημεν	aor.² ott. a. 1 pl.	ἵημι
εἴην	pr. ott. a. 1 sg.	εἰμί
εἵην	aor.² ott. a. 1 sg.	ἵημι
εἴης, *εἴησθα	pr. ott. a. 2 sg.	εἰμί
εἴησαν	pr. ott. a. 3 pl.	»
εἵητε	aor.² ott. a. 2 pl.	ἵημι
εἵθην	aor. ind. p. 1 sg.	»
*εἰθίδαται	pf. ind. m. 3 pl.	ἐθίζω
εἴθικα	pf. ind. a. 1 sg.	»
εἴθισα	aor.¹ ind. a. 1 sg.	»
εἰθίσθην	aor. ind. p. 1 sg.	»
εἰθισμένος	pf. pt. m. N sg.	»
εἴθιστο	ppf. ind. m. 3 sg.	»
εἷκα	pf. ind. a. 1 sg.	ἵημι
*εἴκαζον	impf. ind. a. 1 sg./3 pl.	εἰκάζω
*εἰκαθεῖν	aor.² inf. a.	εἴκω
*εἰκάθοιμι	aor.² ott. a. 1 sg.	»
*εἴκαθον	aor.² ind. a. 1 sg./3 pl.	»
*εἰκάθω	aor.² cong. a. 1 sg.	»
*εἰκαθών	aor.² pt. a. N sg.	»
εἴκακα	pf. ind. a. 1 sg.	εἰκάζω
*εἴκας	pf. ind. a. 2 sg.	ἔοικα
εἴκασα	aor.¹ ind. a. 1 sg.	εἰκάζω
εἰκάσθην	aor. ind. p. 1 sg.	»
εἰκασθήσομαι	ft. ind. p. 1 sg.	»
εἴκασμαι	pf. ind. m. 1 sg.	»
εἴκαστο	ppf. ind. m. 3 sg.	»
εἰκάσω	ft. ind. a. 1 sg.	»
*εἰκέναι	pf. inf. a.	ἔοικα

εἶκον	impf. ind. a. 1 sg./3 pl.	εἴκω
*ἐίκτην	ppf. ind. a. 3 du.	ἔοικα
*ἔικτο	ppf. ind. m. 3 sg.	»
*ἔικτον	pf. ind. a. 3 du.	»
*εἰκυῖα	pf. pt. a. N sg. fm.	»
*εἰκώς	pf. pt. a. N sg. msch.	»
εἷλα	aor.[1] ind. a. 1 sg.	αἱρέω
εἱλάμην	aor.[1] ind. m. 1 sg.	»
εἴλεγμαι	pf. ind. m. 1 sg.	λέγω
εἴλεκτο	ppf. ind. m. 3 sg.	»
εἴλεξαι	pf. ind. m. 2 sg.	»
*εἴλεον	impf. ind. a. 1 sg./3 pl.	[εἴλω], εἰλέω
*εἰλεύμενος	pr. pt. m. N sg.	» »
*εἰλεῦντο	impf. ind. m. 3 pl.	» »
εἴληγμαι	pf. ind. m. 1 sg.	λαγχάνω
εἰληγμένος	pf. pt. m. N sg.	»
εἰλήθην	aor. ind. p. 1 sg.	εἴλω, εἰλέω
*εἰλήλουθα	pf. ind. a. 1 sg.	[ἔρχομαι]
*εἰληλούθει	ppf. ind. a. 3 sg.	»
*εἰλήλουθμεν	pf. ind. a. 1 pl.	»
*εἰληλουθώς	pf. pt. a. N sg.	»
εἴλημαι	pf. ind. m. 1 sg.	εἴλω, εἰλέω
εἴλημμαι	pf. ind. m. 1 sg.	λαμβάνω
εἰλημμένος	pf. pt. m. N sg.	»
εἴληντο	ppf. ind. m. 3 pl.	εἴλω, εἰλέω
εἴληπτο	ppf. ind. m. 3 sg.	λαμβάνω
εἴλησα	aor.[1] ind. a. 1 sg.	εἴλω, εἰλέω
εἰλήσω	ft. ind. a. 1 sg.	» »
εἴληφα	pf. ind. a. 1 sg.	λαμβάνω
εἰλήφειν	ppf. ind. a. 1 sg.	»
εἰλῆφθαι	pf. inf. m.	»
εἰληφώς	pf. pt. a. N sg.	»
εἴληχα	pf. ind. a. 1 sg.	λαγχάνω
εἰλήχειν	ppf. ind. a. 1 sg.	»
εἴληψαι	pf. ind. m. 2 sg.	λαμβάνω
εἴλιγμαι	pf. ind. m. 1 sg.	ἑλίττω
εἴλικτο	ppf. ind. m. 3 sg.	»
εἵλιξα, εἴλιξα	aor.[1] ind. a. 1 sg.	»
εἰλίξας	aor.[1] pt. a. N sg.	»
εἰλίξειν	ft. inf. a.	»
*εἰλίχατο	ppf. ind. m. 3 pl.	»

εἱλιχθείς	aor. pt. p. N sg.	ἑλίττω
εἱλίχθην	aor. ind. p. 1 sg.	»
εἵλκεον	impf. ind. a. 1 sg./3 pl.	ἕλκω, ἑλκέω
εἷλκον	impf. ind. a. 1 sg./3 pl.	»
εἵλκυκα	pf. ind. a. 1 sg.	» ἑλκύω
εἵλκυσα	aor.[1] ind. a. 1 sg.	» »
εἱλκυσάμην	aor.[1] ind. m. 1 sg.	» »
εἱλκύσθην	aor.[1] ind. p. 1 sg.	» »
εἵλκυσμαι	pf. ind. m. 1 sg.	» »
εἵλκυστο	ppf. ind. m. 3 sg.	» »
εἷλξα	aor.[1] ind. a. 1 sg.	»
εἱλξάμην	aor.[1] ind. m. 1 sg.	»
εἱλόμην	aor.[2] ind. m. 1 sg.	αἱρέω
εἷλον	aor.[2] ind. a. 1 sg./3 pl.	»
εἴλοχα	pf. ind. a. 1 sg.	λέγω
*εἰλύαται	pf. ind. m. 3 pl.	εἰλύω
εἴλυμαι	pf. ind. m. 1 sg.	»
εἰλυόμην	impf. ind. m. 1 sg.	»
εἰλυ(σ)θείς	aor. pt. p. N sg.	»
εἰλύσω	ft. ind. a. 1 sg.	»
εἴλυτο	ppf. ind. m. 3 sg.	»
εἵλχθην	aor. ind. p. 1 sg.	ἕλκω, ἑλκέω
εἷμαι	pf. ind. m. 1 sg.	ἵημι
*εἷμαι	pf. ind. m. 1 sg.	ἕννυμι
εἷμαι	pf. ind. m. 1 sg.	ἵζω, ἕζομαι
εἱμάρθαι	pf. inf. m.	μείρομαι
εἱμαρμένος	pf. pt. m. N sg.	»
εἵμαρται	pf. ind. m. 3 sg.	»
εἵμαρτο	ppf. ind. m. 3 sg.	»
εἵμεθα	aor.[2]/pf. ind. m. 1 pl.	ἵημι
*εἰμέν	pr. ind. a. 1 pl.	εἰμί
*εἶμεν	pr. ott. a. 1 pl.	»
εἷμεν	aor.[2] ind./ott. a. 1 pl.	ἵημι
*εἶμεν, εἴμεναι	pr. inf. a.	εἰμί
εἱμένος	pf. pt. m. N sg.	ἕννυμι
εἱμένος	pf. pt. m. N sg.	ἵημι
*εἰμές	pr. ind. a. 1 pl.	εἰμί
εἵμην	aor.[2] ind./ott. m. 1 sg.	ἵημι
εἵμην	ppf. ind. m. 1 sg.	»
εἶναι	pr. inf. a.	εἰμί
εἷναι	aor.[2] inf. a.	ἵημι

εἶνται	pf. ind. m. 3 pl.	ἵημι
εἶντο	aor.^{2} ind./ott. m. 3 pl.	»
εἷντο	ppf. ind. m. 3 pl.	»
εἵνυσαν	aor.^{1} ind. a. 3 pl.	[ἕννυμι], εἰνύω
εἶξα	aor.^{1} ind. a. 1 sg.	εἴκω
*εἴξασι	pf. ind. a. 3 pl.	ἔοικα
*εἴξασκε	aor.^{1} ind. a. 3 sg.	εἴκω
*εἴξω	ft. ind. a. 1 sg.	ἔοικα
εἴξω	ft. ind. a. 1 sg.	εἴκω
εἴξω	ft. ind. a. 1 sg.	ἐΐσκω
*εἰοικυῖαι	pf. pt. a. N pl. fm.	ἔοικα
εἶπα	aor.^{1} ind. a. 1 sg.	εἶπον
εἰπάμην	aor.^{1} ind. m. 1 sg.	»
εἶπαν	aor.^{1} ind. a. 3 pl.	»
εἶπας	aor.^{1} ind. a. 2 sg.	»
εἴπατε	aor.^{1} ind./impr. a. 2 pl.	»
εἰπέ	aor.^{2} impr. a. 2 sg.	»
εἰπεῖν, *εἰπέμεν(αι)	aor.^{2} inf. a.	»
*εἴπεσκον	aor.^{2}/impf. ind. a. 3 pl.	»
*εἴπην	aor.^{2} inf. a.	»
εἴπῃς, *εἴπῃσθα	aor.^{2} cong. a. 2 sg.	»
*εἴπῃσι	aor.^{2} cong. a. 3 sg.	»
εἴποιεν	aor.^{2} ott. a. 3 pl.	»
εἴποιμι	aor.^{2} ott. a. 1 sg.	»
εἴποιτε	aor.^{2} ott. a. 2 pl.	»
εἱπόμην	impf. ind. m. 1 sg.	ἕπω
εἶπον	aor.^{2} ind. a. 1 sg./3 pl.	εἶπον
εἷπον	aor.^{2} ind. a. 1 sg./3 pl.	ἕπω
εἰποῦσα	aor.^{2} pt. a. N sg. fm.	εἶπον
εἴπω, *εἴπωμι	aor.^{2} cong. a. 1 sg.	»
εἰπών	aor.^{2} pt. a. N sg. msch.	»
εἶρα	aor.^{1} ind. a. 1 sg.	εἴρω = intrecciare
εἴρας	aor.^{1} pt. a. N sg.	» »
εἰργαζόμην	impf. ind. m. 1 sg.	ἐργάζομαι
*εἰργαθεῖν	aor.^{2} inf. a.	εἴργω
*εἴργαθον	aor.^{2} ind. a. 1 sg./3 pl.	»
εἰργασάμην	aor.^{1} ind. m. 1 sg.	ἐργάζομαι
εἰργάσθην	aor. ind. p. 1 sg.	»
εἴργασμαι	pf. ind. m. 1 sg.	»
εἰργάσμην	ppf. ind. m. 1 sg.	»
εἶργμαι, εἷργμαι	pf. ind. m. 1 sg.	εἵργω

εἶργον	impf. ind. a. 1 sg./3 pl.	εἴργω
*εἰρέαται	pf. ind. m. 3 pl.	εἴρω = dire
*εἰρέθην, εἰρήθην	aor. ind. p. 1 sg.	» »
*εἴρεο	pr. impr. m. 2 sg.	ἔρομαι
εἴρηκα	pf. ind. a. 1 sg.	εἴρω = dire
εἰρήκειν	ppf. ind. a. 1 sg.	» »
εἴρημαι	pf. ind. m. 1 sg.	» »
εἰρημένος	pf. pt. m. N sg.	» »
*εἰρήσομαι	ft. ind. m. 1 sg.	» »
*εἰρήσομαι	ft. ind. m. 1 sg.	ἔρομαι
εἴρητο	ppf. ind. m. 3 sg.	εἴρω = dire
εἶρξα	aor.[1] ind. a. 1 sg.	εἴργω
εἴρξομαι	ft. ind. m. 1 sg.	»
εἰρξω, εἴρξω	ft. ind. a. 1 sg.	»
*εἰρόμην	impf. ind. m. 1 sg.	ἔρομαι
εἷρπον	impf. ind. a. 1 sg./3 pl.	ἕρπω
εἵρπυζον	impf. ind. a. 1 sg./3 pl.	ἑρπύζω = ἕρπω
εἵρπυσα	aor.[1] ind. a. 1 sg.	» »
*εἰρύαται	pf. ind. m. 3 pl.	(ἐ)ρύομαι
*εἰρύατο, εἴρυντο	impf. ind. m. 3 pl.	»
εἴρυμαι	pf. ind. m. 1 sg.	»
*εἰρύμεναι	pr. inf. a.	ἐ(ι)ρύω
*εἰρυόμεσθα	ft. ind. m. 1 pl.	(ἐ)ρύομαι
εἴρυον	impf. ind. a. 1 sg./3 pl.	ἐ(ι)ρύω
εἴρυσα, *εἴρυσσα	aor.[1] ind. a. 1 sg.	»
εἰρύσαι	aor.[1] inf. a.	»
εἰρύσαιμι	aor.[1] ott. a. 1 sg.	»
εἰρυσάμην	aor.[1] ind. m. 1 sg.	» (ἐ)ρύομαι
εἰρύσας	aor.[1] pt. a. N sg.	»
*εἴρυσθαι	pr. inf. m.	(ἐ)ρύομαι
εἰρύσθην	aor. ind. p. 1 sg.	ἐ(ι)ρύω
εἴρυσον	aor.[1] impr. a. 2 sg.	»
*εἰρυσσαίμην	aor.[1] ott. m. 1 sg.	(ἐ)ρύομαι
*εἰρύσσασθαι	aor.[1] inf. m.	ἐ(ι)ρύω, (ἐ)ρύομαι
*εἰρύσ(σ)ατο	aor.[1] ind. m. 3 sg.	»
*εἰρύσσονται	ft. ind. m. 3 pl.	(ἐ)ρύομαι
εἰρύσω, *εἰρύσσω	aor. cong. a. 1 sg.	ἐ(ι)ρύω
*εἴρυτο	impf. ind. m. 3 sg.	(ἐ)ρύομαι
εἰρχθείς	aor. pt. p. N sg.	εἴργω
εἷρψα	aor.[1] ind. a. 1 sg.	ἕρπω
*εἴρωμαι	pr. cong. m. 1 sg.	ἔρομαι

*εἰρώτα	impf. ind. a. 3 sg.	ἐρωτάω
*εἰρωτεῦντας	pr. pt. a. A pl.	»
εἰσ-:	*togliere e cercare sotto l'iniziale risultante*	
*εἷς	pr. ind. a. 2 sg.	εἰμί
*εἶς	pr. ind. a. 2 sg.	εἶμι
*εἴς	pr. pt. a. N sg.	εἰμί
εἵς	aor.^{2} pt. a. N sg. msch.	ἵημι
εἷσα	aor.^{2} pt. a. N sg. fm.	»
εἷσα	aor.^{1} ind. a. 1 sg.	ἵζω
εἰσάμενος	aor.^{1} pt. m. N sg.	»
εἰσάμην	aor.^{1} ind. m. 1 sg.	»
εἰσάμην	aor.^{1} ind. m. 1 sg.	εἶμι
εἷσαν	aor.^{2} ind. a. 3 pl.	ἵημι
εἷσαν	aor.^{1} ind. a. 3 pl.	ἵζω
εἰσαν(α)-:	*togliere e cercare sotto l'iniziale risultante*	
εἰσαπ(ο)-, εἰσαφ-:	*togliere e cercare sotto l'iniziale risultante*	
εἰσεμ-, εἰσεν-	*togliere e cercare sotto l'iniziale risultante*	
εἰσεπι-:	*togliere e cercare sotto l'iniziale risultante*	
*εἶσθα	pr. ind. a. 2 sg.	εἶμι
εἰσί	pr. ind. a. 3 pl.	εἰμί
εἶσι	pr. ind. a. 3 sg.	εἶμι
εἰσκαθ-, εἰσκατ(α)-:	*togliere e cercare sotto l'iniziale risultante*	
εἰσκαταρ- (+ ρ):	*togliere e cercare sotto l'iniziale ῥ-*	
εἷσο	aor.^{2}/ppf. ind. m. 2 sg.	ἵημι
εἷσο	pf. impr. m. 2 sg.	»
*εἴσομαι	ft. ind. m. 1 sg.	εἶμι
εἴσομαι	ft. ind. m. 1 sg.	[οἶδα], εἴδομαι
εἴσομαι	ft. ind. m. 1 sg.	ἵζω
εἷσον	aor.^{1} impr. a. 2 sg.	»
εἰσπαρα-:	*togliere e cercare sotto l'iniziale risultante*	
εἱστήκειν	ppf. ind. a. 1 sg.	ἵστημι
εἱστηκότα	pf. pt. a. A sg.	»
εἱστία	impf. ind. a. 3 sg.	ἑστιάω
εἱστιάθην	aor. ind. p. 1 sg.	»
εἱστίακα	pf. ind. a. 1 sg.	»
εἱστίαμαι	pf. ind. m. 1 sg.	»
εἱστίασα	aor.^{1} ind. a. 1 sg.	»
εἱστίων	impf. ind. a. 1 sg.	»
*εἴσχηκα	pf. ind. a. 1 sg.	ἔχω
*εἶτε	pr. ott. a. 2 pl.	εἰμί
εἶτε	aor.^{2} ind./ott. a. 2 pl.	ἵημι

εἴτην	pr. ott. a. 3 du.	εἰμί
εἵτην	aor.[2] ind. a. 3 du.	ἵημι
εἶτο	aor.[2] ind./ott. m. 3 sg.	»
εἴτω	pr. impr. a. 2 du.	εἰμί
εἰχόμην	impf. ind. m. 1 sg.	ἔχω
εἶχον	impf. ind. a. 1 sg./3 pl.	»
εἴχοσαν	aor.[2]/impf. ind. a. 3 pl.	»
*εἴω	pr. cong. a. 1 sg.	εἰμί
*εἴω	pr. cong. a. 1 sg.	εἶμι
*εἵω	aor.[2] cong. a. 1 sg.	ἵημι
εἴωθα	pf. ind. a. 1 sg.	ἔθω
εἰώθειν	ppf. ind. a. 1 sg.	»
εἰωθώς	pf. pt. a. N sg.	»
*εἴων	impf. ind. a. 1 sg.	ἐάω
ἐκ-:	*togliere e cercare sotto*	*l'iniziale risultante*
ἐκάην	aor. ind. p. 1 sg.	καίω
ἐκάθαρα	aor.[1] ind. a. 1 sg.	καθαίρω
ἐκαθάρθην	aor. ind. p. 1 sg.	»
ἐκαθεζόμην	impf. ind. m. 1 sg.	καθέζομαι
ἐκαθέσθην	aor. ind. p. 1 sg.	»
ἐκάθηρα	aor.[1] ind. a. 1 sg.	καθαίρω
ἐκάθισα, ἐκαθίσησα	aor.[1] ind. a. 1 sg.	καθίζω
ἐκαίνισα	aor.[1] ind. a. 1 sg.	καινίζω
ἔκαιον	impf. ind. a. 1 sg./3 pl.	καίω
ἐκάκωσε	aor.[1] ind. a. 3 sg.	κακόω
ἐκάλεσα, -ησα, *-εσσα	aor.[1] ind. a. 1 sg.	καλέω
ἐκαλεσ(σ)άμην	aor.[1] ind. m. 1 sg.	»
ἐκαλύφθην	aor. ind. p. 1 sg.	καλύπτω
ἐκάλυψα	aor.[1] ind. a. 1 sg.	»
ἐκάμμυσαν	aor.[1] ind. a. 3 pl.	καμμύω
ἐκαμόμην	aor.[2] ind. m. 1 sg.	κάμνω
ἔκαμον	aor.[2] ind. a. 1 sg./3 pl.	»
ἐκάμφθην	aor. ind. p. 1 sg.	κάμπτω
ἔκαμψα	aor.[1] ind. a. 1 sg.	»
ἔκανον	aor.[2] ind. a. 1 sg./3 pl.	καίνω
ἔκαον	impf. ind. a. 1 sg./3 pl.	καίω
*ἐκάπυσσα	aor.[1] ind. a. 1 sg.	καπύω
ἐκάρην	aor. ind. p. 1 sg.	κείρω
ἐκαρίωσα	aor.[1] ind. a. 1 sg.	καριόω
ἐκαρπίσατο	aor.[1] ind. m. 3 sg.	καρπίζω
ἐκαύθην	aor. ind. p. 1 sg.	καίω

ἔκαυσα	aor.[1] ind. a. 1 sg.	καίω
ἐκαυσάμην	aor.[1] ind. m. 1 sg.	»
ἐκαυχησάμην	aor.[1] ind. m. 1 sg.	καυχάομαι
ἐκδι(α)-:	*togliere e cercare sotto*	*l'iniziale risultante*
ἐκεάσθην	aor. ind. p. 1 sg.	κεάζω
*ἐκέασσα	aor.[1] ind. a. 1 sg.	»
*ἐκέατο	impf. ind. m. 3 pl.	κεῖμαι
ἐκεδάσθην	aor. ind. p. 1 sg.	(σ)κεδάννυμι
*ἐκέδασσα	aor.[1] ind. a. 1 sg.	»
ἐκείμην	impf. ind. m. 1 sg.	κεῖμαι
ἔκειρα	aor.[1] ind. a. 1 sg.	κείρω
ἐκειράμην	aor.[1] ind. m. 1 sg.	»
ἐκεκαλλιερήκειν	ppf. ind. a. 1 sg.	καλλιερέω
ἐκεκάρμην	ppf. ind. m. 1 sg.	κείρω
ἐκεκάσμην	ppf. ind. m. 1 sg.	καίνυμι
ἐκεκέλευστο	ppf. ind. m. 3 sg.	κελεύω
ἐκεκεύθειν	ppf. ind. a. 1 sg.	κεύθω
*ἐκεκλέατο	ppf. ind. m. 3 pl.	κλείω
ἐκεκλείκειν	ppf. ind. a. 1 sg.	»
*ἐκέκλετο	aor.[2] ind. m. 3 sg.	κέλομαι
ἐκεκμήκεσαν	ppf. ind. a. 3 pl.	κάμνω
*ἐκεκοσμέατο	ppf. ind. m. 3 pl.	κοσμέω
ἐκεκράγειν	ppf. ind. a. 1 sg.	κράζω
*ἐκέκραγον	aor.[2] ind. a. 1 sg./3 pl.	»
*ἐκέκραξα	aor.[1] ind. a. 1 sg.	»
ἐκέκρατο	ppf. ind. m. 3 sg.	»
ἐκεκρούσμην	ppf. ind. m. 1 sg.	κρούω
ἐκεκτήμην	ppf. ind. m. 1 sg.	κτάομαι
ἐκεκύρωτο	ppf. ind. m. 3 sg.	κυρόω
ἐκέλετο	impf. ind. m. 3 sg.	κέλομαι
*ἐκέλευ	impf. ind. m. 2 sg.	»
ἐκελεύθην	aor. ind. p. 1 sg.	κελεύω
ἐκέλευσα	aor.[1] ind. a. 1 sg.	»
ἐκελευσάμην	aor.[1] ind. m. 1 sg.	»
ἐκελήσατο	aor.[1] ind. m. 3 sg.	κέλομαι
*ἔκελσα	aor.[1] ind. a. 1 sg.	κέλλω
ἐκεντήθην	aor. ind. p. 1 sg.	κεντέω
ἐκέντησα	aor.[1] ind. a. 1 sg.	»
ἐκενώθην	aor. ind. p. 1 sg.	κενόω
ἐκένωσα	aor.[1] ind. a. 1 sg.	»
*ἐκεράισα, ἐκεράιξα	aor.[1] ind. a. 1 sg.	κεραΐζω

ἐκεράννυν	impf. ind. a. 1 sg./3 pl.	κεράννυμι
ἐκέρασα	aor.^{1} ind. a. 1 sg.	» κεράω
ἐκερασάμην	aor.^{1} ind. m. 1 sg.	» »
ἐκεράσθην	aor. ind. p. 1 sg.	» »
ἐκέρδανα	aor.^{1} ind. a. 1 sg.	κερδαίνω
*ἔκερσα	aor.^{1} ind. a. 1 sg.	κείρω
*ἐκερσάμην	aor.^{1} ind. m. 1 sg.	»
ἐκεύθανον	impf. ind. a. 1 sg./3 pl.	κεύθω, κευθάνω
ἔκευσα	aor.^{1} ind. a. 1 sg.	»
ἐκεχάλαστο	ppf. ind. m. 3 sg.	χαλάω
ἐκεχάριστο	ppf. ind. m. 3 sg.	χαρίζομαι
ἐκεχειρούργητο	ppf. ind. m. 3 sg.	χειρουργέω
ἐκεχήνειν	ppf. ind. a. 1 sg.	χάσκω, χαίνω
ἐκέχριστο	ppf. ind. m. 3 sg.	χρίω
ἐκέχρωστο	ppf. ind. m. 3 sg.	χρῴζω, χρώννυμι
*ἔκηα	aor.^{1} ind. a. 1 sg.	καίω
ἔκηδον	impf. ind. a. 1 sg. /3pl.	κήδω
ἐκήρυξα	aor.^{1} ind. a. 1 sg.	κηρύττω
ἐκήρυσσον	impf. ind. a. 1 sg./3 pl.	»
ἐκηρύχθην	aor. ind. p. 1 sg.	»
ἐκινήθην	aor. ind. p. 1 sg.	κινέω
ἐκίνησα	aor.^{1} ind. a. 1 sg.	»
ἔκιον	impf. ind. a. 1 sg./3 pl.	κίω
ἐκίρνατο	impf. ind. m. 3 sg.	κίρνημι, κεράννυμι
*ἐκίχεις	aor.^{2} ind. a. 2 sg.	κιχάνω
*ἔκιχεν	aor.^{2} ind. a. 3 sg.	»
*ἐκίχημεν	aor.^{2} ind. a. 1 pl.	»
*ἐκίχησα	aor.^{1} ind. a. 1 sg.	»
*ἔκιχον	aor.^{2} ind. a. 1 sg./3 pl.	»
ἐκκαθ-, ἐκκατ-:	*togliere e cercare sotto*	*l'iniziale risultante*
ἐκκλησιάσω	ft. ind. a. 1 sg.	ἐκκλησιάζω
ἔκλα	impf. ind. a. 3 sg.	κλάω
ἔκλαγξα	aor.^{1} ind. a. 1 sg.	κλάζω
ἔκλαγον	aor.^{2} ind. a. 1 sg./3 pl.	»
*ἔκλᾳξε	aor.^{1} ind. a. 3 sg.	κλείω
ἔκλαον	impf. ind. a. 1 sg./3 pl.	κλαίω
ἐκλάπην	aor. ind. p. 1 sg.	κλέπτω
ἔκλασα	aor.^{1} ind. a. 1 sg.	κλάω
ἐκλάσθην	aor. ind. p. 1 sg.	»
*ἐκλᾴσθην	aor. ind. p. 1 sg.	κλείω
ἔκλαυσα	aor.^{1} ind. a. 1 sg.	κλαίω

ἐκλαυσάμην	aor.^{1} ind. m. 1 sg.	κλαίω
ἐκλαύσθην	aor. ind. p. 1 sg.	»
*ἔκλεεν	impf. ind. a. 3 sg.	κλύω
*ἔκλειζον	impf. ind. a. 1 sg./3 pl.	κλῄζω
ἔκλεισα	aor.^{1} ind. a. 1 sg.	κλείω
ἐκλεισάμην	aor.^{1} ind. m. 1 sg.	»
ἐκλείσθην	aor. ind. p. 1 sg.	»
ἐκλέφθην	aor. ind. p. 1 sg.	κλέπτω
ἔκλεψα	aor.^{1} ind. a. 1 sg.	»
ἔκληζον	impf. ind. a. 1 sg./3 pl.	κλῄζω
ἐκλήθην	aor. ind. p. 1 sg.	καλέω
*ἐκλήισα	aor.^{1} ind. a. 1 sg.	κλείω
*ἐκληίσθην	aor. ind. p. 1 sg.	»
*ἐκλήισμαι	pf. ind. m. 1 sg.	κλῄζω
*ἐκλήιστο	ppf. ind. m. 3 sg.	»
ἐκλήρωσεν	aor.^{1} ind. a. 3 sg.	κληρόω
ἔκλῃσα	aor.^{1} ind. a. 1 sg.	κλῄζω e κλείω
ἐκλῄσθην	aor. ind. p. 1 sg.	κλείω
ἔκλινα	aor.^{1} ind. a. 1 sg.	κλίνω
ἐκλινάμην	aor.^{1} ind. m. 1 sg.	»
ἐκλίνην, ἐκλί(ν)θην	aor. ind. p. 1 sg.	»
*ἔκλυον	impf. ind. a. 1 sg./3 pl.	κλύω
ἔκλυσε	aor.^{1} ind. a. 3 sg.	κλύζω
ἐκλύσθην	aor. ind. p. 1 sg.	»
ἔκλων	impf. ind. a. 1 sg.	κλάω
ἔκλωσα	aor.^{1} ind. a. 1 sg.	κλώθω
ἔκνησα	aor.^{1} ind. a. 1 sg.	κνάω
ἐκνησάμην, *-νασάμην	aor.^{1} ind. m. 1 sg.	»
ἐκνήσθην	aor. ind. p. 1 sg.	»
ἔκνισα, *ἔκνιξα	aor.^{1} ind. a. 1 sg.	κνίζω
ἐκνίσθην	aor. ind. p. 1 sg.	»
ἐκοίλανα, *-ηνα	aor.^{1} ind. a. 1 sg.	κοιλαίνω
ἐκοιλάνθην	aor. ind. p. 1 sg.	»
ἐκοιμήθην	aor. ind. p. 1 sg.	κοιμάω
ἐκοίμησα	aor.^{1} ind. a. 1 sg.	»
ἐκοινώθην	aor. ind. p. 1 sg.	κοινόω
ἐκοίνωσα, *-ασα	aor.^{1} ind. a. 1 sg.	»
ἐκοινωσάμην	aor.^{1} ind. m. 1 sg.	»
ἐκόλασα	aor.^{1} ind. a. 1 sg.	κολάζω
ἐκολασάμην	aor.^{1} ind. m. 1 sg.	»
ἐκολάσθην	aor. ind. p. 1 sg.	»

ἐκόλουσα	aor.[1] ind. a. 1 sg.	κολούω
ἐκολού(σ)θην	aor. ind. p. 1 sg.	»
ἐκόμησε	aor.[1] ind. a. 3 sg.	κομάω
ἐκομίσθην	aor. ind. p. 1 sg.	κομίζω
ἐκόμισα, *-ισσα, *-ιξα	aor.[1] ind. a. 1 sg.	»
ἐκονισάμην	aor.[1] ind. m. 1 sg.	κονίω
ἐκόνισα, *ἐκόνισσα	aor.[1] ind. a. 1 sg.	»
ἐκόπασα	aor.[1] ind. a. 1 sg.	κοπάζω
ἐκόπην	aor. ind. p. 1 sg.	κόπτω
ἐκοπίασα	aor.[1] ind. a. 1 sg.	κοπιάω
*ἐκόρεσθεν	aor. ind. p. 3 pl.	κορέννυμι, κορέω
ἐκορέσθην	aor. ind. p. 1 sg.	» »
ἐκόρεσα, *-εσσα	aor.[1] ind. a. 1 sg.	» »
ἐκορεσάμην, *-σσάμην	aor.[1] ind. m. 1 sg.	» »
*ἐκορυσσάμην	aor.[1] ind. m. 1 sg.	κορύσσω
ἐκόρυψα	aor.[1] ind. a. 1 sg.	κορύπτω
ἐκόσμησαν	aor.[1] ind. a. 3 pl.	κοσμέω
ἐκούφισα	aor.[1] ind. a. 1 sg.	κουφίζω
ἔκοψα	aor.[1] ind. a. 1 sg.	κόπτω
ἐκοψάμην	aor.[1] ind. m. 1 sg.	»
ἐκπαρα-, ἐκπερι-:	*togliere e cercare sotto*	*l'iniziale risultante*
ἐκπρο-:	*togliere e cercare sotto*	*l'iniziale risultante*
*ἐκράα(ι)νε	impf. ind. a. 3 sg.	κραίνω, κραιαίνω
*ἐκρ(α)άνθην	aor. ind. p. 1 sg.	» »
ἔκραγον	aor.[2] ind. a. 1 sg./3 pl.	κράζω
ἐκράδανα	aor.[1] ind. a. 1 sg.	κραδαίνω
ἐκραδάνθην	aor. ind. p. 1 sg.	»
ἐκράθην	aor. ind. p. 1 sg.	κεράννυμι, κεράω
*ἐκραίαινεν	impf. ind. a. 3 sg.	κραίνω, κραιαίνω
ἔκρανα	aor.[1] ind. a. 1 sg.	» »
ἔκραξα	aor.[1] ind. a. 1 sg.	κράζω
ἐκράτησεν	aor.[1] ind. a. 3 sg.	κρατέω
ἐκρατύναντο	aor.[1] ind. m. 3 pl.	κρατύνω
ἐκρατύνθη	aor. ind. p. 3 sg.	»
ἐκρεμάμην	impf. ind. m. 1 sg.	κρεμάννυμι, κρέμαμαι
ἐκρέμασα	aor.[1] ind. a. 1 sg.	» »
ἐκρεμάσθην	aor. ind. p. 1 sg.	» »
*ἐκρήθην	aor. ind. p. 1 sg.	» »
ἐκρήμνη	impf. ind. a. 3 sg.	» κρήμνημι
ἔκρηνα	aor.[1] ind. a. 1 sg.	κραίνω, κραιαίνω
ἐκρήναντο	aor.[1] ind. m. 3 pl.	» »

*ἔκρησα	aor.^{1} ind. a. 1 sg.	κεράννυμι, κεράω
*ἔκριθεν	aor. ind. p. 3 pl.	κρίνω
ἐκρίθην	aor. ind. p. 1 sg.	»
ἔκρινα	aor.^{1} ind. a. 1 sg.	»
ἐκρινάμην	aor.^{1} ind. m. 1 sg.	»
*ἔκριννε	aor.^{1} ind. a. 3 sg.	»
ἔκριξα	aor.^{1} ind. a. 1 sg.	κρίζω
ἔκρουσα	aor.^{1} ind. a. 1 sg.	κρούω
ἐκρουσάμην	aor.^{1} ind. m. 1 sg.	»
ἐκρούσθην	aor. ind. p. 1 sg.	»
ἐκρύβην, ἐκρύφθην	aor. ind. p. 1 sg.	κρύπτω
ἔκρυψα	aor.^{1} ind. a. 1 sg.	»
ἐκρυψάμην	aor.^{1} ind. m. 1 sg.	»
*ἔκτα	aor.^{2} ind. a. 3 sg.	κτείνω
*ἔκταθεν	aor. ind. p. 3 pl.	»
*ἔκταμεν	aor.^{2} ind. a. 1 pl.	»
*ἔκταν	aor.^{2} ind. a. 3 pl.	»
ἐκτάνηκα	pf. ind. a. 1 sg.	»
ἐκτάνθαι	pf. inf. m.	»
ἐκτάν(θ)ην	aor. ind. p. 1 sg.	»
ἔκτανον	aor.^{2} ind. a. 1 sg./3 pl.	»
*ἔκτατο	aor.^{2} ind. m. 3 sg.	»
*ἐκτέαται	pf. ind. m. 3 pl.	κτάομαι
ἐκτεάτισται	pf. ind. m. 3 sg.	κτεατίζω
ἐκτεάτιστο	ppf. ind. m. 3 sg.	»
ἔκτεινα	aor.^{1} ind. a. 1 sg.	κτείνω
ἐκτενισμένος	pf. pt. m. N sg.	κτενίζω
ἐκτέρισα	aor.^{1} ind. a. 1 sg.	κτερίζω
ἐκτήθη	aor. ind. p. 3 sg.	κτάομαι
*ἔκτημαι	pf. ind. m. 1 sg.	»
*ἔκτηντο	ppf. ind. m. 3 pl.	»
ἐκτησάμην	aor.^{1} ind. m. 1 sg.	»
ἐκτήσομαι	fta. ind. m. 1 sg.	»
ἔκτικα	pf. ind. a. 1 sg.	κτίζω
ἔκτισα, *ἔκτισσα	aor.^{1} ind. a. 1 sg.	»
ἐκτίσθην	aor. ind. p. 1 sg.	»
ἔκτισμαι	pf. ind. m. 1 sg.	»
*ἐκτίσσατο	aor.^{1} ind. m. 3 sg.	»
ἔκτονα	pf. ind. a. 1 sg.	κτείνω
ἐκτόνεσαν	ppf. ind. a. 3 pl.	»
ἐκτονήκειν	ppf. ind. a. 1 sg.	»

ἐκτύπησα	aor.[1] ind. a. 1 sg.	κτυπέω
ἔκτυπον	aor.[2] ind. a. 1 sg./3 pl.	»
*ἐκύδανα	aor.[1] ind. a. 1 sg.	κυδαίνω
*ἐκύει	impf. ind. a. 3 sg.	κυέω, κύω
ἐκυήθην	aor. ind. p. 1 sg.	» »
ἐκύησα	aor.[1] ind. a. 1 sg.	» »
ἔκυθον	aor.[2] ind. a. 1 sg./3 pl.	κεύθω
*ἐκύκα	impf. ind. a. 3 sg.	κυκάω
*ἐκυκλεῦντο	impf. ind. m. 3 pl.	κυκλέω
ἐκυκλώθην	aor. ind. p. 1 sg.	κυκλόω
ἐκυκλωσάμην	aor.[1] ind. m. 1 sg.	»
ἐκύλισα	aor.[1] ind. a. 1 sg.	κυλί(νδ)ω, -δέω
ἐκυλισάμην	aor.[1] ind. m. 1 sg.	» »
ἐκυλίσθην	aor. ind. p. 1 sg.	» »
ἐκυμάνθην	aor. ind. p. 1 sg.	κυμαίνω
ἐκύμηνα	aor.[1] ind. a. 1 sg.	»
ἐκύρησα	aor.[1] ind. a. 1 sg.	κυρέω, κύρω
ἔκυρον, ἐκύρουν	impf. ind. a. 1 sg./3 pl.	» »
ἔκυρσα	aor.[1] ind. a. 1 sg.	» »
ἐκύρωσεν	aor.[1] ind. a. 3 sg.	κυρόω
ἔκυσα	aor.[1] ind. a. 1 sg.	κυέω, κύω
ἐκυσάμην	aor.[1] ind. m. 1 sg.	» »
*ἔκυσ(σ)α	aor.[1] ind. a. 1 sg.	κυνέω
ἔκυψα	aor.[1] ind. a. 1 sg.	κύπτω
ἐκώκυσα	aor.[1] ind. a. 1 sg.	κωκύω
ἐκωλύθην	aor. ind. p. 1 sg.	κωλύω
ἐκώλυσα	aor.[1] ind. a. 1 sg.	»
ἐκώμασα	aor.[1] ind. a. 1 sg.	κωμάζω
ἐκώφηνα	aor.[1] ind. a. 1 sg.	κωφαίνω
ἐλ- (+λ):	*togliere e cercare sotto*	*l'iniziale* λ-
*ἔλα	impf. ind. a. 3 sg.	ἐλαύνω, ἐλάω
ἐλᾷ	ft. ind. a. 3 sg.	» »
*ἐλάαν	pr./ft. inf. a.	» »
ἐλαβόμην	aor.[2] ind. m. 1 sg.	λαμβάνω
ἔλαβον	aor.[2] ind. a. 1 sg./3 pl.	»
*ἔλαεν	impf. ind. a. 3 sg.	ἐλαύνω, ἐλάω
ἐλαθείς	aor. pt. p. N sg.	» »
*ἐλάθεσκε	aor.[2] ind. a. 3 sg.	λανθάνω
ἐλαθήσομαι	ft. ind. p. 1 sg.	ἐλαύνω, ἐλάω
ἐλαθόμην	aor.[2] ind. m. 1 sg.	λανθάνω
ἔλαθον	aor.[2] ind. a. 1 sg./3 pl.	»

ἐλάκησα	aor.[1] ind. a. 1 sg.	λάσκω
ἔλακον	aor.[2] ind. a. 1 sg./3 pl.	»
ἐλάκτισα	aor.[1] ind. a. 1 sg.	λακτίζω
ἔλαμψα	aor.[1] ind. a. 1 sg.	λάμπω
ἐλάμφθην	aor. ind. p. 1 sg.	λαμβάνω
ἐλάμφθην	aor. ind. p. 1 sg.	λάμπω
*ἐλᾶν	pr./ft. inf. a.	ἐλαύνω, ἐλάω
ἐλάνθανον	impf. ind. a. 1 sg./3 pl.	λανθάνω
*ἐλάουσα	pr. pt. a. N sg. fm.	ἐλαύνω, ἐλάω
ἐλάπαξεν	aor.[1] ind. a. 3 sg.	λαπάττω
ἐλαπάχθην	aor. ind. p. 1 sg.	»
ἐλάπην	aor. ind. p. 1 sg.	λέπω
ἐλᾷς	ft. ind. a. 2 sg.	ἐλαύνω, ἐλάω
ἔλασα, *-σσα	aor.[1] ind. a. 1 sg.	» »
*ἐλασαίατο	aor.[1] ott. m. 3 pl.	» »
ἐλάσαιο	aor.[1] ott. m. 2 sg.	» »
*ἐλάσασκε	aor.[1] ind. a. 3 sg.	» »
ἔλασκον	impf. ind. a. 1 sg./3 pl.	λάσκω
*ἐλασσάμενος	aor.[1] pt. m. N sg.	ἐλαύνω, ἐλάω
ἐλασσωθήσομαι	ft. ind. p. 1 sg.	ἐλαττόω
ἐλάσω, *ἐλάσσω	ft. ind. a. 1 sg.	ἐλαύνω, ἐλάω
ἐλάτρευσα	aor.[1] ind. a. 1 sg.	λατρεύω
*ἐλαύνεσκον	impf. ind. a. 1 sg./3 pl.	ἐλαύνω, ἐλάω
*ἐλάφθην	aor. ind. p. 1 sg.	λαμβάνω
ἐλάφυξα	aor.[1] ind. a. 1 sg.	λαφύσσω
ἐλάχηνα	aor.[1] ind. a. 1 sg.	λαχαίνω
ἔλαχον	aor.[2] ind. a. 1 sg./3 pl.	λαγχάνω
ἔλαψα	aor.[1] ind. a. 1 sg.	λάπτω
ἐλαψάμην	aor.[1] ind. m. 1 sg.	»
*ἐλάω	pr./ft. ind. a. 1 sg.	ἐλαύνω, ἐλάω
*ἕλε	aor.[2] ind. a. 3 sg.	αἱρέω
ἐλέανα, *ἐλέηνα	aor.[1] ind. a. 1 sg.	λεαίνω
ἐλεάνθην	aor. ind. p. 1 sg.	»
ἐλέγην	aor. ind. p. 1 sg.	λέγω
ἐλέγξω	ft. ind. a. 1 sg.	ἐλέγχω
ἐλεγχθήσομαι	ft. ind. p. 1 sg.	»
ἐλέησα	aor.[1] ind. a. 1 sg.	ἐλεέω
*ἐλείανα, ἐλείηνα	aor.[1] ind. a. 1 sg.	λεαίνω
ἔλειξα	aor.[1] ind. a. 1 sg.	λείχω
ἔλειπον	impf. ind. a. 1 sg./3 pl.	λείπω
ἔλειπτο	ppf. ind. m. 3 sg.	»

*ἔλειφθεν	aor. ind. p. 3 pl.	λείπω
ἐλείφθην	aor. ind. p. 1 sg.	»
ἔλειψα	aor.^{1} ind. a. 1 sg.	»
ἔλειψα	aor.^{1} ind. a. 1 sg.	λείβω
ἐλειψάμην	aor.^{1} ind. m. 1 sg.	λείπω
ἔλεκτο	aor.^{2} ind. m. 3 sg.	λέχομαι
ἐλελείμμην	ppf. ind. m. 1 sg.	λείπω
ἐλέλειπτο	ppf. ind. m. 3 sg.	»
ἐλελήθειν, -ήθη	ppf. ind. a. 1 sg.	λανθάνω
ἐλέλιγμαι	pf. ind. m. 1 sg.	ἐλελίζω = agitare
*ἐλέλιζον	impf. ind. a. 1 sg./3 pl.	» »
*ἐλέλικτο	aor.^{2} ind. m. 3 sg.	» »
*ἐλέλιξε	aor.^{1} ind. a. 3 sg.	» »
ἐλελίχθη	aor. ind. p. 3 sg.	» »
ἐλελόγχει	ppf. ind. a. 3 sg.	λαγχάνω
ἐλελοίπειν	ppf. ind. a. 1 sg.	λείπω
ἐλελύμαντο	ppf. ind. m. 3 pl.	λυμαίνω
ἐλελύμην	ppf. ind. m. 1 sg.	λύω
ἔλεξα	aor.^{1} ind. a. 1 sg.	λέγω
ἐλεξάμην	aor.^{1} ind. m. 1 sg.	»
ἐλεξάμην	aor.^{1} ind. m. 1 sg.	λέχομαι
ἐλέξω	aor.^{1} ind. m. 2 sg.	λέγω
ἐλέπτυνα	aor.^{1} ind. a. 1 sg.	λεπτύνω
ἐλεπτύνθην	aor. ind. p. 1 sg.	»
ἑλέσθαι	aor.^{2} inf. m.	αἱρέω
ἑλέσθων	aor.^{2} impr. m. 3 pl.	»
*ἕλεσκε	aor.^{2} ind. a. 3 sg.	»
ἑλέτω	aor.^{2} impr a. 3 sg.	»
ἔλευσα	aor.^{1} ind. a. 1 sg.	λεύω
ἐλεύσθην	aor. ind. p. 1 sg.	»
ἐλεύσομαι	ft. ind. m. 1 sg.	[ἔρχομαι]
ἐλέχθην	aor. ind. p. 1 sg.	λέγω
ἔλεψα	aor.^{1} ind. a. 1 sg.	λέπω
*ἕληαι	aor.^{2} cong. m. 2 sg.	αἱρέω
ἐληζόμην	impf. ind. m. 1 sg.	λήζω, ληίζω
*ἔληθον	impf. ind. a. 1 sg./3 pl.	[λανθάνω], λήθω
*ἐληισάμην	aor.^{1} ind. m. 1 sg.	λήζω, ληίζω
*ἐληίσθην	aor. ind. p. 1 sg.	» »
ἐλήλακα	pf. ind. a. 1 sg.	ἐλαύνω, ἐλάω
ἐληλάκειν	ppf. ind. a. 1 sg.	» »
ἐλήλα(σ)μαι	pf. ind. m. 1 sg.	» »

*ἐλήλατο	ppf. ind. m. 3 sg.	ἐλαύνω, ἐλάω
ἐλήλεγκται	pf. ind. m. 3 sg.	ἐλέγχω
ἐλήλεγκτο	ppf. ind. m. 3 sg.	»
ἐλήλεγμαι	pf. ind. m. 1 sg.	»
*ἐληλέ(δ)ατο	ppf. ind. m. 3 pl.	ἐλαύνω, ἐλάω
ἐλήλιγμαι, ἐλ-	pf. ind. m. 1 sg.	ἐλίττω
*ἐληλουθώς	pf. pt. a. N sg.	[ἔρχομαι]
ἐλήλυθα	pf. ind. a. 1 sg.	»
ἐληλύθασι	pf. ind. a. 3 pl.	»
ἐληλύθειν	ppf. ind. a. 1 sg.	»
ἐληλύθω	pf. cong. a. 1 sg.	»
ἐλήλυμεν	pf. ind. a. 1 pl.	»
ἐλήλυτε	pf. ind. a. 2 pl.	»
*ἐλήμφθην	aor. ind. p. 1 sg.	λαμβάνω
ἔληξα	aor.[1] ind. a. 1 sg.	λάσκω
ἔληξα	aor.[1] ind. a. 1 sg.	λήγω
*ἔλησα	aor.[1] ind. a. 1 sg.	λανθάνω
*ἐλησάμην	aor.[1] ind. m. 1 sg.	»
ἐλήσατο	aor.[1] ind. m. 3 sg.	λήζω, ληίζω
ἐλήσθην	aor. ind. p. 1 sg.	λανθάνω
*ἕλησι	aor.[2] cong. a. 3 sg.	αἱρέω
ἐληστεύθην	aor. ind. p. 1 sg.	ληστεύω
ἕληται	aor.[2] cong. m. 3 sg.	αἱρέω
ἐλήφθην	aor. ind. p. 1 sg.	λαμβάνω
ἐλήχθην	aor. ind. p. 1 sg.	λαγχάνω
ἐλθέ	aor.[2] impr. a. 2 sg.	[ἔρχομαι]
*ἐλθεῖν, ἐλθέμεν(αι)	aor.[2] inf. a.	»
*ἔλθησι	aor.[2] cong. a. 3 sg.	»
ἐλθοίην, ἔλθοιμι	aor.[2] ott. a. 1 sg.	»
ἐλθοίμην	aor.[2] ott. m. 1 sg.	»
ἔλθω	aor.[2] cong. a. 1 sg.	»
ἐλθών	aor.[2] pt. a. N sg.	»
ἐλιάσθην	aor. ind. p. 1 sg.	λιάζω
ἐλιγήσομαι	ft. ind. p. 1 sg.	ἐλίττω
ἐλίκμησα	aor.[1] ind. a. 1 sg.	λικμάω
ἐλίμηνα	aor.[1] ind. a. 1 sg.	λιμαίνω
ἐλίμωξα	aor.[1] ind. a. 1 sg.	λιμώττω
*ἐλίνυον, ἐλινύεσκον	impf. ind. a. 1 sg./3 pl.	ἐλινύω
ἐλίνυσα	aor.[1] ind. a. 1 sg.	»
ἐλινύσω	ft. ind. a. 1 sg.	»
*ἐλιξάμην	aor.[1] ind. m. 1 sg.	ἐλίττω

ἑλίξας	aor.[1] pt. a. N sg.	ἑλίττω
ἑλίξομαι	ft. ind. m. 1 sg.	»
ἑλίξω	ft. ind. a. 1 sg.	»
ἐλίπανα, *ἐλιπηνα	aor.[1] ind. a. 1 sg.	λιπαίνω
*ἐλιπήνατο	aor.[1] ind. m. 3 sg.	»
ἐλιπόμην	aor.[2] ind. m. 1 sg.	λείπω
ἔλιπον	aor.[2] ind. a. 1 sg./3 pl.	»
ἐλίπου	aor.[2] ind. m. 2 sg.	»
ἐλισάμην	aor.[1] ind. m. 1 sg.	λίσσομαι
*ἑλισσέμεν	pr. inf. a.	ἑλίττω
ἑλιχθείς	aor. pt. p. N sg.	»
ἐλιχμησάμην	aor.[1] ind. m. 1 sg	λιχμάω
*ἑλκηθείσας	aor. pt. p. A pl. fm.	ἕλκω, ἑλκέω
*ἕλκησε	aor.[1] ind. a. 3 sg	» »
ἑλκήσουσιν	ft. ind. a. 3 pl.	» »
*ἕλκον	impf. ind. a. 1 sg./3 pl.	» »
ἑλκύσαι	aor.[1] inf. a.	» ἑλκύω
ἑλκύσθην	aor. ind. p. 1 sg.	» »
ἑλκυσθήσομαι	ft. ind. p. 1 sg.	» »
ἑλκύσομαι	ft. ind. m. 1 sg.	» »
ἕλκυσον	aor.[1] impr. a. 2 sg.	» »
ἑλκύσω	ft. ind. a. 1 sg.	» »
ἑλκύσωμαι	aor.[1] cong. m. 1 sg.	» »
*ἔλλαβον	aor.[2] ind. a. 1 sg./3 pl.	λαμβάνω
*ἐλλάβοντο	aor.[2] ind. m. 3 pl.	»
ἔλλαχον, *ἔλλαχον	aor.[2] ind. a. 1 sg./3 pl.	λαγχάνω
ἑλληνίσαι	aor.[1] inf. a.	ἑλληνίζω
ἑλληνισθῆναι	aor. inf. p.	»
*ἔλληξα	aor.[1] ind. a. 1 sg.	λήγω
*ἔλλιπον	aor.[2] ind. a. 1 sg./3 pl.	λείπω
*ἐλλισάμην	aor.[1] ind. m. 1 sg.	λίσσομαι
ἐλλιτάνευσα	aor.[1] ind. a. 1 sg.	λιτανεύω
ἐλλυχνιασμένος	pf. pt. m. N sg.	ἐλλυχνιάζω
εἷλξα	aor.[1] ind. a. 1 sg.	ἕλκω, ἑλκέω
ἕλξω	ft. ind. a. 1 sg.	» »
ἐλογισάμην	aor.[1] ind. m. 1 sg.	λογίζομαι
ἐλογίσθην	aor. ind. p. 1 sg.	»
*ἑλοίατο	aor.[2] ott. m. 3 pl.	αἱρέω
ἐλοιδορήθην	aor. ind. p. 1 sg.	λοιδορέω
ἐλοιδόρησα	aor.[1] ind. a. 1 sg.	»
ἐλοιδορησάμην	aor.[1] ind. m. 1 sg.	»

ἑλοίμην	aor.^{2} ott. m. 1 sg.	αἱρέω
ἑλόμενος	aor.^{2} pt. m. N sg.	»
*ἑλόμην	aor.^{2} ind. m. 1 sg.	»
*ἕλον	aor.^{2} ind. a. 1 sg./3 pl.	»
ἔλου	impf. ind. a. 3 sg.	λούω, λόω
ἑλοῦ	aor.^{2} impr. m. 2 sg.	αἱρέω
*ἐλούεον	impf. ind. a. 1 sg./3 pl.	λούω, λόω
ἐλούθην	aor. ind. p. 1 sg.	» »
ἑλοῦμαι	ft. ind. m. 1 sg.	αἱρέω
ἐλούμην	impf. ind. m. 1 sg.	λούω, λόω
ἔλουσα	aor.^{1} ind. a 1 sg.	» »
ἐλουσάμην	aor.^{1} ind. m. 1 sg.	» »
ἐλούσθην	aor. ind. p. 1 sg.	» »
ἐλόχα	impf. ind. a. 3 sg.	λοχάω
ἐλοχεύθην	aor. ind. p. 1 sg.	λοχεύω
ἐλόχευσε	aor.^{1} ind. a. 3 sg.	»
ἐλόχησαν	aor.^{1} ind. a. 3 pl.	λοχάω
*ἐλόω	ft. ind. a. 1 sg.	ἐλαύνω, ἐλάω
*ἔλπετο	impf. ind. m. 3 sg.	[ἐλπίζω], ἔλπω
ἐλπίσω, ἐλπιῶ	ft. ind. a. 1 sg.	»
*ἔλσαις	aor.^{1} pt. a. N sg.	εἴλω, εἰλέω
*ἔλσαν	aor.^{1} ind. a. 3 pl.	» »
*ἔλση, *ἔλσομαι, *ἐλσών *vedi sotto* ἐλθ- *da*		[ἔρχομαι]
ἐλυγίσθην, *-ίχθην	aor. ind. p. 1 sg.	λυγίζω
ἔλυγξα	aor.^{1} ind. a. 1 sg.	λύζω
ἐλύθην	aor. ind. p. 1 sg.	λύω
ἐλυμάνθην	aor. ind. p. 1 sg.	λυμαίνω
ἐλυμηνάμην	aor.^{1} ind. m. 1 sg.	»
ἐλύπησεν	aor.^{1} ind. a. 3 sg.	λυπέω
ἔλυσα	aor.^{1} ind. a. 1 sg.	λύω
ἐλυσάμην	aor.^{1} ind. m. 1 sg.	»
ἐλυσθείς	aor. pt. p. N sg.	ἐλύω
ἑλχθήσομαι	ft. ind. p. 1 sg.	ἕλκω, ἑλκέω
ἕλω	aor.^{2} cong. a. 1 sg.	αἱρέω
ἑλῶ	ft. ind. a. 1 sg.	»
ἐλῶ	ft. ind. a. 1 sg.	ἐλαύνω, ἐλάω
ἐλωβήθην	aor. ind. p. 1 sg.	λωβάομαι
ἐλωβησάμην	aor.^{1} ind. m. 1 sg.	»
*ἐλωβῆτο	impf. ind. m. 3 sg.	»
ἔλων	impf. ind. a. 1 sg./3 pl.	ἐλαύνω, ἐλάω
ἑλών	aor.^{2} pt. a. N sg.	αἱρέω

*ἐλῶν	pr./ft. pt. a. N sg.	ἐλαύνω, ἐλάω
ἐλῶσι	ft. ind. a. 3 pl.	» »
ἐμ-:	*togliere e cercare sotto l'iniziale risultante*	
ἐμάγην	aor. ind. p. 1 sg.	μάσσω
ἔμαθον	aor.^{2} ind. a. 1 sg./3 pl.	μανθάνω
ἐμαιώσαντο	aor.^{1} ind. m. 3 pl.	μαιόομαι
ἐμαλακίσθην	aor. ind. p. 1 sg.	μαλακίζω
ἐμάνην	aor. ind. p. 1 sg.	μαίνομαι
ἐμαντεύθη	aor. ind. p. 3 sg.	μαντεύομαι
ἐμαντευσάμην	aor.^{1} ind. m. 1 sg.	»
ἔμαξα	aor.^{1} ind. a. 1 sg.	μάσσω
ἐμαξάμην	aor.^{1} ind. m. 1 sg.	»
ἐμάρανα	aor.^{1} ind. a. 1 sg.	μαραίνω
ἐμαρανάμην	aor.^{1} ind. m. 1 sg.	»
*ἐμαρνάμεσθα	impf. ind. m. 1 pl.	μάρναμαι
ἐμαράνθην	aor. ind. p. 1 sg.	μαραίνω
*ἐμάρναο	impf. ind. m. 2 sg.	μάρναμαι
ἐμαρνάσθην	aor. ind. p. 1 sg.	»
ἔμαρπτον	impf. ind. a. 1 sg./3 pl.	μάρπτω
ἐμαρτυράμην	aor.^{1} ind. m. 1 sg.	μαρτύρομαι
ἐμαρτυρήθην	aor. ind. p. 1 sg.	μαρτυρέω
ἔμαρψα	aor.^{1} ind. a. 1 sg.	μάρπτω
ἐμασησάμην	aor.^{1} ind. m. 1 sg.	μασάομαι
ἐμαστίγωσα	aor.^{1} ind. a. 1 sg.	μαστιγόω
ἐμαστίχθην	aor. ind. p. 1 sg.	μαστίζω
ἐματαιώθην	aor. ind. p. 1 sg.	ματαιόω
ἐμάτευσα	aor.^{1} ind. a. 1 sg.	ματεύω
ἐμαχεσάμην	aor.^{1} ind. m. 1 sg.	μάχομαι
ἐμαχέσθην	aor. ind. p. 1 sg.	»
ἐμάχθην	aor. ind. p. 1 sg.	μάσσω
*ἐμβραμένα	pf. pt. m. N sg. fm.	μείρομαι
ἐμεγάλυνα	aor.^{1} ind. a. 1 sg.	μεγαλύνω
ἐμεγαλύνθην	aor. ind. p. 1 sg.	»
ἐμεγεθύνατο	aor.^{1} ind. m. 3 sg.	μεγεθύνω
ἐμεθῆναι	aor. inf. p.	ἐμέω
ἐμεθήσομαι	ft. ind. p. 1 sg.	»
ἐμέθυσα, *-σσα	aor.^{1} ind. a. 1 sg.	μεθύω, μεθύσκω
ἐμεθύσθην	aor. ind. p. 1 sg.	» »
ἐμείγνυντο	impf. ind. m. 3 pl.	μ(ε)ίγνυμι
ἐμείγνυσαν	impf. ind. a. 3 pl.	»
ἐμειδία	impf. ind. a. 3 sg.	μειδιάω

ἐμειδίασα	aor.[1] ind. a. 1 sg.	μειδιάω
ἔμεινα	aor.[1] ind. a. 1 sg.	μένω
ἔμειξα	aor.[1] ind. a. 1 sg.	μ(ε)ίγνυμι
ἐμείχθην	aor. ind. p. 1 sg.	»
ἐμελάνθην	aor. ind. p. 1 sg.	μελαίνω
ἐμελήθη	aor. ind. p. 1 sg.	μέλω
ἐμέλησα	aor.[1] ind. a. 1 sg.	»
ἐμέλισα	aor.[1] ind. a. 1 sg.	μελίζω = smembrare
ἐμέλλησα	aor.[1] ind. a. 1 sg.	μέλλω
ἔμελλον	impf. ind. a. 1 sg./3 pl.	»
ἔμελον	impf. ind. a. 1 sg./3 pl.	μέλω
ἔμελψα	aor.[1] ind. a. 1 sg.	μέλπω
ἐμεμαθήκη	ppf. ind. a. 1 sg.	μανθάνω
ἐμεμάχητο	ppf. ind. m. 3 sg.	μάχομαι
*ἐμέμβλετο	ppf. ind. m. 3 sg.	μέλω
ἐμεμελήκει	ppf. ind. a. 3 sg.	»
*ἐμέμηκον	impf. ind. a. 1 sg./3 pl.	μηκάομαι
ἐμεμήλει	ppf. ind. a. 3 sg.	μέλω
ἐμεμήνυτο	ppf. ind. m. 3 sg.	μηνύω
ἐμεμηχάνητο	ppf. ind. m. 3 sg.	μηχανάομαι
ἐμέμικτο	ppf. ind. m. 3 sg.	μ(ε)ίγνυμι
ἐμεμισθώμην	ppf. ind. m. 1 sg.	μισθόω
ἐμεμίχειν	ppf. ind. a. 1 sg.	μ(ε)ίγνυμι
ἐμεμνήμην	ppf. ind. m. 1 sg.	μιμνήσκω
ἐμεμύκειν	ppf. ind. a. 1 sg.	μυκάομαι
ἐμέμφετο	impf. ind. m. 3 sg.	μέμφομαι
ἐμέμφθην	aor. ind. p. 1 sg.	»
ἐμεμψάμην	aor.[1] ind. m. 1 sg.	»
*ἐμέν	pr. ind. a. 1 pl.	εἰμί
*ἔμεν(αι)	pr. inf. a.	»
ἕμεν(αι)	aor.[2] inf. a.	ἵημι
ἐμενοίνα	impf. ind. a. 3 sg.	μενοινάω
ἕμενος	aor.[2] pt. m. N sg.	ἵημι
ἐμέομαι	ft. ind. m. 1 sg.	ἐμέω
ἐμέρισα	aor.[1] ind. a. 1 sg.	μερίζω
ἐμερισάμην	aor.[1] ind. m. 1 sg.	»
ἐμερίσθην	aor. ind. p. 1 sg.	»
ἐμερμήρισα	aor.[1] ind. a. 1 sg.	μερμηρίζω
ἐμέσαι	aor.[1] inf. a.	ἐμέω
*ἔμεσσα	aor.[1] ind. a. 1 sg.	»
ἐμέσω	ft. ind. a. 1 sg.	»

ἐμήδετο	impf. ind. m. 3 sg.	μήδομαι
ἐμήκυνα	aor.^{1} ind. a. 1 sg.	μηκύνω
ἐμήμεκα	pf. ind. a. 1 sg.	ἐμέω
ἐμημέκει	ppf. ind. a. 3 sg.	»
ἐμήμεσμαι	pf. ind. m. 1 sg.	»
*ἕμην	aor.^{2} ind. m. 1 sg.	ἵημι
ἔμηνα	aor.^{1} ind. a. 1 sg.	μαίνομαι
ἐμηνάμην	aor.^{1} ind. m. 1 sg.	»
ἐμήνισα	aor.^{1} ind. a. 1 sg.	μηνίω
ἐμηνύθην	aor. ind. p. 1 sg.	μηνύω
ἐμήνυσα	aor.^{1} ind. a. 1 sg.	»
ἐμηρυσάμην	aor.^{1} ind. m. 1 sg.	μηρύομαι
ἐμήσατο	aor.^{1} ind. m. 3 sg.	μήδομαι
ἐμητισάμην	aor.^{1} ind. m. 1 sg.	μητίομαι
ἐμηχανήθην	aor. ind. p. 1 sg.	μηχανάομαι
ἐμηχανησάμην	aor.^{1} ind. m. 1 sg.	»
ἐμίανα, *ἐμίηνα	aor.^{1} ind. a. 1 sg.	μιαίνω
ἐμιάνθην	aor. ind. p. 1 sg.	»
ἐμίγην	aor. ind. p. 1 sg.	μ(ε)ίγνυμι
ἐμίγνυν	impf. ind. a. 1 sg.	»
ἐμίγνυντο	impf. ind. m. 3 pl.	»
ἐμίγνυσαν	impf. ind. a. 3 pl.	»
*ἐμιήνατο	aor.^{1} ind. m. 2 sg.	μιαίνω
*ἔμικτο	aor.^{2} ind. m. 3 sg.	μ(ε)ίγνυμι
ἐμιμησάμην	aor.^{1} ind. m. 1 sg.	μιμέομαι
ἔμιξα	aor.^{1} ind. a. 1 sg.	μ(ε)ίγνυμι
*ἐμίσγετο, -γέσκετο	impf. ind. m. 3 sg.	» μίσγω
*ἔμισγον	impf. ind. a. 1 sg./3 pl.	» »
ἐμισήθην	aor. ind. p. 1 sg.	μισέω
ἐμίσησα	aor.^{1} ind. a. 1 sg.	»
ἐμίστυλα	aor.^{1} ind. a. 1 sg.	μιστύλλω
ἐμίχθην	aor. ind. p. 1 sg.	μ(ε)ίγνυμι
*ἔμμαθον	aor.^{2} ind. a. 1 sg./3 pl.	μανθάνω
*ἔμμεν(αι)	pr. inf. a.	εἰμί
*ἔμμορε	aor.^{2} ind. a. 3 sg.	μείρομαι
*ἐμμόρμενον	pf. pt. m. N sg. n.	»
*ἔμμορον	aor.^{2} ind. a. 3 pl.	»
*ἐμνάσθην	aor. ind. p. 1 sg.	μιμνήσκω
ἐμνημονεύθην	aor. ind. p. 1 sg.	μνημονεύω
ἐμνημόνευκα	pf. ind. a. 1 sg.	»
ἐμνημόνευμαι	pf. ind. m. 1 sg.	»

ἐμνημονευσάμην	aor.[1] ind. m. 1 sg.	μνημονεύω
ἔμνησα	aor.[1] ind. a. 1 sg.	μιμνήσκω
ἐμνησάμην	aor.[1] ind. m. 1 sg.	»
ἐμνήσθην	aor. ind. p. 1 sg.	»
ἐμνήστευσα	aor.[1] ind. a. 1 sg.	μνηστεύω
ἐμοιράσαντο, *-ήσαντο	aor.[1] ind. m. 3 pl.	μοιράω
ἐμοίχευσας	aor.[1] ind. a. 2 sg.	μοιχεύω
ἔμολον	aor.[2] ind. a. 1 sg./3 pl.	βλώσκω
ἐμολύθην	aor. ind. p. 1 sg.	μολύνω
ἐμόλυνα	aor.[1] ind. a. 1 sg.	»
ἐμοῦμαι	ft. ind. m. 1 sg.	ἐμέω
ἐμπαρ(α)-:	*togliere e cercare sotto l'iniziale risultante*	
ἐμπεπόληκα	pf. ind. a. 1 sg.	ἐμπολάω
ἐμπερι-:	*togliere e cercare sotto l'iniziale risultante*	
ἐμπεριρ- (+ϱ):	*togliere e cercare sotto l'iniziale ῥ-*	
ἐμπολήσω	ft. ind. a. 1 sg.	ἐμπολάω
*ἐμπολόωντο	impf. ind. m. 3 pl.	»
ἐμυήθην	aor. ind. p. 1 sg.	μυέω
ἐμυθολόγησεν	aor.[1] ind. a. 3 sg.	μυθολογέω
ἐμυκήσαντο	aor.[1] ind. m. 3 pl.	μυκάομαι
ἔμυξα	aor.[1] ind. a. 1 sg.	μύζω
ἐμύρατο	aor.[1] ind. m. 3 sg.	μύρω
ἔμυσα	aor.[1] ind. a. 1 sg.	μύω
ἐμυσάχθην	aor. ind. p. 1 sg.	μυσάττομαι
ἐμῶ	ft. ind. a. 1 sg.	ἐμέω
ἐμωμησάμην	aor.[1] ind. m. 1 sg.	μωμάομαι
ἐμώρανα	aor.[1] ind. a. 1 sg.	μωραίνω
ἐμωράνθην	aor. ind. p. 1 sg.	»
ἐν-:	*togliere e cercare sotto l'iniziale risultante*	
*ἔναιον	impf. ind. a. 1 sg./3 pl.	ναίω
*ἐναιρέμεν	pr. inf. a.	ἐναίρω
*ἔναιρον	impf. ind. a. 1 sg./3 pl.	»
ἐναμπ-, *ἐναν(α)-*:	*togliere e cercare sotto l'iniziale risultante*	
*ἐναντιεύμενος	pr. pt. m. N sg.	ἐναντιόομαι
ἐναντιωθήσομαι	ft. ind. p. 1 sg.	»
ἐναντιώσομαι	ft. ind. m. 1 sg.	»
ἔναξα	aor.[1] ind. a. 1 sg.	νάττω
ἐναπ(ο)-:	*togliere e cercare sotto l'iniziale risultante*	
ἐναπορ- (+ϱ):	*togliere e cercare sotto l'iniziale ῥ-*	
*ἐνάριζον	impf. ind. a. 1 sg./3 pl.	ἐναρίζω
ἐναρίξατο	aor.[1] ind. m. 3 sg.	»

ἐναρίξω	ft. ind. a. 1 sg.	ἐναρίζω
ἐνάρκησε	aor.^{1} ind. a. 3 sg.	ναρκάω
*ἔναρον	aor.^{2} ind. a. 1 sg./3 pl.	ἐναίρω
ἐνάσθην	aor. ind. p. 1 sg.	ναίω
*ἔνασσα	aor.^{1} ind. a. 1 sg.	»
*ἐνασσάμην	aor.^{1} ind. m. 1 sg.	»
ἐναυπηγησάμεθα	aor.^{1} ind. m. 1 pl.	ναυπηγέω
ἐναυτίασα	aor.^{1} ind. a. 1 sg.	ναυτιάω
ἐνδι(α)-:	*togliere e cercare sotto l'iniziale risultante*	
*ἐνδιάασκε	impf. ind. a. 3 sg.	ἐνδιάω
ἐνεανιευσάμην	aor.^{1} ind. m. 1 sg.	νεανιεύομαι
ἐνεγεγυήμην	ppf. ind. m. 1 sg.	ἐγγυάω
ἐνεγεγύητο	ppf. ind. m. 3 sg.	»
ἐνέγκαι	aor.^{1} inf. a.	[φέρω]
ἐνέγκαι	aor.^{1} ott. a. 3 sg.	»
ἔνεγκαι	aor.^{1} impr. m. 2 sg.	»
ἐνεγκαίμην	aor[illegible]. m. 1 sg.	»
ἐνέγκαιμι	aor[illegible]. a. 1 sg.	»
ἐνεγκάμενος	aor.[illegible]. m. N sg.	»
ἐνέγκας	aor.^{1} pt. a. N sg.	»
ἐνέγκασθαι	aor.^{1} inf. m.	»
ἐνέγκατε	aor.^{1} impr. a. 2 pl.	»
ἐνεγκάτω	aor.^{1} impr. a. 3 sg.	»
ἔνεγκε	aor.^{2} impr. a. 2 sg.	»
ἐνεγκεῖν	aor.^{2} inf. a.	»
ἐνεγκέσθαι	aor.^{2} inf. m.	»
ἐνέγκοι	aor.^{2} ott. a. 3 sg.	»
ἐνεγκόντες	aor.^{2} pt. a. N pl.	»
*ἐνεγκόντων	aor.^{2} impr. a. 3 pl.	»
ἐνεγκοῦ	aor.^{2} impr. m. 2 sg.	»
ἐνέγκω	aor.^{1}/aor.^{2} cong. a. 1 sg.	»
ἐνεγκών	aor.^{2} pt. a. N sg.	»
ἐνεγυᾶτο	impf. ind. m. 3 sg.	ἐγγυάω
ἐνεγύησα	aor.^{1} ind. a. 1 sg.	»
ἐνεγυησάμην	aor.^{1} ind. m. 1 sg.	»
ἐνεγύων	impf. ind. a. 1 sg./3 pl.	»
ἐνεγχθείς	aor. pt. p. N sg.	»
ἐνεδρεύσω	ft. ind. a. 1 sg.	ἐνεδρεύω
*ἐνεικ-	*vedi sotto* ἐνεγκ- *o* ἠνεγκ- *da* [φέρω]	
*ἔνεικα	aor.^{1} ind. a. 1 sg.	[φέρω]
*ἐνεῖκαι	aor.^{1} inf. a.	»

*ἐνεικάντων	aor.^{1} impr. a. 3 pl.	[φέρω]
*ἐνείκατο	aor.^{1} ind. m. 3 sg.	»
*ἐνεικέμεν	aor.^{2} inf. a.	»
ἐνείκεσα	aor.^{1} ind. a. 1 sg.	νεικέω
*ἐνείκην	aor.^{2} inf. a.	[φέρω]
*ἔνεικον	aor.^{1} impr. a. 2 sg.	»
ἔνειμα	aor.^{1} ind. a. 1 sg.	νέμω
ἐνειμάμην	aor.^{1} ind. m. 1 sg.	»
ἐνείφθην	aor. ind. p. 1 sg.	νείφω
*ἐνειχθείς	aor. pt. p. N sg.	[φέρω]
ἔνειψα	aor.^{1} ind. a. 1 sg.	νείφω
ἐνεκωμίαζον	impf. ind. a. 1 sg./3 pl.	ἐγκωμιάζω
ἐνεκωμίασα	aor.^{1} ind. a. 1 sg.	»
ἐνεκωμιάσθην	aor. ind. p. 1 sg.	»
ἐνεμεσήθην	aor. ind. p. 1 sg.	νεμεσάω
ἐνεμέσησα	aor.^{1} ind. a. 1 sg.	»
*ἐνεμέσσα	impf. ind. a. 3 sg.	»
ἐνεμέσων	impf. ind. a. 1 sg./3 pl.	»
ἐνεμήθην	aor. ind. p. 1 sg.	νέμω
ἐνένηστο	ppf. ind. m. 3 sg.	νέω = accumulare
*ἐνένι(σ)πε	aor.^{2} ind. a. 3 sg.	ἐνίπτω
ἐνενόμιστο	ppf. ind. m. 3 sg.	νομίζω
*ἐνένωτο	ppf. ind. m. 3 sg.	νοέω
ἐνεόττευσεν	aor.^{1} ind. a. 3 sg.	νεοττεύω
ἐνεόχμωσα	aor.^{1} ind. a. 1 sg.	νεοχμόω
ἐνεπ(ι)-:	*togliere e cercare sotto*	*l'iniziale risultante*
ἐνεπόλησα	aor.^{1} ind. a. 1 sg.	ἐμπολάω
ἔνευσα	aor.^{1} ind. a. 1 sg.	νέω = nuotare
ἔνευσα	aor.^{1} ind. a. 1 sg.	νεύω
ἐνεφ-:	*togliere e cercare sotto*	*l'iniziale risultante*
ἐνεχθήσομαι	ft. ind. p. 1 sg.	[φέρω]
ἐνεχυρᾷς	ft. ind. a. 2 sg.	ἐνεχυράζω
ἐνεχυράσων	ft. pt. a. N sg.	»
ἐνεώσατο	aor.^{1} ind. m. 3 sg.	νεάω
ἐνηδρεύθην	aor. ind. p. 1 sg.	ἐνεδρεύω
ἐνήδρευμαι	pf. ind. m. 1 sg.	»
ἐνήδρευον	impf. ind. a. 1 sg./3 pl.	»
ἐνήδρευσα	aor.^{1} ind. a. 1 sg.	»
ἐνήθην	aor. ind. p. 1 sg.	νέω = filare
ἐνήνεγμαι, *-ειγμαι	pf. ind. m. 1 sg.	[φέρω]
*ἐνηνειγμένος	pf. pt. m. N sg.	»

ἐνήνεκται, *-εικται	pf. ind. m. 3 sg.	[φέρω]
ἐνήνεκτο	ppf. ind. m. 3 sg.	»
ἐνηνέχθαι	pf. inf. m.	»
ἐνήνοχα	pf. ind. a. 1 sg.	»
ἐνηνόχειν	ppf. ind. a. 1 sg.	»
ἐνηντίωμαι	pf. ind. m. 1 sg.	ἐναντιόομαι
ἐνήξατο	aor.^{1} ind. m. 3 sg.	νήχω
ἐνήργουν	impf. ind. a. 1 sg./3 pl.	ἐνεργέω
ἔνησα	aor.^{1} ind. a. 1 sg.	νέω = filare
ἔνησα	aor.^{1} ind. a. 1 sg.	» = accumulare
ἐνησάμην	aor.^{1} ind. m. 1 sg.	» »
ἐνήσθην	aor. ind. p. 1 sg.	» »
ἐνήσω	aor.^{1} ind. m. 2 sg.	» »
ἔνηφον	impf. ind. a. 1 sg./3 pl.	νήφω
ἔνηψα	aor.^{1} ind. a. 1 sg.	»
*ἐνθέ, *ἔνθη, *ἐνθών	*vedi sotto* ἐλθ- *da*	[ἔρχομαι]
*ἔνι (per ἔνεστι)	pr. ind. a. 3 sg.	ἔνειμι
*ἔνι (per ἔνεισι)	pr. ind. a. 3 pl.	»
*ἔνι (per ἐνέσται)	ft. ind. m. 3 sg.	»
*ἐνι- (per ἐν):	*togliere e cercare sotto*	*l'iniziale risultante*
*ἐνίκαι	aor.^{1} inf. a.	[φέρω]
ἐνίκησεν	aor.^{1} ind. a. 3 sg.	νικάω
*ἔνιπτεν	impf. ind. a. 3 sg.	ἐνίπτω
ἐνίσατο	aor.^{1} ind. m. 3 sg.	νί(σ)σομαι
*ἔνισπε, ἐνίσπες	aor.^{2} impr. a. 2 sg.	ἐν(ν)έπω
*ἐνισπεῖν, ἐνισπέμεν	aor.^{2} inf. a.	»
*ἐνισπήσω	ft. ind. a. 1 sg.	»
*ἐνίσποι	aor.^{2} ott. a. 3 sg.	»
*ἔνισπον	aor.^{2} ind. a. 1 sg./3 pl.	»
*ἐνίσπω	aor.^{2} cong. a. 1 sg.	»
*ἐνισσέμεν	pr. inf. a.	ἐνίπτω, ἐνίσσω
ἐνίφθην	aor. ind. p. 1 sg.	νίζω, νίπτω
ἔνιψα	aor.^{1} ind. a. 1 sg.	» »
*ἐνίψαι	aor.^{1} inf. a.	ἐνίπτω, ἐνίσσω
ἐνιψάμην	aor.^{1} ind. m. 1 sg.	νίζω, νίπτω
*ἐνίψω	ft. ind. a. 1 sg.	ἐνίπτω, ἐνίσσω
ἔν(ν)εον	impf. ind. a. 1 sg./3 pl.	νέω = nuotare
*ἔννεπον	impf. ind. a. 1 sg./3 pl.	ἐν(ν)έπω
*ἔννυτο	impf. ind. m. 3 sg.	ἕννυμι
ἐνοήθην	aor. ind. p. 1 sg.	νοέω
ἐνόμισα	aor.^{1} ind. a. 1 sg.	νομίζω

ἐνόσσευσε	aor.^{1} ind. a. 3 sg.	νεοττεύω
ἐνόστησε	aor.^{1} ind. a. 3 sg.	νοστέω
ἐνόσφισα	aor.^{1} ind. a. 1 sg.	νοσφίζω
ἐνοσφισάμην	aor.^{1} ind. m. 1 sg.	»
ἐνοσφίσθην	aor. ind. p. 1 sg.	»
ἐνοχληθήσομαι	ft. ind. p. 1 sg.	ἐνοχλέω
ἐνοχλήσω	ft. ind. a. 1 sg.	»
*ἔντες	pr. pt. a. N pl.	εἰμί
*ἐντί	pr. ind. a. 3 pl.	»
*ἕντο	aor.^{2} ind. m. 3 pl.	ἵημι
*ἔντυεν	impf. ind. a. 3 sg.	ἐντύ(ν)ω
ἔντυνα	aor.^{1} ind. a. 1 sg.	»
*ἐντύνεσκε	impf. ind. a. 3 sg.	»
*ἔντυνον	impf. ind. a. 1 sg./3 pl.	»
ἐντυνῶ	ft. ind. a. 1 sg.	»
*ἔντων	pr. pt. a. G pl.	εἰμί
ἕντων	aor.^{2} impr. a. 3 pl.	ἵημι
ἐνύγην	aor. ind. p. 1 sg.	νύττω
ἐνυμφεύθην	aor. ind. p. 1 sg.	νυμφεύω
ἐνυμφευσάμην	aor.^{1} ind. m. 1 sg.	»
ἐνυπ-, ἐνυπο-:	*togliere e cercare sotto l'iniziale risultante*	
ἐνύστασα, *-αξα	aor.^{1} ind. a. 1 sg.	νυστάζω
ἐνύχθην	aor. ind. p. 1 sg.	νύττω
ἔνωσα	aor.^{1} ind. a. 1 sg.	νοέω
ἔνωσον	aor.^{1} impr. a. 2 sg.	ἑνόω
ἐνώτισαν	aor.^{1} ind. a. 3 pl.	νωτίζω
ἐξ-:	*togliere e cercare sotto l'iniziale risultante*	
ἔξαμμαι, ἔξασμαι	pf. ind. m. 1 sg.	ξαίνω
ἐξαν(α)-:	*togliere e cercare sotto l'iniziale risultante*	
ἐξάνθην	aor. ind. p. 1 sg.	ξαίνω
ἐξαπ(ο)-, ἐξαφ-:	*togliere e cercare sotto l'iniziale risultante*	
*ἐξείνισσα	aor.^{1} ind. a. 1 sg.	ξενίζω
ἔξεκα	pf. ind. a. 1 sg.	ξέω
ἐξεκλησίαζον	impf. ind. a. 1 sg./3 pl.	ἐκκλησιάζω
ἐξεκλησίασα	aor.^{1} ind. a. 1 sg.	»
*ἐξέμεν(αι)	ft. inf. a.	ἔχω
ἐξεν-:	*togliere e cercare sotto l'iniziale risultante*	
ἐξένισε	aor.^{1} ind. a. 3 sg.	ξενίζω
ἐξενώθην	aor. ind. p. 1 sg.	ξενόω
ἐξένωμαι	pf. ind. m. 1 sg.	»
ἔξεον	impf. ind. a. 1 sg./3 pl.	ξέω

ἐξεπ(ι)-:	*togliere e cercare sotto l'iniziale risultante*	
ἔξεσα	aor.[1] ind. a. 1 sg.	ξέω
ἔξεσμαι	pf. ind. m. 1 sg.	»
ἐξεφ-:	*togliere e cercare sotto l'iniziale risultante*	
ἔξηνα	aor.[1] ind. a. 1 sg.	ξαίνω
ἐξηραμένος	pf. pt. m. N sg.	ξηραίνω
ἐξήραμμαι, -σμαι	pf. ind. m. 1 sg.	»
ἐξήρανα, *ἐξήρηνα	aor.[1] ind. a. 1 sg.	»
ἐξηράνθαι	pf. inf. m.	»
ἐξηράνθην	aor. ind. p. 1 sg.	»
ἕξομαι	ft. ind. m. 1 sg.	ἔχω
ἑξόμενος	ft. pt. m. N sg.	»
ἐξυπ-, ἐξυπαν-:	*togliere e cercare sotto l'iniziale risultante*	
ἐξυπερ-, ἐξυπο-:	*togliere e cercare sotto l'iniziale risultante*	
ἐξύρημαι	pf. ind. m. 1 sg.	ξυρέω
ἐξύρησα	aor.[1] ind. a. 1 sg.	»
ἐξυρησάμην	aor.[1] ind. m. 1 sg.	»
ἔξυσα	aor.[1] ind. a. 1 sg.	ξύω
ἐξυσάμην	aor.[1] ind. m. 1 sg.	»
ἐξύσθην	aor. ind. p. 1 sg.	»
ἔξυσμαι	pf. ind. m. 1 sg.	»
ἕξω, *ἑξῶ	ft. ind. a. 1 sg.	ἔχω
*ἕο	aor.[2] impr. m. 2 sg.	ἵημι
*ἔοι	pr. ott. a. 3 sg.	εἰμί
ἔοιγμεν	pf. ind. a. 1 pl.	ἔοικα
ἔοικας	pf. ind. a. 2 sg.	»
ἐοίκασι	pf. ind. a. 3 pl.	»
ἔοικε	pf. ind. a. 3 sg.	»
ἐοικέναι	pf. inf. a.	»
*ἐοίκεσαν	ppf. ind. a. 3 pl.	»
ἐοίκοιμι	pf. ott. a. 1 sg.	»
ἐοικυῖα	pf. pt. a. N sg. fm.	»
ἐοίκω	pf. cong. a. 1 sg.	»
ἐοικώς	pf. pt. a. N sg. msch.	»
*ἔοις	pr. ott. a. 2 sg.	εἰμί
*ἔολπα	pf. ind. a. 1 sg.	[ἐλπίζω], ἔλπω
*ἔον	impf. ind. a. 1 sg./3 pl.	εἰμί
*ἐόν	pr. pt. a. N sg. n.	»
ἑόρακα	pf. ind. a. 1 sg.	ὁράω
ἑοράκη	ppf. ind. a. 1 sg.	»
*ἔοργαν	pf. ind. a. 3 pl.	ἔρδω

*ἑοργώς	pf. pt. a. N sg.	ἔρδω
ἑούρηκα	pf. ind. a. 1 sg.	οὐρέω
ἑούρησα	aor.^{1} ind. a. 1 sg.	»
ἐπ-:	*togliere e cercare sotto*	*l'iniziale risultante*
ἐπάγην	aor. ind. p. 1 sg.	πήγνυμι
ἐπαγκρατίασε	aor.^{1} ind. a. 3 sg.	παγκρατιάζω
ἐπαθηνάμην	aor.^{1} ind. m. 1 sg.	παθαίνω
ἔπαθον	aor.^{2} ind. a. 1 sg./3 pl.	πάσχω
ἐπαιδαγωγήθην	aor. ind. p. 1 sg.	παιδαγωγέω
ἐπαιδεύθην	aor.^{1} ind. p. 1 sg.	παιδεύω
ἐπαίδευσα	aor.^{1} ind. a. 1 sg.	»
ἐπαιδευσάμην	aor.^{1} ind. m. 1 sg.	»
ἔπαιξα	aor.^{1} ind. a. 1 sg.	παίζω
ἐπαιόμην	impf. ind. m. 1 sg.	παίω
ἔπαιον	impf. ind. a. 1 sg./3pl.	»
ἔπαισα	aor.^{1} ind. a. 1 sg.	»
*ἔπαισα	aor.^{1} ind. a. 1 sg.	παίζω
ἐπαισάμην	aor.^{1} ind. m. 1 sg.	παίω
ἐπαίσθην	aor. ind. p. 1 sg.	»
ἐπαίχθην	aor. ind. p. 1 sg.	παίζω
ἐπάλαισα	aor.^{1} ind. a. 1 sg.	παλαίω
ἐπαλαίσθην	aor. ind. p. 1 sg.	»
ἐπαλαίωσα	aor.^{1} ind. a. 1 sg.	παλαιόω
ἐπάλην	aor. ind. p. 1 sg.	πάλλω
ἔπαλλον	impf. ind. a. 1 sg./3 pl.	»
ἐπαμφ(ι)-, ἐπαν(α)-:	*togliere e cercare sotto*	*l'iniziale risultante*
ἐπανορθωθήσομαι	ft. ind. p. 1 sg.	ἐπανορθόω
*ἔπαξα	aor.^{1} ind. a. 1 sg.	πήγνυμι
ἐπαπ(ο)-:	*togliere e cercare sotto*	*l'iniziale risultante*
ἐπάπτηνα	aor.^{1} ind. a. 1 sg.	παπταίνω
*ἔπαρδον	aor.^{2} ind. a. 1 sg./3 pl.	πέρδομαι
ἐπάρην	aor. ind. p. 1 sg.	πείρω
ἐπαρρησιασάμην	aor.^{1} ind. m. 1 sg.	παρρησιάζω
ἐπαρῳνήθην	aor. ind. p. 1 sg.	παροινέω
ἐπαρῴνησα	aor.^{1} ind. a. 1 sg.	»
ἐπαρῴνουν	impf. ind. a. 1 sg./3 pl.	»
ἔπασα	aor.^{1} ind. a. 1 sg.	πάττω
ἐπασάμην	aor.^{1} ind. m. 1 sg.	»
ἐπασάμην, *-σσάμην	aor.^{1} ind. m. 1 sg.	πατέομαι
*ἐπασάμην	aor.^{1} ind. m. 1 sg.	πάομαι
ἐπάσθην	aor. ind. p. 1 sg.	πάττω

ἐπασσάλευσαν	aor.^{1} ind. a. 3 pl.	πατταλεύω
ἔπασχον	impf. ind. a. 1 sg./3 pl.	πάσχω
ἐπάταξα	aor.^{1} ind. a. 1 sg.	πατάσσω
ἐπατάχθην	aor. ind. p. 1 sg.	»
ἐπάτησε	aor.^{1} ind. a. 3 sg.	πατέω
ἐπαύθην	aor. ind. p. 1 sg.	παύω
ἐπαύρασθαι	aor.^{1} inf. m.	ἐπαυρίσκω
*ἐπαυρεῖν, ἐπαυρέμεν	aor.^{2} inf. a.	»
*ἐπαύρεο	aor.^{2} ind. m. 2 sg.	»
ἐπαυρέσθαι	aor.^{1} inf. m.	»
*ἐπαύρηαι	aor.^{2} cong. m. 2 sg	»
*ἐπαυρήσεσθαι	ft. inf. m.	»
ἐπαυρήσομαι	ft. ind. m. 1 sg.	»
ἐπαύροιτο	aor.^{2} ott. m. 3 sg.	»
ἔπαυσα	aor.^{1} ind. a. 1 sg.	παύω
ἐπαυσάμην	aor.^{1} ind. m. 1 sg.	»
ἐπαύσθην	aor. ind. p. 1 sg.	»
ἐπαφ-:	*togliere e cercare sotto l'iniziale risultante*	
ἐπαχνώθη	aor. ind. p. 3 sg.	παχνόω
ἐπεγ-:	*togliere e cercare sotto l'iniziale risultante*	
ἐπέδησε	aor.^{1} ind. a. 3 sg.	πεδάω
*ἔπειγον	impf. ind. a. 1 sg./3 pl.	ἐπείγω
ἔπειθον	impf. ind. a. 1 sg./3 pl.	πείθω
ἐπείνας	impf. ind. a. 2 sg.	πεινάω
ἐπείνασα, -ησα	aor.^{1} ind. a. 1 sg.	»
ἐπείνων	impf. ind. a. 1 sg./3 pl.	»
ἐπείξομαι	ft. ind. m. 1 sg.	ἐπείγω
ἔπειρα	aor.^{1} ind. a. 1 sg.	πείρω
ἐπειράθην	aor. ind. p. 1 sg.	πειράω
*ἐπείραινε	impf. ind. a. 3 sg.	περαίνω
ἐπείρασα	aor.^{1} ind. a. 1 sg.	πειράω
ἐπειρασάμην	aor.^{1} ind. m. 1 sg.	»
*ἐπειρήθην	aor. ind. p. 1 sg.	»
*ἐπείρηνα	aor.^{1} ind. a. 1 sg.	περαίνω
ἐπείρων	impf. ind. a. 1 sg./3 pl.	πειράω
ἐπεισ-:	*togliere e cercare sotto l'iniziale risultante*	
ἔπεισα	aor.^{1} ind. a. 1 sg.	πείθω
ἐπεισάμην	aor.^{1} ind. m. 1 sg.	»
*ἐπεισέφρηκε	pf. ind. a. 3 sg.	ἐπεισφρέω
*ἐπεισέφρησε	aor.^{1} ind. a. 3 sg.	»
ἐπείσθην	aor. ind. p. 1 sg.	πείθω

*ἐπεισφρεῖς	aor.^{2} pt. a. N sg.	ἐπεισφρέω
ἐπεκ-, ἐπεκδι-:	*togliere e cercare sotto l'iniziale risultante*	
ἐπέλασα, *-ασσα	aor.^{1} ind. a. 1 sg.	πελάζω
*ἐπελάσθην	aor. ind. p. 1 sg.	»
ἐπεμ-:	*togliere e cercare sotto l'iniziale risultante*	
ἐπέμφθην	aor. ind. p. 1 sg.	πέμπω
ἔπεμψα	aor.^{1} ind. a. 1 sg.	»
ἐπεμψάμην	aor.^{1} ind. m. 1 sg.	»
ἐπεν-:	*togliere e cercare sotto l'iniziale risultante*	
ἐπένθησα	aor.^{1} ind. a. 1 sg.	πενθέω
ἐπεξ-:	*togliere e cercare sotto l'iniziale risultante*	
*ἔπεξα	aor.^{1} ind. a. 1 sg.	πέκω
*ἐπεξάμην	aor.^{1} ind. m. 1 sg.	»
ἐπεξαν-:	*togliere e cercare sotto l'iniziale risultante*	
ἐπεπάμην	ppf. ind. m. 1 sg.	πάομαι
ἐπέπανα	aor.^{1} ind. a. 1 sg.	πεπαίνω
ἐπεπάνθην	aor. ind. p. 1 sg.	»
ἐπέπαστο	ppf. ind. m. 3 sg.	πάττω
ἐπέπαυτο	ppf. ind. m. 3 sg.	παύω
ἐπεπείραντο, *-ρέατο	ppf. ind. m. 3 pl.	πειράω
ἐπεπείσμην	ppf. ind. m. 1 sg.	πείθω
ἐπέπεμπτο	ppf. ind. m. 3 sg.	πέμπω
ἐπεπεραίωντο	ppf. ind. m. 3 pl.	περαιόω
ἐπεπήγειν	ppf. ind. a. 1 sg.	πήγνυμι
ἐπεπήδητο	ppf. ind. m. 3 sg.	πηδάω
ἐπέπηκτο	ppf. ind. m. 3 sg.	πήγνυμι
*ἐπέπιθμεν	ppf. ind. a. 1 pl.	πείθω
ἐπεπίστευντο	ppf. ind. m. 3 pl.	πιστεύω
ἐπεπλάκει	ppf. ind. a. 3 sg.	πλάττω
ἐπεπλεύκειν	ppf. ind. a. 1 sg.	πλέω
ἐπεπλήγεσαν	ppf. ind. a. 3 pl.	πλήττω
*ἐπέπληγον	aor.^{2} ind. a. 3 pl.	»
ἐπεπλήθει	ppf. ind. a. 3 sg.	πλήθω
ἐπέπληκτο	ppf. ind. m. 3 sg.	πλήττω
ἐπέπληντο	ppf. ind. m. 3 pl.	πίμπλημι
ἐπεποίθειν	ppf. ind. a. 1 sg.	πείθω
ἐπεποίθεσαν	ppf. ind. a. 3 pl.	»
*ἐπεπόμφεε	ppf. ind. a. 3 sg.	πέμπω
ἐπεπονήκει	ppf. ind. a. 3 sg.	πονέω
ἐπεπόνθειν, -θη	ppf. ind. a. 1 sg.	πάσχω
ἐπεπόνθησα	aor.^{1} ind. a. 1 sg.	[»], πεπονθέω

ἐπεπόρδει	ppf. ind. a. 3 sg.	πέρδομαι
ἐπεπόριστο	ppf. ind. m. 3 sg.	πορίζω
ἐπεπράγεσαν	ppf. ind. a. 3 pl.	πράττω
ἐπεπράκειν	ppf. ind. a. 1 sg.	πέρνημι, πιπράσκω
ἐπέπρακτο	ppf. ind. m. 3 sg.	πράττω
ἐπέπρατο	ppf. ind. m. 3 sg.	πέρνημι, πιπράσκω
ἐπεπράγει	ppf. ind. a. 3 sg.	πράττω
ἐπέπτατο	ppf. ind. m. 3 sg.	πετάννυμι
ἐπεπτώκειν	ppf. ind. a. 1 sg.	πίπτω
ἐπεπύσμην	ppf. ind. m. 1 sg.	πυνθάνομαι
*ἐπέραισα	aor.^{1} ind. a. 1 sg.	περάω = attraversare
ἐπεραιώθην	aor. ind. p. 1 sg.	περαιόω
ἐπέρανα	aor.^{1} ind. a. 1 sg.	περαίνω
ἐπερανάμην	aor.^{1} ind. m. 1 sg.	»
ἐπεράνθην	aor. ind. p. 1 sg.	»
ἐπέρασα, *-ησα	aor.^{1} ind. a. 1 sg.	περάω = attraversare
*ἐπέρασσα	aor.^{1} ind. a. 1 sg.	πέρνημι, πιπράσκω
ἐπέρναντο	impf. ind. m. 3 pl.	» »
ἔπερσα	aor.^{1} ind. a. 1 sg.	πέρθω
ἔπεσα	aor.^{1} ind. a. 1 sg.	πίπτω
ἑπέσθω	pr. impr. m. 3 sg.	ἕπω
ἔπεσον	aor.^{2} ind. a. 1 sg./3 pl.	πίπτω
ἐπέτασα	aor.^{1} ind. a. 1 sg.	πετάννυμι
ἐπετάσθην	aor. ind. p. 1 sg.	πέτομαι
ἐπετάσθην	aor. ind. p. 1 sg.	πετάννυμι
ἐπετήδευον	impf. ind. a. 1 sg./3 pl.	ἐπιτηδεύω
ἐπετήδευσα	aor.^{1} ind. a. 1 sg.	»
ἐπετόμην	impf. ind. m. 1 sg.	πέτομαι
*ἔπετον	aor.^{2} ind. a. 1 sg./3 pl.	πίπτω
*ἐπέφαντο	ppf. ind. m. 3 pl.	φαίνω
ἐπεφεύγει	ppf. ind. a. 3 sg.	φεύγω
ἐπεφήνειν	ppf. ind. a. 1 sg.	φαίνω
ἐπέφθην	aor. ind. p. 1 sg.	πέττω, πέπτω
ἐπεφιλοστοργήκει	ppf. ind. a. 3 sg.	φιλοστοργέω
ἔπεφνον	aor.^{2} ind. a. 1 sg./3 pl.	πεφνεῖν
ἐπεφόβηντο	ppf. ind. m. 3 pl.	φοβέω
ἐπεφόρβει	ppf. ind. a. 3 sg.	φέρβω
ἐπεφράγμην	ppf. ind. m. 1 sg.	φράττω
*ἐπέφραδον	aor.^{2} ind. a. 1 sg./3 pl.	φράζω
ἐπεφρίκει	ppf. ind. a. 3 sg.	φρίττω
ἐπεφροντίκει	ppf. ind. a. 3 sg.	φροντίζω

ἐπεφύκειν	ppf. ind. a. 1 sg.	φύω
*ἐπέφυκον	ppf. ind. a. 3 pl.	φύω
ἐπέφυρτο	ppf. ind. m. 3 sg.	φύρω
ἐπεφύσητο	ppf. ind. m. 3 sg.	φυσάω
ἐπέχθην	aor. ind. p. 1 sg.	πέκω
ἔπεψα	aor.^{1} ind. a. 1 sg.	πέττω, πέπτω
ἐπεψάμην	aor.^{1} ind. m. 1 sg.	» »
ἐπήγνυτο	impf. ind. m. 3 sg.	πήγνυμι
ἐπήδησα	aor.^{1} ind. a. 1 sg.	πηδάω
ἔπηλα	aor.^{1} ind. a. 1 sg.	πάλλω
ἐπημάνθην	aor. ind. p. 1 sg.	πημαίνω
ἐπήμηνα	aor.^{1} ind. a. 1 sg.	»
ἐπηνωρθούμην	impf. ind. m. 1 sg.	ἐπανορθόω
ἐπηνώρθουν	impf. ind. a. 1 sg./3 pl.	»
ἐπηνωρθώθην	aor. ind. p. 1 sg.	»
ἐπηνώρθωμαι	pf. ind. m. 1 sg.	»
ἐπηνώρθωσα	aor.^{1} ind. a. 1 sg.	»
ἔπηξα	aor.^{1} ind. a. 1 sg.	πήγνυμι
ἐπηξάμην	aor.^{1} ind. m. 1 sg.	»
ἔπηται	pr. cong. m. 3 sg.	ἔπω
ἐπηυράμην	aor.^{1} ind. m. 1 sg.	ἐπαυρίσκω
ἐπηυρόμην	aor.^{2} ind. m. 1 sg.	»
ἐπηῦρον	aor.^{2} ind. a. 1 sg./3 pl.	»
ἐπήχθην	aor. ind. p. 1 sg.	πήγνυμι
ἐπι-:	*togliere e cercare sotto l'iniziale risultante*	
ἐπίανα	aor.^{1} ind. a. 1 sg.	πιαίνω
ἐπιάνθην, *ἐπιάσθην	aor. ind. p. 1 sg.	»
ἐπίασα, *ἐπίαξα	aor.^{1} ind. a. 1 sg.	πιάζω, πιέζω
ἐπιάσθην	aor. ind. p. 1 sg.	» »
ἐπιδι(α)-:	*togliere e cercare sotto l'iniziale risultante*	
ἐπιδιαρ- (+ ρ):	*togliere e cercare sotto l'iniziale risultante*	
ἐπιδιεξ-:	*togliere e cercare sotto l'iniziale risultante*	
ἐπίεζον	impf. ind. a. 1 sg./3 pl.	πιέζω
ἐπιεζοῦντο	impf. ind. m. 3 pl.	[»], πιεζέω
ἐπίεσα	aor.^{1} ind. a. 1 sg.	»
ἐπιέσθην	aor. ind. p. 1 sg.	»
ἐπίηνα	aor.^{1} ind. a. 1 sg.	πιαίνω
ἔπιθον	aor.^{2} ind. a. 3 pl.	πείθω
ἐπίθοντο	aor.^{2} ind. m. 3 pl.	»
ἐπικαθ-, *ἐπικατ*(α)-:	*togliere e cercare sotto l'iniziale risultante*	
ἐπίκρανα	aor.^{1} ind. a. 1 sg.	πικραίνω

ἐπικράνθη	aor. ind. p. 3 sg.	πικραίνω
ἐπιμετ(α)-:	*togliere e cercare sotto*	*l'iniziale risultante*
ἐπίμπλασαν	impf. ind. a. 3 pl.	πίμπλημι
ἐπίμπλην	impf. ind. a. 1 sg.	»
ἐπίμπλων	impf. ind. a. 1 sg./3 pl.	[»], πιμπλάω
ἐπίμπρησαν	impf. ind. a. 3 pl.	πίμπρημι
ἐπινύσθην	aor. ind. p. 1 sg.	πινύσσω, πινύσκω
*ἐπίνυσσα	aor.^{1} ind. a. 1 sg.	» »
ἔπιον	aor.^{2} ind. a. 1 sg./3 pl.	πίνω
ἐπιπαρ(α)-, -παρεμ-:	*togliere e cercare sotto*	*l'iniziale risultante*
ἐπιπαρεξ-, ἐπιπερι-:	*togliere e cercare sotto*	*l'iniziale risultante*
ἐπιπρο-, ἐπιπροσ-:	*togliere e cercare sotto*	*l'iniziale risultante*
ἐπιρ- (+ ρ):	*togliere e cercare sotto*	*l'iniziale ῥ-*
ἔπισα	aor.^{1} ind. a. 1 sg.	πιπίσκω
ἐπισάμην	aor.^{1} ind. m. 1 sg.	»
ἐπίσθην	aor. ind. p. 1 sg.	»
ἐπίστασαι, *ἐπίστᾳ	pr. ind. m. 2 sg.	ἐπίσταμαι
ἐπίστασο, ἐπίστω	pr. impr. m. 2 sg.	»
*ἐπίστατο	impf. ind. m. 3 sg.	»
*ἐπίστεαι	pr. ind. m. 2 sg.	»
*ἐπιστέατο	impf. ind. m. 3 pl.	»
*ἐπιστέωμαι	pr. cong. m. 1 sg.	»
ἐπίστῃ	pr. ind./cong. m. 2 sg.	»
ἐπιστήσομαι	ft. ind. m. 1 sg.	»
ἐπίστωμαι	pr. cong. m. 1 sg.	»
ἐπιστώσαντο	aor.^{1} ind. m. 3 pl.	πιστόω
ἐπισυ-, ἐπισυγ-:	*togliere e cercare sotto*	*l'iniziale risultante*
ἐπισυλ- (+ λ):	*togliere e cercare sotto*	*l'iniziale λ-*
ἐπισυμπαρ-:	*togliere e cercare sotto*	*l'iniziale risultante*
ἐπισυν-:	*togliere e cercare sotto*	*l'iniziale risultante*
ἐπισυρ- (+ ρ):	*togliere e cercare sotto*	*l'iniziale ῥ-*
ἐπιτετήδευκα	pf. ind. a. 1 sg.	ἐπιτηδεύω
ἐπιτετηδευμένος	pf. pt. m. N sg.	»
ἐπιτετήδευται	pf. ind. m. 3 sg.	»
ἐπιτηδεύσας	aor.^{1} pt. a. N sg.	»
ἐπιτηδεύσω	ft. ind. a. 1 sg.	»
ἐπίτναντο	impf. ind. m. 3 pl.	[πετάννυμι], πίτνημι
ἐπλάγην	aor. ind. p. 1 sg.	πλήττω
ἔπλαγξα	aor.^{1} ind. a. 1 sg.	πλάζω
ἐπλάγχθην	aor. ind. p. 1 sg.	»
*ἐπλάθην	aor. ind. p. 1 sg.	πελάζω

ἐπλάκην	aor. ind. p. 1 sg.	πλέκω
ἐπλανήθην	aor. ind. p. 1 sg.	πλανάω
ἔπλασα, *ἔπλασσα	aor.[1] ind. a. 1 sg.	πλάττω
ἐπλάσθην	aor. ind. p. 1 sg.	»
ἐπλατύνθη	aor. ind. p. 3 sg.	πλατύνω
*ἔπλε	impf./aor.[2] ind. a. 3 sg.	πέλω
*ἔπλειον	impf. ind. a. 1 sg./3 pl.	πλέω
ἔπλεξα	aor.[1] ind. a. 1 sg.	πλέκω
ἐπλεξάμην	aor.[1] ind. m. 1 sg.	»
*ἔπλεο	impf./aor.[2] ind. m. 2 sg.	πέλω
ἐπλεονάσθην	aor. ind. p. 1 sg.	πλεονάζω
*ἔπλετο	impf./aor.[2] ind. m. 3 sg.	πέλω
*ἔπλευ	impf./aor.[2] ind. m. 2 sg.	»
ἔπλευσα	aor.[1] ind. a. 1 sg.	πλέω
ἐπλεύσθην	aor. ind. p. 1 sg.	»
ἐπλέχθην	aor. ind. p. 1 sg.	πλέκω
*ἐπλήμην	aor.[2] ind. m. 1 sg.	πίμπλημι
*ἔπληντο	aor.[2] ind. m. 3 pl.	πελάζω
ἔπληξα	aor.[1] ind. a. 1 sg.	πλήττω
ἐπληξάμην	aor.[1] ind. m. 1 sg.	»
*ἐπληροῦσαν	impf. ind. a. 3 pl.	πληρόω
ἐπληρωσάμην	aor.[1] ind. m. 1 sg.	»
ἔπλησα	aor.[1] ind. a. 1 sg.	πίμπλημι
ἐπλησάμην	aor.[1] ind. m. 1 sg.	»
ἐπλήσθην	aor. ind. p. 1 sg.	»
*ἔπλητο	aor.[2] ind. m. 3 sg.	»
*ἔπλητο	aor.[2] ind. m. 3 sg.	πελάζω
ἐπλήχθην	aor. ind. p. 1 sg.	πλήττω
ἐπλίξατο	aor.[1] ind. m. 3 sg.	πλίσσομαι
ἐπλούτησε	aor.[1] ind. a. 3 sg.	πλουτέω
ἐπλύθην	aor. ind. p. 1 sg.	πλύνω
ἔπλυνα	aor.[1] ind. a. 1 sg.	»
*ἔπλω	aor.[2] ind. a. 3 sg.	[πλέω], πλώω
*ἔπλωον	impf. ind. a. 1 sg./3 pl.	» »
*ἔπλως	aor.[1] ind. a. 2 sg.	» »
*ἔπλωσα	aor.[1] ind. a. 1 sg.	» »
ἔπνευσα	aor.[1] ind. a. 1 sg.	πνέω
ἐπνεύσθην	aor. ind. p. 1 sg.	»
ἐπνίγην	aor. ind. p. 1 sg.	πνίγω
ἔπνιγον	impf. ind. a. 1 sg./3 pl.	»
ἔπνιξα	aor.[1] ind. a. 1 sg.	»

ἐπνίχθην	aor. ind. p. 1 sg.	πνίγω
ἐπόθεσα, ἐπόθησα	aor.[1] ind. a. 1 sg.	ποθέω
ἐπόθην	aor. ind. p. 1 sg.	πίνω
ἐποκίξατο	aor.[1] ind. m. 3 sg.	ποκίζω
ἐπολεμήθην	aor. ind. p. 1 sg.	πολεμέω
ἐπολεμησάμην	aor. ind. m. 1 sg.	»
ἐπολεμώθη	aor. ind. p. 3 sg.	πολεμόω
ἐπολιορκήθην	aor. ind. p. 1 sg.	πολιορκέω
*ἐπολιόρκησα	aor.[1] ind. a. 1 sg.	»
ἐπόλισσα	aor.[1] ind. a. 1 sg.	πολίζω
ἐπολιτεύθην	aor. ind. p. 1 sg.	πολιτεύω
*ἐπολιτευσάμην	aor.[1] ind. m. 1 sg.	»
ἑπόμην	impf. ind. m. 1 sg.	ἕπω
ἐπονεῖτο	impf. ind. m. 3 sg.	πονέω
ἐπόνεσα, ἐπόνησα	aor.[1] ind. a. 1 sg.	»
ἐπονήθην	aor. ind. p. 1 sg.	»
ἐπονησάμην	aor.[1] ind. m. 1 sg.	»
ἐπορεύθην	aor. ind. p. 1 sg.	πορεύω
ἐπόρευσα	aor.[1] ind. a. 1 sg.	»
*ἐπορευσάμην	aor.[1] ind. m. 1 sg.	
ἐπορθέετο	impf. ind. m. 3 sg.	πορθέω
ἐπόρισα	aor.[1] ind. a. 1 sg.	πορίζω
ἐπορισάμην	aor.[1] ind. m. 1 sg.	»
ἐπορίσθην, *-ίχθην	aor. ind. p. 1 sg.	»
*ἔπορον	aor.[2] ind. a. 1 sg./3 pl.	πορεῖν
ἐπόρσυνα	aor.[1] ind. a. 1 sg.	πορσύνω
ἐποτήθην, *-άθην	aor. ind. p. 1 sg.	[πέτομαι], ποτάομαι
ἐπραγματεύθην	aor. ind. p. 1 sg.	πραγματεύομαι
ἐπραγματευσάμην	aor.[1] ind. m. 1 sg.	»
ἐπράθην	aor. ind. p. 1 sg.	πέρνημι, πιπράσκω
ἔπραθον	aor.[2] ind. a. 1 sg./3 pl.	πέρθω
ἐπράνωσε	aor.[1] ind. a. 3 sg.	πρανόω
ἔπραξα	aor.[1] ind. a. 1 sg.	πράττω
ἐπραξάμην	aor.[1] ind. m. 1 sg.	»
ἐπράυνα	aor.[1] ind. a. 1 sg.	πραΰνω
ἐπραΰνθην	aor. ind. p. 1 sg.	»
ἐπράχθην	aor. ind. p. 1 sg.	πράττω
ἔπρεπον	impf. ind. a. 1 sg./3 pl.	πρέπω
ἐπρεσβευσάμην	aor.[1] ind. m. 1 sg.	πρεσβεύω
ἔπρεψα	aor.[1] ind. a. 1 sg.	πρέπω
*ἐπρηγματευσάμην	aor.[1] ind. m. 1 sg.	πραγματεύομαι

*ἐπρήθην	aor. ind. p. 1 sg.	πέρνημι, πιπράσκω
ἔπρηθον	impf. ind. a. 1 sg./3 pl.	πρήθω
ἐπρήνικτο	ppf. ind. m. 3 sg.	πρηνίζω
ἐπρήνιξα	aor.^{1} ind. a. 1 sg.	»
ἔπρηξα	aor.^{1} ind. a. 1 sg.	πράττω
ἔπρησα	aor.^{1} ind. a. 1 sg.	πίμπρημι
ἔπρησα	aor.^{1} ind. a. 1 sg.	πέρνημι, πιπράσκω
ἔπρησα	aor.^{1} ind. a. 1 sg.	πρήθω
ἐπρησάμην	aor.^{1} ind. m. 1 sg.	πίμπρημι
ἐπρήσθην	aor. ind. p. 1 sg.	»
ἐπρήσθην	aor. ind. p. 1 sg.	πρήθω
ἐπριάμην	aor.^{2} ind. m. 1 sg.	πρίαμαι
ἔπριον	impf. ind. a. 1 sg./3 pl.	πρίω
ἔπρισα	aor.^{1} ind. a. 1 sg.	»
ἐπρίσθην	aor. ind. p. 1 sg.	»
ἐπρίω	aor.^{2} ind. m. 2 sg.	πρίαμαι
ἐπροφήτευον	impf. ind. a. 1 sg./3 pl.	προφητεύω
ἐπροφήτευσα	aor.^{1} ind. a. 1 sg.	»
ἔπταικα	pf. ind. a. 1 sg.	πταίω
ἔπταισα	aor.^{1} ind. a. 1 sg.	»
ἐπταίσθη	aor. ind. p. 3 sg.	»
ἔπταισμαι	pf. ind. m. 1 sg.	»
ἔπτακον	aor.^{2} ind. a. 1 sg./3 pl.	πτήσσω
ἐπτάμην	aor.^{2} ind. m. 1 sg.	πέτομαι
*ἔπταξα	aor.^{1} ind. a. 1 sg.	πτήσσω
ἐπταρνύμην	impf. ind. m. 1 sg.	[πταίρω], πτάρνυμαι
ἔπταρον	aor.^{2} ind. a. 1 sg./3 pl.	»
ἐπτέρνικα	pf. ind. a. 1 sg.	πτερνίζω
ἐπτερύσσετο	impf. ind. m. 3 sg.	πτερύσσω
ἔπτηκα, ἔπτηχα	pf. ind. a. 1 sg.	πτήσσω
ἔπτην	aor.^{2} ind. a. 1 sg.	πέτομαι
ἔπτηξα	aor.^{1} ind. a. 1 sg.	πτήσσω
ἔπτισα	aor.^{1} ind. a. 1 sg.	πτίσσω
ἐπτίσθην	aor. ind. p. 1 sg.	»
ἔπτισμαι	pf. ind. m. 1 sg.	»
*ἐπτόαισα	aor.^{1} ind. a. 1 sg.	πτοέω
ἐπτόημαι	pf. ind. m. 1 sg.	»
*ἐπτοιήθην	aor. ind. p. 1 sg.	»
*ἐπτοίημαι	pf. ind. m. 1 sg.	»
*ἐπτοίησα	aor.^{1} ind. a. 1 sg.	»
ἐπτόμην	aor.^{2} ind. m. 1 sg.	πέτομαι

ἐπτύγην	aor. ind. p. 1 sg.	πτύσσω
ἔπτυγμαι	pf. ind. m. 1 sg.	»
ἔπτυκα	pf. ind. a. 1 sg.	πτύω
ἔπτυκτο	ppf. ind. m. 3 sg.	πτύσσω
ἔπτυξα	aor.[1] ind. a. 1 sg.	»
ἐπτυξάμην	aor.[1] ind. m. 1 sg.	»
ἐπτύρην	aor. ind. p. 1 sg.	πτύρομαι
ἔπτυσα	aor.[1] ind. a. 1 sg.	πτύω
ἐπτύσθην	aor. ind. p. 1 sg.	»
ἐπτύχθην	aor. ind. p. 1 sg.	πτύσσω
ἐπύθετο	aor.[1] ind. m. 3 sg.	πυνθάνομαι
ἐπύθετο	impf. ind. m. 3 sg.	πύθω
ἐπυθόμην	aor.[2] ind. m. 1 sg.	πυνθάνομαι
ἐπύκαζον	impf. ind. a. 1 sg./3 pl.	πυκάζω
ἐπυκάσθην	aor. ind. p. 1 sg.	»
*ἐπύκασσα	aor.[1] ind. a. 1 sg.	»
ἐπύργωσε	aor.[1] ind. a. 3 sg.	πυργόω
ἐπύρεξα	aor.[1] ind. a. 1 sg.	πυρέττω
ἐπυρίασα, *ἐπυρίησα	aor.[1] ind. a. 1 sg.	πυριάω
*ἐπυριήθην	aor. ind. p. 1 sg.	»
*ἐπυριησάμην	aor.[1] ind. m. 1 sg.	»
ἔπυσα	aor.[1] ind. a. 1 sg.	πύθω
ἐπωλήθην	aor. ind. p. 1 sg.	πωλέω
ἐπώλησα	aor.[1] ind. a. 1 sg.	»
*ἐράασθε	pr. ind. m. 2 pl.	ἔραμαι
ἐραθείς	aor. pt. p. N sg.	ἐράω = versare
*ἐραίμαν	pr. ott. m. 1 sg.	ἔραμαι
ἔραπτο	ppf. ind. m. 3 sg.	ῥάπτω
*ἔρασαι, ἔρασσαι	pr. ind. m. 2 sg.	ἔραμαι
ἐρᾶσθαι	pr. inf. m.	ἐράω = amare
ἐράσθην	aor. ind. p. 1 sg.	ἔραμαι
ἐρασθήσομαι	ft. ind. p. 1 sg.	»
*ἔραται	pr. ind./cong. m. 3 sg.	»
ἐρᾶται	pr. ind. m. 3 sg.	ἐράω = amare
ἐργ-	*vedi sotto l'iniziale εἰργ- opp. εἱργ-*	
*ἐργαξοῦμαι	ft. ind. m. 1 sg.	ἐργάζομαι
*ἐργασαίατο	aor.[1] ott. m. 3 pl.	»
ἐργασθῆναι	aor. inf. p.	»
ἐργασθήσομαι	ft. ind. p. 1 sg.	»
ἐργάσομαι	ft. ind. m. 1 sg.	»
ἐργμένος	pf. pt. m. N sg.	ἔρδω

ἐργῶμαι	ft. ind. m. 1 sg.	ἐργάζομαι
ἔρδον, *ἔρδεσκον	impf. ind. a. 1 sg./3 pl.	ἔρδω
*ἐρέεσθαι	pr. inf. m.	ἐρέω
ἔρεζον	impf. ind. a. 1 sg./3 pl.	ῥέζω
*ἐρεθιζέμεν	pr. inf. a.	ἐρεθίζω
*ἐρέθιζον	impf. ind. a. 1 sg./3 pl.	»
ἐρεθίξαι	aor.^{1} inf. a.	»
*ἐρέθισα	aor.^{1} ind. a. 1 sg.	»
ἐρεθισθείς	aor. pt. p. N sg.	»
ἐρεθίσω, ἐρεθιῶ	ft. ind. a. 1 sg.	»
*ἔρειδον	impf. ind. a. 1 sg./3 pl.	ἐρείδω
ἐρειξάμην	aor.^{1} ind. m. 1 sg.	ἐρείκω
ἐρείξας	aor.^{1} pt. a. N sg.	»
ἔρειξον	aor.^{1} impr. a. 2 sg.	»
*ἔρειο	aor.^{1} impr. m. 2 sg.	ἔ(ι)ρομαι
*ἔρειπον	impf. ind. a. 1 sg./3 pl.	ἐρείπω
*ἔρεισα	aor.^{1} ind. a. 1 sg.	ἐρείδω
ἐρείσατε	aor.^{1} impr. a. 2 pl.	»
*ἐρείσθην	aor. ind. p. 1 sg.	»
ἐρείσομαι	ft. ind. m. 1 sg.	»
ἐρείσω	ft. ind. a. 1 sg.	»
ἐρειφθείς	aor. pt. p. N sg.	ἐρείπω
ἐρεῖψαι	aor.^{1} inf. a.	»
ἐρείψω	ft. ind. a. 1 sg.	»
ἔρεξα	aor.^{1} ind. a. 1 sg.	ῥέζω
*ἐρέοντο	impf. ind. m. 3 pl.	ἐρέω
*ἐρέουσι	ft. ind. a. 3 pl.	εἴρω = dire
*ἐρέουσι	pr. ind. a. 3 pl.	ἐρέω
*ἐρέριπτο	ppf. ind. m. 3 sg.	ἐρείπω
*ἐρέσθαι	aor.^{2} inf. m.	ἔ(ι)ρομαι
*ἔρεσσον	impf. ind. a. 3 pl.	ἐρέσσω
*ἐρευγόμην	impf. ind. m. 1 sg.	ἐρεύγομαι
ἐρεύξομαι	ft. ind. m. 1 sg.	»
ἐρεῦσαι	aor.^{1} inf. a.	ἐρεύθω
*ἔρεψαν	aor.^{1} ind. a. 3 pl.	ἐρέφω, ἐρέπτω
ἐρέψομαι	ft. ind. m. 1 sg.	» »
ἐρέψω	ft. ind. a. 1 sg.	» »
*ἐρέω	ft. ind. a. 1 sg.	εἴρω = dire
*ἐρέωμαι	pr. cong. m. 1 sg.	ἐρέω
*ἔρηνα	aor.^{1} ind. a. 1 sg.	ῥαίνω
*ἐρηρέδαται	pf. ind. m. 3 pl.	ἐρείδω

*ἐρηρέδατο	ppf. ind. m. 3 pl.	ἐρείδω
ἐρήρεικα	pf. ind. a. 1 sg.	»
*ἐρήρεινται	pf. ind. m. 3 pl.	»
ἐρήρειπται	pf. ind. m. 3 sg.	ἐρείπω
ἐρήρεισμαι	pf. ind. m. 1 sg.	ἐρείδω
ἐρήριγμαι	pf. ind. m. 1 sg.	ἐρείκω
ἐρήριμμαι	pf. ind. m. 1 sg.	ἐρείπω
ἐρήριπε	pf. ind. a. 3 sg.	»
ἐρήριπτο	ppf. ind. m. 3 sg.	»
ἐρήρισμαι	pf. ind. m. 1 sg.	ἐρίζω
ἐρήσομαι	ft. ind. m. 1 sg.	ἔ(ι)ρομαι
*ἐρήτυθεν	aor. ind. p. 3 pl.	ἐρητύω
*ἐρήτυον, ἐρητύεσκον	impf. ind. a. 1 sg./3 pl.	»
*ἐρήτυσε, ἐρητύσασκε	aor.[1] ind. a. 3 sg.	»
ἐρητύσειε	aor.[1] ott. a. 3 sg.	»
ἐρήτυσον	aor.[1] impr. a. 2 sg.	»
ἐρητύσω	ft. ind. a. 1 sg.	»
*ἐρίδηνα	aor.[1] ind. a. 1 sg.	ἐριδαίνω
*ἐριδήσασθαι	aor.[1] inf. m.	»
*ἐριζέμεν(αι)	pr. inf. a.	ἐρίζω
*ἐρίζεσκεν	impf. ind. a. 3 sg.	»
*ἐρίζετο	impf. ind. m. 3 sg.	»
*ἐρίζοντι	pr. ind. a. 3 pl.	»
ἐρινάξαι, -άσαι	aor.[1] inf. a.	ἐρινάζω
ἐρινασμένον	pf. pt. m. NA sg. n.	»
*ἔριξα	aor.[1] ind. a. 1 sg.	ἐρίζω
*ἐρίξω	ft. ind. a. 1 sg.	»
ἐριπείς	aor. pt. p. N sg.	ἐρείπω
*ἔριπον	aor.[2] ind. a. 1 sg./3 pl.	»
ἐριπών	aor.[2] pt. a. N sg.	»
*ἔρισα	aor.[1] ind. a. 1 sg.	ἐρίζω
*ἔρισδον	impf. ind. a. 1 sg./3 pl.	»
*ἐρίσσειε	aor.[1] ott. a. 3 sg.	»
*ἐρίσσεται	aor.[1] cong. m. 3 sg.	»
ἐρίσω	ft. ind. a. 1 sg.	»
ἐρίφην	aor. ind. p. 1 sg.	ῥίπτω
ἔριψα	aor.[1] ind. a. 1 sg.	»
*ἐρμένος	pf. pt. m. N sg.	εἴρω = intrecciare
ἐρξ-	*vedi sotto l'iniziale εἰρξ- opp. εἱρξ-*	
ἐροίην	ft. ott. a. 1 sg.	εἴρω = dire
*ἐροίμην	aor.[2] ott. m. 1 sg.	ἔ(ι)ρομαι

ἐρόμενος	aor.[2] pt. m. N sg.	ἔ(ι)ρομαι
ἐροῦ	aor.[2] impr. m. 2 sg.	»
ἐροῦμαι	ft. ind. m. 1 sg.	εἴρω = dire
ἑρπέτω	pr. impr. a. 3 sg.	ἕρπω
ἑρπύσω	ft. ind. a. 1 sg.	» ἑρπύζω
ἐρράγησαν	aor. ind. p. 3 pl.	ῥήγνυμι
ἔρραγκα	pf. ind. a. 1 sg.	ῥαίνω
ἔρραγμαι	pf. ind. m. 1 sg.	ῥάττω
*ἐρράδαται	pf. ind. m. 3 pl.	ῥαίνω
*ἐρράδατο	ppf. ind. m. 3 pl.	»
ἐρραθυμημένη	pf. pt. m. N sg. fm.	ῥαθυμέω
ἔρραισα	aor.[1] ind. a. 1 sg.	ῥαίω
ἐρραίσθην	aor. ind. p. 1 sg.	»
*ἔρραμμαι	pf. ind. m. 1 sg.	ῥαίνω
ἔρραμμαι	pf. ind. m. 1 sg.	ῥάπτω
ἔρρανα	aor.[1] ind. a. 1 sg.	ῥαίνω
ἐρρανάμην	aor.[1] ind. m. 1 sg.	»
ἐρράνθην	aor. ind. p. 1 sg.	»
ἔρραξα	aor.[1] ind. a. 1 sg.	ῥάττω
ἐρραπίσθη	aor. ind. p. 3 sg.	ῥαπίζω
ἔρραπται	pf. ind. m. 3 sg.	ῥάπτω
*ἔρρασμαι	pf. ind. m. 1 sg.	ῥαίνω
ἔρραφα	pf. ind. a. 1 sg.	ῥάπτω
ἐρραφήκει	ppf. ind. a. 3 sg.	»
ἐρράφην	aor. ind. p. 1 sg.	»
ἐρράφθαι	pf. inf. m.	»
ἔρραφον	aor.[2] ind. a. 1 sg./3 pl.	»
ἐρράχθην	aor. ind. p. 1 sg.	ῥάττω
ἔρραψα	aor.[1] ind. a. 1 sg.	»
ἐρρέθην	aor. ind. p. 1 sg.	εἴρω = dire
ἐρρεῖτο	impf. ind. m. 3 sg.	ῥέω
ἔρρεξα	aor.[1] ind. a. 1 sg.	ῥέζω
ἐρρέτω	pr. impr. a. 3 sg.	ἔρρω
ἔρρευσα	aor.[1] ind. a. 1 sg.	ῥέω
ἔρρεψα	aor.[1] ind. a. 1 sg.	ῥέπω
ἔρρηγα	pf. ind. a. 1 sg.	ῥήγνυμι
ἔρρηγμαι	pf. ind. m. 1 sg.	»
ἐρρήγνυον	impf. ind. a. 1 sg.	[»], ῥηγνύω
ἐρρήγνυσαν	impf. ind. a. 3 pl.	»
ἐρρήθην	aor. ind. p. 1 sg.	εἴρω = dire
*ἔρρηνα	aor.[1] ind. a. 1 sg.	ῥαίνω

ἔρρηξα	aor.[1] ind. a. 1 sg.	ῥήγνυμι
ἐρρηξάμην	aor.[1] ind. m. 1 sg.	»
ἐρρήσω	ft. ind. a. 1 sg.	ἔρρω
ἔρρηχα	pf. ind. a. 1 sg.	ῥήγνυμι
ἐρρήχθην	aor. ind. p. 1 sg.	»
ἔρριγα	pf. ind. a. 1 sg.	ῥιγέω
*ἐρρίγαντι	pf. ind. a. 3 pl.	»
ἐρρίγει	ppf. ind. a. 3 sg.	»
ἐρρίγησα	aor.[1] ind. a. 1 sg.	»
*ἐρρίγησι	pf. cong. a. 3 sg.	»
*ἐρρίγοντι	pf. pt. a. D sg.	»
ἐρρίγωσα	aor.[1] ind. a. 1 sg.	ῥιγόω
ἐρριζωμένος	pf. pt. m. N sg.	ῥιζόω
ἐρρίζωσεν	aor.[1] ind. a. 3 sg.	»
ἐρρίζωται	pf. ind. m. 3 sg.	»
ἔρριμμαι	pf. ind. m. 1 sg.	ῥίπτω
ἐρριπτάζετο	impf. ind. m. 3 sg.	» ῥιπτάζω
ἔρριπτο	ppf. ind. m. 3 sg.	»
ἔρριφα	pf. ind. a. 1 sg.	»
*ἔρριφε	aor.[2] ind. a. 3 sg.	»
ἐρρίφ(θ)ην	aor. ind. p. 1 sg.	»
ἔρριψα	aor.[1] ind. a. 1 sg.	»
ἐρρίψομαι	fta. ind. m. 1 sg.	»
ἐρροίζησα	aor.[1] ind. a. 1 sg.	ῥοιζέω
ἐρροίζητο	ppf. ind. m. 3 sg.	»
ἐρρόφησα	aor.[1] ind. a. sg.	ῥοφέω
*ἐρρύα	aor. ind. p. 3 sg.	ῥέω
ἐρρύηκα, ἔρρυκα	pf. ind. a. 1 sg.	»
ἐρρύην	aor. ind. p. 1 sg.	»
ἐρρυπάνθην	aor. ind. p. 1 sg.	ῥυπαίνω
ἐρρύσατο	aor.[1] ind. m. 3 sg.	ἐ(ι)ρύω
ἐρρύσθην	aor. ind. p. 1 sg.	(ἐ)ρύομαι
ἔρρωγα	pf. ind. a. 1 sg.	ῥήγνυμι
ἐρρώγει	ppf. ind. a. 3 sg.	»
ἔρρωμαι	pf. ind. m. 1 sg.	ῥώννυμι
ἐρρώμην	ppf. ind. m. 1 sg.	»
*ἐρρώοντο	impf. ind. m. 3 pl.	ῥώομαι
ἔρρωσα	aor.[1] ind. a. 1 sg.	ῥώννυμι
*ἐρρώσαντο	aor.[1] ind. m. 3 pl.	ῥώομαι
ἐρρῶσθαι	pf. inf. m.	ῥώννυμι
ἐρρώσθην	aor. ind. p. 1 sg.	»

ἔρρωσο	pf. impr. m. 2 sg.	ῥώννυμι
*ἔρσα	aor.^{1} ind. a. 1 sg.	εἴρω = intrecciare
ἐρυγεῖν	aor.^{2} inf. a.	ἐρυγγάνω
ἐρύεσθαι	ft./pr. inf. m.	ἐ(ι)ρύω o (ἐ)ρύομαι
*ἐρύεσκον	impf. ind. a. 1 sg./3 pl.	»
ἐρύετο	impf. ind. m. 3 sg.	(ἐ)ρύομαι
ἐρύθηνα	aor.^{1} ind. a. 1 sg.	ἐρυθαίνω
*ἐρυθριόων	pr. pt. a. N sg.	ἐρυθριάω
*ἐρυκακέειν	aor.^{2} inf. a.	ἐρύκω
ἐρύκακον	aor.^{2} ind. a. 1 sg./3 pl.	»
ἔρυκε	impf. ind. a. 3 sg.	»
*ἐρυκέμεν	pr. inf. m.	»
*ἔρυξα	aor.^{1} ind. a. 1 sg.	»
ἐρύξω	ft. ind. a. 1 sg.	»
ἔρυον	impf. ind. a. 1 sg./3 pl.	ἐ(ι)ρύω
*ἔρυσα	aor.^{1} ind. a. 1 sg.	»
ἐρύσαι	aor.^{1} inf. a.	»
*ἐρυσαίατο	aor.^{1} ott. m. 3 pl.	»
ἐρύσαιμι	aor.^{1} ott. a. 1 sg.	»
ἐρύσαιο	aor.^{1} ott. m. 2 sg.	»
ἐρύσαιτο	aor.^{1} ott. m. 3 sg.	(ἐ)ρύομαι
ἐρύσας, *ἐρύσαις	aor.^{1} pt. a. N sg.	ἐ(ι)ρύω
*ἐρύσασκε	aor.^{1} ind. a. 3 sg.	»
ἐρύσατο	aor.^{1} ind. m. 3 sg.	(ἐ)ρύομαι
ἔρυσθαι	pr. inf. m.	»
ἐρύσθην	aor. ind. p. 1 sg.	ἐ(ι)ρύω
ἔρυσο	impf. ind. m. 2 sg.	» o (ἐ)ρύομαι
*ἐρύσσαι	aor.^{1} inf. a.	»
*ἐρυσσάμενος	aor.^{1} pt. m. N sg.	» o (ἐ)ρύομαι
*ἐρύσσας	aor.^{1} pt. a. N sg.	»
*ἐρύσ(σ)ασθαι	aor.^{1} inf. m.	»
*ἐρύσσεσθαι	ft. inf. m.	»
*ἐρύσσεται	ft. ind. m. 3 sg.	(ἐ)ρύομαι
*ἐρύσσῃς	aor.^{1} cong. a. 2 sg.	ἐ(ι)ρύω
*ἐρύσσομεν	aor.^{1} cong. a. 1 pl.	»
ἐρύσω, *ἐρύσσω	ft. ind. a. 1 sg.	»
ἐρύσω, *ἐρύσσω	aor.^{1} cong. a. 1 sg.	»
ἐρύσωμαι	aor.^{1} cong. m. 1 sg.	»
ἔρυτο	aor.^{2}/impf. ind. m. 3 sg.	(ἐ)ρύομαι
*ἐρύω	ft. ind. a. 1 sg.	ἐ(ι)ρύω
*ἔρχαται	pf. ind. m. 3 pl.	εἴργω

*ἔρχατο	ppf. ind. m. 3 pl.	εἴργω
*ἐρχθέντα	aor. pt. p. A sg.	»
*ἐρχθέντος	aor. pt. p. G sg.	ἔρδω
*ἔρχθην	aor. ind. p. 1 sg.	εἴργω
ἕρψω, *ἑρψῶ	ft. ind. a. 1 sg.	ἕρπω
ἐρῶ	pr. ind. a. 1 sg.	ἐράω = amare
ἐρῶ	ft. ind. a. 1 sg.	εἴρω = dire
ἔρωμαι	aor.^{2} cong. m. 1 sg.	ἔ(ι)ρομαι
ἐρώμενος	pr. pt. m. N sg.	ἐράω = amare
*ἐρῷο	pr. ott. m. 2 sg.	» »
ἐρωτηθέν	aor. pt. p. N sg. n.	ἐρωτάω
ἐρωτήσω	ft. ind. a. 1 sg.	»
ἕς	aor.^{2} impr. a. 2 sg.	ἵημι
ἕσαιμι	aor.^{1} ott. a. 1 sg.	ἕννυμι
*ἕσαιμι	aor.^{1} ott. a. 1 sg.	ἵζω
ἐσαλεύθην	aor. ind. p. 1 sg.	σαλεύω
ἐσάλευσα	aor.^{1} ind. a. 1 sg.	»
ἐσάλπιγξα, -ισα	aor.^{1} ind. a. 1 sg.	σαλπίζω
*ἑσσάμενος	aor.^{1} pt. m. N sg.	ἵζω
*ἔσαν	impf. ind. a. 3 pl.	εἰμί
*ἔσανα	aor.^{1} ind. a. 1 sg.	σαίνω
ἕσαντο	aor.^{1} ind. m. 3 pl.	ἕννυμι
ἔσαξα	aor.^{1} ind. a. 1 sg.	σάττω
ἐσάπην	aor. ind. p. 1 sg.	σήπω
ἕσας	aor.^{1} pt. a. N sg.	ἵζω
ἕσατο	aor.^{1} ind. m. 3 sg.	ἕννυμι
ἔσαττον	impf. ind. a. 1 sg./3 pl.	σάττω
ἐσάχθην	aor. ind. p. 1 sg.	»
*ἐσάωθεν	aor. ind. p. 3 pl.	σαόω, σῴζω
ἐσαώθην	aor. ind. p. 1 sg.	» »
ἐσάωσα	aor.^{1} ind. a. 1 sg.	» »
ἐσβέννυον	impf. ind. a. 1 sg./3 pl.	[σβέννυμι], σβεννύω
ἔσβεσα	aor.^{1} ind. a. 1 sg.	»
ἐσβέσαντο	aor.^{1} ind. m. 3 pl.	»
ἐσβέσθην	aor. ind. p. 1 sg.	»
ἔσβεσμαι	pf. ind. m. 1 sg.	»
ἔσβεστο	ppf. ind. m. 3 sg.	»
ἔσβετο	aor.^{2} ind. m. 3 sg.	»
ἔσβηκα	pf. ind. a. 1 sg.	»
ἐσβήκει	ppf. ind. a. 3 sg.	»
ἔσβην	aor.^{2} ind. a. 1 sg.	»

ἐσεβάσθην	aor. ind. p. 1 sg.	σεβάζομαι
ἐσέβισα	aor.¹ ind. a. 1 sg.	σεβίζω
ἔσεισα	aor.¹ ind. a. 1 sg.	σείω
ἐσεισάμην	aor.¹ ind. m. 1 sg.	»
ἐσείσθην	aor. ind. p. 1 sg.	»
*ἐσεσάχατο	ppf. ind. m. 3 pl.	σάττω
ἐσεσήρειν	ppf. ind. a. 1 sg.	σαίρω
ἐσέφθην	aor. ind. p. 1 sg.	σέβω
ἔσῃ	ft. ind. m. 2 sg.	εἰμί
ἐσήθην	aor. ind. p. 1 sg.	σήθω
ἐσηκάσθην	aor. ind. p. 1 sg.	σηκάζω
ἐσήμανα, ἐσήμηνα	aor.¹ ind. a. 1 sg.	σημαίνω
ἐσημάνθην	aor. ind. p. 1 sg.	»
ἐσημηνάμην	aor.¹ ind. m. 1 sg.	»
ἔσηνα	aor.¹ ind. a. 1 sg.	σαίνω
ἔσηρα	aor.¹ ind. a. 1 sg.	σαίρω
ἐσήσθην	aor. ind. p. 1 sg.	σήθω
ἐσήφθην	aor. ind. p. 1 sg.	σήπω
ἔσηψα	aor.¹ ind. a. 1 sg.	»
ἕσθαι	pf. inf. m.	ἕννυμι
ἕσθαι	aor.² inf. m.	ἵημι
ἕσθε	aor.² impr. m. 2 pl.	»
ἕσθην	aor. ind. p. 1 sg.	ἕζομαι
*ἕσθην	ppf. ind. m. 3 du.	ἕννυμι
ἑσθῶ	aor. cong. p. 1 sg.	ἕζομαι
ἕσθων	aor.² impr. m. 3 pl./du.	ἵημι
ἐσιάνθην	aor. ind. p. 1 sg.	σιαίνω
ἐσιγήθην	aor. ind. p. 1 sg.	σιγάω
ἐσικχάνθην	aor. ind. p. 1 sg.	σικχαίνω
ἐσίναντο	aor.¹ ind. m. 3 pl.	σίνομαι
ἐσιτήθην	aor. ind. p. 1 sg.	σιτέω
ἐσίτισα	aor.¹ ind. a. 1 sg.	σιτίζω
ἐσιτισάμην	aor.¹ ind. m. 1 sg.	»
ἐσιώπησα	aor.¹ ind. a. 1 sg.	σιωπάω
ἐσκάλευσα	aor.¹ ind. a. 1 sg.	σκαλεύω
ἔσκαμμαι	pf. ind. m. 1 sg.	σκάπτω
ἔσκαφα	pf. ind. a. 1 sg.	»
ἐσκάφ(θ)ην	aor. ind. p. 1 sg.	»
ἐσκεδάννυν	impf. ind. a. 1 sg.	σκεδάννυμι
ἐσκέδασα	aor.¹ ind. a. 1 sg.	»
ἐσκεδασάμην	aor.¹ ind. m. 1 sg.	»

ἐσκεδάσθην	aor. ind. p. 1 sg.	σκεδάννυμι
ἐσκέδασμαι	pf. ind. m. 1 sg.	»
ἔσκεμμαι	pf. ind. m. 1 sg.	σκέπτομαι
ἐσκέπασται	pf. ind. m. 3 sg.	σκεπάζω
ἐσκέπην	aor. ind. p. 1 sg.	σκέπτομαι
ἔσκεπτο	ppf. ind. m. 3 sg.	»
*ἐσκευάδαται	pf. ind. m. 3 pl.	σκευάζω
*ἐσκευάδατο	ppf. ind. m. 3 pl.	»
ἐσκεύακα	pf. ind. a. 1 sg.	»
ἐσκεύασα, *ἐσκεύαξα	aor.¹ ind. a. 1 sg.	»
ἐσκευασάμην	aor.¹ ind. m. 1 sg.	»
ἐσκευάσθην	aor. ind. p. 1 sg.	»
ἐσκεύασμαι	pf. ind. m. 1 sg.	»
ἐσκεύαστο	ppf. ind. m. 3 sg.	»
ἐσκευώρημαι	pf. ind. m. 1 sg.	σκευωρέομαι
ἐσκευωρησάμην	aor.¹ ind. m. 1 sg.	»
ἐσκέφθην	aor. ind. p. 1 sg.	σκέπτομαι
ἐσκεψάμην	aor.¹ ind. m. 1 sg.	»
ἐσκέψεται	fta. ind. m. 3 sg.	»
ἔσκηλα	aor.¹ ind. a. 1 sg.	σκέλλω
ἔσκημμαι	pf. ind. m. 1 sg.	σκήπτω
ἐσκηνημένοι	pf. pt. m. N pl.	σκηνάω
ἐσκήνηντο	ppf. ind. m. 3 pl.	»
ἐσκήνησαν	aor.¹ ind. a. 3 pl.	» σκηνέω
ἐσκήνωσαν	aor.¹ ind. a. 3 pl.	σκηνόω
ἐσκήνωται	pf. ind. m. 3 sg.	»
ἔσκηφα	pf. ind. a. 1 sg.	σκήπτω
ἐσκήφθην	aor. ind. p. 1 sg.	»
ἔσκηψα	aor.¹ ind. a. 1 sg.	»
ἐσκηψάμην	aor.¹ ind. m. 1 sg.	»
ἐσκίασα	aor.¹ ind. a. 1 sg.	σκιάζω
ἐσκιάσθην	aor. ind. p. 1 sg.	»
ἐσκίασμαι	pf. ind. m. 1 sg.	»
ἐσκιατραφημένη	pf. pt. m. N sg. fm.	σκιατροφέω, -αφέωι
ἐσκιατροφηκώς	pf. pt. a. N sg.	» »
*ἐσκίδναντο	impf. ind. m. 3 pl.	[σκεδάννυμι], σκίδνημι
ἐσκιδνάσθην	aor. ind. p. 1 sg.	» »
ἔσκληκα	pf. ind. a. 1 sg.	σκέλλω
ἐσκλήκειν	ppf. ind. a. 1 sg.	»
ἔσκλην	aor. ind. p. 1 sg.	»
ἐσκλήρυσμαι	pf. ind. m. 1 sg.	σκληρύνω

ἐσκληώς	pf. pt. a. N sg.	σκέλλω
ἐσκολοπισμένα	pf. pt. m. N pl. n.	σκολοπίζω
*ἔσκον	impf. ind. a. 1 sg./3 pl.	εἰμί
ἐσκόπημαι	pf. ind. m. 1 sg.	σκοπέω
ἐσκόπησα	aor.¹ ind. a. 1 sg.	»
ἐσκοπησάμην	aor.¹ ind. m. 1 sg.	»
ἐσκότισας	aor.¹ ind. a. 2 sg.	σκοτίζω
ἐσκύζοντο	impf. ind. m. 3 pl.	σκύζομαι
ἐσκύθιξε	aor.¹ ind. a. 3 sg.	σκυθίζω
ἐσκυθισμένος	pf. pt. m. N sg.	»
ἐσκυθρωπακέναι	pf. inf. a.	σκυθρωπάζω
ἐσκυθρώπασαν	aor.¹ ind. a. 3 pl.	»
ἔσκυλα	aor.¹ ind. a. 1 sg.	σκύλλω
ἐσκύλ(θ)ην	aor. ind. p. 1 sg.	»
ἔσκυλμαι	pf. inf. m. 1 sg.	»
ἔσκωμμαι	pf. ind. m. 1 sg.	σκώπτω
ἐσκώφθην	aor. ind. p. 1 sg.	»
ἐσκώφθω	pf. impr. m. 3 sg.	»
ἐσκωψάμην	aor.¹ ind. m. 1 sg.	»
ἔσκωψε	aor.¹ ind. a. 3 sg.	»
ἐσμέν	pr. ind. a. 1 pl.	εἰμί
ἐσμηγμένος	pf. pt. m. N sg.	σμήχω
ἔσμηξα	aor.¹ ind. a. 1 sg.	»
ἐσμηξάμην	aor.¹ ind. m. 1 sg.	»
ἔσμησα	aor.¹ ind. a. 1 sg.	σμάω
ἐσμήχθην	aor. ind. p. 1 sg.	σμήχω
ἔσμηχον	impf. ind. a. 1 sg./3 pl.	»
ἐσμύγην	aor. ind. p. 1 sg.	σμύχω
ἔσμυγμαι	pf. ind. m. 1 sg.	»
ἔσμυξα	aor.¹ ind. a. 1 sg.	»
ἐσμυριγμένος	pf. pt. m. N sg.	σμυρίζω
ἐσμύχθην	aor. ind. p. 1 sg.	σμύχω
ἔσμων	impf. ind. a. 1 sg./3 pl.	σμάω
ἔσο	aor.² ind. m. 2 sg.	ἵημι
*ἔσο	pr. impr. m. 2 sg.	εἰμί
ἐσοίμην	ft. ott. m. 1 sg.	»
ἔσομαι	ft. ind. m. 1 sg.	»
ἕσομαι	ft. ind. m. 1 sg.	ἕννυμι
ἐσοφίσθην	aor. ind. p. 1 sg.	σοφίζω
ἐσπαθᾶτο	impf. ind. m. 3 sg.	σπαθάω
ἐσπαθημέναι	pf. pt. m. N pl. fm.	»

ἔσπακα	pf. ind. a. 1 sg.	σπάω
ἐσπανίσθη	aor. ind. p. 3 sg.	σπανίζω
ἐσπάρακται	pf. ind. m. 3 sg.	σπαράττω
ἐσπάραξα	aor.¹ ind. a. 1 sg.	»
ἐσπαράχθην	aor. ind. p. 1 sg.	»
ἐσπαργανωμένον	pf. pt. m. N sg. n.	σπαργανόω
ἐσπαργάνωσα	aor.¹ ind. a. 1 sg.	»
ἐσπάρην	aor. ind. p. 1 sg.	σπείρω
ἔσπαρκα	pf. ind. a. 1 sg.	»
ἔσπαρμαι	pf. ind. m. 1 sg.	»
ἔσπασα	aor.¹ ind. a. 1 sg.	σπάω
ἐσπασάμην	aor.¹ ind. m. 1 sg.	»
ἐσπάσθην	aor. ind. p. 1 sg.	»
ἔσπασμαι	pf. ind. m. 1 sg.	»
ἔσπεικα	pf. ind. a. 1 sg.	σπένδω
ἔσπειρα	aor.¹ ind. a. 1 sg.	σπείρω
ἐσπειραμένον	pf. pt. m. N sg. n.	σπειράομαι
*ἐσπείρηντο	ppf. ind. m. 3 pl.	»
ἔσπεισα	aor.¹ ind. a. 1 sg.	σπένδω
ἐσπεισάμην	aor.¹ ind. m. 1 sg.	»
ἐσπείσθην	aor. ind. p. 1 sg.	»
ἔσπεισμαι	pf. ind. m. 1 sg.	»
ἔσπειστο	ppf. ind. m. 3 sg.	»
ἐσπερξάμην	aor.¹ ind. m. 1 sg.	σπέρχω
*ἑσπέσθαι	aor.² inf. m.	ἕπω
ἑσπέσθην	aor.² ind. m. 3 du.	»
ἑσπέσθω	aor.² impr. m. 3 sg.	»
*ἔσπετε	aor.² impr. a. 2 pl.	εἶπον
ἔσπευκα	pf. ind. a. 1 sg.	σπεύδω
ἔσπευσα	aor.¹ ind. a. 1 sg.	»
ἔσπευσμαι	pf. ind. m. 1 sg.	»
ἑσπόμην	aor.² ind. m. 1 sg.	ἕπω
ἔσπον	aor.² ind. a. 1 sg./3 pl.	εἶπον
ἕσπου	aor.² ind. m. 2 sg.	ἕπω
ἐσπούδακα	pf. ind. a. 1 sg.	σπουδάζω
ἐσπουδάκειν	ppf. ind. a. 1 sg.	»
ἐσπούδασα	aor.¹ ind. a. 1 sg.	»
ἐσπουδάσθην	aor. ind. p. 1 sg.	»
ἐσπούδασμαι	pf. ind. m. 1 sg.	»
*ἔσσα	pr. pt. a. N sg. fm.	εἰμί
*ἕσσα	aor.¹ ind. a. 1 sg.	ἕννυμι

ἕσσαι	pf. ind. m. 2 sg.	ἕννυμι
*ἕσσαι	aor.¹ inf. a.	»
*ἕσσαι	aor.¹ inf. a.	ἵζω
*ἑσσάμενος	aor.¹ pt. m. N sg.	»
*ἑσσάμενος	aor.¹ pt. m. N sg.	ἕννυμι
*ἕσσαντο	aor.¹ ind. m. 3 pl.	ἵζω
*ἕσσαντο	aor.¹ ind. m. 3 pl.	ἕννυμι
*ἕσσας	aor.¹ pt. a. N sg.	»
*ἐσσεῖται, ἔσσεται	ft. ind. m. 3 sg.	εἰμί
*ἔσσευα	aor.¹ ind. a. 1 sg.	σεύω
*ἐσσεύαντο	aor.¹ ind. m. 3 pl.	»
*ἐσσεύοντο	impf. ind. m. 3 pl.	»
*ἐσσῇ, ἔσσῃ	ft. ind. m. 2 sg.	εἰμί
*ἐσσί, ἐσσι	pr. ind. a. 2 sg.	»
*ἔσσο	pr. impr. m. 2 sg.	»
*ἕσσο	ppf. ind. m. 2 sg.	ἕννυμι
*ἐσσοημένον	pf. pt. m. N sg. n.	[σεύω], σοέω
ἔσομαι, *ἔσσομαι	ft. ind. m. 1 sg.	εἰμί
ἕσομαι, *ἕσσομαι	ft. ind. m. 1 sg.	ἕννυμι
*ἑσσούμενος	pr. pt. m. N sg.	[ἡττάομαι], ἑσσόομαι
*ἐσσοῦνται	ft. ind. m. 3 pl.	εἰμί
*ἑσσοῦτο	impf. ind. m. 3 sg.	[ἡττάομαι], ἑσσόομαι
*ἐσσύθην	aor. ind. p. 1 sg.	σεύω
*ἔσσυμαι	pf. ind. m. 1 sg.	»
*ἐσσύμενος	pf. pt. m. N sg.	»
*ἐσσύμην	aor.² ind. m. 1 sg.	»
*ἔσσυο	aor.² ind. m. 2 sg.	»
*ἔσσυτο	aor.² ind. m. 3 sg.	»
ἑσσώθην	aor. ind. p. 1 sg.	[ἡττάομαι], ἑσσόομαι
ἕσσωμαι	pf. ind. m. 1 sg.	» »
ἐστάγην	aor. ind. p. 1 sg.	στάζω
ἐστάθην	aor. ind. p. 1 sg.	ἵστημι
ἐστάθμησα	aor.¹ ind. a. 1 sg.	σταθμάω, -έω
ἐστάθμηται	pf. ind. m. 3 sg.	» »
ἔσται	ft. ind. m. 3 sg.	εἰμί
ἕσται	pf. ind. m. 3 sg.	ἕννυμι
*ἑσταίην	pf. ott. a. 1 sg.	ἵστημι
*ἕστακα	pf. ind. a. 1 sg.	»
*ἑστάκει	ppf. ind. a. 3 sg.	»
ἔστακται	pf. ind. m. 3 sg.	στάζω
ἔστακτο	ppf. ind. m. 3 sg.	»

*ἐστάλατο, -λάδατο	ppf. ind. m. 3 pl.	στέλλω
ἐστάλ(θ)ην	aor. ind. p. 1 sg.	»
ἔσταλκα	pf. ind. a. 1 sg.	»
ἐστάλκει	ppf. ind. a. 3 sg.	»
ἐστάλμην	ppf. ind. m. 1 sg.	»
ἕσταμαι	pf. ind. m. 1 sg.	ἵστημι
ἕσταμεν	pf. ind. a. 1 pl.	»
*ἑστάμεν(αι)	pf. inf. a.	»
*ἔσταν	aor.² ind. a. 3 pl.	»
ἑστάναι	pf. inf. a.	»
ἔσταξα	aor.¹ ind. a. 1 sg.	στάζω
*ἑσταότα	pf. pt. a. A sg.	ἵστημι
*ἑσταότες	pf. pt. a. N pl.	»
*ἕστασαν	ppf. ind. a. 3 pl.	»
*ἔστασαν	aor.¹ ind. a. 3 pl.	»
*ἔστασας	aor.¹ ind. a. 2 sg.	»
*ἔστασε	aor.¹ ind. a. 3 sg.	»
ἑστάσθαι	pf. inf. m.	»
ἑστᾶσι	pf. ind. a. 3 pl.	»
ἕστατε	pf. ind./impr. a. 2 pl.	»
ἕστατον	pf.ind./impr. a. 2 du.	»
ἐστάχθην	aor. ind. p. 1 sg.	στάζω
*ἑσταώς	pf. pt. a. N sg.	ἵστημι
ἐστέ, *ἔστε	pr. ind. a. 2 pl.	εἰμί
ἐστεγασμένον	pf. pt. m. N sg. n.	στεγάζω
ἔστειλα	aor.¹ ind. a. 1 sg.	στέλλω
ἐστειλάμην	aor.¹ ind. m. 1 sg.	»
*ἔστειξε	aor.¹ ind. a. 3 sg.	στείχω
ἔστειψα	aor.¹ ind. a. 1 sg.	στείβω
*ἐστελάδατο	ppf. ind. m. 3 pl.	στέλλω
ἔστεμμαι	pf. ind. m. 1 sg.	στέφω
ἐστέναγμαι	pf. ind. m. 1 sg.	στενάζω
ἐστέναξα	aor.¹ ind. a. 1 sg.	»
ἔστεξα	aor.¹ ind. a. 1 sg.	στέγω
ἐστέξατο	aor.¹ ind. m. 3 sg.	»
*ἑστεός	pf. pt. a. N sg. n.	ἵστημι
ἔστεργμαι	pf. ind. m. 1 sg.	στέργω
ἔστεργον	impf. ind. a. 1 sg./3 pl.	»
*ἐστέρεσεν	aor.¹ ind. a. 3 sg.	στερέω, στερίσκω
*ἐστέρεσμαι	pf. ind. m. 1 sg.	» »
ἐστερήθην	aor. ind. p. 1 sg.	» »

ἐστέρηκα	pf. ind. a. 1 sg.	στερέω, στερίσκω
ἐστέρημαι	pf. ind. m. 1 sg.	» »
ἐστέρησα	aor.[1] ind. a. 1 sg.	» »
ἐστερήσομαι	fta. ind. m. 1 sg.	» »
ἐστέρητο	ppf. ind. m. 3 sg.	» »
ἔστερξα	aor.[1] ind. a. 1 sg.	στέργω
ἐστέρισεν	aor.[1] ind. a. 3 sg.	[στερέω], στερίζω
ἐστέρχθην	aor. ind. p. 1 sg.	στέργω
ἐστεφάνιξα	aor.[1] ind. a. 1 sg.	στεφανίζω
ἐστεφανώθη	aor. ind. p. 3 sg.	στεφανόω
ἐστεφανωκότος	pf. pt. a. G sg.	»
ἐστεφανωμένος	pf. pt. m. N sg.	»
ἐστεφάνωσαν	aor.[1] ind. a. 3 pl.	»
ἐστέφθην	aor. ind. p. 1 sg.	στέφω
ἔστεφον	impf. ind. a. 1 sg./3 pl.	»
ἐστέχθην	aor. ind. p. 1 sg.	στέγω
ἔστεψα	aor.[1] ind. a. 1 sg.	στέφω
ἐστεψάμην	aor.[1] ind. m. 1 sg.	»
*ἑστεώς	pf. pt. a. N sg. msch.	ἵστημι
ἕστηκα	pf. ind. a. 1 sg.	»
ἑστήκειν	ppf. ind. a. 1 sg.	»
ἑστηκέναι	pf. inf. a.	»
ἑστήκοιμι	pf. ott. a. 1 sg.	»
ἑστήκω	pf. cong. a. 1 sg.	»
ἑστηκώς	pf. pt. a. N sg.	»
ἔστην	aor.[2] ind. a. 1 sg.	»
ἑστήξομαι	fta. ind. m. 1 sg.	»
ἑστήξω	fta. ind. a. 1 sg.	»
ἐστήριγμαι	pf. ind. m. 1 sg.	στηρίζω
ἐστήρικτο	ppf. ind. m. 3 sg.	»
ἐστήριξα, -ισα	aor.[1] ind. a. 1 sg.	»
ἐστηριξάμην, -ισάμην	aor.[1] ind. m. 1 sg.	»
ἐστηρίσθαι	pf. inf. m.	»
ἐστηρίχθην	aor. ind. p. 1 sg.	»
ἔστησα	aor.[1] ind. a. 1 sg.	ἵστημι
ἐστησάμην	aor.[1] ind. m. 1 sg.	»
ἔστησαν	aor.[1]/aor.[2] ind. a. 3 pl.	»
ἕστητε	pf. ind. a. 2 pl.	»
ἔστητε	aor.[2] ind. a. 2 pl.	»
*ἑστηῶσι	pf. pt. a. D pl.	»
ἐστί	pr. ind. a. 3 sg.	εἰμί

ἑστιᾶσαι	aor.^{1} inf. a.	ἑστιάω
ἑστιάσομαι	ft. ind. m. 1 sg.	»
ἑστιάσω	ft. ind. a. 1 sg.	»
ἐστίβηται	pf. ind. m. 3 sg.	στιβέω
ἔστιγμαι	pf. ind. m. 1 sg.	στίζω
ἔστιλψα	aor.^{1} ind. a. 1 sg.	στίλβω
ἐστίχθην	aor. ind. p. 1 sg.	στίζω
ἔστιχον	aor.^{2} ind. a. 1 sg./3 pl.	στείχω
*ἕστο	ppf. ind. m. 3 sg.	ἕννυμι
ἐστόν	pr. ind. a. 2 du.	εἰμί
ἐστονάχησα	aor.^{1} ind. a. 1 sg.	στοναχέω
ἔστοργα	pf. ind. a. 1 sg.	στέργω
ἐστόρεσα	aor.^{1} ind. a. 1 sg.	στόρνυμι, στορέννυμι
ἐστορεσάμην	aor.^{1} ind. m. 1 sg.	» »
ἐστορέσθην	aor. ind. p. 1 sg.	» »
ἐστόρεσμαι	pf. ind. m. 1 sg.	» »
ἐστόρεστο	ppf. ind. m. 3 sg.	» »
ἐστορήθην	aor. ind. p. 1 sg.	» »
ἐστόρνυντο	impf. ind. m. 3 pl.	» »
ἑστός	pf. pt. a. N sg. n.	ἵστημι
ἐστοχαζόμην	impf. ind. m. 1 sg.	στοχάζομαι
ἐστοχασάμην	aor.^{1} ind. m. 1 sg.	»
ἐστοχάσθην	aor. ind. p. 1 sg.	»
ἐστόχασμαι	pf. ind. m. 1 sg.	»
ἔστραμμαι	pf. ind. m. 1 sg.	στρέφω
ἐστράμμην	ppf. ind. m. 1 sg.	»
ἔστραπται	pf. ind. m. 3 sg.	»
ἔστραπτο	ppf. ind. m. 3 sg.	»
ἐστρατεύθην	aor. ind. p. 1 sg.	στρατεύω
ἐστράτευμαι	pf. ind. m. 1 sg.	»
ἐστρατευσάμην	aor.^{1} ind. m. 1 sg.	»
ἐστράτευσαν	aor.^{1} ind. a. 3 pl.	»
ἐστρατηγηκότων	pf. pt. a. G pl.	στρατηγέω
ἐστρατήγησε	aor.^{1} ind. a. 3 sg.	»
ἔστραφα	pf. ind. a. 1 sg.	στρέφω
ἐστράφην, *-άφθην	aor. ind. p. 1 sg.	»
ἐστρέβλωσα	aor.^{1} ind. a. 1 sg.	στρεβλόω
ἔστρεμμαι	pf. ind. m. 1 sg.	στρέφω
ἐστρέφθην	aor. ind. p. 1 sg.	»
ἔστρεψα	aor.^{1} ind. a. 1 sg.	»
ἐστρεψάμην	aor.^{1} ind. m. 1 sg.	»

ἐστρόβημαι	pf. ind. m. 1 sg.	στροβέω
ἐστρόβησα	aor.^{1} ind. a. 1 sg.	»
ἔστροφα	pf. ind. a. 1 sg.	στρέφω
ἐστρώθην	aor. ind. p. 1 sg.	στόρνυμι, στρώννυμι
ἔστρωκα	pf. ind. a. 1 sg.	» »
ἐστρώκειν	ppf. ind. a. 1 sg.	» »
ἔστρωμαι	pf. ind. m. 1 sg.	» »
ἐτρώννυον	impf. ind. a. 1 sg./3 pl.	» στρωννύω
ἔστρωσα	aor.^{1} ind. a. 1 sg.	» στρώννυμι
ἐστρωσάμην	aor.^{1} ind. m. 1 sg.	» »
ἔστρωτο	ppf. ind. m. 3 sg.	» »
ἐστύγει	impf. ind. a. 3 sg.	στυγέω
ἐστυγήθην	aor. ind. p. 1 sg.	»
ἐστύγηκα	pf. ind. a. 1 sg.	»
ἐστύγημαι	pf. ind. m. 1 sg.	»
ἐστύγησα	aor.^{1} ind. a. 1 sg.	»
ἔστυγον	aor.^{2} ind. a. 1 sg./3 pl.	»
ἐστυμμένον	pf. pt. m. N sg. n.	στύφω
*ἔστυξα	aor.^{1} ind. a. 1 sg.	στυγέω
ἐστυφέλιξα	aor.^{1} ind. a. 1 sg.	στυφελίζω
ἐστυφελίχθην	aor. ind. p. 1 sg.	»
ἔστω	pr. impr. a. 3 sg.	εἰμί
ἑστῶ	pf. cong. a. 1 sg.	ἵστημι
ἐστωμυλάμην	aor.^{1} ind. m. 1 sg.	στωμύλλω
ἔστων	pr. impr. a. 3 pl./du.	εἰμί
ἑστώς	pf. pt. a. N sg. msch.	ἵστημι
ἑστῶσα	pf. pt. a. N sg. fm.	»
ἔστωσαν	pr. impr. a. 3 pl.	εἰμί
ἐσυκοφάντησα	aor.^{1} ind. a. 1 sg.	συκοφαντέω
*ἐσύλα	impf. ind. a. 3 sg.	συλάω
ἐσυλήθην	aor. ind. p. 1 sg.	»
ἔσυρα	aor.^{1} ind. a. 1 sg.	σύρω
ἐσυράμην	aor.^{1} ind. m. 1 sg.	»
ἐσύρην	aor. ind. p. 1 sg.	»
ἐσύρισα, *ἐσύριξα	aor.^{1} ind. a. 1 sg.	συρίζω
*ἔσυτο	aor.^{2} ind. m. 3 sg.	σεύω
ἐσφάγην	aor. ind. p. 1 sg.	σφάζω, σφάττω
ἐσφαγίασα	aor.^{1} ind. a. 1 sg.	σφαγιάζω
ἐσφαγιάσθην	aor. ind. p. 1 sg.	»
ἔσφαγμαι	pf. ind. m. 1 sg.	σφάζω, σφάττω
ἔσφακα	pf. ind. a. 1 sg.	» »

ἐσφάκει	ppf. ind. a. 3 sg.	σφάζω, σφάττω
*ἔσφαλα	aor.^{1} ind. a. 1 sg.	σφάλλω
ἐσφάλ(θ)ην	aor. ind. p. 1 sg.	»
ἔσφαλκα	pf. ind. a. 1 sg.	»
ἔσφαλμαι	pf. ind. m. 1 sg.	»
ἔσφαλον	aor.^{2} ind. a. 1 sg./3 pl.	»
ἔσφαλτο	ppf. ind. m. 3 sg.	»
ἔσφαξα	aor.^{1} ind. a. 1 sg.	σφάζω, σφάττω
ἐσφάχθην	aor. ind. p. 1 sg.	» »
ἐσφετέρισα	aor.^{1} ind. a. 1 sg.	σφετερίζω
ἐσφετερισάμην	aor.^{1} ind. m. 1 sg.	»
ἐσφετερισμένος	pf. pt. m. N sg.	»
ἐσφετέριστο	ppf. ind. m. 3 sg.	»
*ἐσφηκωμένη	pf. pt. m. N sg. fm.	σφηκόω
ἐσφήκωντο	ppf. ind. m. 3 pl.	»
ἔσφηλα	aor.^{1} ind. a. 1 sg.	σφαλλω
ἐσφηνωμένη	pf. pt. m. N sg. fm.	σφηνόω
ἔσφιγμαι	pf. ind. m. 1 sg.	σφίγγω
ἔσφιγξα	aor.^{1} ind. a. 1 sg.	»
ἐσφιγξάμην	aor.^{1} ind. m. 1 sg.	»
ἐσφίγχθαι	pf. inf. m.	»
ἐσφίγχθην	aor. ind. p. 1 sg.	»
ἔσφικτο	ppf. ind. m. 3 sg.	»
ἐσφράγισα	aor.^{1} ind. a. 1 sg.	σφραγίζω
ἐσφραγίσθη	aor. ind. p. 3 sg.	»
ἐσφραγισμένος	pf. pt. m. N sg.	»
ἔσφυξα	aor.^{1} ind. a. 1 sg.	σφύζω
*ἔσχα	aor.^{1} ind. a. 1 sg.	ἔχω
ἔσχαζον	impf. ind. a. 1 sg./3 pl.	σχά(ζ)ω
*ἐσχάζοσαν	impf. ind. a. 3 pl.	»
ἔσχασα	aor.^{1} ind. a. 1 sg.	»
ἐσχασάμην	aor.^{1} ind. m. 1 sg.	»
ἐσχάσθην	aor. ind. p. 1 sg.	»
ἔσχασμαι	pf. ind. m. 1 sg.	»
ἔσχαστο	ppf. ind. m. 3 sg.	»
ἐσχεδίασε	aor.^{1} ind. a. 3 sg.	σχεδιάζω
ἐσχέθην	aor. ind. p. 1 sg.	ἔχω
*ἔσχεθον	aor.^{2} ind. a. 1 sg./3 pl.	σχέθω
ἔσχηκα	pf. ind. a. 1 sg.	»
ἔσχημαι	pf. ind. m. 1 sg.	»
ἐσχημάτισμαι	pf. ind. m. 1 sg.	σχηματίζω

ἔσχησα	aor.[1] ind. a. 1 sg.	ἔχω
ἔσχισα	aor.[1] ind. a. 1 sg.	σχίζω
ἐσχίσθησαν	aor. ind. p. 3 pl.	»
ἔσχισμαι	pf. ind. m. 1 sg.	»
ἐσχόμην	aor.[2] ind. m. 1 sg.	ἔχω
ἔσχον	aor.[2] ind. a. 1 sg./3 pl.	»
*ἔσχοσαν	impf./aor.[2] ind. a. 3 pl.	»
ἔσχων	impf. ind. a. 1 sg./3 pl.	σχά(ζ)ω
ἕσω	ft. ind. a. 1 sg.	ἕννυμι
ἐσώθην	aor. ind. p. 1 sg.	σῴζω
ἐσωματίσθησαν	aor. ind. p. 3 pl.	σωματίζω
ἔσωσε, ἔσῳσε	aor.[1] ind. a. 3 sg.	σῴζω
ἐσωφρόνησας	aor.[1] ind. a. 2 sg.	σωφρονέω
ἐτάγην	aor. ind. p. 1 sg.	τάττω
ἐτάθη	aor. ind. p. 3 sg.	τείνω
ἐτακέρωσε	aor.[1] ind. a. 3 sg.	τακερόω
ἐτάκην	aor. ind. p. 1 sg.	τήκω
ἐταλαιπωρήθην	aor. ind. p. 1 sg.	ταλαιπορέω
*ἐτάλασσα	aor.[1] ind. a. 1 sg.	τλάω
ἐταμιεύθην	aor. ind. p. 1 sg.	ταμιεύω
ἐταμιευσάμην	aor.[1] ind. m. 1 sg.	»
ἐταμόμην	aor.[2] ind. m. 1 sg.	τέμνω
ἔταμον	aor.[2] ind. a. 1 sg./3 pl.	»
ἐτάνυσα, *ἐτάνυσσα	aor.[1] ind. a. 1 sg.	τανύω
ἐτανύσθην	aor. ind. p. 1 sg.	»
ἔταξα	aor.[1] ind. a. 1 sg.	τάττω
ἐταξάμην	aor.[1] ind. m. 1 sg.	»
ἐτάραξα	aor.[1] ind. a. 1 sg.	ταράττω
ἐταράχθη	aor. ind. p. 3 sg.	»
*ἐτάρπην	aor. ind. p. 1 sg.	τέρπω
ἐταρπόμην	aor.[2] ind. m. 1 sg.	»
ἐτάρφθην	aor. ind. p. 1 sg.	»
ἐταρχυσάμην	aor.[1] ind. m. 1 sg.	ταρχύω
ἐτάφην	aor. ind. p. 1 sg.	θάπτω
ἐτάχθην	aor. ind. p. 1 sg.	τάττω
ἔτε	aor.[2] impr./ind. a. 2 pl.	ἵημι
ἔτεγξα	aor.[1] ind. a. 1 sg.	τέγγω
ἐτέγχθην	aor. ind. p. 1 sg.	»
ἐτέθαπτο	ppf. ind. m. 3 sg.	θάπτω
ἐτεθέαντο	ppf. ind. m. 3 pl.	θεάομαι
ἐτεθείκειν	ppf. ind. a. 1 sg.	τίθημι

ἐτεθελήκεσαν	ppf. ind. a. 3 pl.	(ἐ)θέλω
ἐτεθήλειν	ppf. ind. a. 1 sg.	θάλλω
ἐτέθην	aor. ind. p. 1 sg.	τίθημι
ἐτεθήπεσαν	ppf. ind. a. 3 pl.	θήπω
ἐτέθνασαν	ppf. ind. a. 3 pl.	θνῄσκω
ἐτεθνήκειν	ppf. ind. a. 1 sg.	»
ἐτεθνήκεσαν	ppf. ind. a. 3 pl.	»
ἐτέθραπτο	ppf. ind. m. 3 sg.	τρέφω
ἐτέθραυστο	ppf. ind. m. 3 sg.	θραύω
ἐτέθυτο	ppf. ind. m. 3 sg.	θύω
ἔτειλα	aor.¹ ind. a. 1 sg.	τέλλω
ἔτεινα	aor.¹ ind. a. 1 sg.	τείνω
ἔτεισα	aor.¹ ind. a. 1 sg.	τίνω
ἐτεισάμην	aor.¹ ind. m. 1 sg.	»
ἐτείσθην	aor. ind. p. 1 sg.	»
ἐτείχισα	aor.¹ ind. a. 1 sg.	τειχίζω
*ἐτειχίσσαντο	aor.¹ ind. m. 3 pl.	»
ἐτέκμηρα	aor.¹ ind. a. 1 sg.	τεκμαίρω
ἐτεκμηράμην	aor.¹ ind. m. 1 sg.	»
ἐτεκμηρίωσεν	aor.¹ ind. a. 3 sg.	τεκμηριόω
ἐτεκνώθη	aor. ind. p. 3 sg.	τεκνόω
ἐτεκνώσατο	aor.¹ ind. m. 3 sg.	»
ἐτέκνωσε	aor.¹ ind. a. 3 sg.	»
ἐτεκόμην	aor.² ind. m. 1 sg.	τίκτω
ἔτεκον	aor.² ind. a. 1 sg./3 pl.	»
ἐτεκτηνάμην	aor.¹ ind. m. 1 sg.	τεκταίνομαι
*ἐτελείετο	impf. ind. m. 3 sg.	τελέω, τελείω
*ἐτέλειον	impf. ind. a. 1 sg./3 pl.	» »
ἐτέλεσα, *ἐτέλεσσα	aor.¹ ind. a. 1 sg.	»
ἐτελεσάμην	aor.¹ ind. m. 1 sg.	»
ἐτελέσθην	aor. ind. p. 1 sg.	»
ἐτελευτήθην	aor. ind. p. 1 sg.	τελευτάω
ἐτελεώθη	aor. ind. p. 3 sg.	τελε(ι)όω
ἐτελέωσε	aor.¹ ind. a. 3 sg.	»
ἐτελωνήσατο	aor.¹ ind. m. 3 sg.	τελωνέω
ἐτεμενίσθη	aor. ind. p. 3 sg.	τεμενίζω
ἐτεμόμην	aor.² ind. m. 1 sg.	τέμνω
ἔτεμον	aor.² ind. a. 1 sg./3 pl.	»
ἔτεξα	aor.¹ ind. a. 1 sg.	τίκτω
ἐτέρσηνα	aor.¹ ind. a. 1 sg.	τερσαίνω
ἐτέρφθην	aor. ind. p. 1 sg.	τέρπω

ἔτερψα	aor.[1] ind. a. 1 sg.	τέρπω
ἐτερψάμην	aor.[1] ind. m. 1 sg.	»
ἐτέτακτο	ppf. ind. m. 3 sg.	τάττω
ἐτέταλτο	ppf. ind. m. 3 sg.	τέλλω
ἐτεταράγμην	ppf. ind. m. 1 sg.	ταράττω
ἐτεταράχει	ppf. ind. a. 3 sg.	»
ἐτέτατο	ppf. ind. m. 3 sg.	τείνω
*ἐτετάχατο	ppf. ind. m. 3 pl.	τάττω
ἐτετάχει	ppf. ind. a. 3 sg.	»
ἐτετείχιστο	ppf. ind. m. 3 sg.	τειχίζω
ἐτετελέκειν	ppf. ind. a. 1 sg.	τελέω
ἐτετέλεστο	ppf. ind. m. 3 sg.	»
*ἐτετεύχατο	ppf. ind. m. 3 pl.	τεύχω
*ἐτετεύχεε	ppf. ind. a. 3 sg.	»
ἐτετήκειν	ppf. ind. a. 1 sg.	τήκω
ἐτέτηκτο	ppf. ind. m. 3 sg.	»
ἐτετιθάσευτο	ppf. ind. m. 3 sg.	τιθασεύω
ἐτέτιστο	ppf. ind. m. 3 sg.	τίνω
ἐτέτλαμεν	ppf. ind. a. 1 pl.	τλάω
ἐτέτμητο	ppf. ind. m. 3 sg.	τέμνω
ἐτετράμμην	ppf. ind. m. 1 sg.	τρέπω
ἐτετράνθην	aor. ind. p. 1 sg.	τετραίνω
ἐτέτρηνα	aor.[1] ind. a. 1 sg.	»
ἐτετρηνάμην	aor.[1] ind. m. 1 sg.	»
ἐτετρίγει	ppf. ind. a. 3 sg.	τρίζω
ἐτετρόφει	ppf. ind. a. 3 sg.	τρέφω
ἐτετρύπητο	ppf. ind. m. 3 sg.	τρυπάω
ἐτετρύχωντο	ppf. ind. m. 3 pl.	τρυχόω
ἐτετρώκειν	ppf. ind. a. 1 sg.	τιτρώσκω
ἐτέτρωντο	ppf. ind. m. 3 pl.	»
ἐτετύγμην	ppf. ind. m. 1 sg.	τεύχω
ἐτέτυκτο	ppf. ind. m. 3 sg.	»
ἐτετυχήκειν	ppf. ind. a. 1 sg.	τυγχάνω
ἔτευξα	aor.[1] ind. a. 1 sg.	τεύχω
*ἐτεύχθην	aor. ind. p. 1 sg.	»
ἐτεύχθην	aor. ind. p. 1 sg.	τυγχάνω
ἐτέχθην	aor. ind. p. 1 sg.	τίκτω
ἐτεχνασάμην	aor.[1] ind. m. 1 sg.	τεχνάζω
ἐτεχνησάμην	aor.[1] ind. m. 1 sg.	τεχνάομαι
ἐτεχνώσατο	aor.[1] ind. m. 3 sg.	τεχνόω
ἔτηξα	aor.[1] ind. a. 1 sg.	τήκω

ἐτηξάμην	aor.^{1} ind. m. 1 sg.	τήκω	
ἐτηρήθη	aor. ind. p. 3 sg.	τηρέω	
ἐτήχθην	aor. ind. p. 1 sg.	τήκω	
*ἐτίθεα	impf. ind. a. 1 sg.	τίθημι	
ἐτίθει	impf. ind. a. 3 sg.	»	τιθέω
ἐτίθεις	impf. ind. a. 2 sg.	»	»
ἐτίθεσαν	impf. ind. a. 3 pl.	»	
ἐτίθετο	impf. ind. m. 3 sg.	»	
ἐτίθην	impf. ind. a. 1 sg.	»	
ἐτίθης	impf. ind. a. 2 sg.	»	
ἐτίθησα	aor.^{1} ind. a. 1 sg.	»	τιθέω
ἐτίθουν	impf. ind. a. 3 pl.	»	»
ἔτιλα	aor.^{1} ind. a. 1 sg.	τίλλω	
ἐτίλ(θ)ην	aor. ind. p. 1 sg.	»	
ἐτιμήθην	aor. ind. p. 1 sg.	τιμάω	
ἐτίμησα	aor.^{1} ind. a. 1 sg.	»	
ἐτιμησάμην	aor.^{1} ind. m. 1 sg.	»	
ἐτιμωρήθην	aor. ind. p. 1 sg.	τιμωρέω	
ἐτιμωρησάμην	aor.^{1} ind. m. 1 sg.	»	
ἐτίναξα	aor.^{1} ind. a. 1 sg.	τινάσσω	
ἐτινάξατο	aor.^{1} ind. m. 3 sg.	»	
*ἐτίναχθεν	aor. ind. p. 3 pl.	»	
ἐτινάχθην	aor. ind. p. 1 sg.	»	
ἔτισα	aor.^{1} ind. a. 1 sg.	τίνω	
*ἔτισα	aor.^{1} ind. a. 1 sg.	τίω	
ἐτίσθην	aor. ind. p. 1 sg.	τίνω	
ἐτίτηνα	aor.^{1} ind. a. 1 sg.	τιταίνω	
ἐτίτρανα	aor.^{1} ind. a. 1 sg.	τετραίνω, τι-	
*ἔτλαν, ἔτλασαν	aor.^{2} ind. a. 3 pl.	τλάω	
ἔτλην	aor.^{2} ind. a. 1 sg.	»	
ἔτλησαν	aor.^{2} ind. a. 3 pl.	»	
ἔτλων	impf. ind. a. 1 sg./3 pl.	»	
ἐτμάγην	aor. ind. p. 1 sg.	τμήγω	
ἔτμαγον	aor.^{2} ind. a. 1 sg./3 pl.	»	
*ἐτμάθην	aor. ind. p. 1 sg.	τέμνω	
ἐτμήγην	aor. ind. p. 1 sg.	τμήγω	
ἔτμηξα, *ἔτμαξα	aor.^{1} ind. a. 1 sg.	»	
ἐτμηξάμην	aor.^{1} ind. m. 1 sg.	»	
*ἕτο	aor.^{2} ind. m. 3 sg.	ἵημι	
ἑτοιμάσατο	aor.^{1} ind. m. 3 sg.	ἑτοιμάζω	
*ἑτοιμασσαίατο	aor.^{1} ott. m. 3 pl.	»	

ἐτολμήθη	aor. ind. p. 3 sg.	τολμάω
ἐτόλμησα	aor.^{1} ind. a. 1 sg.	»
*ἕτον	aor.^{2} ind./impr. 2 du.	ἵημι
ἐτόνωσεν	aor.^{1} ind. a. 3 sg.	τονόω
ἐτόξευσεν	aor.^{1} ind. a. 3 sg.	τοξεύω
*ἔτορον	aor.^{2} ind. a. 1 sg./3 pl.	τορέω
*ἔτραγον	aor.^{2} ind. a. 1 sg./3 pl.	τρώγω
ἐτράπην	aor. ind. p. 1 sg.	τρέπω
ἐτραπόμην	aor.^{2} ind. m. 1 sg.	»
ἔτραπον	aor.^{2} ind. a. 1 sg./3 pl.	»
ἐτραυματίσθην	aor. ind. p. 1 sg.	τραυματίζω
ἐτράφην	aor. ind. p. 1 sg.	τρέφω
ἔτραφον	aor.^{2} ind. a. 1 sg./3 pl.	»
*ἔτραφον	impf. ind. a. 1 sg./3 pl.	»
ἐτραχύνθην	aor. ind. p. 1 sg.	τραχύνω
*ἔτραψα	aor.^{1} ind. a. 1 sg.	τρέπω
ἐτρέπην	aor. ind. p. 1 sg.	»
ἐτρήθην	aor. ind. p. 1 sg.	τετραίνω
ἔτρησα	aor.^{1} ind. a. 1 sg.	»
ἐτρησάμην	aor.^{1} ind. m. 1 sg.	»
ἐτρίασα	aor.^{1} ind. a. 1 sg.	τριάζω
ἐτρίβην	aor. ind. p. 1 sg.	τρίβω
ἔτριξα	aor.^{1} ind. a. 1 sg.	τρίζω
ἐτρίσσευσαν	aor.^{1} ind. a. 3 pl.	τρισσεύω
ἐτρίσσωσαν	aor.^{1} ind. a. 3 pl.	τρισσόω
ἐτρίφθην	aor. ind. p. 1 sg.	τρίβω
ἔτριψα	aor.^{1} ind. a. 1 sg.	»
ἐτριψάμην	aor.^{1} ind. m. 1 sg.	»
ἐτρόμασαν	aor.^{1} ind. a. 3 pl.	τρομάζω
ἐτρόμησα	aor.^{1} ind. a. 1 sg.	τρομέω
*ἔτροπον	aor.^{2} ind. a. 1 sg./3 pl.	τρέπω
ἔτρυξα	aor.^{1} ind. a. 1 sg.	τρύζω
ἐτρύπησεν	aor.^{1} ind. a. 3 sg.	τρυπάω
ἐτρύφην	aor. ind. p. 1 sg.	θρύπτω
ἐτρώθην	aor. ind. p. 1 sg.	τιτρώσκω
ἔτρωξα	aor.^{1} ind. a. 1 sg.	τρώγω
ἔτρωσα	aor.^{1} ind. a. 1 sg.	τιτρώσκω
ἐτυγχάνετο	impf. ind. m. 3 sg.	τυγχάνω
ἐτύθην	aor. ind. p. 1 sg.	θύω
ἐτυμβεύθη	aor. ind. p. 3 sg.	τυμβεύω
*ἐτύπην	aor. ind. p. 1 sg.	τύπτω

ἔτυπον	aor.[2] ind. a. 1 sg./3 pl.	τύπτω
ἐτυπτήθην	aor. ind. p. 1 sg.	»
ἐτύπτησα	aor.[1] ind. a. 1 sg.	»
ἐτύπωσαν	aor.[1] ind. a. 3 pl.	τυπόω
ἐτυπώσατο	aor. ind. m. 3 sg.	»
ἐτυραννεύθην, -ήθην	aor. ind. p. 1 sg.	τυραννέω, -εύω
ἐτυράννευσα, -ησα	aor.[1] ind. a. 1 sg.	» »
*ἐτύρησας	aor.[1] ind. a. 2 sg.	τυρέω, τυρεύω
ἐτυρώθη	aor. ind. p. 3 sg.	τυρόω
ἐτύρωσας	aor.[1] ind. a. 2 sg.	»
ἐτύφην	aor. ind. p. 1 sg.	τύφω
ἐτύφθην	aor. ind. p. 1 sg.	τύπτω
ἐτύφωσε	aor.[1] ind. a. 3 sg.	τυφόω
*ἐτύχησα	aor.[1] ind. a. 1 sg.	τυγχάνω
*ἐτύχθην	aor. ind. p. 1 sg.	τεύχω
ἔτυχον	aor.[2] ind. a. 1 sg./3 pl.	τυγχάνω
ἔτυψα	aor.[1] ind. a. 1 sg.	τύπτω
ἐτυψάμην	aor.[1] ind. m. 1 sg.	»
ἐτώθασα	aor.[1] ind. a. 1 sg.	τωθάζω
εὐαγγελιούμενος	ft. pt. m. N sg.	εὐαγγελίζομαι
*εὔαδον	aor.[2] ind. a. 1 sg./3 pl.	ἁνδάνω
εὖγμαι	pf. ind. m. 1 sg.	εὔχομαι
εὐδαιμόνηκα	pf. ind. a. 1 sg.	εὐδαιμονέω
εὐδαιμονιεῖ	ft. ind. a. 3 sg.	εὐδαιμονίζω
*εὑδέμεναι	pr. inf. m.	εὕδω
*εὕδεσκε	impf. ind. a. 3 sg.	»
εὕδησα	aor.[1] ind. a. 1 sg.	»
*εὕδησθα	pr. cong. a. 2 sg.	»
εὑδήσω	ft. ind. a. 1 sg.	»
*εὗδον	impf. ind. a. 1 sg./3 pl.	»
εὐεργετήθην	aor. ind. p. 1 sg.	εὐεργετέω
εὐεργέτηκα	pf. ind. a. 1 sg.	»
εὐεργέτημαι	pf. ind. m. 1 sg.	»
εὐηγγελίκειν	ppf. ind. a. 1 sg.	εὐαγγελίζομαι
εὐημερήκει	ppf. ind. a. 3 sg.	εὐημερέω
εὐηργέτηκα	pf. ind. a. 1 sg.	εὐεργετέω
εὐηργέτημαι	pf. ind. m. 1 sg.	»
εὐηργέτηντο	ppf. ind. m. 3 pl.	»
εὐηργέτησα	aor.[1] ind. a. 1 sg.	»
εὐηργέτουν	impf. ind. a. 1 sg./3 pl.	»
εὐθενήθησαν	aor. ind. p. 3 pl.	εὐθενέω

εὐθετισάμενος	aor.^{1} pt. m. N sg.	εὐθετίζω
*εὔιδον	aor.^{2} ind. a. 1 sg./3 pl.	[ὁράω], εἴδομαι
*εὐκλέϊξα	aor.^{1} ind. a. 1 sg.	εὐκλεΐζω
εὖκται	pf. ind. m. 3 sg.	εὔχομαι
εὐλαβηθήσομαι	ft. ind. p. 1 sg.	εὐλαβέομαι
εὐλαβήσομαι	ft. ind. m. 1 sg.	»
εὐλογήθην	aor. ind. p. 1 sg.	εὐλογέω
εὐλογηθήσομαι	ft. ind. p. 1 sg.	»
εὐλόγηκα	pf. ind. a. 1 sg.	»
εὐλόγημαι	pf. ind. m. 1 sg.	»
εὐλόγησα	aor.^{1} ind. m. 1 sg.	»
εὐλογήσομαι	ft. ind. m. 1 sg.	»
εὐλογήσω	ft. ind. a 1 sg.	»
εὐλόγουν	impf. ind. a. 1 sg./3 pl.	»
εὖμαι	pf. ind. m. 1 sg.	εὕω
εὔνασα	aor.^{1} ind. a. 1 sg.	εὐνάζω
εὐνάσθην	aor. ind. p. 1 sg.	»
εὔνασμαι	pf. ind. m. 1 sg.	»
εὐνάσω, *εὐνάξω	ft. ind. a. 1 sg.	»
εὐνήθην	aor. ind. p. 1 sg.	εὐνάω
εὔνημαι	pf. ind. m. 1 sg.	»
εὔνησα	aor.^{1} ind. a. 1 sg.	»
εὐνήσω	ft. ind. a. 1 sg.	»
εὐνομήθην	aor. ind. p. 1 sg.	εὐνομέομαι
εὐνόμημαι	pf. ind. m. 1 sg.	»
εὐνομήσομαι	ft. ind. m. 1 sg.	»
*εὖντα	pr. pt. a. A sg.	εἰμί
εὐξάμην	aor.^{1} ind. a. 1 sg.	εὔχομαι
*εὔξεαι	ft. ind. m. 2 sg.	»
εὔξομαι	ft. ind. m. 1 sg.	»
εὐπόρηκα	pf. ind. a. 1 sg.	εὐπορέω
εὐπόρησα	aor.^{1} ind. a. 1 sg.	»
εὐπορήσω	ft. ind. a. 1 sg.	»
εὗρα	aor.^{1} ind. a. 1 sg.	εὑρίσκω
εὑράμην	aor.^{1} ind. m. 1 sg.	»
εὑρέ	aor.^{2} impr. a. 2 sg.	»
εὑρέθην	aor. ind. p. 1. sg.	»
εὑρεθήσομαι	ft. ind. p. 1 sg.	»
εὑρεῖν, *εὑρέμεν(αι)	aor.^{2} inf. a.	»
εὑρέσθαι	aor.^{2} inf. m.	»
εὕρηκα	pf. ind. a. 1 sg.	»

εὕρηκε	pf. impr. a. 2 sg.	εὑρίσκω
εὕρημαι	pf. ind. m. 1 sg.	»
εὕρησα	aor.[1] ind. a. 1 sg.	»
εὑρήσομαι	ft. ind. m. 1 sg.	»
εὑρήσω	ft. ind. a. 1 sg.	»
εὑρισκέτην	impf. ind. a. 3 du.	»
εὑροίμην	aor.[2] ott. m. 1 sg.	»
εὑρόμην	aor.[2] ind. m. 1 sg.	»
εὗρον	aor.[2] ind. a. 1 sg./3 pl.	»
εὕροσαν	aor.[2] ind. a. 3 pl.	»
εὑρῶ	ft. ind. a. 1 sg.	»
εὑρών	aor.[2] pt. a. N sg.	»
εὗσα	aor.[1] ind. a. 1 sg.	εὕω
*εὖσα	pr. pt. a. N sg. fm.	εἰμί
εὐσεβήσασαν	aor.[1] pt. a. A sg. fm.	εὐσεβέω
εὐστοχηθεῖσα	aor. pt. p. N sg. fm.	εὐστοχέω
εὐστοχηκέναι	pf. inf. a.	»
εὕσω	ft. ind. a. 1 sg.	εὕω
εὐτρέπικα	pf. ind. a. 1 sg.	εὐτρεπίζω
εὐτρέπισται	pf. ind. m. 3 sg.	»
εὐτρεπιῶ	ft. ind. a. 1 sg.	»
εὐτυχήθην	aor. ind. p. 1 sg.	εὐτυχέω
εὐτύχηκα	pf. ind. a. 1 sg.	»
εὐτύχημαι	pf. ind. m. 1 sg.	»
εὐτύχησα	aor.[1] ind. a. 1 sg.	»
εὐτυχήσω	ft. ind. a. 1 sg.	»
εὐτύχουν	impf. ind. a. 1 sg./3 pl.	»
εὐφημηθείς	aor. pt. p. N sg.	εὐφημέω
εὐφημῆσαι	aor.[1] inf. a.	»
εὔφρανα	aor.[1] ind. a. 1 sg.	εὐφραίνω
*εὐφρανέαι, -νέεαι	ft. ind. m. 2 sg.	»
*εὐφρανέω	ft. ind. a. 1 sg.	»
εὐφράνθην	aor. ind. p. 1 sg.	»
εὐφρανθήσομαι	ft. ind. p. 1 sg.	»
εὐφρανοῦμαι	ft. ind. m. 1 sg.	»
εὐφρανῶ	ft. ind. a. 1 sg.	»
*εὔφρηνα	aor.[1] ind. a. 1 sg.	»
*εὐφρήνῃς	aor.[1] cong. a. 2 sg.	»
εὐχόμην	impf. ind. m. 1 sg.	εὔχομαι
εὐωχήθην	aor. ind. p. 1 sg.	εὐωχέω
εὐωχηθήσομαι	ft. ind. p. 1 sg.	»

εὐώχημαι	pf. ind. m. 1 sg.	εὐωχέω
*εὐωχήμενος	pr. pt. m. N sg.	»
εὐώχησα	aor.^{1} ind. a. 1 sg.	»
εὐωχησάμην	aor.^{1} ind. m. 1 sg.	»
εὐωχήσομαι	ft. ind. m. 1 sg.	»
εὐωχήσω	ft. ind. a. 1 sg.	»
ἐφ-:	*togliere e cercare sotto l'iniziale risultante*	
ἐφάγαμεν	aor.^{1} ind. a. 1 pl.	[ἐσθίω]
ἔφαγον	aor.^{2} ind. a. 1 sg./3 pl.	»
ἐφάγοσαν	aor.^{1} ind. a. 3 pl.	»
ἐφάθην	aor. ind. p. 1 sg.	φημί
ἔφαμεν	impf./aor.^{2} ind. a. 1 pl.	»
ἐφάμην	impf./aor.^{2} ind. m. 1 sg.	»
*ἐφάμιξα	aor.^{1} ind. a. 1 sg.	φημίζω
*ἔφαν	impf. ind. a. 3 pl.	φημί
*ἔφανα	aor.^{1} ind. a. 1 sg.	φαίνω
ἐφανερώθη	aor. ind. p. 3 sg.	φανερόω
ἐφάν(θ)ην	aor. ind. p. 1 sg.	φαίνω
ἐφαντάσθην	aor. ind. p. 1. sg.	φαντάζομαι
ἔφαντο	impf./aor.^{2} ind. m. 3 pl.	φημί
ἐφάρξαντο	aor.^{1} ind. m. 3 pl.	φράττω
ἔφασαν	impf./aor.^{2} ind. a. 3 pl.	φημί
*ἔφασε	aor.^{1} ind. a. 3 sg.	»
ἔφασκον	impf. ind. a. 1 sg./3 pl.	[»], φάσκω
ἔφατε	impf./aor.^{2} ind. a. 1 pl.	»
ἔφατισα	aor.^{1} ind. a. 1 sg.	φατίζω
ἐφατίσθην	aor. ind. p. 1 sg.	»
ἔφατο	impf./aor.^{2} ind. m. 3 sg.	φημί
ἐφεισάμην	aor.^{1} ind. m. 1 sg.	φείδομαι
ἔφευγον	impf. ind. a. 1 sg./3 pl.	φεύγω
*ἔφευξας	aor.^{1} ind. a. 2 sg.	φεύζω
ἔφη	impf./aor.^{2} ind. a. 3 sg.	φημί
ἐφηβεύσαντες	aor.^{1} pt. a. N pl.	ἐφηβεύω
ἔφημεν	aor.^{2} ind. a. 1 pl.	φημί
ἐφήμισα	aor.^{1} ind. a. 1 sg.	φημίζω
ἐφημισάμην	aor.^{1} ind. m. 1 sg.	»
ἐφημίσθην, -ίχθην	aor. ind. p. 1 sg.	»
ἔφην	impf./aor.^{2} ind. a. 1 sg.	φημί
ἔφηνα	aor.^{1} ind. a. 1 sg.	φαίνω
ἔφης, *ἔφησθα	impf./aor.^{2} ind. a. 2 sg.	φημί
ἔφησα	aor.^{1} ind. a. 1 sg.	»

ἔφθακα	pf. ind. a. 1 sg.	φθάνω
ἐφθάκει	ppf. ind. a. 3 sg.	»
ἔφθανετο	impf. ind. m. 3 sg.	»
ἔφθανον	impf. ind. a. 1 sg./3 pl.	»
*ἐφθάραται	pf. ind. m. 3 pl.	φθείρω
*ἐφθάρατο	ppf. ind. m. 3 pl.	»
*ἔφθαρεν	aor. ind. p. 3 pl.	»
ἐφθάρην	aor. ind. p. 1 sg.	»
ἐφθάρθαι	pf. inf. m.	»
ἔφθαρκα	pf. ind. a. 1 sg.	»
ἐφθάρκειν	ppf. ind. a. 1 sg.	»
ἔφθαρμαι	pf. ind. m. 1 sg.	»
ἐφθάρμην	ppf. ind. m. 1 sg.	»
ἔφθασα, *ἔφθασσα	aor.^{1} ind. a. 1 sg.	φθάνω
ἐφθάσθην	aor. ind. p. 1 sg.	»
ἔφθεγκται	pf. ind. m. 3 sg.	φθέγγομαι
ἔφθεγμαι	pf. ind. m. 1 sg.	»
ἔφθεγξαι	pf. ind. m. 2 sg.	»
ἐφθεγξάμην	aor.^{1} ind. m. 1 sg.	»
ἔφθειρα	aor.^{1} ind. a. 1 sg	φθείρω
ἔφθεισα	aor.^{1} ind. a. 1 sg.	φθίνω
ἔφθερσα	aor.^{1} ind. a. 1 sg.	φθείρω
ἔφθημεν	aor.^{2} ind. a. 1 pl.	φθάνω
ἔφθην	aor.^{2} ind. a. 1 sg.	»
ἔφθησαν	aor.^{2} ind. a. 3 pl.	»
ἔφθητε	aor.^{2} ind. a. 2 pl.	»
*ἐφθίατο	aor.^{2} ind. m. 3 pl.	φθίνω, φθίω
*ἔφθιθεν	aor. ind. p. 3 pl.	» »
ἔφθικα	pf. ind. a. 1 sg.	» »
ἔφθιμαι	pf. ind. m. 1 sg.	» »
ἐφθίμην	aor.^{2} ind. m. 1 sg.	» »
ἔφθινα	aor.^{1} ind. a. 1 sg.	»
ἐφθίνηκα	pf. ind. a. 1 sg.	» φθινάω, -έω
ἐφθίνησα	aor.^{1} ind. a. 1 sg.	» » »
ἔφθι(ν)ον	impf. ind. a. 1 sg./3 pl.	» φθίω
ἔφθισα	aor.^{1} ind. a. 1 sg.	» »
ἔφθισο	aor.^{2} ind. m. 2 sg.	» »
ἔφθιτο	aor.^{2} ind. m. 3 sg.	» »
ἐφθονήθην	aor. ind. p. 1 sg.	φθονέω
ἐφθονημένος	pf. pt. m. N sg.	»
ἐφθόνησα, ἐφθόνεσα	aor.^{1} ind. a. 1 sg.	»

ἔφθορα	pf. ind. a. 1 sg.	φθείρω
ἐφθόρθαι	pf. inf. m.	»
*ἐφιλάμην	aor.^{1} ind. m. 1 sg.	φιλέω
*ἐφίλατο	aor.^{1} ind. m. 3 sg.	»
ἐφιλήθην	aor. ind. p. 1 sg.	»
ἐφίλησα	aor.^{1} ind. a. 1 sg.	»
ἐφιλονίκησαν	aor.^{1} ind. a. 3 pl.	φιλονικέω
ἐφιλοτιμήθην	aor. ind. p. 1 sg.	φιλοτιμέομαι
ἐφιλοτιμησάμην	aor.^{1} ind. m. 1 sg.	»
ἐφιλοφρονήθην	aor. ind. p. 1 sg.	φιλοφρονέομαι
ἐφιλοφρονησάμην	aor.^{1} ind. m. 1 sg.	»
ἔφλα	impf. ind. a. 3 sg.	φλάω
*ἔφλαδον	aor.^{2} ind. a. 1 sg./3 pl.	[φλάζω], παφλάζω
ἔφλασα	aor.^{1} ind. a. 1 sg.	φλάω
ἐφλάσθην	aor. ind. p. 1 sg.	»
ἐφλέγην, -έχθην	aor. ind. p. 1 sg.	φλέγω
ἐφλέγμανα, -ηνα	aor.^{1} ind. a. 1 sg.	φλεγμαίνω
ἔφλεξα	aor.^{1} ind. a. 1 sg.	φλέγω
ἔφλυσα	aor.^{1} ind. a. 1 sg.	φλύω
*ἐφόβηθεν	aor. ind. p. 3 pl.	φοβέω
ἐφοβήθην	aor. ind. p. 1 sg.	»
ἐφόβησα	aor.^{1} ind. a. 1 sg.	»
ἐφοβησάμην	aor.^{1} ind. m. 1 sg.	»
ἐφοδιάσω	ft. ind. a. 1 sg.	ἐφοδιάζω
ἐφοινίσσετο	impf. ind. m. 3 sg.	φοινίσσω
ἐφοινίχθη	aor. ind. p. 3 sg.	»
*ἐφοίτη	impf. ind. a. 3 sg.	φοιτάω
ἐφόρει	impf. ind. a. 3 sg.	φορέω
*ἐφόρεον	impf. ind. a. 1 sg./3 pl.	»
ἐφόρεσα, -ησα	aor.^{1} ind. a. 1 sg.	»
ἐφορήθην	aor. ind. p. 1 sg.	»
ἐφορησάμην	aor.^{1} ind. m. 1 sg.	»
ἐφορύξατο	aor.^{1} ind. m. 3 sg.	φορύσσω
ἐφράγην	aor. ind. p. 1 sg.	φράττω
ἔφραξα	aor.^{1} ind. a. 1 sg.	»
ἐφραξάμην	aor.^{1} ind. m. 1 sg.	»
ἔφρασα	aor.^{1} ind. a. 1 sg.	φράζω
ἐφρασάμην	aor.^{1} ind. m. 1 sg.	»
ἐφράσθην	aor. ind. p. 1 sg.	»
*ἐφράσσατο	aor.^{1} ind. m. 3 sg.	»
ἐφράχθην	aor. ind. p. 1 sg.	φράττω

ἔφριξα	aor.[1] ind. a. 1 sg.	φρίττω
ἐφριξάμην	aor.[1] ind. m. 1 sg.	»
ἐφροιμιασάμην	aor.[1] ind. m. 1 sg.	φροιμιάζομαι=προοι-
ἐφρόνησα	aor.[1] ind. a. 1 sg.	φρονέω
ἐφρόντισα	aor.[1] ind. a. 1 sg.	φροντίζω
ἐφρουρήθην	aor. ind. p. 1 sg.	φρουρέω
ἐφρούρησα	aor.[1] ind. a. 1 sg.	»
ἐφρύγην, ἐφρύχθην	aor. ind. p. 1 sg.	φρύγω
ἔφρυξα	aor.[1] ind. a. 1 sg.	»
ἐφυγάδευσαν	aor.[1] ind. a. 3 pl.	φυγαδεύω
ἔφυγον	aor.[2] ind. a. 1 sg./3 pl.	φεύγω
ἐφύην	aor. ind. p. 1 sg.	φύω
ἐφύλαξα	aor.[1] ind. a. 1 sg.	φυλάττω
ἐφυλαξάμην	aor.[1] ind. m. 1 sg.	»
ἐφυλάχθην	aor. ind. p. 1 sg.	»
ἔφυν	aor.[2] ind. a. 1 sg.	φύω
*ἔφυν	aor.[2] ind. a. 3 pl.	»
ἔφυον	impf. ind. a. 1 sg./3 pl.	»
ἔφυρα	aor.[1] ind. a. 1 sg.	φύρω
ἐφυράθην, *-ήθην	aor. ind. p. 1 sg.	φυράω
ἐφύρασα, *-ησα	aor.[1] ind. a. 1 sg.	»
ἐφυρασάμην	aor.[1] ind. m. 1 sg.	»
ἐφύρ(θ)ην	aor. ind. p. 1 sg.	φύρω
ἔφυρον	impf. ind. a. 1 sg./3 pl.	»
*ἔφυρσα	aor.[1] ind. a. 1 sg.	»
ἐφύσα	impf. ind. a. 3 sg.	φυσάω
ἔφυσα	aor.[1] ind. a. 1 sg.	φύω
ἐφυτεύθην	aor. ind. p. 1 sg.	φυτεύω
ἐφύτευσα	aor.[1] ind. a. 1 sg.	»
ἐφυτευσάμην	aor.[1] ind. m. 1 sg.	»
ἐφωδίαζον	impf. ind. a. 1 sg./3 pl.	ἐφοδιάζω
ἐφώνησε	aor.[1] ind. a. 3 sg.	φωνέω
ἔφωξα, -ωσα	aor.[1] ind. a. 1 sg.	φώγω, φῴζω
ἐφώχθην	aor. ind. p. 1 sg.	»
*ἔχαδον	aor.[2] ind. a. 1 sg./3 pl.	χανδάνω
ἐχαίρησα	aor.[1] ind. a. 1 sg.	χαίρω
ἐχάλασα, *-αξα, *-ασσα	aor.[1] ind. a. 1 sg.	χαλάω
ἐχαλάσθην	aor. ind. p. 1 sg.	»
ἐχαλεπάνθην	aor. ind. p. 1 sg.	χαλεπαίνω
ἐχαλέπηνα	aor.[1] ind. a. 1 sg.	»
ἔχανα	aor.[1] ind. a. 1 sg.	[χάσκω], χαίνω

ἔχανον	aor.^{2} ind. a. 1 sg./3 pl.	[χάσκω], χαίνω
ἐχάραξε	aor.^{1} ind. a. 3 sg.	χαράττω
ἐχάρην	aor. ind. p. 1 sg.	χαίρω
ἐχαρισάμην	aor.^{1} ind. m. 1 sg.	χαρίζομαι
ἐχαρίσθην	aor. ind. p. 1 sg.	»
ἐχαρίτωσεν	aor.^{1} ind. a. 3 sg.	χαριτόω
ἐχασάμην	aor.^{1} ind. m. 1 sg.	χάζω
ἐχαυνώθη	aor. ind. p. 3 sg.	χαυνόω
*ἔχε	impf. ind. a. 3 sg.	ἔχω
*ἔχεα	aor.^{1} ind. a. 1 sg.	χέω
ἐχεάμην	aor.^{1} ind. m. 1 sg.	»
*ἔχεε	impf. ind. a. 3 sg.	»
ἐχέθην	aor. ind. p. 1 sg.	»
ἔχει	pr. ind. a. 3 sg.	ἔχω
ἔχει	impf. ind. a. 3 sg.	χέω
ἐχειμάσθην	aor. ind. p. 1 sg.	χειμάζω
ἐχείμηνα	aor.^{1} ind. a. 1 sg.	χειμαίνω
ἐχείρισα	aor.^{1} ind. a. 1 sg.	χειρίζω
ἐχειρίσθην	aor. ind. p. 1 sg.	»
ἐχειροτονήθησαν	aor. ind. p. 3 pl.	χειροτονέω
ἐχειροτόνησεν	aor.^{1} ind. a. 3 sg.	»
ἐχειρώθην	aor. ind. p. 1 sg.	χειρόω
ἐχειρωσάμην	aor.^{1} ind. m. 1 sg.	»
ἔχεις	pr. ind. a. 2 sg.	ἔχω
ἔχεις	impf. ind. a. 2 sg.	χέω
*ἐχέμεν	pr. inf. a.	ἔχω
ἔχεον	impf. ind. a. 1 sg./3 pl.	χέω
ἐχέοντο	impf. ind. m. 3 pl.	»
ἐχερνίψατο	aor.^{1} ind. m. 3 sg.	χερνίπτομαι
ἔχεσα	aor.^{1} ind. a. 1 sg.	χέζω
*ἔχεσκον	impf. ind. a. 1 sg./3 pl.	ἔχω
ἔχεσον	aor.^{2} ind. a. 1 sg./3 pl.	χέζω
*ἔχετο	impf. ind. m. 3 sg.	ἔχω
ἔχευ	pr. impr. m. 2 sg.	»
*ἔχευα, ἔχευσα	aor.^{1} ind. a. 1 sg.	χέω
*ἐχευάμην	aor.^{1} ind. m. 1 sg.	»
ἐχηρώθη	aor. ind. p. 3 sg.	χηρόω
ἐχηρώσαντο	aor.^{1} ind. m. 3 pl.	»
*ἔχησθα	pr. ind./cong. a. 2 sg.	ἔχω
*ἐχθαίροντι	pr. ind. a. 3 pl.	ἐχθαίρω
ἐχθαροῦμαι	ft. ind. m. 1 sg.	»

ἐχθαρῶ	ft. ind. a. 1 sg.	ἐχθαίρω
ἐχθήρατο	aor.^{1} ind. m. 3 sg.	»
ἐχιλιάρχει	impf. ind. a. 3 sg.	χιλιαρχέω
ἐχιλιάρχησα	aor.^{1} ind. a. 1 sg.	»
ἐχλίανα, -ηνα	aor.^{1} ind. a. 1 sg.	χλιαίνω
ἐχλιάνθην	aor. ind. p. 1 sg.	»
*ἔχοισθα	pr. ind. a. 2 sg.	ἔχω
ἐχολώθην	aor. ind. p. 1 sg.	χολόω
ἐχόλωσα	aor.^{1} ind. a. 1 sg.	»
*ἔχον	impf. ind. a. 1 sg./3 pl.	ἔχω
ἐχόρευσα	aor.^{1} ind. a. 1 sg.	χορεύω
ἐχορευσάμην	aor.^{1} ind. m. 1 sg.	»
ἔχουν	impf. ind. a. 1 sg./3 pl.	[χώννυμι], χόω
*ἔχραε	aor.^{2} ind. a. 3 sg.	χράω = assalire
ἔχραισμε	aor.^{2} ind. a. 3 sg.	χραισμέω
ἔχρανα	aor.^{1} ind. a. 1 sg.	χραίνω
ἐχράνθημεν	aor. ind. p. 1 pl.	»
*ἐχρᾶτο	impf. ind. m. 3 sg.	χράομαι
ἐχρέμισαν	aor.^{1} ind. a. 3 pl.	χρεμ(ετ)ίζω
ἐχρεμψάμην	aor.^{1} ind. m. 1 sg.	χρέμπτομαι
ἔχρη	impf. ind. a. 3 sg.	χράω = proclamare
ἐχρηματίσθη	aor.^{1} ind. p. 3 sg.	χρηματίζω
ἐχρῆν	impf. ind. a. 3 sg.	χρή
ἔχρησα	aor.^{1} ind. a. 1 sg.	χράω = proclamare
ἔχρησα	aor.^{1} ind. a. 1 sg.	[χράω], κίχρημι
ἐχρήσθην	aor. ind. p. 1 sg.	χράω = proclamare
ἐχρήσθησαν	aor. ind. p. 3 pl.	χράομαι
ἐχρίμψατο	aor.^{1} ind. m. 3 sg.	χρίμπτω
ἔχρισα	aor.^{1} ind. a. 1 sg.	χρίω
ἐχρίσθην	aor. ind. p. 1 sg.	»
ἔχρωσα	aor.^{1} ind. a. 1 sg.	χρῴζω, χρώννυμι
ἐχρώσθην	aor. ind. p. 1 sg.	» »
ἐχύθην	aor. ind. p. 1 sg.	χέω
ἔχυντο	aor.^{2} ind. m. 3 pl.	»
ἐχώθην	aor. ind. p. 1 sg.	χόω, χώννυμι
ἐχώλανα	aor.^{1} ind. a. 1 sg.	χωλαίνω
ἐχωνεύσαντο	aor.^{1} ind. m. 3 pl.	χωνεύω
ἐχωρήθην	aor. ind. p. 1 sg.	χωρέω
ἐχώρησα	aor.^{1} ind. a. 1 sg.	»
ἔχωσα	aor.^{1} ind. a. 1 sg.	χόω, χώννυμι
ἐχωσάμην	aor.^{1} ind. m. 1 sg.	» »

ἐχωσάμην	aor.[1] ind. m. 1 sg.	χώομαι
ἐχώσθην	aor. ind. p. 1 sg.	χόω, χώννυμι
ἔψαλα	aor.[1] ind. a. 1 sg.	ψάλλω
ἐψάλιζεν	impf. ind. a. 3 sg.	ψαλίζω
ἔψαυκα	pf. ind. a. 1 sg.	ψαύω
ἔψαυσα	aor.[1] ind. a. 1 sg.	»
ἐψαύσθην	aor. ind. p. 1 sg.	»
ἔψαυσμαι	pf. ind. m. 1 sg.	»
ἕψε	pr. impr. a. 2 sg.	ἕψω
*ἕψεαι	ft. ind. m. 2 sg.	ἕπω
ἐψέγην	aor. ind. p. 1 sg.	ψέγω
ἔψεγμαι	pf. ind. m. 1 sg.	»
ἕψειν	pr. inf. a.	ἕψω
ἔψεκται	pf. ind. m. 3 sg.	ψέγω
ἔψεξα	aor.[1] ind. a. 1 sg.	»
ἕψεται	ft. ind. m. 3 sg.	ἕπω
ἔψευσα	aor.[1] ind. a. 1 sg.	ψεύδω
ἐψευσάμην	aor.[1] ind. m. 1 sg.	»
ἐψεύσθην	aor. ind. p. 1 sg.	»
ἐψεύσθω	pf. impr. m. 3 sg.	»
ἔψευσμαι	pf. ind. m. 1 sg.	»
ἐψεύσομαι	fta. ind. m. 1 sg.	»
ἔψευστο	ppf. ind. m. 3 sg.	»
ἔψη	impf. ind. a. 3 sg.	ψάω
ἔψηγμαι	pf. ind. m. 1 sg.	ψήχω
ἑψηθείς	aor. pt. p. N sg.	ἕψω
ἐψήθην	aor. ind. p. 1 sg.	ψάω
ἑψηθήσομαι	ft. ind. p. 1 sg.	ἕψω
ἔψηλα	aor.[1] ind. a. 1 sg.	ψάλλω
ἐψηλαφήθην	aor. ind. p. 1 sg.	ψηλαφάω
ἐψηλάφησα	aor.[1] ind. a. 1 sg.	»
ἥψησα	aor.[1] ind. a. 1 sg.	ἕψω
ἔψησα	aor.[1] ind. a. 1 sg.	ψάω
ἐψήσθην	aor. ind. p. 1 sg.	»
ἔψησμαι	pf. ind. m. 1 sg.	»
ἑψήσομαι	ft. ind. m. 1 sg.	ἕψω
ἑψήσω	ft. ind. a. 1 sg.	ἕψω
ἐψήφικα	pf. ind. a. 1 sg.	ψηφίζω
ἐψήφισα	aor.[1] ind. a. 1 sg.	»
ἐψηφισάμην	aor.[1] ind. m. 1 sg.	»
ἐψηφίσθην	aor. ind. p. 1 sg.	»

ἐψήφισμαι	pf. ind. m. 1 sg.	ψηφίζω
ἐψήχθην	aor. ind. p. 1 sg.	ψήχω
ἐψιλώθη	aor. ind. p. 3 sg.	ψιλόω
ἐψιλωμέναι	pf. pt. m. N pl. fm.	»
ἔψισα	aor.[1] ind. a. 1 sg.	ψίζω, ψίω
ἔψισμαι	pf. ind. m. 1 sg.	» »
ἐψόγησεν	aor.[1] ind. a. 3 sg.	ψογέω
ἕψομαι	ft. ind. m. 1 sg.	ἕπω
ἕψου	pr. impr. m. 2 sg.	ἕψω
ἐψόφηκα	pf. ind. a. 1 sg.	ψοφέω
ἐψόφησεν	aor.[1] ind. a. 3 sg.	»
ἐψύγην	aor. ind. p. 1 sg.	ψύχω
ἔψυγμαι	pf. ind. m. 1 sg.	»
ἔψυξα	aor.[1] ind. a. 1 sg.	»
ἔψυχα	pf. ind. a. 1 sg.	»
ἐψύχ(θ)ην	aor. ind. p. 1 sg.	»
ἕψω	ft. ind. a. 1 sg.	ἕπω
*ἔω	pr. cong. a. 1 sg.	εἰμί
*ἕω	aor.[2] cong. a. 1 sg.	ἵημι
ἐῷ	pr. ott. a. 3 sg.	ἐάω
ἔῳγμαι	pf. ind. m. 1 sg.	οἴγνυμι, οἴγω
ἐῴγοντο	impf. ind. m. 3 pl.	[»] »
ἐῴην	pr. ott. a. 1 sg.	ἐάω
*ἔωθα	pf. ind. a. 1 sg.	ἔθω
*ἐώθεα	ppf. ind. a. 1 sg.	»
ἐώθουν	impf. ind. a. 1 sg./3 pl.	ὠθέω
*ἐωθώς	pf. pt. a. N sg.	ἔθω
ἔωκα	pf. ind. a. 1 sg.	ὠθέω
*ἕωκα	pf. ind. a. 1 sg.	ἵημι
ἐώκει	ppf. ind. a. 3 sg.	ὠθέω
ἐῴκειν	ppf. ind. a. 1 sg.	ἔοικα
ἐῴκεσαν	ppf. ind. a. 3 pl.	»
*ἐώλπειν	ppf. ind. a. 1 sg.	[ἐλπίζω], ἔλπω
ἕωμαι	pf. ind. m. 1 sg.	ἵημι
*ἕωμεν	aor.[2] cong. a. 1 pl.	ἄω
ἐῶμεν	pr. cong. a. 1 pl.	ἐάω
*ἐών	pr. pt. a. N sg.	εἰμί
*ἔων	impf. ind. a. 1 sg.	ἐάω
ἐωνήθην	aor. ind. p. 1 sg.	ὠνέομαι
ἐώνημαι	pf. ind. m. 1 sg.	»
ἐωνησάμην	aor.[1] ind. m. 1 sg.	»

ἐώνητο	ppf. ind. m. 3 sg.	ὠνέομαι
ἐωνούμην	impf. ind. m. 1 sg.	»
*ἔωντι	pr. cong. a. 3 pl.	εἰμί
ἑωράθην	aor. ind. p. 1 sg.	ὁράω
ἑώρακα	pf. ind. a. 1 sg.	»
ἑώραμαι	pt. ind. m. 1 sg.	»
ἑωρᾶσθαι	pf. inf. m.	»
ἑώρατο	ppf. ind. m. 3 sg.	»
ἐώργειν	ppf. ind. a. 1 sg.	ἔρδω
ἑώρταζον	impf. ind. a. 1 sg./3 pl.	ἑορτάζω
ἑώρτασα	aor.[1] ind. a. 1 sg.	»
ἑωρτάσθην	aor. ind. p. 1 sg.	»
ἑωρώμην	impf. ind. m. 1 sg.	ὁράω
ἑώρων	impf. ind. a. 1 sg./3 pl.	»
ἔωσα	aor.[1] ind. a. 1 sg.	ὠθέω
ἐωσάμην	aor.[1] ind. m. 1 sg.	»
ἐώσθην	aor. ind. p. 1 sg.	»
ἔωσμαι	pf. ind. m. 1 sg.	»

Z

*ζατεῖσα	pr. pt. a. N sg. fm.	ζητέω
*ζέεν	impf. ind. a. 3 sg.	ζέω
*ζείησι	pr. cong. a. 3 sg.	»
ζεννύμενος	pr. pr. m. N sg.	[»], ζέννυμι
ζέσας	aor.[1] pt. a. N sg.	»
*ζέσσε	aor.[1] ind. a. 3 sg.	»
ζέσω	ft. ind. a. 1 sg.	»
*ζεύγνυον	impf. ind. a. 1 sg./3 pl.	[ζεύγνυμι], ζευγνύω
ζεύγνυσαν	impf. ind. a. 3 pl.	»
*ζευγνύσθην	impf. ind. m. 3 du.	»
*ζευγνῦσι	pr. ind. a. 3 pl.	»
*ζευνύμεν	pr. inf. a.	»
*ζευξα	aor.[1] ind. a. 1 sg.	»
ζευξάμενος	aor.[1] pt. m. N sg.	»
ζεύξομαι	ft. ind. m. 1 sg.	»
ζεύξω	ft. ind. a. 1 sg.	»
ζευχθείς	aor. pt. p. N sg.	»
ζευχθήσομαι	ft. ind. p. 1 sg.	»
ζῆ, ζῆθι	pr. impr. a. 2 sg.	ζῶ

ζῇ	pr. ind./cong. a. 3 sg.	ζῶ	
ζημιωθήσομαι	ft. ind. p. 1 sg.	ζημιόω	
ζημιώσομαι	ft. ind. m. 1 sg.	»	
ζημιώσω	ft. ind. a. 1 sg.	»	
ζῆν	pr. inf. a.	ζῶ	
ζῇς	pr. ind./cong. a. 2 sg.	»	
ζήσομαι	ft. ind. m. 1 sg.	»	
ζήσω	ft. ind. a. 1 sg.	»	
ζῆτε	pr. ind./cong. a. 2 pl.	»	
*ζήτει	impf. ind. a. 3 sg.	ζητέω	
ζητηθήσομαι	ft. ind. p. 1 sg.	»	
ζητήσομαι	ft. ind. m. 1 sg.	»	
*ζόειν	pr. inf. a.	ζῶ	
*ζόεν	impf. ind. a. 3 sg.	»	
ζυγείς	aor. pt. p. N sg.	ζεύγνυμι	
*ζωέμεν(αι)	pr. inf. a.	ζῶ	
ζῷεν	pr. ott. a. 3 pl.	»	
*ζώεσκον	impf. ind. a. 1 sg./3 pl.	»	
ζώῃ	pr. cong. m. 2 sg.	»	
ζῴην	pr. ott. a. 1 sg.	»	
ζῷμεν	pr. ott. a. 1 pl.	»	
*ζωννύσκετο	impf. ind. m. 3 sg.	ζώννυμι	
*ζῶσα	aor.[1] ind. a. 1 sg.	»	
ζῶσαι	aor.[1] inf. a.	ζῶ	
*ζώσατο	aor.[1] ind. m. 3 sg.	ζώννυμι	
ζῶσι	pr. ind./cong. a. 3 pl.	ζῶ	
ζῶσον	aor.[1] impr. a. 2 sg.	ζώννυμι	
ζώσω	ft. ind. a. 1 sg.	»	
ζωωθέν	aor. pt. p. N sg.	ζωόω	

H

ᾖ	pr. cong. a. 3 sg.	εἰμί	
ἧ	aor.[2] cong. a. 3 sg.	ἵημι	
ἦα	impf. ind. a. 1 sg.	εἶμι	
ἥβα	impf. ind. a. 3 sg.	ἡβάω	
ἡβᾶν	pr. inf. a.	»	
ἡβάσκει	impf. ind. a. 3 sg.	»	ἡβάσκω
ἥβηκα	pf. ind. a. 1 sg.	»	
ἥβησα	aor.[1] ind. a. 1 sg.	»	

ἡβήσω, *ἡβάσω	ft. ind. a. 1 sg.	ἡβάω
ἠβουλήθην	aor. ind. p. 1 sg.	βούλομαι
ἠβουλόμην	impf. ind. m. 1 sg.	»
ἡβρυνόμην	impf. ind. m. 1 sg.	ἁβρύνω
ἡβῷεν	pr. ott. a. 3 pl.	ἡβάω
ἥβων	impf. ind. a. 1 sg./3 pl.	»
ἡβῶν	pr. pt. a. N sg.	»
*ἡβώοιμι	pr. ott. a. 1 sg.	»
*ἠγάασθε	impf. ind. m. 2 pl.	ἄγαμαι
ἠγαγόμην	aor.[2] ind. m. 1 sg.	ἄγω
ἤγαγον	aor.[2] ind. a. 1 sg./3 pl.	»
ἠγαλλίασα	aor.[1] ind. a. 1 sg.	ἀγαλλιάω
ἠγαλλιασάμην	aor.[1] ind. m. 1 sg.	»
ἠγαλλιάσθην	aor. ind. p. 1 sg.	»
ἠγαλλόμην	impf. ind. m. 1 sg.	ἀγάλλω
*ἠγάμην	impf. ind. m. 1 sg.	ἄγαμαι
ἠγανάκτηνται	pf. ind. m. 3 pl.	ἀγανακτέω
ἠγάπηκα	pf. ind. a. 1 sg.	ἀγαπάω
ἠγαπῆσθαι	pf. inf. m.	»
ἠγασάμην	aor.[1] ind. m. 1 sg.	ἄγαμαι
ἠγάσθην	aor. ind. p. 1 sg.	»
*ἠγάσσατο	aor.[1] ind. m. 3 sg.	»
ἤγγειλα	aor.[1] ind. a. 1 sg.	ἀγγέλλω
ἠγγειλάμην	aor.[1] ind. m. 1 sg.	»
ἠγγέλ(θ)ην	aor. ind. p. 1 sg.	»
ἤγγελκα	pf. ind. a. 1 sg.	»
ἠγγέλκειν	ppf. ind. a. 1 sg.	»
ἤγγελμαι	pf. ind. m. 1 sg.	»
ἤγγελον	aor.[2] ind. a. 1 sg./3 pl.	»
ἠγγυήθην	aor. ind. p. 1 sg.	ἐγγυάω
ἠγγύηκα	pf. ind. a. 1 sg.	»
ἠγγυήκει	ppf. ind. a. 3 sg.	»
ἠγγύημαι	pf. ind. m. 1 sg.	»
ἠγγύησα	aor.[1] ind. a. 1 sg.	»
ἠγγυησάμην	aor.[1] ind. m. 1 sg.	»
ἠγγύων	impf. ind. a. 1 sg./3 pl.	»
ἤγειρα	aor.[1] ind. a. 1 sg.	ἀγείρω
ἤγειρα	aor.[1] ind. a. 1 sg.	ἐγείρω
ἠγειράμην	aor.[1] ind. m. 1 sg.	ἀγείρω
ἡγεῖτο	impf. ind. m. 3 sg.	ἡγέομαι
*ἡγεμόνευεν	impf. ind. a. 3 sg.	ἡγεμονεύω

ἡγεμονεύσαντες	aor.[1] pt. a. N pl.	ἡγεμονεύω
*ἠγερέθοντο	impf. ind. m. 3 pl.	[ἀγείρω], ἠγερέθομαι
ἠγέρθην	aor. ind. p. 1 sg.	»
ἠγέρθην	aor. ind. p. 1 sg.	ἐγείρω
ἡγήθην	aor. ind. p. 1 sg.	ἡγέομαι
ἡγηθήσομαι	ft. ind. p. 1 sg.	»
ἤγηλα	aor.[1] ind. a. 1 sg.	ἀγάλλω
ἥγημαι	pf. ind. m. 1 sg.	ἡγέομαι
ἥγηντο	ppf. ind. m. 3 pl.	»
ἡγησάμην	aor.[1] ind. m. 1 sg.	»
ἡγήσομαι	ft. ind. m. 1 sg.	»
*ἠγίνεον	impf. ind. a. 1 sg./3 pl.	ἀγινέω
ἠγκαλίσασθε	aor.[1] ind. m. 2 pl.	ἀγκαλίζομαι
ἠγκαλισμένος	pf. pt. m. N sg.	»
ἠγκιστρωμένος	pf. pt. m. N sg.	ἀγκιστρόομαι
ἠγκυλημένος	pf. pt. m. N sg.	ἀγκυλέομαι
ἠγκυλωμένος	pf. pt. m. N sg.	ἀγκυλόω
ἠγκυροβόληται	pf. ind. m. 3 sg.	ἀγκυροβολέω
ἠγλάισα	aor.[1] ind. a. 1 sg.	ἀγλαΐζω
ἠγλαΐσθην	aor. ind. p. 1 sg.	»
ἠγλαϊσμένη	pf. pt. m. N sg. fm.	»
ἦγμαι	pf. ind. m. 1 sg.	ἄγω
ἥγνευκα	pf. ind. a. 1 sg.	ἁγνεύω
ἥγνικα	pf. ind. a. 1 sg.	ἁγνίζω
ἥγνισε	aor.[1] ind. a. 3 sg.	»
ἡγνίσθη	aor. ind. p. 3 sg.	»
ἠγνοήθην	aor. ind. p. 1 sg.	ἀγνοέω
ἠγνόηκα	pf. ind. a. 1 sg.	»
ἠγνόημαι	pf. ind. m. 1 sg.	»
ἠγνόησα, *ἠγνοίησα	aor.[1] ind. a. 1 sg.	»
*ἠγνόουν	impf. ind. a. 1 sg./3 pl.	»
ἦγξε	aor.[1] ind. a. 3 sg.	ἄγχω
*ἠγοράασθε	impf. ind. m. 2 pl.	ἀγοράομαι
ἠγόρακα	pf. ind. a. 1 sg.	ἀγοράζω
ἠγόρασα	aor.[1] ind. a. 1 sg.	»
ἠγορασάμην	aor.[1] ind. m. 1 sg.	»
ἠγοράσθην	aor. ind. p. 1 sg.	»
ἠγόρασμαι	pf. ind. m. 1 sg.	»
ἠγορεύθην	aor. ind. p. 1 sg.	ἀγορεύω
ἠγόρευκα	pf. ind. a. 1 sg.	»
ἠγόρευμαι	pf. ind. m. 1 sg.	»

ἠγόρευσα	aor.[1] ind. a. 1 sg.	ἀγορεύω
*ἠγορόωντο	impf. ind. m. 3 pl.	ἀγοράομαι
ἠγορῶ	impf. ind. m. 2 sg.	»
ἠγρεύθην	aor. ind. p. 1 sg.	ἀγρεύω
ἠγρευκότες	pf. pt. a. N pl.	»
ἤγρευσα	aor.[1] ind. a. 1 sg.	»
ἠγρηγόρεσαν	ppf. ind. a. 3 pl.	ἐγείρω
*ἠγρηγόρη	ppf. ind. a. 1 sg.	»
ἠγρίανα	aor.[1] ind. a. 1 sg.	ἀγριαίνω
ἠγριάνθην	aor. ind. p. 1 sg.	»
ἠγριώθην	aor. ind. p. 1 sg.	ἀγριόω
ἠγρίωμαι	pf. ind. m. 1 sg.	»
ἠγρίωσα	aor.[1] ind. a. 1 sg.	»
ἠγροικισάμην	aor.[1] ind. m. 1 sg.	ἀγροικίζομαι
ἠγρόμην	aor.[2] ind. m. 1 sg.	ἐγείρω
ἠγρύπνηκα	pf. ind. a. 1 sg.	ἀγρυπνέω
ἠγωνίακα	pf. ind. a. 1 sg.	ἀγωνιάω
ἠγωνίασα	aor.[1] ind. a. 1 sg.	»
ἠγωνισάμην	aor.[1] ind. m. 1 sg.	ἀγωνίζομαι
ἠγωνίσθην	aor. ind. p. 1 sg.	»
ἠγώνισμαι	pf. ind. m. 1 sg.	»
*ᾔδεα	ppf. ind. a. 1 sg.	[οἶδα], εἴδομαι
*ᾐδέατε	ppf. ind. a. 2 pl.	» »
ᾔδει, *ᾔδεε(ν)	ppf. ind. a. 3 sg.	» »
ᾔδειμεν, *ᾔδεμεν	ppf. ind. a. 1 pl.	» »
ᾔδειν	ppf. ind. a. 1 sg./*3 pl.	» »
ᾔδεις, ᾔδεισθα	ppf. ind. a. 2 sg.	» »
ᾔδεισαν, *ᾔδεσαν	ppf. ind. a. 3 pl.	» »
ᾔδειτε, *ᾔδετε	ppf. ind. a. 2 pl.	» »
ᾔδεσα	aor.[1] ind. a. 1 sg.	αἰδέομαι
ἠδεσάμην	aor.[1] ind. m. 1 sg.	[ἐσθίω], ἔδω,
ἠδέσθην	aor. ind. p. 1 sg.	» »
ᾐδέσθην	aor. ind. p. 1 sg.	αἰδέομαι
ᾔδεσμαι	pf. ind. m. 1 sg.	»
*ᾐδέσσατο	aor.[1] ind. m. 3 sg.	»
ᾔδη(ν)	ppf. ind. a. 1 sg. (3 sg.)	[οἶδα], εἴδομαι
ᾔδης, ᾔδησθα	ppf. ind. a. 2 sg.	» »
ἠδίκηκεν	pf. ind. a. 3 sg.	ἀδικέω
ἠδίκηται	pf. ind. m. 3 sg.	»
ἠδολεσχήσθω	pf. impr. m. 3 sg.	ἀδολεσχέω
ᾖδον	impf. ind. a. 1 sg./3 pl.	ᾄδω, ἀείδω

ἠδοῦντο	impf. ind. m. 3 pl.	αἰδέομαι
ἠδρηκότες	pf. pt. a. N pl.	ἀδρέω
ἤδυνα	aor.^{1} ind. a. 1 sg.	ἠδύνω
ἠδυνάμην	impf. ind. m. 1 sg.	δύναμαι
ἠδυνήθην	aor. ind. p. 1 sg.	»
ἠδύνθαι	pf. inf. m.	ἠδύνω
ἠδύνθην	aor. ind. p. 1 sg.	»
ἤδυσμαι	pf. ind. m. 1 sg.	»
*ἦε	impf. ind. a. 3 sg.	εἰμί
*ἤειδε	impf. ind. a. 3 sg.	ᾄδω, ἀείδω
*ἠείδειν	ppf. ind. a. 1 sg.	[οἶδα], εἴδομαι
*ἠείδης	ppf. ind. a. 2 sg.	» »
ᾔειν	impf. ind. a. 1 sg.	εἶμι
ᾔει(ν), *ᾖε	impf. ind. a. 3 sg.	»
*ἤειρα	aor.^{1} ind. a. 1 sg.	αἴρω, ἀείρω
ᾔεις, ᾔεισθα	impf. ind. a. 2 sg.	εἶμι
*ἤεισα	aor.^{1} ind. a. 1 sg.	ᾄδω, ἀείδω
*ἠέξησα	aor.^{1} ind. a. 1 sg.	[αὐξάνω], ἀέξω
*ἠέξητο	ppf. ind. m. 3 sg.	» »
*ἠέρθην	aor. ind. p. 1 sg.	αἴρω, ἀείρω
*ἤερμαι	pf. ind. m. 1 sg.	» »
*ἠέρτημαι	pf. ind. m. 1 sg.	ἀερτάω
*ἠέρτησα	aor.^{1} ind. a. 1 sg.	»
*ᾔεσαν	impf. ind. a. 3 pl.	εἶμι
ἠζόμην	impf. ind. m. 1 sg.	ἅζομαι
*ἤην	impf. ind. a. 3 sg.	εἰμί
ἠθέληκα	pf. ind. a. 1 sg.	(ἐ)θέλω
ἠθελήκεσαν	ppf. ind. a. 3 pl.	»
ἠθέλησα	aor.^{1} ind. a. 1 sg.	»
ἤθελον	impf. ind. a. 1 sg./3 pl.	»
ἠθημένος	pf. pt. m. N sg.	ἠθέω
ἤθησα	aor.^{1} ind. a. 1 sg.	»
ἠθησάμην	aor.^{1} ind. m. 1 sg.	»
ἤθισμαι	pf. ind. m. 1 sg.	ἐθίζω
ἤθιστο	ppf. ind. m. 3 sg.	»
ἤθληκα	pf. ind. a. 1 sg.	ἀθλέω
ἤθλημαι	pf. ind. m. 1 sg.	»
ἠθλησάμην	aor.^{1} ind. m. 1 sg.	»
ᾖθον	impf. ind. a. 1 sg./3 pl.	αἴθω
ᾐθριασμένα	pf. pt. m. N pl. n.	αἰθριάω
ἠθροΐζετο	impf. ind. m. 3 sg.	ἀθροίζω

ἤθροικα	pf. ind. a. 1 sg.	ἀθροίζω
ἤθροισα	aor.¹ ind. a. 1 sg.	»
ἠθροίσθην	aor. ind. p. 1 sg.	»
ἤθροισμαι	pf. ind. m. 1 sg.	»
ἤθροιστο	ppf. ind. m. 3 sg.	»
ᾔθυσσον	impf. ind. a. 1 sg./3 pl.	αἰθύσσω
*ἤια	impf. ind. a. 1 sg.	εἶμι
*ἤιε(ν)	impf. ind. a. 3 sg.	»
*ἤικται	pf. ind. m. 3 sg.	ἔοικα
*ἤικτο	ppf. ind. m. 3 sg.	»
*ἤιξα	aor.¹ ind. a. 1 sg.	ᾄττω, ἀΐσσω
*ἤιον	impf. ind. a. 1 sg./3 pl.	εἶμι
*ἤισα	aor.¹ ind. a. 1 sg.	ἀΐω
*ἤισαν	impf. ind. a. 3 pl.	εἶμι
*ἤισκε	impf. ind. a. 3 sg.	ἐΐσκω
*ἤισσον	impf. ind. a. 1 sg./3 pl.	ᾄττω, ἀΐσσω
*ἠΐστωσα	aor.¹ ind. a. 1 sg.	ἀιστόω
ἠΐχθην	aor. ind. p. 1 sg.	ᾄττω, ἀΐσσω
ἧκα	aor.¹ ind. a. 1 sg.	ἵημι
ἧκα	pf. ind. a. 1 sg.	ἥκω
ᾔκαζον	impf. ind. a. 1 sg./3 pl.	εἰκάζω
ἠκαιρεῖσθε	impf. ind. m. 2 pl.	ἀκαιρέω
ἡκάμην	aor.¹ ind. m. 1 sg.	ἵημι
ἧκαν	aor.¹ ind. a. 3 pl.	»
ᾔκασα	aor.¹ ind. a. 1 sg.	εἰκάζω
ἥκασι	pf. ind. a. 3 pl.	ἥκω
ᾔκασμαι	pf. ind. m. 1 sg.	εἰκάζω
ἥκατε	pf. ind. a. 2 pl.	ἥκω
ἥκατε	aor.¹ ind. a. 2 pl.	ἵημι
*ἤκαχε	aor.² ind. a. 3 sg.	ἀχέω, ἄχομαι
ᾔκειν	ppf. ind. a. 1 sg.	ἔοικα
ἡκέναι	pf. inf. a.	ἥκω
ἠκεσάμην	aor.¹ ind. m. 1 sg.	ἀκέομαι
ἥκεσαν	ppf. ind. a. 3 pl.	ἥκω
ἠκήδεσα	aor.¹ ind. a. 1 sg.	ἀκηδέω
ἠκηκόειν	ppf. ind. a. 1 sg.	ἀκούω
ᾐκιζόμην	impf. ind. m. 1 sg.	αἰκίζω
ᾔκισα	aor.¹ ind. a. 1 sg.	»
ᾐκισάμην	aor.¹ ind. m. 1 sg.	»
ᾐκίσθην	aor. ind. p. 1 sg.	»
ᾔκισμαι	pf. ind. m. 1 sg.	»

ἤκιστο	ppf. ind. m. 3 sg.	αἰκίζω
ἠκκλησίαζον	impf. ind. a. 1 sg./3 pl.	ἐκκλησιάζω
ἦκον	impf. ind. a. 1 sg./3 pl.	ἥκω
ἠκονημένος	pf. pt. m. N sg.	ἀκονάω
ἤκουκα	pf. ind. a. 1 sg.	ἀκούω
ἤκουσα	aor.^{1} ind. a. 1 sg.	»
ἠκούσθην	aor. ind. p. 1 sg.	»
ἠκουσιάσθην	aor. ind. p. 1 sg.	ἀκουσιάζομαι
ἤκουσμαι	pf. ind. m. 1 sg.	ἀκούω
ἤκουστο	ppf. ind. m. 3 sg.	»
ἠκρατίσω	aor.^{1} ind. m. 2 sg.	ἀκρατίζομαι
ἠκριβωκότες	pf. pt. a. N pl.	ἀκριβόω
ἠκριβῶσθαι	pf. inf. m.	»
ἠκρίβωτο	ppf. ind. m. 3 sg.	»
ἠκροάθην	aor. ind. p. 1 sg.	ἀκροάομαι
ἠκρόαμαι	pf. ind. m. 1 sg.	»
ἠκροασάμην	aor.^{1} ind. m. 1 sg.	»
ἠκρόασο	ppf. ind. m. 2 sg.	»
ἠκροβολισάμην	aor.^{1} ind. m. 1 sg.	ἀκροβολίζομαι
ἠκρωτηρίασαν	aor.^{1} ind. a. 3 pl.	ἀκρωτηριάζω
ἠκρωτηριασμένοι	pf. pt. m. N pl.	»
ἦκται	pf. ind. m. 3 sg.	ἄγω
ἦκτο	ppf. ind. m. 3 sg	»
ἠλάθην	aor. ind. p. 1 sg.	ἐλαύνω
ἡλάμην	aor.^{1} ind. m. 1 sg.	ἅλλομαι
ἠλάλαξα	aor. ind. a. 1 sg.	ἀλαλάζω
ἤλαον	impf. ind. a. 1 sg./3 pl.	[ἐλαύνω], ἐλάω
ἤλασα, *ἤλασσα	aor.^{1} ind. a. 1 sg.	»
ἠλασάμην	aor.^{1} ind. m. 1 sg.	»
ἠλάσθησαν	aor. ind. p. 3 pl.	»
*ἠλάστεον	impf. ind. a. 1 sg./3 pl.	ἀλαστέω
ἠλαττώθην	aor. ind. p. 1 sg.	ἐλαττόω
ἠλάττωμαι	pf. ind. m. 1 sg.	»
ἠλάττωσα	aor.^{1} ind. a. 1 sg.	»
ἤλγησα	aor.^{1} ind. a. 1 sg.	ἀλγέω
ἤλγυνα	aor.^{1} ind. a. 1 sg.	ἀλγύνω
ἠλγύνθην	aor. ind. p. 1 sg.	»
ἤλδανε	aor.^{2} ind. a. 3 sg.	ἀλδαίνω
ἤλεγξα	aor.^{1} ind. a. 1 sg.	ἐλέγχω
ἠλέγχθην	aor. ind. p. 1 sg.	»
ἠλέημαι	pf. ind. m. 1 sg.	ἐλεέω

ἠλέησα	aor.^{1} ind. a. 1 sg.	ἐλεέω
ἤλειμμαι	pf. ind. m. 1 sg.	ἀλείφω
ἠλείφθην	aor. ind. p. 1 sg.	»
ἤλειψα	aor.^{1} ind. a. 1 sg.	»
ἠλειψάμην	aor.^{1} ind. m. 1 sg.	»
ἠλέλιζον	impf. ind. a. 1 sg./3 pl.	ἐλελίζω = agitare
ἠλέλιξα	aor.^{1} ind. a. 1 sg.	» = gridare
ἤλεξα	aor.^{1} ind. a. 1 sg.	ἀλέκω
*ἤλεο	aor.^{2} ind. m. 2 sg.	[αἱρέω]
ἠλέουν	impf. ind. a. 1 sg./3 pl.	ἐλεέω
ἤλεσα	aor.^{1} ind. a. 1 sg.	ἀλέω
ἠλέσθην	aor. ind. p. 1 sg.	»
ἠλήθευσε	aor.^{1} ind. a. 3 sg.	ἀληθεύω
ἠλήλατο	ppf. ind. m. 3 sg.	ἐλαύνω
ἦλθα	aor.^{1} ind. a. 1 sg.	[ἔρχομαι]
ἤλθησα	aor.^{1} ind. a. 1 sg.	ἀλθαίνω
ἠλθησάμην	aor.^{1} ind. m. 1 sg.	»
ἦλθον	aor.^{2} ind. a. 1 sg./3 pl.	[ἔρχομαι]
ἤλθοσαν	aor.^{2} ind. a. 3 pl.	»
*ἡλιάξεις	ft. ind. a. 2 sg.	ἡλιάζομαι
ἡλιάσασθαι	aor.^{1} inf. m.	»
ἡλιάσομαι	ft. ind. m. 1 sg.	»
ἤλικα	pf. ind. a. 1 sg.	ἀλίνδω, ἀλινδέω
ἠλινδημένος	pf. pt. m. N sg.	» »
ἠλίνυον	impf. ind. a. 1 sg./3 pl.	ἐλινύω
ἤλισα	aor.^{1} ind. a. 1 sg.	ἀλίνδω, ἀλινδέω
ἤλισα	aor.^{1} ind. a. 1 sg.	ἀλίζω = riunire
ἡλίσθην	aor. ind. p. 1 sg.	» »
ἡλισκόμην	impf. ind. m. 1 sg.	ἁλίσκομαι
ἡλισμένος	pf. pt. m. N sg.	ἁλίζω = riunire
*ἤλιτον	aor.^{2} ind. a. 1 sg./3 pl.	ἀλιταίνω
ἠλίφην	aor. ind. p. 1 sg.	ἀλείφω
ἡλιωθῇ	aor. cong. p. 3 sg.	ἡλιόομαι
ἡλίωσα	aor.^{1} ind. a. 1 sg.	ἁλιόω
ἥλκησε	aor.^{1} ind. a. 3 sg.	ἕλκω, ἑλκέω
ἥλκυσα	aor.^{1} ind. a. 1 sg.	» ἑλκύω
ἡλκύσθην	aor. ind. p. 1 sg.	» »
ἥλκυσμαι	pf. ind. m. 1 sg.	» »
ἠλλάγην	aor. ind. p. 1 sg.	ἀλλάττω
ἤλλαγμαι	pf. ind. m. 1 sg.	»
ἤλλακτο	ppf. ind. m. 3 sg.	»

ἤλλαξα	aor.^{1} ind. a. 1 sg.	ἀλλάττω
ἠλλαξάμην	aor.^{1} ind. m. 1 sg.	»
ἠλλάττωκα	pf. ind. a. 1 sg.	ἐλαττόω
ἤλλαχα	pf. ind. a. 1 sg.	ἀλλάττω
ἠλλάχθην	aor. ind. p. 1 sg.	»
ἠλλήνισται	pf. ind. m. 3 sg.	ἑλληνίζω
ἠλλόμην	impf. ind. m. 1 sg.	ἅλλομαι
ἠλλοτριωκότας	pf. pt. a. A pl.	ἀλλοτριόω
*ἠλογημένη	pf. pt. m. N sg. fm.	ἀλογέω
ἠλοήθην	aor. ind. p. 1 sg.	ἀλοάω
ἠλόημαι	pf. ind. m. 1 sg.	»
ἠλόησα, *ἠλοίησα	aor.^{1} ind. a. 1 sg.	»
ἠλοία	impf. ind. a. 3 sg.	»
ἡλόμην	aor.^{2} ind. m. 1 sg.	ἅλλομαι
ἤλουν	impf. ind. a. 1 sg./3 pl.	ἀλέω
ἤλπικα	pf. ind. a. 1 sg.	ἐλπίζω
ἠλπίκειν	ppf. ind. a. 1 sg.	»
ἤλπισα	aor.^{1} ind. a. 1 sg.	»
ἠλπίσθην	aor. ind. p. 1 sg.	»
ἤλπισμαι	pf. ind. m. 1 sg.	»
*ἠλπόμην	impf. ind. m. 1 sg.	[»], ἔλπω
*ἠλσάμην	aor.^{1} ind. m. 1 sg.	εἴλω
*ἤλσατο	aor.^{1} ind. m. 3 sg.	ἐλαύνω
ἠλυγισμένος	pf. pt. m. N sg.	[ἠλυγάζω], ἠλυγίζω
ἤλυθα	aor.^{1} ind. a. 1 sg.	[ἔρχομαι]
*ἤλυθον	aor.^{2} ind. a. 1 sg./3 pl.	»
ἤλυξα	aor.^{1} ind. a. 1 sg.	ἀλύσκω
*ἦλφον	aor.^{2} ind. a. 1 sg./3 pl.	ἀλφάνω
ἥλωκα	pf. ind. a. 1 sg.	ἁλίσκομαι
ἡλώκειν	ppf. ind. a. 1 sg.	»
ἠλώμην	impf. ind. m. 1 sg.	ἀλάομαι
ἧλων	aor.^{2} ind. a. 1 sg.	ἁλίσκομαι
ἤμα	impf. ind. a. 3 sg.	ἀμάω
ᾕμαγμαι	pf. ind. m. 1 sg.	αἱμάττω
ἠμάλαψα	aor.^{1} ind. a. 1 sg.	ἀμαλάπτω
ᾕμαξα	aor.^{1} ind. a. 1 sg.	αἱμάττω
ἡμαρτήθην	aor. ind. p. 1 sg.	ἁμαρτάνω
ἡμάρτηκα	pf. ind. a. 1 sg.	»
ἡμάρτημαι	pf. ind. m. 1 sg.	»
ἡμάρτησα	aor.^{1} ind. a. 1 sg.	»
ἡμάρτητο	ppf. ind. m. 3 sg.	»

ἥμαρτον	aor.² ind. a. 1 sg./3 pl.	ἁμαρτάνω
ᾑματωμένη	pf. pt. m. N sg.	αἱματόω
ἠμαύρωκα	pf. ind. a. 1 sg.	ἀμαυρόω
ἠμαύρωμαι	pf. ind. m. 1 sg.	»
ἠμαύρωσε	aor.¹ ind. a. 3 sg.	»
ᾑμάχθην	aor. ind. p. 1 sg.	αἱμάττω
*ἤμβλακον	aor.² ind. a. 1 sg.	ἀμπλακίσκω
ἤμβλυμμαι	pf. ind. m. 1 sg.	ἀμβλύνω
ἤμβλυνα	aor.¹ ind. a. 1 sg.	»
ἠμβλύνθην	aor. ind. p. 1 sg.	»
ἤμβλυται	pf. ind. m. 3 sg.	»
ἤμβλωκα	pf. ind. a. 1 sg.	ἀμβλίσκω, ἀμβλόω
ἤμβλωμαι	pf. ind. m. 1 sg.	» »
ἤμβλωσα	aor.¹ ind. a. 1 sg.	» »
*ἤμβροτον	aor.² ind. a. 1 sg./3 pl.	ἁμαρτάνω
*ἤμεθα	impf. ind. m. 1 pl.	εἰμί
ἤμειπται	pf. ind. m. 3 sg.	ἀμείβω
ἠμείφθην	aor. ind. p. 1 sg.	»
ἤμειψα	aor.¹ ind. a. 1 sg.	»
ἠμειψάμην	aor.¹ ind. m. 1 sg.	»
ἤμελγμαι	pf. ind. m. 1 sg.	ἀμέλγω
ἠμέληκα	pf. ind. a. 1 sg.	ἀμελέω
ἠμελημένοι	pf. pt. m. N pl.	»
ἠμέλησα	aor.¹ ind. a. 1 sg.	»
*ἠμέλλησα	aor.¹ ind. a. 1 sg.	μέλλω
ἤμελλον	impf. ind. a. 1 sg./3 pl.	»
ἤμελξα	aor¹. ind. a. 1 sg.	ἀμέλγω
*ἠμέν	pr. ind. a. 1 pl.	εἰμί
ἦμεν, *ἦμες	impf. ind. a. 1 pl.	»
*ἦμεν, ἤμεναι	pr. inf. a.	»
ᾖμεν	impf. ind. a. 1 pl.	εἶμι
*ἤμεον	impf. ind. a. 1 sg./3 pl.	ἐμέω
ἠμέρθην	aor. ind. p. 1 sg.	ἀμέρδω
ἤμερσα	aor.¹ ind. a. 1 sg.	»
ἡμερώσας	aor.¹ pt. a. N sg.	ἡμερόω
ἡμέρωται	pf. ind. m. 3 sg.	»
ἤμεσα, *ἤμεσσα	aor.¹ ind. a. 1 sg.	ἐμέω
*ἤμην	impf. ind. m. 1 sg.	εἰμί
ἤμημαι	pf. ind. m. 1 sg.	ἀμάω
ἤμησα	aor.¹ ind. a. 1 sg.	»
ἠμηχάνουν	impf. ind. a. 1 sg./3 pl.	ἀμηχανέω

Form	Parsing	Lemma
ἠμιλλήθην	aor. ind. p. 1 sg.	ἁμιλλάομαι
ἠμίλλημαι	pf. ind. m. 1 sg.	»
ἠμιλλησάμην	aor.^{1} ind. m. 1 sg.	»
ἧμμαι	pf. ind. m. 1 sg.	ἅπτω
ἠμνημόνησα	aor.^{1} ind. a. 1 sg.	ἀμνημονέω
ἤμουν	impf. ind. a. 1 sg./3 pl.	ἐμέω
ἠμπειχόμην	impf. ind. m. 1 sg.	ἀμπέχω
ἠμπεσχόμην	aor.^{2} ind. m. 1 sg.	»
ἤμπεσχον	aor.^{2} ind. a. 1 sg./3 pl.	»
ἠμπλάκηται	pf. ind. m. 3 sg.	ἀμπλακίσκω
ἤμπλακον	aor.^{2} ind. a. 1 sg./3 pl.	»
ἠμπολήθην	aor. ind. p. 1 sg.	ἐμπολάω
ἠμπόληκα	pf. ind. a. 1 sg.	»
ἠμπόλημαι	pf. ind. m. 1 sg.	»
ἠμπόλων	impf. ind. a. 1 sg./3 pl.	»
ἤμπρευσαν	aor.^{1} ind. a. 3 pl.	ἀμπρεύω
ἠμυκώς	pf. pt. a. N sg.	ἠμύω
ἤμυνα	aor.^{1} ind a. 1 sg.	ἀμύνω
*ἠμύναθον	aor.^{2} ind. a. 1 sg./3 pl.	»
ἠμυνάμην	aor.^{1} ind. m. 1 sg.	»
ἠμύνοντο	impf. ind. m. 3 pl.	»
ἤμυξα	aor.^{1} ind. a. 1 sg.	ἀμύττω
ἤμυσα	aor.^{1} ind. a. 1 sg.	ἠμύω
ἠμύστικα	pf. ind. a. 1 sg.	ἀμυστίζω
ἠμύστισα	aor.^{1} ind. a. 1 sg.	»
ἠμφεγνόησα	aor.^{1} ind. a. 1 sg.	ἀμφιγνοέω
*ἠμφεγνόουν	impf. ind. a. 1 sg./3 pl.	»
ἠμφεσβήτει	impf. ind. a. 3 sg.	ἀμφισβητέω
ἠμφεσβητήθην	aor. ind. p. 1 sg.	»
ἠμφεσβήτησα	aor. ind. a. 1 sg.	»
ἠμφίακα	pf. ind. a. 1 sg.	ἀμφιάζω
ἠμφίασα	aor.^{1} ind. a. 1 sg.	»
ἠμφιάσατο	aor.^{1} ind. m. 3 sg.	»
ἠμφιβληστρευμένος	pf. pt. m. N sg.	ἀμφιβληστρεύω
ἠμφιέννυν	impf. ind. a. 1 sg.	ἀμφιέννυμι
ἠμφίεσα	aor.^{1} ind. a. 1 sg.	»
ἠμφιεσάμην	aor.^{1} ind. m. 1 sg.	»
ἠμφίεσμαι	pf. ind. m. 1 sg.	»
ἠμφιεσμένος	pf. pt. m. N sg.	»
ἠμφισβητήθην	aor. ind. p. 1 sg.	ἀμφισβητέω
ἦμων	impf. ind. a. 1 sg.	ἀμάω

ἦν	impf. ind. a. 3 sg.	εἰμί
ἦ(ν)	impf. ind. a. 1 sg.	»
ἠνάγκακα	pf. ind. a. 1 sg.	ἀναγκάζω
ἠναγκάκειν	ppf. ind. a. 1 sg.	»
ἠναγκάσθην	aor. ind. p. 1 sg.	»
ἠναγκασμένος	pf. pt. m. N sg.	»
*ἦναι	pr. inf. a.	εἰμί
ἦναι	aor.^{1} inf. a.	αἴνω
ἠναινόμην	impf. ind. m. 1 sg.	ἀναίνομαι
ἤναιρον	impf. ind. a. 1 sg./3 pl.	ἐναίρω
ἠνάριζον	impf. ind. a. 1 sg./3 pl.	ἐναρίζω
ἠνάριξα, ἠνάρισα	aor.^{1} ind. a. 1 sg.	»
ἠναρίσθην	aor. ind. p. 1 sg.	»
ἠνάρισμαι	pf. ind. m. 1 sg.	»
ἤναρον	aor.^{2} ind. a. 1 sg./3 pl.	ἐναίρω
ἤνασσον	impf. ind. a. 1 sg./3 pl.	ἀνάσσω
ἠναντιούμην	impf. ind. m. 1 sg.	ἐναντιόομαι
ἠναντιώθην	aor. ind. p. 1 sg.	»
ἠναντίωμαι	pf. ind. m. 1 sg.	»
ἠνδραγάθηκα	pf. ind. a. 1 sg.	ἀνδραγαθέω
ἠνδραπόδισα	aor.^{1} ind. a. 1 sg.	ἀνδραποδίζω
ἠνδραποδίσθην	aor. ind. p. 1 sg.	»
ἠνδραπόδισμαι	pf. ind. m. 1 sg.	»
ἠνέγκαμεν	aor.^{1} ind. a. 1 pl.	[φέρω]
ἠνεγκάμην	aor.^{1} ind. m. 1 sg.	»
ἤνεγκαν	aor.^{1} ind. a. 3 pl.	»
ἤνεγκε	aor.^{1}/aor.^{2} ind. a. 3 sg.	»
ἤνεγκον	aor.^{2} ind. a. 1 sg./3 pl.	»
ἠνέγκω	aor.^{1} ind. m. 2 sg.	»
*ἤνειγξα	aor.^{1} ind. a. 1 sg.	»
*ἠνεικ-	*vedi sotto* ἠνεγκ- *opp.* ἐνεγκ- *da*	»
*ἠνείκαντο	aor.^{1} ind. m. 3 pl.	»
*ἠνείχθην	aor. ind. p. 1 sg.	»
ᾔνεκα	pf. ind. a. 1 sg.	αἰνέω
ᾔνεσα	aor.^{1} ind. a. 1 sg.	»
ἤνεσα	aor.^{1} ind. a. 1 sg.	ἄνω
ἠνέχθην	aor. ind. p. 1 sg.	[φέρω]
ἠνεχύρασαν	aor.^{1} ind. a. 3 pl.	ἐνεχυράζω
ἠνέῳγμαι	pf. ind. m. 1 sg.	ἀνοίγω, ἀνοίγνυμι
ἠνέῳξα	aor.^{1} ind. a. 1 sg.	» »
*ἠνέωχα	pf. ind. a. 1 sg.	» »

ἠνεῴχθην	aor. ind. p. 1 sg.	ἀνοίγω, ἀνοίγνυμι
ᾔνημαι	pf. ind. m. 1 sg.	αἰνέω
ἠνηνάμην	aor.[1] ind. m. 1 sg.	ἀναίνομαι
*ᾔνησα	aor.[1] ind. a. 1 sg.	αἰνέω
ἤνθησεν	aor.[1] ind. a. 3 sg.	ἀνθέω
ἤνθισα	aor.[1] ind. a. 1 sg.	ἀνθίζω
ἤνθισμαι	pf. ind. m. 1 sg.	»
*ἦνθον	aor.[2] ind. a. 1 sg./3 pl.	[ἔρχομαι]
ἠνθρώθησαν	aor. ind. p. 3 pl.	ἀνθρόω
ἠνία	impf. ind. a. 3 sg.	ἀνιάω
ἠνιάθην	aor. ind. p. 1 sg.	»
ἠνίακα	pf. ind. a. 1 sg.	»
ἠνίᾱσα	aor.[1] ind. a. 1 sg.	»
ἠνίᾰσα	aor.[1] ind. a. 1 sg.	ἀνιάζω
*ἤνιγκα, ἤνικα	aor.[1] ind. a. 1 sg.	[φέρω]
*ᾔνιγμαι	pf. ind. m. 1 sg.	αἰνίττομαι
*ἠνιήθην	aor. ind. p. 1 sg.	ἀνιάω
*ἠνίημαι	pf. ind. m. 1 sg.	»
*ᾐνιξάμην	aor.[1] ind. m. 1 sg.	αἰνίττομαι
ἡνιόχευεν	impf. ind. a. 3 sg.	ἡνιοχέω, -εύω
ἡνιοχήσας	aor.[1] pt. a. N sg.	»
ἠνίπαπε	aor.[2] ind. a. 3 sg.	ἐνίπτω
ᾐνίχθην	aor. ind. p. 1 sg.	αἰνίττομαι
ἠνιῶντο	impf. ind. m. 3 pl.	ἀνιάω
ἠνοίγην	aor. ind. p. 1 sg.	ἀνοίγω, ἀνοίγνυμι
ἤνοιγμαι	pf. ind. m. 1 sg.	» »
ἤνοιγον	impf. ind. a. 1 sg./3 pl.	» »
ἤνοιξα	aor.[1] ind. a. 1 sg.	» »
ἠνοίχθην	aor. ind. p. 1 sg.	» »
ἦνον	impf. ind. a. 1 sg./3 pl.	ἄνω
ᾔνουν	impf. ind. a. 1 sg./3 pl.	αἰνέω
ἠνόχλησα	aor.[1] ind. a. 1 sg.	ἐνοχλέω
*ἦνται	pr. cong. m. 3 pl.	εἰμί
*ἤντεο	impf. ind. m. 2 sg.	ἄντομαι
*ἤντεον	impf. ind. a. 1 sg./3 pl.	ἀντάω
ἤντησας	aor.[1] ind. a. 2 sg.	»
ἠντίαζον	impf. ind. a. 1 sg./3 pl.	ἀντιάζω
ἠντίασα	aor.[1] ind. a. 1 sg.	» ἀντιάω
ἠντιώθην	aor. ind. p. 1 sg.	ἀντιόομαι
ἤνυκα	pf. ind. a. 1 sg.	ἀνύ(τ)ω
ἤνυσα, *ἤνυσσα	aor. ind. a. 1 sg.	»

ἠνυσάμην	aor.[1] ind. m. 1 sg.	ἀνύ(τ)ω
ἤνυσμαι	pf. ind. m. 1 sg.	»
ἡνωμένη	pf. pt. m. N sg. fm.	ἑνόω
ἠνωρθώκειν	ppf. ind. a. 1 sg.	ἀνορθόω
ἡνῶσθαι	pf. inf. m.	ἑνόω
ἠνωχλήθην	aor. ind. p. 1 sg.	ἐνοχλέω
ἠνώχληκα	pf. ind. a. 1 sg.	»
ἠνώχλουν	impf. ind. a. 1 sg./3 pl.	»
ἦξα	aor.[1] ind. a. 1 sg.	ἄγω
*ἦξα	aor.[1] ind. a. 1 sg.	ἄγνυμι
ᾖξα	aor.[1] ind. a. 1 sg.	ᾄττω, ἀίσσω
ἥξας	aor.[1] pt. a. N sg.	ἥκω
ἥξειν	ft. inf. a.	»
ἠξιώθην	aor. ind. p. 1 sg.	ἀξιόω
ἠξίωκα	pf. ind. a. 1 sg.	»
ἥξομαι	ft. ind. m. 1 sg.	ἥκω
ἥξω, *ἡξῶ	ft. ind. a. 1 sg.	»
*ἤομεν	impf. ind. a. 1 pl.	εἶμι
ἠπατήθην	aor. ind. p. 1 sg.	ἀπατάω
ἠπάτηκα	pf. ind. a. 1 sg.	»
ἠπάτημαι	pf. ind. m. 1 sg.	»
ἠπάτησα	aor.[1] ind. a. 1 sg.	»
ἠπάτων	impf. ind. a. 1 sg./3 pl.	»
ἥπαφον	aor.[2] ind. a. 1 sg./3 pl.	ἀπαφίσκω
ἤπειγμαι	pf. ind. m. 1 sg.	ἐπείγω
ἤπειγον	impf. ind. a. 1 sg./3 pl.	»
ἠπείληκα	pf. ind. a. 1 sg.	ἀπειλέω
ἠπείλησα	aor.[1] ind. a. 1 sg.	»
ἠπείλουν	impf. ind. a. 1 sg./3 pl.	»
ἤπειξα	aor.[1] ind. a. 1 sg.	ἐπείγω
ἠπείχθην	aor. ind. p. 1 sg.	»
ἠπημένα	pf. pt. m. N pl. n.	ἠπάομαι
ἠπήσασθαι	aor.[1] inf. m.	»
ἠπιστάμην	impf. ind. m. 1 sg.	ἐπίσταμαι
*ἠπιστέατο	impf. ind. m. 3 pl.	»
ἠπιστήθην	aor. ind. p. 1 sg.	»
ἠπίστησαν	aor.[1] ind. a. 3 pl.	ἀπιστέω
ἠπίστω	impf. ind. m. 2 sg.	ἐπίσταμαι
ἡπλώθη	aor. ind. p. 3 sg.	ἁπλόω
ἡπλωμένη	pf. pt. m. N sg. fm.	»
ᾐπόλει	impf. ind. a. 3 sg.	αἰπολέω

ἠπόρηκα	pf. ind. a. 1 sg.	ἀπορέω
ἠπόρημαι	pf. ind. m. 1 sg.	»
ἠπόρησα	aor.[1] ind. a. 1 sg.	»
ἧπτο	ppf. ind. m. 3 sg.	ἅπτω
ἤπυσα	aor.[1] ind. a. 1 sg.	ἠπύω
ἦρα	aor.[1] ind. a. 1 sg.	αἴρω, ἀείρω
*ἤρα	impf. ind. a. 3 sg.	ἐράω = amare
ἤραμαι	pf. ind. m. 1 sg.	ἀράομαι
ἠράμην	aor.[1] ind. m. 1 sg.	αἴρω, ἀείρω
*ἠράμην	impf. ind. m. 1 sg.	ἔραμαι
ἤραξα	aor.[1] ind. a. 1 sg.	ἀράττω
ἤραρον	aor.[2] ind. a. 1 sg./3 pl.	ἀραρίσκω
ἤρασα	aor.[1] ind. a. 1 sg.	ἐράω = versare
ἠρασάμην	aor.[1] ind. m. 1 sg.	ἔραμαι
ἠράσθην	aor. ind. p. 1 sg.	»
ἤρασμαι	pf. ind. m. 1 sg.	»
*ἠράσσατο	aor.[1] ind. m. 3 sg.	»
ἠράχθην	aor. ind. p. 1 sg.	ἀράττω
ἠργαζόμην	impf. ind. m. 1 sg.	ἐργάζομαι
*ἠργάξαντο, -άσαντο	aor.[1] ind. m. 3 pl.	»
ἤργηκα	pf. ind. a. 1 sg.	ἀργέω
ἤργησα	aor.[1] ind. a. 1 sg.	»
ἦργμαι	pf. ind. m. 1 sg.	ἄρχω
ἠργυρωμένος	pf. pt. m. N sg.	ἀργυρόω
ἦρδον	impf. ind. a. 1 sg./3 pl.	ἄρδω
ἠρέθην	aor. ind. p. 1 sg.	αἱρέω
ἠρέθιζον	impf. ind. a. 1 sg./3 pl.	ἐρεθίζω
ἠρέθικα	pf. ind. a. 1 sg.	»
ἠρέθισα	aor.[1] ind. a. 1 sg.	»
ἠρεθίσθην	aor. ind. p. 1 sg.	»
ἠρέθισμαι	pf. ind. m. 1 sg.	»
ᾕρει	impf. ind. a. 3 sg.	αἱρέω
ἤρεικα	pf. ind. a. 1 sg.	ἐρείδω
ἤρειξα	aor.[1] ind. a. 1 sg.	ἐρείκω
ἤρειπτο	ppf. ind. m. 3 sg.	ἐρείπω
ἤρεισα	aor.[1] ind. a. 1 sg.	ἐρείδω
ἠρεισάμην	aor.[1] ind. m. 1 sg.	»
ἠρείσθην	aor. ind. p. 1 sg.	»
ἤρεισμαι	pf. ind. m. 1 sg.	»
ἠρείφθην	aor. ind. p. 1 sg.	ἐρείπω
ἠρείχθην	aor. ind. p. 1 sg.	ἐρείκω

ἤρειψα	aor.[1] ind. a. 1 sg.	ἐρείπω
ᾕρεον	impf. ind. a. 1 sg./3 pl.	αἱρέω
*ᾕρεον	impf. ind. a. 1 sg./3 pl.	εἴρω = dire
ἤρεπται	pf. ind. m. 3 sg.	ἐρέφω, ἐρέπτω
ἤρεσα, *ἤρεσσα	aor.[1] ind. a. 1 sg.	ἐρέσσω
ἤρεσα	aor.[1] ind. a. 1 sg.	ἀρέσκω
ἠρέσθην	aor. ind. p. 1 sg.	»
ᾑρέτικα	pf. ind. a. 1 sg.	αἱρετίζω
ᾕρετο	impf. ind. m. 3 sg.	αἴρω, ἀείρω
*ᾕρευν	impf. ind. a. 3 pl.	αἱρέω
ἠρευξάμην	aor.[1] ind. m. 1 sg.	ἐρεύγομαι
ἤρεφον	impf. ind. a. 1 sg./3 pl.	ἐρέφω, ἐρέπτω
ἤρεψα	aor.[1] ind. a. 1 sg.	» »
ἠρεψάμην	aor.[1] ind. m. 1 sg.	» »
ᾑρήθην	aor. ind. p. 1 sg.	αἱρέω
ᾕρηκα	pf. ind. a. 1 sg.	»
ᾕρημαι	pf. ind. m. 1 sg.	»
ἠρημώθη	aor. ind. p. 3 sg.	ἐρημόω
ἠρήμωσε	aor.[1] ind. a. 3 sg.	»
ᾕρηντο	ppf. ind. m. 3 pl.	αἱρέω
*ἠρήρειν	ppf. ind. a. 1 sg.	ἀραρίσκω
ἠρήρειντο	ppf. ind. m. 3 pl.	ἐρείδω
*ἠρήρειστο	ppf. ind. m. 3 sg.	»
ἠρήριπτο	ppf. ind. m. 3 sg.	ἐρείπω
ᾕρησα	aor.[1] ind. a. 1 sg.	αἱρέω
*ἠρησάμην	aor.[1] ind. m. 1 sg.	ἀράομαι
ᾑρησάμην	aor.[1] ind. m. 1 sg.	αἱρέω
ᾑρήσομαι	fta. ind. m. 1 sg.	»
ᾕρητο	ppf. ind. m. 3 sg.	»
ἤρθην	aor. ind. p. 1 sg.	αἴρω, ἀείρω
ἤρθην	aor. ind. p. 1 sg.	ἀραρίσκω
ἠρθρωμένα	pf. pt. m. N pl. n.	ἀρθρόω
ἤρθρωσαν	aor.[1] ind. a. 3 pl.	»
ἠρίδαινον	impf. ind. a. 1 sg./3 pl.	ἐριδαίνω
ἠριθμησάμην	aor.[1] ind. m. 1 sg.	ἀριθμέω
ἤρικα	pf. ind. a. 1 sg.	ἐρίζω
ἤρικε	aor.[2] ind. a. 3 sg.	ἐρείκω
ἠρίπην	aor. ind. p. 1 sg.	ἐρείπω
*ἠριπόμην	aor.[2] ind. m. 1 sg.	»
*ἤριπον	aor.[2] ind. a. 1 sg./ 3pl.	»
ἤρισα	aor.[1] ind. a. 1 sg.	ἐρίζω

*ἠρίσταμεν	pf. ind. a. 1 pl.	ἀριστάω
*ἠριστάναι	pf. inf. a.	»
ἠρίστηκα	pf. ind. a. 1 sg.	»
ἠριστήκεσαν	ppf. ind. a. 3 pl.	»
ἠρίστημαι	pf. ind. m. 1 sg.	»
ἠρίφθην	aor. ind. p. 1 sg.	ἐρείπω
ἦρκα	pf. ind. a. 1 sg.	αἴρω, ἀείρω
ἤρκει	impf. ind. a. 3 sg.	ἀρκέω
ἠρκεσάμην	aor.[1] ind. m. 1 sg.	»
ἤρκεσαν	aor.[1] ind. a. 3 pl.	»
ἠρκέσθην	aor. ind. p. 1 sg.	»
ἤρκεσμαι	pf. ind. m. 1 sg.	»
ἠρκέσω	aor.[1] ind. m. 2 sg.	»
ἦρμαι	pf. ind. m. 1 sg.	αἴρω, ἀείρω
ἥρμοκα	pf. ind. a. 1 sg.	ἁρμόττω, ἁρμόζω
ἥρμοσα	aor.[1] ind. a. 1 sg.	» »
ἡρμόσθην	aor. ind. p. 1 sg.	» »
ἥρμοσμαι	pf. ind. m. 1 sg.	» »
ἠρνήθην	aor. ind. p. 1 sg.	ἀρνέομαι
ἤρνημαι	pf. ind. m. 1 sg.	»
ἠρνησάμην	aor.[1] ind. m. 1 sg.	»
ἦρξα	aor.[1] ind. a. 1 sg.	ἄρχω
ἠρξάμην	aor.[1] ind. m. 1 sg.	»
ἠρόθην	aor. ind. p. 1 sg.	ἀρόω
*ἠρόμην	aor.[2] ind. m. 1 sg.	ἔ(ι)ρομαι
ἦρον	impf. ind. a. 1 sg./3 pl.	αἴρω, ἀείρω
ἤροσε	aor.[1] ind. a. 3 sg.	ἀρόω
ᾑρούμην	impf. ind. m. 1 sg.	αἱρέω
ἡρπάγην	aor. ind. p. 1 sg.	ἁρπάζω
ἥρπαγμαι	pf. ind. m. 1 sg.	»
ἥρπασα, *ἥρπαξα	aor[1]. ind. a. 1 sg.	»
ἡρπάσθην	aor. ind. p. 1 sg.	»
ἥρπασμαι	pf. ind. m. 1 sg.	»
ἥρπαστο	ppf. ind. m. 3 sg.	»
ἥρπαχα	pf. ind. a. 1 sg.	»
ἡρπάχθαι	pf. inf. m.	»
*ἡρπάχθην	aor. ind. p. 1 sg.	»
ἧρπον	impf. ind. a. 1 sg./3 pl.	ἕρπω
ἤρρηκα	pf. ind. a. 1 sg.	ἔρρω
ἤρρησα	aor.[1] ind. a. 1 sg.	»
ἦρσα	aor.[1] ind. a. 1 sg.	ἄρδω

ἦρσα	aor.¹ ind. a. 1 sg.	ἀραρίσκω	
ἠρσάμην	aor.¹ ind. m. 1 sg.	»	
ἠρτήθην	aor. ind. p. 1 sg.	ἀρτάω	
ἤρτηκα	pf. ind. a. 1 sg.	»	
ἤρτημαι	pf. ind. m. 1 sg.	»	
ἤρτησα	aor.¹ ind. a. 1 sg.	»	
ἤρτητο	ppf. ind. m. 3 sg.	»	
*ἤρτικα	pf. ind. a. 1 sg.	ἀρτίζω	
ἠρτύθην	aor. ind. p. 1 sg.	ἀρτύω	
ἤρτυκα	pf. ind. a. 1 sg.	»	
ἤρτυμαι	pf. ind. m. 1 sg.	»	
ἤρτυνα	aor.¹ ind. a. 1 sg.	»	ἀρτύνω
ἠρτυνάμην	aor.¹ ind. m. 1 sg.	»	»
ἠρτύνθην	aor. ind. p. 1 sg.	»	»
ἤρτυσα	aor.¹ ind. a. 1 sg.	»	
ἤρυγον	aor.² ind. a. 1 sg./3 pl.	ἐρυγγάνω	
ἠρύθην	aor. ind. p. 1 sg.	ἀρύω	
ἠρυθρίακα	pf. ind. a. 1 sg.	ἐρυθριάω	
ἠρυθρίασα	aor.¹ ind. a. 1 sg.	»	
ἠρυθρίων	impf. ind. a. 1 sg./3 pl.	»	
*ἠρύκανον	aor.² ind. a. 1 sg./3 pl.	ἐρύκω	
ἤρυξα	aor.¹ ind. a. 1 sg.	»	
ἤρυσα	aor.¹ ind. a. 1 sg.	ἀρύ(τ)ω	
ἠρυσάμην	aor.¹ ind. m. 1 sg.	»	
ἦρχα	pf. ind. a. 1 sg.	ἄρχω	
ἤρχθην	aor. ind. p. 1 sg.	»	
ἠρχόμην	impf. ind. m. 1 sg.	ἔρχομαι	
ἦρχον	impf. ind. a. 1 sg./3 pl.	ἄρχω	
ἧρψα	aor.¹ ind. a. 1 sg.	ἕρπω	
*ἠρώησαν	aor.¹ ind. a. 3 pl.	ἐρωέω	
*ἤρων	impf. ind. a. 1 sg./3 pl.	ἐράω	
ἠρώτηκα	pf. ind. a. 1 sg.	ἐρωτάω	
ἠρωτημένα	pf. pt. m. N pl. n.	»	
ἠρώτησα	aor.¹ ind. a. 1 sg.	»	
ἠρώτων	impf. ind. a. 1 sg./3 pl.	»	
ᾖς	pr. cong. a. 2 sg.	εἰμί	
ᾗς	aor.² cong. a. 2 sg.	ἵημι	
*ἧς (per ἦν)	impf. ind. a. 3 sg.	εἰμί	
ἦς, ἦσθα	impf. ind. a. 2 sg.	»	
ᾖσα	aor.¹ ind. a. 1 sg.	ᾄδω, ἀείδω	
ἧσα	aor.¹ ind. a. 1 sg.	ἥδομαι	

ἧσα	aor.[1] ind. a. 1 sg.	ἁνδάνω
ἧσα	aor.[1] ind. a. 1 sg.	[ἠθέω], ἤθω,
ἡσάμην	aor.[1] ind. m. 1 sg.	ἥδομαι
ἦσαν	impf. ind. a. 3 pl.	εἰμί
ᾖσαν	impf. ind. a. 3 pl.	εἶμι
ᾖσαν	ppf. ind. a. 3 pl.	[οἶδα], εἴδομαι
ἥσειν	ft. inf. a.	ἵημι
ἠσέλγημαι	pf. ind. m. 1 sg.	ἀσελγαίνω
ἠσελγημένα	pf. pt. m. NA pl. n.	»
ἠσέλγητο	ppf. ind. m. 3 sg.	»
ἧσθαι	pr. inf. m.	ἧμαι
ᾐσθανόμην	impf. ind. m. 1 sg.	αἰσθάνομαι
*ἦσθας	impf. ind. a. 2 sg.	εἰμί
ᾐσθήθην	aor. ind. p. 1 sg.	αἰσθάνομαι
ᾔσθημαι	pf. ind. m. 1 sg.	»
ἠσθημένος	pf. pt. m. N sg.	ἐσθέω
ᾐσθημένος	pf. pt. m. N sg.	αἰσθάνομαι
ᾔσθην	aor. ind. p. 1 sg.	ᾄδω, ἀείδω
ἥσθην	impf. ind. m. 3 du.	ἧμαι
ἥσθην	aor. ind. p. 1 sg.	ἥδομαι
ἤσθηνται	pf. ind. m. 3 pl.	ἐσθέω
ᾐσθησάμην	aor.[1] ind. m. 1 sg.	αἰσθάνομαι
ἠσθῆσθαι	pf. inf. m.	ἐσθέω
ἡσθήσομαι	ft. ind. p. 1 sg.	ἥδομαι
ἤσθητο	ppf. ind. m. 3 sg.	ἐσθέω
ἤσθιον	impf. ind. a. 1 sg./3 pl.	ἐσθίω
ᾐσθόμην	aor.[2] ind. m. 1 sg.	αἰσθάνομαι
ἥσθω	pr. impr. m. 3 sg.	ἧμαι
*ᾖσι	pr. cong. a. 3 sg.	εἰμί
*ἧσι	aor.[2] cong. a. 3 sg.	ἵημι
ᾐσίμωκα	pf. ind. a. 1 sg.	αἰσιμόω
ἠσκήκαμεν	pf. ind. a. 1 pl.	ἀσκέω
ἠσκημένος	pf. pt. m. N sg.	»
ἤσκησα	aor.[1] ind. a. 1 sg.	»
ἠσκήσατο	aor.[1] ind. m. 3 sg.	»
ᾖσμαι	pf. ind. m. 1 sg.	ᾄδω, ἀείδω
ᾖσμεν	ppf. ind. a. 1 pl.	[οἶδα], εἴδομαι
*ἦσο	impf. ind. m. 2 sg.	εἰμί
ἧσο	impf. ind. m. 2 sg.	ἧμαι
*ἧσο	pr. impr. m. 2 sg.	»
ἥσομαι	ft. ind. m. 1 sg.	ἵημι

ἡσσήθην	aor. ind. p. 1 sg.	ἡττάομαι
ἡσσηθήσομαι	ft. ind. p. 1 sg.	»
ἥσσημαι	pf. ind. m. 1 sg.	»
ᾖσσον	impf. ind. a. 3 pl.	ᾄττω, ἀίσσω
ἧσται	pr. ind. m. 3 sg.	ἧμαι
*ἦστε	impf. ind. a. 2 pl.	εἰμί
*ἧστε	pr. ind. m. 2 pl.	ἧμαι
ᾔστε	ppf. ind. a. 2 pl.	[οἶδα], εἴδομαι
ἤστην	impf. ind. a. 2 du.	εἰμί
ἡστίασεν	aor.[1] ind. a. 3 sg.	ἑστιάω
*ἦστο	impf. ind. m. 3 sg.	εἰμί
ἤστραπτο	ppf. ind. m. 3 sg.	ἀστράπτω
ἤστραψα	aor.[1] ind. a. 1 sg.	»
*ἤστω	pr. impr. a. 3 sg.	εἰμί
ᾔστωσας	aor.[1] ind. a. 2 sg.	ἀιστόω
ἡσύχασα	aor.[1] ind. a. 1 sg.	ἡσυχάζω
ἡσυχάσομαι	ft. ind. m. 1 sg.	»
ἡσυχάσω	ft. ind. a. 1 sg.	»
ἠσφαλισάμην	aor.[1] ind. m. 1 sg.	ἀσφαλίζω
ἠσφαλίσθην	aor. ind. p. 1 sg.	»
ἠσφάλισμαι	pf. ind. m. 1 sg.	»
ἠσφάλιστο	ppf. ind. m. 3 sg.	»
ἤσχημαι	pf. ind. m. 1 sg.	ἔχω
ἠσχολήθην	aor. ind. p. 1 sg.	ἀσχολέω
ἠσχόλημαι	pf. ind. m. 1 sg.	»
ἠσχολησάμην	aor.[1] ind. m. 1 sg.	»
ᾔσχυγκα	pf. ind. a. 1 sg.	αἰσχύνω
ᾔσχυμμαι	pf. ind. m. 1 sg.	»
ᾔσχυνα	aor.[1] ind. a. 1 sg.	»
ᾐσχύνθην	aor. ind. p. 1 sg.	»
ἥσω, *ἡσῶ	ft. ind. a. 1 sg.	ἵημι
*ἦται	pr. cong. m. 3 sg.	εἰμί
ἤτασα	aor.[1] ind. a. 1 sg.	ἐτάζω
ἦτε	pr. cong. a. 2 pl.	εἰμί
ἦτε	impf. ind. a. 2 pl.	»
ᾖτε	impf. ind. a. 2 pl.	εἶμι
ἧτε	aor.[2] cong. a. 2 pl.	ἵημι
ᾔτηκα	pf. ind. a. 1 sg.	αἰτέω
ᾐτήκει	ppf. ind. a. 3 sg.	»
ᾔτημαι	pf. ind. m. 1 sg.	»
ᾔτην	impf. ind. a. 3 du.	εἶμι

*ἠτιάασθε	impf. ind. m. 2 pl.	αἰτιάομαι
ἠτιάθην	aor. ind. p. 1 sg.	»
ἠτίαμαι, *ἠτίημαι	pf. ind. m. 1 sg.	»
ἠτιασάμην	aor.[1] ind. m. 1 sg.	»
ἠτίμακα	pf. ind. a. 1 sg.	ἀτιμάζω
ἠτίμασα	aor.[1] ind. a. 1 sg.	»
ἠτιμάσθην	aor. ind. p. 1 sg.	»
ἠτίμασμαι	pf. ind. m. 1 sg.	»
ἠτιμήθην	aor. ind. p. 1 sg.	ἀτιμάω
ἠτίμηκα	pf. ind. a. 1 sg.	»
ἠτίμησα	aor[1]. ind. a. 1 sg.	»
ἠτιμώθην	aor. ind. p. 1 sg.	ἀτιμόω
ἠτίμωκα	pf. ind. a. 1 sg.	»
ἠτίμωμαι	pf. ind. m. 1 sg.	»
ἠτίμωσα	aor.[1] ind. a. 1 sg.	»
ἠτιμώσομαι	fta. ind. m. 1 sg.	»
ἠτίμωτο	ppf. ind. m. 3 sg.	»
*ἠτιόωντο	impf. ind. m. 3 pl.	αἰτιάομαι
ἠτοίμακα	pf. ind. a. 1 sg.	ἑτοιμάζω
ἠτοίμασμαι	pf. ind. m. 1 sg.	»
ἦτον	impf. ind. a. 2 du.	εἰμί
ᾖτον	impf. ind. a. 2 du.	εἶμι
ἠτρέμησα	aor.[1] ind. a. 1 sg.	ἀτρεμέω
ἠτρέμισα	aor.[1] ind. a. 1 sg.	ἀτρεμίζω
ἥττηκα	pf. ind. a. 1 sg.	ἡττάομαι
ἡττηκότες	pf. pt. a. N pl.	»
ἥττησα	aor.[1] ind. a. 1 sg.	»
ἡττήσομαι	ft. ind. m. 1 sg.	»
ἡττήσω	ft. ind. a. 1 sg.	»
ἥττητο	ppf. ind. m. 3 sg.	»
ἠτύχηκα	pf. ind. a. 1 sg.	ἀτυχέω
ἠτύχησα	aor.[1] ind. a. 1 sg.	»
ἠτύχητο	ppf. ind. m. 3 sg.	»
ἤτω	pr. impr. a. 3 sg.	εἰμί
ηὐάνθην	aor. ind. p. 1 sg.	αὐαίνω
ηὔγασα	aor.[1] ind. a. 1 sg.	αὐγάζω
ηὔδαξα	aor.[1] ind. a. 1 sg.	αὐδάζομαι
ηὐδάσατο	aor.[1] ind. m. 3 sg.	»
ηὐδᾶτο	impf. ind. m. 3 sg.	αὐδάω
ηὔδηκα	pf. ind. a. 1 sg.	»
ηὔδημαι	pf. ind. m. 1 sg.	»

ηὔδησα	aor.[1] ind. a. 1 sg.	αὐδάω	
ηὐδοκίμηκα	pf. ind. a. 1 sg.	εὐδοκιμέω	
ηὐδοκίμησα	aor.[1] ind. a. 1 sg.	»	
ηὐδοκίμουν	impf. ind. a. 1 sg./3 pl.	»	
ηὗδον	impf. ind. a. 1 sg./3 pl.	εὕδω	
ηὔδων	impf. ind. a. 1 sg./3 pl.	αὐδάω	
ηὐεργετημένοι	pf. pt. m. N pl.	εὐεργετέω	
ηὐεργέτησα	aor.[1] ind. a. 1 sg.	»	
ηὔηνα	aor.[1] ind. a. 1 sg.	αὐαίνω	
ηὐθέτιζεν	impf. ind. a. 3 sg.	εὐθετίζω	
ηὔθυνε	impf. ind. a. 3 sg.	εὐθύνω	
ηὐθύνθη	aor. ind. p. 3 sg.	»	
ηὐλαβήθην	aor. ind. p. 1 sg.	εὐλαβέομαι	
ηὐλισάμην	aor.[1] ind. m. 1 sg.	αὐλίζομαι	
ηὐλίσθην	aor. ind. p. 1 sg.	»	
ηὔλισμαι	pf. ind. m. 1 sg.	»	
ηὔλιστο	ppf. ind. m. 3 sg.	»	
ηὐλόγησα	aor.[1] ind. a. 1 sg.	εὐλογέω	
ηὐλόγουν	impf. ind. a. 1 sg./3 pl.	»	
ηὔνασα	aor.[1] ind. a. 1 sg.	εὐνάζω	
ηὐνάσθην	aor. ind. p. 1 sg.	»	
ηὔνασμαι	pf. ind. m. 1 sg.	»	
ηὐξάμην	aor.[1] ind. m. 1 sg.	εὔχομαι	
ηὐξήθην	aor. ind. p. 1 sg.	αὐξάνω	
ηὔξηκα	pf. ind. a. 1 sg.	»	
ηὔξημαι	pf. ind. m. 1 sg.	»	
ηὔξησα	aor.[1] ind. a. 1 sg.	»	
ηὔξητο	ppf. ind. m. 3 sg.	»	
ηὖξον	impf. ind. a. 1 sg./3 pl.	»	αὔξω
ηὐξύνθην	aor. ind. p. 1 sg.	»	αὐξύνω
ηὐπόρηκα	pf. ind. a. 1 sg.	εὐπορέω	
ηὑρέθην	aor. ind. p. 1 sg.	εὑρίσκω	
ηὕρημαι	pf. ind. m. 1 sg.	»	
ηὕρισκον	impf. ind. a. 1 sg./3 pl.	»	
ηὑρόμην	aor.[2] ind. m. 1 sg.	»	
ηὗρον	aor.[2] ind. a. 1 sg./3 pl.	»	
*ηὗσα	aor.[1] ind. a. 1 sg.	αὔω	
ἠύτησα	aor.[1] ind. a. 1 sg.	ἀυτέω	
ηὐτύχηκα	pf. ind. a. 1 sg.	εὐτυχέω	
ηὐτυχήκεσαν	ppf. ind. a. 3 pl.	»	
ηὐτύχησα	aor.[1] ind. a. 1 sg.	»	

ηὐτύχουν	impf. ind. a. 1 sg./3 pl.	εὐτυχέω
ηὐτρεπισμένος	pf. pt. m. N sg.	εὐτρεπίζω
ηὐτρέπισται	pf. ind. m. 3 sg.	»
ηὐφήμησεν	aor.^{1} ind. a. 3 sg.	εὐφημέω
ηὔφραινον	impf. ind. a. 1 sg./3 pl.	εὐφραίνω
ηὔφρανα, ηὔφρηνα	aor.^{1} ind. a. 1 sg.	»
ηὐφράνθην	aor. ind. p. 1 sg.	»
ηὔχησα	aor.^{1} ind. a. 1 sg.	αὐχέω
ηὔχοντο	impf. ind. m. 3 pl.	εὔχομαι
ηὔχουν	impf. ind. a. 1 sg./3 pl.	αὐχέω
ἠφάνικα	pf. ind. a. 1 sg.	ἀφανίζω
ἠφάνισεν	aor.^{1} ind. a. 3 sg.	»
ἤφυσα	aor.^{1} ind. a. 1 sg.	ἀφύσσω
ἠφυσάμην	aor.^{1} ind. m. 1 sg.	»
ἦχα	pf. ind. a. 1 sg.	ἄγω
ἠχῇ	pr. cong. a. 3 sg.	ἠχέω
ἤχθαιρον	impf. ind. a. 1 sg./3 pl.	ἐχθαίρω
ἤχθαρα	aor.^{1} ind. a. 1 sg.	»
ἠχθέσθην	aor. ind. p. 1 sg.	ἄχθομαι
*ἤχθετο	impf. ind. m. 3 sg.	ἔχθω
*ἤχθετο	impf. ind. m. 3 sg.	ἄχθομαι
ἤχθημαι	pf. ind. m. 1 sg.	»
ἠχθημένος	pf. pt. m. N sg.	ἔχθω
ἤχθην	aor. ind. p. 1 sg.	ἄγω
ἤχθηρα	aor.^{1} ind. a. 1 sg.	ἐχθαίρω
ἤχθραινον	impf. ind. a. 1 sg./3 pl.	ἐχθραίνω
ἤχθρανα, -ηνα	aor.^{1} ind. a. 1 sg.	»
ᾐχμαλώθη	aor. ind. p. 3 sg.	αἰχμαλόω
ᾐχμαλωτισάμην	aor. ind. m. 1 sg.	αἰχμαλωτίζω
ᾐχμαλώτισμαι	pf. ind. m. 1 sg.	»
ᾔχμασας	aor.^{1} ind. a. 2 sg.	αἰχμάζω
ἧψα	aor.^{1} ind. a. 1 sg.	ἅπτω
ἡψάμην	aor.^{1} ind. m. 1 sg.	»
ἡψήθην	aor. ind. p. 1 sg.	ἕψω
ἥψηκα	pf. ind. a. 1 sg.	»
ἡψημένος	pf. pt. m. N sg.	»
ἥψησα	aor.^{1} ind. a. 1 sg.	»
ἧψον	impf. ind. a. 1 sg./3 pl.	»
ᾐώρει	impf. ind. a. 3 sg.	αἰωρέω
ᾐωρήθην	aor. ind. p. 1 sg.	»
ᾐώρημαι	pf. ind. m. 1 sg.	»

Θ

*θάλε	aor.² ind. a. 3 sg.	θάλλω
*θάλησα	aor.¹ ind. a. 1 sg.	»
*θαλήσομαι	ft. ind. p. 1 sg.	»
θαλύψαι	aor.¹ inf. a.	[θάλπω], θαλύπτω
θαλφθείς	aor. pt. p. N sg.	»
θάλψομαι	ft. ind. m. 1 sg.	»
θάλψω	ft. ind. a. 1 sg.	»
*θάμβησαν	aor.¹ ind. a. 3 pl.	θαμβέω
*θάμενος	pr. pt. m. N sg.	[θεάομαι], θάομαι
θανατωθήσομαι	ft. ind. p. 1 sg.	θανατόω
θανατώσοιτο	ft. ott. m. 3 sg.	»
θανατώσω	ft. ind. a. 1 sg.	»
θανεῖν, *θανέειν	aor.² inf. a.	θνήσκω
θανεῖσθαι, *-έεσθαι	ft. inf. m.	»
*θανέμεν	aor.² inf. a.	»
θανοῦμαι	ft. ind. m. 1 sg.	»
θανών	aor.² pt. a. N sg.	»
θάνωσι	aor.² cong. a. 3 pl.	»
*θᾶξαι	aor.¹ inf. a.	[θωρήσσω], θώσσω
θαρσήσας	aor.¹ pt. a. N sg.	θαρρέω, θαρσέω
*θαρσύνεσκε	impf. ind. a. 3 sg.	θαρρύνω, θαρσύνω
*θᾶσαι	aor.¹ impr. m. 2 sg.	[θεάομαι], θάομαι
*θάσασθαι	aor.¹ inf. m.	» »
*θασεῖσθε	ft. ind. m. 2 pl.	» »
*θασόμενος	ft. pt. m. N sg.	» »
θαυμαθήσομαι	ft. ind. p. 1 sg.	θαυμάζω
*θαύμασαν	aor.¹ ind. a. 3 pl.	»
θαυμασθείην	aor. ott. p. 1 sg.	»
θαυμάσομαι, *-άσσ-	ft. ind. m. 1 sg.	»
θαυμάσω	ft. ind. a. 1 sg.	»
θαφθῆναι	aor. inf. p.	θάπτω
θάψαι	aor.¹ inf. a.	»
θάψω	ft. ind. a. 1 sg.	»
θεάσομαι	ft. ind. m. 1 sg.	θεάομαι
*θέε, *θέεσκεν	impf. ind. a. 3 sg.	θέω

*θεειώσω	aor.[1] cong. a. 1 sg.	θ(ε)ειόω
*θεήσασθαι	aor.[1] inf. m.	θεάομαι
*θέησι	pr. cong. a. 3 sg.	θέω
*θεήσομαι	ft. ind. m. 1 sg.	θεάομαι
θειάσαντες	aor.[1] pt. a. N pl.	θειάζω
θεῖεν, θείησαν	aor.[2] ott. a. 3 pl.	τίθημι
θείην	aor.[2] ott. a. 1 sg.	»
θεῖμεν	aor.[2] ott. a. 1 pl.	»
θείμην	aor.[2] ott. m. 1 sg.	»
θεῖν	pr. inf. a.	θέω
θεῖναι	aor.[2] inf. a.	τίθημι
*θείνας	aor.[1] pt. a. N sg.	θείνω
*θεινέμεναι	pr. inf. a.	»
*θείομεν	aor.[2] cong. a. 1 pl.	τίθημι
θείς	aor.[2] pt. a. N sg. msch.	»
θεῖτο	aor.[2] ott. m. 3 sg.	»
*θείω	aor.[2] cong. a. 1 sg.	»
*θειώσας	aor.[1] pt. a. N sg.	θειόω
*θέλγεσκε	impf. ind. a. 3 sg.	θέλγω
θελήσαιμι	aor.[1] ott. a. 1 sg.	(ἐ)θέλω
θελήσας	aor.[1] pt. a. N sg.	»
θελήσῃ	aor.[1] cong. a. 3 sg	»
θέλησον	aor.[1] impr. a. 2 sg.	»
θελήσω	ft. ind. a. 1 sg.	»
θέλξω, *θελξῶ	ft. ind. a. 1 sg.	θέλγω
θελχθήσομαι	ft. ind p. 1 sg.	»
θεμελιωθεῖσα	aor. pt. p. N sg. fm.	θεμελιόω
θεμελιώσας	aor.[1] pt. a. N sg.	»
*θέμεν(αι), θέμειν	aor.[2] inf. a.	τίθημι
*θέμωσε	aor.[1] ind. a. 3 sg.	θεμόω
θέν	aor.[2] pt. a. N sg. n.	τίθημι
θένε	aor.[2] impr. a. 2 sg.	θείνω
θενεῖν	aor.[2] inf. a.	»
θενῶ	ft. ind. a. 1 sg.	»
θένω	aor.[2] cong. a. 1 sg.	»
θενών	aor.[2] pt. a. N sg.	»
*θέο	aor.[2] impr. m. 2 sg.	τίθημι
θεραπευθήσομαι	ft. ind. p. 1 sg.	θεραπεύω
θεραπεύσομαι	ft. ind. m. 1 sg.	»
θεραπεύσω	ft. ind. a. 1 sg.	»
*θερέω	aor. cong. p. 1 sg.	θέρω

*θερίδδειν	pr. inf. a.	θερίζω
θερίξω, θεριῶ	ft. ind. a. 1 sg.	»
θερμανῶ	ft. ind. a. 1 sg.	θερμαίνω
*θέρσεισα	pr. pt. a. N sg. fm.	θαρρέω, θαρσέω
*θερσόμενος	ft. pt. m. N sg.	θέρω
θές	aor.[2] impr. a. 2 sg.	τίθημι
*θέσαν	aor.[2] ind. a. 3 pl.	»
θέσθαι	aor.[2] inf. m.	»
θέσθω	aor.[2] impr. m. 3 sg.	»
*θεσπιέειν	ft. inf. a.	θεσπίζω
θεσπίσω, θεσπιῶ	ft. ind. a. 1 sg.	»
*θέτο	aor.[2] ind. m. 3 sg.	τίθημι
*θεύσας	aor.[1] pt. a. N sg.	θέω
*θεύσομαι	ft. ind. m. 1 sg.	»
*θεύσω	ft. ind. a. 1 sg.	»
θεῶ	pr. impr. m. 2 sg.	θεάομαι
θέωμεν	aor.[2] cong. a. 1 pl.	τίθημι
θεωρηθήσομαι	ft. ind. p. 1 sg.	θεωρέω
θέωσι	pr. cong. a. 3 pl.	θέω
*θέωσι	aor.[2] cong. a. 3 pl.	τίθημι
θῇ	aor.[2] cong. m. 2 sg.	»
*θηεῖτο	impf. ind. m. 3 sg.	θεάομαι
*θηεύμενος	pr. pt. m. N sg.	»
*θηεῦντο	impf. ind. m. 3 pl.	»
*θήῃ	aor.[2] cong. a. 3 sg.	τίθημι
*θηήσαιτο	aor.[1] ott. m. 3 sg.	θεάομαι
θηκάμενος	aor.[1] pt. m. N sg.	τίθημι
*θῆκαν	aor.[1] ind. a. 3 pl.	»
*θήκατο	aor.[1] ind. m. 3 sg.	»
*θηλάξω	ft. ind. a. 1 sg.	θηλάζω
θηλάσονται	ft. ind. m. 3 pl.	»
*θήλεον	impf. ind. a. 1 sg./3 pl.	θηλέω
θηλήσας	aor.[1] pt. a. N sg.	»
θηλήσω	ft. ind. a. 1 sg.	»
θήξας	aor.[1] pt. a. N sg.	θήγω
θήξω	ft. ind. a. 1 sg.	»
*θηοῖο	pr. ott. m. 2 sg.	θεάομαι
θηραθείς	aor. pt. p. N sg.	θηράω
θηραθήσομαι, *-ρηθή-	ft. ind. p. 1 sg.	»
θηράσομαι	ft. ind. m. 1 sg.	»
θηράσω	ft. ind. a. 1 sg.	»

θηρεύσομαι	ft. ind. m. 1 sg.	θηρεύω
θηριωθῆναι	aor. inf. p.	θηριόω
*θησαίατο	aor.[1] ott. m. 3 pl.	θεάομαι
*θησάμενος	aor.[1] pt. a. N sg.	»
*θησέμεν(αι)	ft. inf. a.	τίθημι
θήση	ft. ind. m. 2 sg.	»
θήσομαι	ft. ind. m. 1 sg.	»
θήσω	ft. ind. a. 1 sg.	»
*θητευσάμην	aor.[1] ind. m. 1 sg.	θητεύω
θιγεῖν	aor.[2] inf. a.	θιγγάνω
θιγών	aor.[2] pt. a. N sg.	»
θίξαι	aor.[1] inf. a.	»
θίξη	ft. ind. m. 2 sg.	»
θίξω	ft. ind. a. 1 sg.	»
θιχθῆναι	aor. inf. p.	»
θλασθήσομαι	ft. ind. p. 1 sg.	θλάω
*θλάσσα	aor.[1] ind. a. 1 sg.	»
θλάσω	ft. ind. a. 1 sg.	»
θλῆ	pr. impr. a. 2 sg.	»
θλιβείς	aor. pt. p. N sg.	θλίβω
θλιβήσομαι	ft. ind. p. 1 sg.	»
θλιφθῶ	aor. cong. p. 1 sg.	»
θλίψεται	ft. ind. m. 3 sg.	»
θλίψω	ft. ind. a. 1 sg.	»
θνήξομαι	ft. ind. m. 1 sg.	θνήσκω
θοίμεθα	aor.[2] ott. m. 1 pl.	τίθημι
θοινάσομαι, -ήσομαι	ft. ind. m. 1 sg.	θοινάω
θοινήσατο	aor.[1] ind. m. 3 sg.	»
θοῖντο	aor.[2] ott. m. 3 pl.	τίθημι
θορεῖν, *θορέειν	aor.[2] inf. a.	θρώσκω
*θορέονται	ft. ind. m. 3 pl.	»
*θόρον	aor.[2] ind. a. 3 pl.	»
θοροῦμαι	ft. ind. m. 1 sg.	»
θορυβήσητε	aor.[1] cong. a. 2 pl.	θορυβέω
θόρω	aor.[2] cong. a. 1 sg.	θρώσκω
θορών	aor.[2] pt. a. N sg.	»
θρανεύσομαι	ft. ind. m. 1 sg.	θρανεύω
θρᾶξαι	aor.[1] inf. a.	θράττω
θραξοῦμαι	ft. ind. m. 1 sg.	»
θραυσθήσομαι	ft. ind. p. 1 sg.	θραύω
θρασυνθῆναι	aor. inf. p.	θρασύνω

*θραύεσκον	impf. ind. a. 1 sg./3 pl.	θραύω
θραύσω	ft. ind. a. 1 sg.	»
θρέξας	aor.[1] pt. a. N sg.	τρέχω
*θρέξασκον	aor.[1] ind. a. 1 sg./3 pl.	»
θρέξομαι	ft. ind. m. 1 sg.	»
θρέξω	ft. ind. a. 1 sg.	»
θρεφθείς	aor. pt. p. N sg.	τρέφω
*θρέφθη	aor. ind. p. 3 sg.	»
*θρέψα	aor.[1] ind. a. 1 sg.	»
*θρεψάμην	aor.[1] ind. m. 1 sg.	»
θρέψομαι	ft. ind. m. 1 sg.	»
θρέψω	ft. ind. a. 1 sg.	»
θρηνήσω	ft. ind. a. 1 sg.	θρηνέω
θροήσω	ft. ind. a. 1 sg.	θροέω
θρυλήσει	ft. ind. a. 3 sg.	θρυλέω
*θρυλίξας	aor.[1] pt. a. N sg.	θρυλίσσω
*θρυλίχθη	aor. ind. p. 3 sg.	»
θρυφθήσομαι	ft. ind. p. 1 sg.	θρύπτω
θρύψομαι	ft. ind. m. 1 sg.	»
*θρῶσκον	impf. ind. a. 1 sg./3 pl.	θρώσκω
*θύεσκε	impf. ind. a. 3 sg.	θύω
θυθέν	aor. pt. p. N sg. n.	»
θυμανῶ	ft. ind. a. 1 sg.	θυμαίνω
θυμιαθήσομαι	ft. ind. p. 1 sg.	θυμιάω
θυμιάσω	ft. ind. a. 1 sg.	»
*θυμιήσομαι	ft. ind. m. 1 sg.	»
θυμωθείς	aor. pt. p. N sg.	θυμόω
θυμωθήσομαι	ft. ind. p. 1 sg.	»
θυμῶσαι	aor.[1] inf. a.	»
θυμώσομαι	ft. ind. m. 1 sg.	»
θυννάσω	ft. ind. a. 1 sg.	θυννάζω
*θῦον	impf. ind. a. 1 sg./3 pl.	θύω
θυράξαι	aor.[1] inf. a.	θυράζω
*θῦσα	aor.[1] ind. a. 1 sg.	θύω
*θυσέοντι	ft. ind. a. 3 pl.	»
θυσιάσω	ft. ind. a. 1 sg.	θυσιάζω
θύσομαι	ft. ind. m. 1 sg.	θύω
θύσω, *θυσῶ	ft. ind. a. 1 sg.	»
θῦψαι	aor.[1] inf. a.	τύφω
θῶ	aor.[2] cong. a. 1 sg.	τίθημι
*θωκησῶ	ft. ind. a. 1 sg.	θακέω

θῶμαι	aor.^{2} cong. m. 1 sg.	τίθημι
θωμιχθείς	aor. pt. p. N sg.	θωμίζω
*θῶξαι	aor.^{1} inf. a.	[θωρήσσω], θώσσω
θωρακισθείς	aor. pt. p. N sg.	θωρακίζω
*θωραχθείς	aor. pt. p. N sg.	θωρήσσω
*θώρηξα	aor.^{1} ind. a. 1 sg.	»
*θωρηξάμην	aor.^{1} ind. m. 1 sg.	»
θωρήξομαι	ft. ind. m. 1 sg.	»
*θωρήξομεν	aor.^{1} cong. a. 1 pl.	»
*θωρήχθησαν	aor. ind. p. 3 pl.	»
θῶσι	aor.^{2} cong. a. 3 pl.	τίθημι
*θώυξεν	aor.^{1} ind. a. 3 sg.	θωΰσσω
*θωχθείς	aor. pt. p. N sg.	[θωρήσσω], θώσσω

I

ἰάθην	aor. ind. p. 1 sg.	ἰάομαι
ἰαθήσομαι	ft. ind. p. 1 sg.	»
*ἰαίνεσκον	impf. ind. a. 1 sg./3 pl.	ἰαίνω
*ἴαλα	aor.^{1} ind. a. 1 sg.	ἰάλλω
ἰαλῶ	ft. ind. a. 1 sg.	»
ἴαμαι	pf. ind. m. 1 sg.	ἰάομαι
*ἴανα	aor.^{1} ind. a. 1 sg.	ἰαίνω
ἰανθείς	aor. pt. p. N sg.	»
ἰάνθην	aor. ind. p. 1 sg.	»
ἰάσαμεν	aor.^{1} ind. a. 1 pl.	ἰάομαι
ἰασάμην	aor.^{1} ind. m. 1 sg.	»
ἴασι	pr. ind. a. 3 pl.	εἶμι
ἱᾶσι	pr. ind. a. 3 pl.	ἵημι
ἰάσομαι	ft. ind. m. 1 sg.	ἰάομαι
ἰάσω	ft. ind. a. 1 sg.	»
*ἰαύεσκον	impf. ind. a. 1 sg./3 pl.	ἰαύω
ἴαυσα	aor.^{1} ind. a. 1 sg.	»
ἰαύσω	ft. ind. a. 1 sg.	»
*ἰάφθη	aor. ind. p. 3 sg.	ἰάπτω = guastare
*ἰάχεσκε	impf. ind. a. 3 sg.	ἰάχω
ἰαχήθης	aor. ind. p. 2 sg.	ἰαχέω
ἰάχησα	aor.^{1} ind. a. 1 sg.	»

ἴαψα	aor.[1] ind. a. 1 sg.	ἰάπτω = mandare
ἰάψω	ft. ind. a. 1 sg.	» »
ἶγμαι	pf. ind. m. 1 sg.	ἱκνέομαι
ἱγμένος	pf. pt. m. N sg.	»
ἰδέ, *ἴδε	aor.[2] impr. a. 2 sg.	[ὁράω], εἴδομαι
ἰδεῖν, *ἰδέειν	aor.[2] inf. a.	» »
*ἰδέμεν	pf. inf. a.	[οἶδα] »
ἰδέσθαι	aor.[2] inf. m.	[ὁράω] »
*ἴδεσκε	impf. ind. a. 3 sg.	» »
ἴδετε	aor.[2] impr. a. 2 pl.	» »
*ἰδέτω	pf. impr. a. 3 sg.	[οἶδα] »
*ἰδέω	aor.[2] cong. a. 1 sg.	[ὁράω] »
*ἰδησῶ	ft. ind. a. 1 sg.	» »
ἰδιάσωμεν	aor.[1] cong. a. 1 pl.	ἰδιάζω
ἴδισα	aor.[1] ind. a. 1 sg.	ἰδίω
*ἴδμεν	pf. ind. a. 1 pl.	[οἶδα], εἴδομαι
*ἴδμεν(αι)	pf. inf. a.	» »
ἰδνώθη	aor. ind. p. 3 sg.	ἰδνόομαι
ἰδοίμην	aor.[2] ott. m. 1 sg.	[ὁράω], εἴδομαι
ἴδοιμι	aor.[2] ott. a. 1 sg.	» »
ἰδόμενος	aor.[2] pt. m. N sg.	» »
*ἰδόμην	aor.[2] ind. m. 1 sg.	» »
ἴδον	aor.[2] ind. a. 1 sg./3 pl.	» »
ἰδόν	aor.[2] pt. a. N sg. n.	» »
ἰδοῦ	aor.[2] impr. m. 2 sg.	» »
ἰδοῦσα	aor.[2] pt. a. N sg. fm.	» »
ἱδρυθήσομαι	ft. ind. p. 1 sg.	ἱδρύω
ἵδρυκα	pf. ind. a. 1 sg.	»
ἱδρύνθην, *-ύσθην	aor. ind. p. 1 sg.	»
ἵδρυσα	aor.[1] ind. a. 1 sg.	»
ἵδρυσαι	aor.[1] impr. m. 2 sg.	»
ἱδρῦσαι	aor.[1] inf. a.	»
ἱδρῦσθαι	pf. inf. m.	»
ἱδρύσομαι	ft. ind. m. 1 sg.	»
ἱδρύσω	ft. ind. a. 1 sg.	»
ἵδρωκα	pf. ind. a. 1 sg.	ἱδρόω
ἵδρωσα	aor.[1] ind. a. 1 sg.	»
ἱδρώσω	ft. ind. a. 1 sg.	»
ἵδρωται	pf. ind. m. 3 sg.	»
ἴδω, *ἴδωμι	aor.[2] cong. a. 1 sg.	[ὁράω], εἴδομαι
*ἴδωμαι	aor.[2] cong. m. 1 sg.	» »

ἰδών	aor.² pt a. N sg. msch.	[ὁράω], εἴδομαι
*ἵε	pr. impr. a. 2 sg.	ἵημι
*ἴε(ν)	impf. ind. a. 3 sg.	εἶμι
*ἵει	pr./impf. ind. a. 3 sg.	ἵημι
ἱεῖεν	pr. ott. a. 3 pl.	»
ἱείη	pr. ott. a. 3 sg.	»
*ἰείη	pr. ott. a. 3 sg.	εἶμι
ἱεῖμεν	pr. ott. a. 1 pl.	ἵημι
ἱείμην	pr. ott. m. 1 sg.	»
ἱείς	pr. pt. a. N sg. msch.	»
*ἵεις	pr./impf. ind. a. 2 sg.	»
ἱεῖσα	pr. pt. a. N sg. fm.	»
*ἱεῖσι	pr. ind. a. 3 pl.	»
ἵεμαι	pr. ind. m. 1 sg.	»
*ἴμεν(αι)	pr. inf. a.	εἶμι
*ἱέμεν(αι)	pr. inf. a.	ἵημι
ἱέμενος	pr. pt. m. N sg.	»
ἱέμην	impf. ind. m. 1 sg.	»
*ἵεν	impf. ind. a. 3 pl.	»
ἱέν	pr. pt. a. N sg. n.	»
ἱέναι	pr. inf. a.	»
ἰέναι	pr. inf. a.	εἶμι
ἱέντων	pr. impr. a. 3 pl.	ἵημι
*ἵεσαν	impf. ind. a. 3 pl.	»
*ἵεσκε	impf. ind. a. 3 sg.	»
ἵετε	pr./impf. ind. a. 2 pl.	»
ἵετε	pr. impr. a. 2 pl.	»
ἱερᾰθεῖσα	aor. pt. p. N sg. fm.	ἱεράομαι
ἱεράσομαι, *-ήσομαι	ft. ind. m. 1 sg.	»
ἱέρευσε	aor.¹ ind. a. 3 sg.	ἱερεύω
*ἱέρευτο	ppf. ind. m. 3 sg.	»
*ἱερημένος	pf. pt. m. N sg.	ἱεράομαι
*ἱερησάμην	aor.¹ ind. m. 1 sg.	»
ἱεροσύληκα	pf. ind. a. 1 sg.	ἱεροσυλέω
ἱερουργηθέντα	aor. pt. p. NA pl. n.	ἱερουργέω
ἱερώσασθαι	aor.¹ inf. m.	ἱερόω
ἵζε	pr. impr. a. 2 sg.	ἵζω
*ἵζεσκον	impf. ind. a. 3 pl.	»
ἵζηκα	pf. ind. a. 1 sg.	»
ἵζησα	aor.¹ ind. a. 1 sg.	»
ἶζον	impf. ind. a. 1 sg./3 pl.	»

ἵζου, *ἵζευ	pr. impr. m. 2 sg.	ἵζω	
*ἵη	impf. ind. a. 3 sg.	ἵημι	
ἴῃ	pr. cong. a. 3 sg.	εἶμι	
ἱῇ	pr. cong. a. 3 sg.	ἵημι	
*ἴηλα	aor.^{1} ind. a. 1 sg.	ἰάλλω	
ἴηνα	aor.^{1} ind. a. 1 sg.	ἰαίνω	
ἵης	pr. ind. a. 2 sg.	ἵημι	
ἴῃς	pr. cong. a. 2 sg.	εἶμι	
ἱῇς	pr. cong. a. 2 sg.	ἵημι	
*ἰησάμην	aor.^{1} ind. m. 1 sg.	ἰάομαι	
*ἴῃσθα	pr. cong. a. 2 sg.	εἶμι	
ἵησι	pr. ind. a. 3 sg.	ἵημι	
*ἴῃσι	pr. cong. a. 3 sg.	εἶμι	
*ἱῇσι	pr. cong. a. 3 sg.	ἵημι	
*ἰήσομαι	ft. ind. m. 1 sg.	ἰάομαι	
ἴητε	pr. cong. a. 2 pl.	εἶμι	
ἱῆτε	pr. cong. a. 2 pl.	ἵημι	
ἰήτρευκα	pf. ind. a. 1 sg.	ἰατρεύω	
ἴθι	pr. impr. a. 2 sg.	εἶμι	
ἴθυμμαι	pf. ind. m. 1 sg.	ἰθύνω	
ἴθυνα	aor.^{1} ind. a. 1 sg.	»	
ἰθύνασθαι	aor.^{1} inf. m.	»	
*ἰθύνεσκον	impf. ind. a. 1 sg./3 pl.	»	
ἰθύνθην	aor. ind. p. 1 sg.	»	
ἴθυσα	aor.^{1} ind. a. 1 sg.	ἰθύω	
*ἱκανέμεν(αι)	pr. inf. a.	[ἱκνέομαι],	ἱκάνω
*ἵκανον	impf. ind. a. 1 sg./3 pl.	»	»
*ἷκε	impf. ind. a. 3 sg.	»	ἵκω
ἱκέσθαι	aor.^{2} inf. m.	»	
ἱκετευθέντες	aor. pt. p. N pl.	ἱκετεύω	
ἱκέτευσα	aor.^{1} ind. a. 1 sg.	»	
ἱκετεύσω	ft. ind. a. 1 sg.	»	
ἵκετο	aor.^{2} ind. m. 3 sg.	ἱκνέομαι	
ἵκῃ	aor.^{2} cong. m. 2 sg.	»	
ἵκηται	aor.^{2} cong. m. 3 sg.	»	
ἱκμασθέντος	aor. pt. p. G sg.	ἱκμάζω	
ἱκνεῖτο	impf. ind. m. 3 sg.	ἱκνέομαι	
*ἱκνεύμενος	pr. pt. m. N sg.	»	
ἱκοίμην	aor.^{2} ott. m. 1 sg.	»	
ἵκοιμι	aor.^{2} ott. a. 1 sg.	»	
*ἷκον	impf. ind. a. 1 sg./3 pl.	»	ἷκω

*ἵκτο	aor.^{2} ind. m. 3 sg.	ἱκνέομαι
*ἵλαθι	pr. impr. a. 2 sg.	[ἱλάσκομαι], ἵλημι
*ἱλάξασθαι	aor.^{1} inf. m.	»
*ἱλάξομαι	ft. ind. m. 1 sg.	»
ἱλαρύνθην	aor. ind. p. 1 sg.	ἱλαρύνω
ἱλαρυνθήσομαι	ft. ind. p. 1 sg.	»
ἱλασάμην	aor.^{1} ind. m. 1 sg.	ἱλάσκομαι
ἱλάσθην	aor. ind. p. 1 sg.	»
ἱλασθήσομαι	ft. ind. p. 1 sg.	»
ἱλάσομαι, *-άσσομαι	ft. ind. m. 1 sg.	»
*ἱλάσσασθαι	aor.^{1} inf. m.	»
*ἱλάσσεαι, ἱλάσσηαι	aor.^{1} cong. m. 2 sg.	»
*ἵληθι	pr. impr. a. 2 sg.	» ἵλημι
*ἰλλάμην	aor.^{1} ind. m. 1 sg.	[εἴλω], ἴλλω
ἵμασα	aor.^{1} ind. a. 1 sg.	ἱμάσσω
*ἱμασσόμενος	pr. pt. m. N sg.	»
ἱμάσω	ft. ind. a. 1 sg.	»
*ἱμειράμην	aor.^{1} ind. m. 1 sg.	ἱμείρω
ἴμεν	pr. ind. a. 1 pl.	εἶμι
*ἴμεν(αι)	pr. inf. a.	»
*ἱμέρθην	aor. ind. p. 1 sg.	ἱμείρω
*ἰνάσσατο	aor.^{1} ind. m. 3 sg.	[ἰνόω], ἰνάσσω
*ἰνάσω	ft. ind. a. 1 sg.	» »
*ἶξε(ν)	aor.^{2} ind. a. 3 sg.	[ἱκνέομαι], ἵκω
*ἱξέμεν	ft. inf. a.	» »
ἵξομαι	ft. ind. m. 1 sg.	» »
*ἶξον	aor.^{2} ind. a. 3 pl.	» »
*ἱξοῦμαι	ft. ind. m. 1 sg.	» »
*ἱξῶ	ft. ind. a. 1 sg.	» »
ἴοι	pr. ott. a. 3 sg.	εἶμι
ἴοιεν	pr. ott. a. 3 pl.	»
ἰοίην, ἴοιμι	pr. ott. a. 1 sg.	»
ἵοιμι	pr. ott. a. 1 sg.	ἵημι
*ἴομεν	pr. cong. a. 1 pl.	εἶμι
ἰόν	pr. pt. a. N sg. n.	»
*ἵονται	pr. cong. m. 3 pl.	ἵημι
ἰοῦσα	pr. pt. a. N sg. fm.	εἶμι
ἱππαρχηκότες	pf. pt. a. N pl.	ἱππαρχέω
ἱππάσαι	aor.^{1} inf. a.	ἱππάζομαι
*ἱππασεῖται	ft. ind. m. 3 sg.	»
ἱππεύσαντος	aor.^{1} pt. a. G sg.	ἱππεύω

ἱππο(τε)τρόφηκα	pf. ind. a. 1 sg.	ἱπποτροφέω
ἱπποτρόφησα	aor.[1] ind. a. 1 sg.	»
*ἱπτάμην	impf. ind. m. 1 sg.	[πέτομαι], ἵπταμαι
*ἱρεύεσκον	impf. ind. a. 1 sg./3 pl.	ἱ(ε)ρεύω
*ἴσαις	pr. ind. a. 2 sg.	[οἶδα], ἴσαμι
*ἴσαμεν	pr. ind. a. 1 pl.	» »
*ἴσαν	impf. ind. a. 3 pl.	εἶμι
*ἴσαν	ppf. ind. a. 3 pl.	[οἶδα], εἴδομαι
*ἴσας	pr. pt. a. N sg.	» ἴσαμι
ἰσάσθην	aor. ind. p. 1 sg.	ἰσάζω
ἰσασθήσομαι	ft. ind. p. 1 sg.	»
ἴσασι	pf. ind. a. 3 pl.	[οἶδα], εἴδομαι
*ἰσάσκετο	impf. ind. m. 3 sg.	ἰσάζω
ἴσασμαι	pf. ind. m. 1 sg.	»
*ἴσατε	pr. ind. a. 2 pl.	[οἶδα], ἴσαμι
*ἴσατι	pr. ind. a. 3 sg.	» »
*ἴσδευ	pr. impr. m. 2 sg.	ἵζω
ἴσθι	pr. impr. a. 2 sg.	εἰμί
ἴσθι	pf. impr. a. 2 sg.	[οἶδα], εἴδομαι
*ἴσκε(ν)	impf. ind. a. 3 sg.	ἴσκω = ἐίσκω
*ἴσκον	impf. ind. a. 1 sg.	» = dire
*ἴσκων	pr. pt. a. N sg.	» = »
ἴσμεν	pf. ind. a. 1 pl.	[οἶδα], εἴδομαι
*ἵστα	impf. ind. a. 3 sg.	ἵστημι, ἱστάω
*ἱστᾷ	pr. ind. a. 3 sg.	» »
ἱσταῖεν	pr. ott. a. 3 pl.	»
ἱσταίην	pr. ott. a. 1 sg.	»
*ἱστάμεν(αι)	pr. inf. a.	»
ἱστάμην	impf. ind. m. 1 sg.	»
*ἵσταν	impf. ind. a. 3 pl.	»
ἱστάναι	pr. inf. a.	»
ἵστανον	impf. ind. a. 1 sg./3 pl.	» ἱστάνω
ἱστάνον	pr. pt. a. NA sg. n.	» »
ἵσταντο	impf. ind. m. 3 pl.	»
*ἱστᾷς	pr. ind./cong. a. 2 sg.	» ἱστάω
ἱστάς	pr. pt. a. N sg.	»
ἵστασαν	impf. ind. a. 3 pl.	»
ἵστασθαι	pr. inf. m.	»
ἱστᾶσι	pr. ind. a. 3 pl.	»
*ἵστασκε	impf. ind. a. 3 sg.	»
ἵστατε	pr./impf. ind. a. 2 pl.	»

ἵστατε	pr. impr. a 2 pl.	ἵστημι
ἴστε	pf. ind./impr. a. 2 pl.	[οἶδα], εἴδομαι
*ἱστέαται	pr. ind. m. 3 pl.	ἵστημι
*ἱστέατο	impf. ind. m. 3 pl.	»
ἵστη	pr. impr. a. 2 sg.	»
ἵστη	impf. ind. a. 3 sg.	»
*ἱστία	impf. ind. a. 3 sg.	ἑστιάω
*ἱστιῆσθαι	pf. inf. m.	»
ἴστω	pf. impr. a. 3 sg.	[οἶδα], εἴδομαι
*ἰσχανάασκον	impf. ind. a. 1 sg./3 pl.	ἰσχάνω, ἰσχανάω
*ἴσχανε	pr. impr. a. 2 sg.	»
*ἴσχανε	impf. ind. a. 3 sg.	»
ἴσχνανα	aor.[1] ind. a. 1 sg.	ἰσχναίνω
ἰσχνάνθην	aor. ind. p. 1 sg.	»
ἰσχνανῶ	ft. ind. a. 1 sg.	»
*ἰσχέμεν(αι)	pr. inf. a.	ἴσχω
*ἴσχεο	pr. impr. m. 2 sg.	»
ἴσχετο	impf. ind. m. 3 sg.	»
*ἴσχημαι	pf. ind. m. 1 sg.	[ἔχω], ἴσχω,
*ἴσχνηνα	aor.[1] ind. a. 1 sg.	ἰσχναίνω
ἰσχυριοῦμαι	ft. ind. m. 1 sg.	ἰσχυρίζομαι
ἴτε	pr. ind./impr. a. 2 pl.	εἶμι
*ἴτην	impf. ind. a. 3 du.	»
*ἴττω (per ἴστω)	pf. impr. a. 3 sg.	[οἶδα], εἴδομαι
ἴτων, ἴτωσαν	pr. impr. a. 3 pl.	εἶμι
ἶυξα	aor.[1] ind. a. 1 sg.	ἰύζω
*ἰχθυάασκον	impf. ind. a. 1 sg./3 pl.	ἰχθυάω
ἰψάμην	aor.[1] ind. m. 1 sg.	ἴπτομαι
ἴψομαι	ft. ind. m. 1 sg.	»
ἴω	pr. cong. a. 1 sg.	εἶμι
ἱῶ	pr. cong. a. 1 sg.	ἵημι
ἰῶ	pr. impr. m. 2 sg.	ἰάομαι
ἰών	pr. pt. a. N sg. msch.	εἶμι
ἱῶνται	pr. cong. m. 3 pl.	ἵημι
ἱῶσι	pr. cong. a. 3 pl.	»
ἴωσι	pr. cong. a. 3 pl.	εἶμι
ἰῷτο	pr. ott. m. 3 sg.	ἰάομαι

K

*καγχαλάασκε	impf. ind. a. 3 sg.	καγχαλάω
*κάδευ	pr. impr. m. 2 sg.	κήδω
καείς	aor. pt. p. N sg.	καίω
καῆναι, *καήμεναι	aor. inf. p.	»
καήσομαι	ft. ind. p. 1 sg.	»
καθ-:	*togliere e cercare sotto l'iniziale risultante*	
καθαριῶ	ft. ind. a. 1 sg.	καθαρίζω
καθαρῶ	ft. ind. a. 1 sg.	καθαίρω
καθεδήσομαι, -δοῦμαι	ft. ind. m. 1 sg.	καθέζομαι
*καθεδῶ	ft. ind. a. 1 sg.	»
καθεσθήσομαι	ft. ind. p. 1 sg.	»
*καθιεῖν	ft. inf. a.	καθίζω
καθιζηθείς	aor. pt. p. N sg.	»
καθιζήσομαι	ft. ind. m. 1 sg.	»
*καθῖζον	impf. ind. a. 1 sg./3 pl.	»
*καθίξας	aor.[1] pt. a. N sg.	»
*καθίξη	aor.[1] cong. a. 3 sg.	»
*κάθισα, καθῖσα	aor.[1] ind. a. 1 sg.	»
*καθίσσας	aor.[1] pt. a. N sg.	»
καθίσω, -ιῶ, *-ιξῶ	ft. ind. a. 1 sg.	»
καθυπερ-:	*togliere e cercare sotto l'iniziale risultante*	
καθυπ(ο)-, *καθυφ-*:	*togliere e cercare sotto l'iniziale risultante*	
*καιέμεν	pr. inf. a.	καίω
καινήσασα	aor.[1] pt. a. N sg.	καινέω
*καῖον	impf. ind. a. 1 sg./3 pl.	καίω
κακιῶ	ft. ind. a. 1 sg.	κακίζω
κακοπαθήσομαι	ft. ind. m. 1 sg.	κακοπαθέω
κακοτροφηθείς	aor. pt. p. N sg.	κακοτροφέω
κακοτροφήσας	aor.[1] pt. a. N sg.	»
*καλέεσκον	impf. ind. a. 1 sg./3 pl.	καλέω
κάλει	pr. impr. a. 2 sg.	»
καλεῖ	pr./ft. ind. a. 3 sg.	»
*καλέσαντο	aor.[1] ind. m. 3 pl.	»
*κάλεσκεν	impf. ind. a. 3 sg.	»
καλέσομαι	ft. ind. m. 1 sg.	»

*κάλεσσα	aor.[1] ind. a. 1 sg.	καλέω
*καλεσσάμην	aor.[1] ind. m. 1 sg.	»
καλέσω	ft. ind. a. 1 sg.	»
*καλεύμενος	pr. pt. m. N sg.	»
*καλέω	ft. ind. a. 1 sg.	»
*καλήμεναι	pr. inf. a.	»
*κάλημι	pr. ind. a. 1 sg.	»
*κάλην	pr. inf. a.	»
καλλιερηθῇ	aor. cong. p. 3 sg.	καλλιερέω
καλλιερῆσαι	aor.[1] inf. a.	»
καλοῦμαι	pr./ft. ind. m. 1 sg.	καλέω
*κάλυπτον	impf. ind. a. 1 sg./3 pl.	καλύπτω
καλυφείς	aor. pt. p. N sg.	»
καλυφθήσομαι	ft. ind. p. 1 sg.	»
*κάλυψα	aor.[1] ind. a. 1 sg.	»
*καλυψάμην	aor.[1] ind. m. 1 sg.	»
καλύψομαι	ft. ind. m. 1 sg.	»
καλύψω	ft. ind. a. 1 sg.	»
καλῶ	ft. ind. a. 1 sg.	καλέω
*καμέεσθαι	ft. inf. m.	κάμνω
καμεῖν	aor.[2] inf. a.	»
καμεῖται	ft. ind. m. 3 sg.	»
καμῇ	ft. ind. m. 2 sg.	»
*κάμησι	aor.[2] cong. a. 3 sg.	»
*κάμον	aor.[2] ind. a. 1 sg./3 pl.	»
καμοῦμαι	ft. ind. m. 1 sg.	»
καμφθείς	aor. pt. p. N sg.	κάμπτω
καμφθήσομαι	ft. ind. p. 1 sg.	»
κάμψαι	aor.[1] inf. a.	»
κάμψω	ft. ind. a. 1 sg.	»
κανάξαι	aor.[1] inf. a.	κανάσσω
κανάξας	aor.[1] pt. a. N sg.	»
*κανάχησε	aor.[1] ind. a. 3 sg.	καναχέω
κανεῖν, *κανῆν	aor.[2] inf. a.	καίνω
κανῶ	ft. ind. a. 1 sg.	»
κανών	aor.[2] pt. a. N sg.	»
*κάπνισσαν	aor.[1] ind. a. 3 pl.	καπνίζω
*κάπυσσεν	aor.[1] ind. a. 3 sg.	καπύω
καρείς	aor. pt. p. N sg.	κείρω
καρῇ	aor. cong. p. 3 sg.	»
καρῆναι	aor. inf. p.	»

*καρύξαισα	aor.[1] pt. a. N sg. fm.	κηρύττω
*καρυξῶ	ft. ind. a. 1 sg.	»
*κάρψω	ft. ind. a. 1 sg.	κάρφω
κάρωσον	aor.[1] impr. a. 2 sg.	καρόω
κατ(α)-:	*togliere e cercare sotto l'iniziale risultante*	
καταδι(α)-, καταμφι-:	*togliere e cercare sotto l'iniziale risultante*	
καταν(α)-, καταντι-:	*togliere e cercare sotto l'iniziale risultante*	
καταπο-, καταπρο-:	*togliere e cercare sotto l'iniziale risultante*	
καταπροίξεσθαι	ft. inf. m.	καταπροίξομαι
καταπροίξονται	ft. ind. m. 3 pl.	»
καταρ- (+ ρ):	*togliere e cercare sotto l'iniziale ῥ-*	
κατασυγ-:	*togliere e cercare sotto l'iniziale risultante*	
κατασυλ- (+ λ):	*togliere e cercare sotto l'iniziale λ-*	
κατασυμ-, καταφ-:	*togliere e cercare sotto l'iniziale risultante*	
κατεγ-, κατεισ-:	*togliere e cercare sotto l'iniziale risultante*	
κατεκ-, κατεμ-:	*togliere e cercare sotto l'iniziale risultante*	
κατεν-, κατεξ-	*togliere e cercare sotto l'iniziale risultante*	
κατεπ-, κατεπεμ-:	*togliere e cercare sotto l'iniziale risultante*	
κατεπι-:	*togliere e cercare sotto l'iniziale risultante*	
κατεπροίξατο	aor.[1] ind. m. 3 sg.	καταπροίξομαι
κατηνάλωσα	aor.[1] ind. a. 1 sg.	καταναλίσκω
κατηναλῶσθαι	pf. inf. m.	»
καυθείς	aor. pt. p. N sg.	καίω
καυθήσομαι	ft. ind. p. 1 sg.	»
καύσας	aor.[1] pt. a. N sg.	»
καύσομαι	ft. ind. m. 1 sg.	»
καύσω	ft. ind. a. 1 sg.	»
καυχᾶσαι	pr. ind. m. 2 sg.	καυχάομαι
*καυχάσαιτο	aor.[1] ott. m. 3 sg.	»
καυχήσομαι	ft. ind. m. 1 sg.	»
*καχαξῶ	ft. ind. a. 1 sg.	κα(γ)χάζω
κάψω	ft. ind. a. 1 sg.	κάπτω
*κεαθείσης	aor. pt. p. G sg. fm.	κεάζω
*κέαντες	aor.[1] pt. a. N pl.	καίω
*κέας	aor.[1] pt. a. N sg.	»
*κέασα, κέασσα	aor.[1] ind. a. 1 sg.	κεάζω
*κεάσθην	aor. ind. p. 1 sg.	»
*κεάσσω	ft. ind. a. 1 sg.	»
*κέαται	pr. ind. m. 3 pl.	κεῖμαι
*κέατο	impf. ind. m. 3 pl.	»
*κεδάσθη	aor. ind. p. 3 sg.	(σ)κεδάννυμι

*κέδασαν	aor.^{1} ind. a. 3 pl.	(σ)κεδάννυμι
*κέεσθαι	pr. inf. m.	κεῖμαι
*κέηται	pr. cong. m. 3 sg.	»
*κειάμενοι	aor.^{1} pt. m. N pl.	καίω
*κείαντες	aor.^{1} pt. a. N pl.	»
*κείαντο	aor.^{1} ind. m. 3 pl.	»
*κείαται	pr. ind. m. 3 pl.	κεῖμαι
*κείατο	impf. ind. m. 3 pl.	»
κείμενος	pr. pt. m. N sg.	»
*κείμην	impf. ind. m. 1 sg.	»
κεῖνται	pr. ind. m. 3 pl.	»
*κεῖντο	impf. ind. m. 3 pl.	»
*κείομεν	aor.^{1} cong. a. 1 pl.	καίω
*κεῖον	aor.^{1} impr. a. 2 sg.	»
κείρας	aor.^{1} pt. a. N sg.	κείρω
κείρασθαι	aor.^{1} inf. m.	»
*κεῖρον	impf. ind. a. 1 sg./3 pl.	»
κεῖσαι	pr. ind. m. 2 sg.	κεῖμαι
*κεισεῦμαι	ft. ind. m. 1 sg.	»
κεῖσθαι	pr. inf. m.	»
κείσθω	pr. impr. m. 3 sg.	»
κεῖσο	pr. impr. m. 2 sg.	»
κείσομαι	ft. ind. m. 1 sg.	»
κεῖται	pr. ind. m. 3 sg.	»
κείωνται	pr. cong. m. 3 pl.	»
*κεκαδήσει	ft. ind. a. 3 sg.	χάζω
*κεκαδήσομαι	ft. ind. m. 1 sg.	κήδω
*κέκαδμαι	pf. ind. m. 1 sg.	καίνυμαι
*κέκαδον	aor.^{2} ind. a. 1 sg./3 pl.	χάζω
*κεκάδοντο	aor.^{2} ind. m. 3 pl.	»
*κεκαδών	aor.^{2} pt. a. N sg.	»
κεκάθαρμαι	pf. ind. m. 1 sg.	καθαίρω
κεκάθικα	pf. ind. a. 1 sg.	καθίζω
κεκακοπάθηκα	pf. ind. a. 1 sg.	κακοπαθέω
κεκακωμένοι	pf. pt. m. N pl.	κακόω
κεκάλεσμαι	pf. ind. m. 1 sg.	καλέω
κεκαλλιέρηκα	pf. ind. a. 1 sg.	καλλιερέω
κεκαλλωπισμένη	pf. pt. m. N sg. fm	καλλωπίζω
κεκάλυμμαι	pf. ind. m. 1 sg.	καλύπτω
*κεκάλυπτο	ppf. ind. m. 3 sg.	»
*κεκάλυφα	pf. ind. a. 1 sg.	»

*κεκάμησι	aor.^{2} cong. a. 3 sg.	κάμνω
κεκαμμένος	pf. pt. m. N sg.	κάμπτω
κεκάμμυκα	pf. ind. a. 1 sg.	καμμύω
κεκάμφθαι	pf. inf. m.	κάμπτω
*κεκάμωσιν	aor.^{2} cong. a. 3 pl.	κάμνω
κεκάπνικα	pf. ind. a. 1 sg.	καπνίζω
κεκάρθαι	pf. inf. m.	κείρω
κέκαρκα	pf. ind. a. 1 sg.	»
κέκαρμαι	pf. ind. m. 1 sg.	»
κεκαρτέρηται	pf. ind. m. 3 sg.	καρτερέω
κεκαρυκευμένα	pf. pt. m. N pl. n.	καρυκεύω
κέκασμαι	pf. ind. m. 1 sg.	καίνυμαι
*κέκαστο	ppf. ind. m. 3 sg.	»
κέκαυκα	pf. ind. a. 1 sg.	καίω
κεκαῦσθαι	pf. inf. m.	»
κέκαυ(σ)μαι	pf. ind. m. 1 sg.	»
κεκαύχημαι	pf. ind. m. 1 sg.	καυχάομαι
κεκεασμένος	pf. pt. m. N sg.	κεάζω
*κεκέδαστο	ppf. ind. m. 3 sg.	(σ)κεδάννυμι
κεκέλευκα	pf. ind. a. 1 sg.	κελεύω
κεκέλευ(σ)μαι	pf. ind. m. 1 sg.	»
κεκέντημαι	pf. ind. m. 1 sg.	κεντέω
κεκένωκα	pf. ind. a. 1 sg.	κενόω
κεκέρασμαι	pf. ind. m. 1 sg.	κεράννυμι
κεκέρδα(γ)κα, -ηκα	pf. ind. a. 1 sg.	κερδαίνω
κεκέρδημαι	pf. ind. m. 1 sg.	»
κεκερδημένος	pf. pt. m. N sg.	»
κέκευθα	pf. ind. a. 1 sg.	κεύθω
κέκευται	pf. ind. m. 3 sg.	»
κέκηδα	pf. ind. a. 1 sg.	κήδω
κεκηδευμένος	pf. pt. m. N sg.	κηδεύω
κεκήληνται	pf. ind. m. 3 pl.	κηλέω
κεκήρυγμαι	pf. ind. m. 1 sg.	κηρύττω
*κεκήρυκτο	ppf. ind. m. 3 sg.	»
κεκήρυχα	pf. ind. a. 1 sg.	»
κεκινδύνευκα	pf. ind. a. 1 sg.	κινδυνεύω
κεκινδυνευμένον	pf. pt. m. NA sg. n.	»
κεκινδυνεύσομαι	fta. ind. m. 1 sg.	»
κεκινῆσθαι	pf. inf. m.	κινέω
κεκίνηται	pf. ind. m. 3 sg.	»
κέκλαγγα, *-αγα	pf. ind. a. 1 sg.	κλάζω

κεκλάγγω	pf. cong. a. 1 sg.	κλάζω
κεκλάγξομαι	fta. ind. m. 1 sg.	»
*κέκλᾳνται	pf. ind. m. 3 pl.	κλῄω, κλείω
κέκλασμαι	pf. ind. m. 1 sg.	κλάω
*κέκλαστο	ppf. ind. m. 3 sg.	»
κέκλαυμαι, -αυσμαι	pf. ind. m. 1 sg.	κλαίω
κεκλαύσεται	fta. ind. m. 3 sg.	»
*κεκλέαται	pf. ind. m. 3 pl.	καλέω
κεκλειδωμένος	pf. pt. m. N sg.	κλειδόω
κέκλεικα	pf. ind. a. 1 sg.	κλείω
κέκλει(σ)μαι	pf. ind. m. 1 sg.	»
κέκλεμμαι	pf. ind. m. 1 sg.	κλέπτω
*κέκλεο	aor.² impr. m. 2 sg.	κέλομαι
*κέκλετο	aor.² ind. m. 3 sg.	»
*κεκλήαται	pf. ind. m. 3 pl.	καλέω
*κεκλήατο	ppf. ind. m. 3 pl.	»
*κεκλήγοντες	pf. pt. a. N pl.	κλάζω
*κεκληγώς	pf. pt. a. N sg.	»
κεκλῄιμαι	pf. ind. m. 1 sg.	κλῄω, κλείω
κεκλῄισμαι	pf. ind. m. 1 sg.	κλῄζω
κέκληκα	pf. ind. a. 1 sg.	καλέω
κέκλῃκα	pf. ind. a. 1 sg.	κλῄω, κλείω
κέκλημαι	pf. ind. m. 1 sg.	καλέω
κέκλῃμαι	pf. ind. m. 1 sg.	κλῄω, κλείω
κεκλήμην	pf. ott. m. 1 sg.	καλέω
κεκλῆο	pf. ott. m. 2 sg.	»
κεκληρῶσθαι	pf. inf. m.	κληρόω
κεκλῆσθαι	pf. inf. m.	καλέω
κεκλῇσθαι	pf. inf. m.	κλῄω, κλείω
κεκλήσομαι	fta. ind. m. 1 sg.	καλέω
κεκλῄσομαι	fta. ind. m. 1 sg.	κλῄω, κλείω
κέκλικα	pf. ind. a. 1 sg.	κλίνω
κέκλιμαι	pf. ind. m. 1 sg.	»
κεκλίνθαι, -ίσθαι	pf. inf. m.	»
κεκλίσομαι	fta. ind. m. 1 sg.	»
*κεκλοίμαν	aor.² ott. m. 1 sg.	κέλομαι
*κεκλόμενος	aor.² pt. m. N sg.	»
κέκλοφα	pf. ind. a. 1 sg.	κλέπτω
*κέκλυθι	aor.² impr. a. 2 sg.	κλύω
κέκλυσμαι	pf. ind. m. 1 sg.	κλύζω
*κέκλυτε	aor.² impr. a. 2 pl.	κλύω

κέκλωσμαι	pf. ind. m. 1 sg.	κλώθω	
κεκλωσμένη	pf. pt. m. N sg. fm.	»	
κέκμηκα	pf. ind. a. 1 sg.	κάμνω	
κεκμηκώς, *-ηώς	pf. pt. a. N sg.	»	
*κεκμηῶτι	pf. pt. a. D sg.	»	
κέκνησμαι	pf. ind. m. 1 sg.	κνάω	
κεκνιπωμένοι	pf. pt. m. N pl.	κνιπόομαι	
κεκνισωμένον	pf. pt. m. N sg. n.	κνισόω	
κεκοίλαμμαι, -σμαι	pf. ind. m. 1 sg.	κοιλαίνω	
κεκοίμημαι	pf. ind. m. 1 sg.	κοιμάω	
κεκοίνωμαι	pf. ind. m. 1 sg.	κοινόω	
κεκοινώνηκα	pf. ind. a. 1 sg.	κοινωνέω	
κεκοινώνημαι	pf. ind. m. 1 sg.	»	
κεκοίνωνται	pf. ind. m. 3 pl.	κοινόω	
κεκόκκυκα	pf. ind. a. 1 sg.	κοκκύζω	
κεκόλασμαι	pf. ind. m. 1 sg.	κολάζω	
κεκολλημένη	pf. pt. m. N sg.	κολλάω	
κεκόλουμαι, -σμαι	pf. ind. m. 1 sg.	κολούω	
κεκόμικα	pf. ind. a. 1 sg.	κομίζω	
κεκόμισμαι	pf. ind. m. 1 sg.	»	
κέκομμαι	pf. ind. m. 1 sg.	κόπτω	
κεκόμψευται	pf. ind. m. 3 sg.	κομψεύω	
κέκονα	pf. ind. a. 1 sg.	καίνω	
κεκονιαμένοι	pf. pt. m. N pl.	κονιάω	
κεκόνιμαι, -σμαι	pf. ind. m. 1 sg.	κονίω	
κεκόνιστο, -νιτο	ppf. ind. m. 3 sg.	»	
κεκόπακα	pf. ind. a. 1 sg.	κοπάζω	
κεκοπίακα	pf. ind. a. 1 sg.	κοπιάω	
κεκοπρῶσθαι	pf. inf. m.	κοπρόω	
*κεκοπώς	pf. pt. a. N sg.	κόπτω	
κεκόρεσμαι	pf. ind. m. 1 sg.	κορέννυμι	
κεκόρημαι	pf. ind. m. 1 sg.	»	κορέω
κεκορήσομαι	fta. ind. m. 1 sg.	»	»
*κεκόρυθμαι	pf. ind. m. 1 sg.	κορύσσω	
*κεκορυθμένος	pf. pt. m. N sg.	»	
*κεκοσμέαται	pf. ind. m. 3 pl.	κοσμέω	
κεκοσμηκότες	pf. pt. a. N pl.	»	
κεκόσμηται	pf. ind. m. 3 sg.	»	
κεκούφικα	pf. ind. a. 1 sg.	κουφίζω	
κεκουφίσθαι	pf. inf. m.	»	
κέκοφα	pf. ind. a. 1 sg.	κόπτω	

κεκόψομαι	fta. ind. m. 1 sg.	κόπτω
*κεκράανται	pf. ind. m. 3 pl.	κραίνω
*κεκράαντο	ppf. ind. m. 3 pl.	»
κέκραγα	pf. ind. a. 1 sg.	κράζω
κεκράγετε	pf. ind. a. 2 pl.	»
κέκραμαι	pf. ind. m. 1 sg.	κεράννυμι
κέκρανται	pf. ind. m. 3 pl.	κραίνω
κεκράξομαι	fta. ind. m. 1 sg.	κράζω
κεκράτευκα	pf. ind. a. 1 sg.	κρατέω, κρατεύω
κεκράτηται	pf. ind. m. 3 sg.	»
κέκραχθι	pf. impr. a. 2 sg.	κράζω
κεκρεανόμηκα	pf. ind. a. 1 sg.	κρεανομέω
κεκρέμακα	pf. ind. a. 1 sg.	κρεμάννυμι
κεκρεμάσθω	pf. impr. m. 3 sg.	»
*κεκρέμαστο	ppf. ind. m. 3 sg.	»
*κέκρημαι	pf. ind. m. 1 sg.	κεράννυμι
κέκριγα	pf. ind. a. 1 sg.	κρίζω
κεκριγότες	pf. pt. a. N pl.	»
κέκρικα	pf. ind. a. 1 sg.	κρίνω
κέκριμαι	pf. ind. m. 1 sg.	»
κεκρίσθαι	pf. inf. m.	»
κεκριωμένον	pf. pt. m. N sg. n.	κριόω
κέκρουκα	pf. ind. a. 1 sg.	κρούω
κέκρουσμαι	pf. ind. m. 1 sg.	»
κέκρυμμαι	pf. ind. m. 1 sg.	κρύπτω
*κέκρυπτο	ppf. ind. m. 3 sg.	»
κέκρυφα	pf. ind. a. 1 sg.	»
*κεκρύφαται	pf. ind. m. 3 pl.	»
κεκρύψομαι	fta. ind. m. 1 sg.	»
κέκτημαι	pf. ind. m. 1 sg.	κτάομαι
*κεκτήμην	ppf. ind. m. 1 sg.	»
κεκτῄμην	pf. ott. m. 1 sg.	»
κεκτήσομαι	fta. ind. m. 1 sg.	»
κεκτῇτο	pf. ott. m. 3 sg.	»
κέκτισμαι	pf. ind. m. 1 sg.	κτίζω
κέκτωμαι	pf. cong. m. 1 sg.	κτάομαι
κεκτῴμην	pf. ott. m. 1 sg.	»
κεκύηκα	pf. ind. a. 1 sg.	κυέω
κεκύηται	pf. ind. m. 3 sg.	»
κεκυθημένη	pf. pt. m. N sg.	κεύθω
*κεκύθωσι	aor.[2] cong. a. 3 pl.	»

κεκύκλωκα	pf. ind. a. 1 sg.	κυκλόω
κεκύκλωμαι	pf. ind. m. 1 sg.	»
κεκύλισμαι	pf. ind. m. 1 sg.	κυλίνδω
*κεκύλιστο	ppf. ind. m. 3 sg.	»
κεκύνηκα	pf. ind. a. 1 sg.	κυνέω
κεκύρηκα	pf. ind. a. 1 sg.	κυρέω, κύρω
κεκυρηκώς	pf. pt. a. N sg.	»
κεκώλυκα	pf. ind. a. 1 sg.	κωλύω
κεκώλυμαι	pf. ind. m. 1 sg.	»
κεκώμακα	pf. ind. a. 1 sg.	κωμάζω
κεκωφωμένος	pf. pt m. N sg.	κωφόω
*κελάδησα	aor.^{1} ind. a. 1 sg.	κελαδέω
κελαδήσομαι	ft. ind. m. 1 sg.	»
κελαδήσω	ft. ind. a. 1 sg.	»
*κελάρυξεν	aor.^{1} ind. a. 3 sg.	κελαρύζω
κελαρύσομαι, -ύξομαι	ft. ind. m. 1 sg.	»
*κέλεαι	pr. ind. m. 2 sg.	κέλομαι
*κέλευον	impf. ind. a. 1 sg./3 pl.	κελεύω
*κελευσέμεναι	ft. inf. a.	»
κελευσθήσομαι	ft. ind. p. 1 sg.	»
κέλευσον	aor.^{1} impr. a. 2 sg.	»
κελεύσω	ft. ind. a. 1 sg.	»
*κέλετο	impf. ind. m. 3 sg.	κέλομαι
*κελήσατο	aor.^{1} ind. m. 3 sg.	»
κελήσομαι	ft. ind. m. 1 sg.	»
*κελόμην	impf. ind. m. 1 sg.	»
κέλσαι	aor.^{1} inf. a.	κέλλω
*κένσαι	aor.^{1} inf. a.	κεντέω
*κέντασα	aor.^{1} ind. a. 1 sg.	»
κεντηθήσομαι	ft. ind. p. 1 sg.	»
κεντήσω	ft. ind. a. 1 sg.	»
*κέντο	impf. ind. m. 3 sg.	κέλομαι
κενωθήσομαι	ft. ind. p. 1 sg.	κενόω
κενώσομαι	ft. ind. m. 1 sg.	»
κενώσω	ft. ind. a. 1 sg.	»
*κέοιτο	pr. ott. m. 3 sg.	κεῖμαι
*κέρα	pr. impr. a. 2 sg.	[κεράννυμι], κεράω
*κεράασθε	pr. impr. m. 2 pl.	» »
*κεράϊζον	impf. ind. a. 1 sg./3 pl.	κεραΐζω
*κεράϊξα	aor.^{1} ind. a. 1 sg.	»
*κεραϊξέμεν	ft. inf. a.	»

κεραΐξω	ft. ind. a. 1 sg.	κεραΐζω
*κέρασα, κέρασσα	aor.[1] ind. a. 1 sg.	κεράννυμι, κεράω
κεράσαι	aor.[1] inf. a.	» »
κερασθείς	aor. pt. p. N sg.	» »
κέρασον	aor.[1] impr. a. 2 sg.	» »
*κεράσσατο	aor.[1] ind. m. 3 sg.	» »
κεράσω	ft. ind. a. 1 sg.	» »
κεραυνωθείς	aor. pt. p. N sg.	κεραυνόω
κερδανθείς	aor. pt. p. N sg.	κερδαίνω
κερδανῶ, *κερδανέω	ft. ind. a. 1 sg.	»
κερδηθήσομαι	ft. ind. p. 1 sg.	»
κερδήσομαι	ft. ind. m. 1 sg.	»
κερδήσω	ft. ind. a. 1 sg.	»
*κερέω	ft. ind. a. 1 sg.	κείρω
κερθείς	aor. pt. p. N sg.	»
κεροῦμαι	ft. ind. m. 1 sg.	»
*κερόων	pr. pt. a. N sg.	[κεράννυμι], κεράω
*κερσάμενος	aor.[1] pt. m. N sg.	κείρω
κερῶ, *κέρσω	ft. ind. a. 1 sg.	»
*κέρων	impf. ind. a. 1 sg./3 pl.	[κεράννυμι], κεράω
κερῶν	pr. pt. a. N sg.	» »
κεύσω	ft. ind. a. 1 sg.	κεύθω
κέχαγκα	pf. ind. a. 1 sg.	χαίνω, χάσκω
κεχάλακα	pf. ind. a. 1 sg.	χαλάω
κεχάλασμαι	pf. ind. m. 1 sg.	»
*κεχάλαστο	ppf. ind. m. 3 sg.	»
κεχάλκευται	pf. ind. m. 3 sg.	χαλκεύω
κεχάναντι	pf. ind. a. 3 pl.	χαίνω, χάσκω
κέχανδα	pf. ind. a. 1 sg.	χανδάνω
*κεχάνδει	ppf. ind. a. 3 sg.	»
κεχαραγμένα	pf. pt. m. N pl. n.	χαράττω
κεχαραδρωμένη	pf. pt. m. N sg. fm.	χαραδρόομαι
κεχαρακτήρικα	pf. ind. a. 1 sg.	χαρακτηρίζω
κεχαρακωμένη	pf. pt. m. N sg. fm.	χαρακόω
κεχάρηκα	pf. ind. a. 1 sg.	χαίρω
κεχαρηκώς	pf. pt. a. N sg.	»
κεχάρημαι	pf. ind. m. 1 sg.	»
*κεχαρηότας	pf. pt. a. A pl. m.	»
*κεχαρησέμεν	ft. inf. a.	»
*κεχαρήσομαι	ft. ind. m. 1 sg.	»
*κεχάρητο	ppf. ind. m. 3 sg.	»

κεχαρίσθω	pf. impr. m. 3 sg.	χαρίζομαι
κεχάρισμαι	pf. ind. m. 1 sg.	»
*κεχάριστο	ppf. ind. m. 3 sg.	»
κεχαρμένος	pf. pt. m. N sg.	χαίρω
*κεχαροίατο	aor.² ott. m. 3 pl.	»
*κεχάροιτο	aor.² ott. m. 3 sg.	»
*κεχάροντο	aor.² ind. m. 3 pl.	»
*κεχείμανται	pf. ind. m. 3 pl.	χειμαίνω
κεχείρικα	pf. ind. a. 1 sg.	χειρίζω
κεχείρισμαι	pf. ind. m. 1 sg.	»
κεχειροτονημένον	pf. pt. m. N sg. n.	χειροτονέω
κεχείρωμαι	pf. ind. m. 1 sg.	χειρόω
κεχεσμένος	pf. pt. m. N sg.	χέζω
κεχήλευμαι	pf. ind. m. 1 sg.	χηλεύω
κέχηνα	pf. ind. a. 1 sg.	χαίνω, χάσκω
κεχήνετε	pf. impr. a. 2 pl.	» »
*κεχήνη	ppf. ind. a. 1 sg.	» »
κεχηνώς	pf. pt. a. N sg.	» »
κεχιλιαρχηκώς	pf. pt. a. N sg.	χιλιαρχέω
*κέχλαδε	pf. ind. a. 3 sg.	χλάδω
*κεχλαδώς	pf. pt. a. N sg.	»
κεχλίαγκα	pf. ind. a. 1 sg.	χλιαίνω
κεχλιασμένος	pf. pt. m. N sg.	»
κεχλιδώς	pf. pt. a. N sg.	χλίω
*κέχοδα	pf. ind. a. 1 sg.	χέζω
*κεχολώατο	ppf. ind. m. 3 pl.	χολόω
κεχόλωμαι	pf. ind. a. 1 sg.	»
*κεχολώσομαι	fta. ind. m. 1 sg.	»
*κεχόλωτο	ppf. ind. m. 3 sg.	»
κεχόρευκα	pf. ind. a. 1 sg.	χορεύω
κεχόρευμαι	pf. ind. m. 1 sg.	»
κεχορηγημένος	pf. pt. m. N sg.	χορηγέω
κεχόρτασμαι	pf. ind. m. 1 sg.	χορτάζω
κέχρηκα	pf. ind. a. 1 sg.	[χράω], κίχρημι
κέχρημαι	pf. ind. m. 1 sg.	» »
κέχρημαι, -σμαι	pf. ind. m. 1 sg.	χράω = proclamare
κεχρημάτικα	pf. ind. a. 1 sg.	χρηματίζω
κεχρημάτισμαι	pf. ind. m. 1 sg.	»
κεχρηματισμένον	pf. pt. m. N sg. n.	»
κεχρησμῳδήσθω	pf. impr. m. 3 sg.	χρησμῳδέω
κεχρήσομαι	fta. ind. m. 1 sg.	χράομαι

*κέχρητο	ppf. ind. m. 3 sg.	χράομαι
κέχρικα	pf. ind. a. 1 sg.	χρίω
κέχριμαι, κέχρισμαι	pf. ind. m. 1 sg.	»
κεχρονικότες	pf. pt. a. N pl.	χρονίζω
κεχρονισμένα	pf. pt. m. N pl. n.	»
κέχρωκα	pf. ind. a. 1 sg.	χρῴζω, χρώννυμι
κέχρωσμαι	pf. ind. m. 1 sg.	» »
κέχυκα	pf. ind. a. 1 sg.	χέω
κέχυμαι	pf. ind. m. 1 sg.	»
*κέχυτο	ppf. ind. m. 3 sg.	»
κέχωκα	pf. ind. a. 1 sg.	[χώννυμι], χόω
κεχωκέναι	pf. inf. a.	» »
*κεχωνευκώς	pf. pt. a. N sg.	χωνεύω
κεχωνευμένος	pf. pt. m. N sg.	χοανεύω
*κεχωνημένα	pf. pt. m. N pl. n.	χωνεύω
κεχώρηκα	pf. ind. a. 1 sg.	χωρέω
κεχώρηται	pf. ind. m. 3 sg.	»
*κεχωρίδαται	pf. ind. m. 3 pl.	χωρίζω
κεχώρισμαι	pf. ind. m. 1 sg.	»
κέχωσμαι	pf. ind. m. 1 sg.	[χώννυμι], χόω
*κῆαι	aor.¹ inf. a.	καίω
*κήαι	aor.¹ ott. a. 3 sg.	»
*κήαιεν	aor.¹ ott. a. 3 pl.	»
*κήαντο	aor.¹ ind. m. 3 pl.	»
κήδεσαι	aor.¹ impr. m. 2 sg.	κήδω
κηδέσαι	aor.¹ inf. a.	»
*κηδέσκετο	impf. ind. m. 3 sg.	»
*κήδεσκον	impf. ind. a. 1 sg./3 pl.	»
κηδευθείς	aor. pt. p. N sg.	κηδεύω
κηδεῦσαι	aor.¹ inf. a.	»
κηδεύσαντες	aor.¹ pt. a. N pl.	»
*κηδήσας	aor.¹ pt. a. N sg.	κήδω
κηδήσω	ft. ind. a. 1 sg.	»
*κῆεν	aor.¹ ind. a. 3 sg.	καίω
κηληθείς	aor. pt. p. N sg.	κηλέω
κηλήσεις	ft. ind. a. 2 sg.	»
*κήομεν	aor.¹ cong. a. 1 pl.	καίω
κηρῦξαι	aor.¹ inf. a.	κηρύττω
κηρύξομαι	ft. ind. m. 1 sg.	»
κηρύξω	ft. ind. a. 1 sg.	»
κηρυχθήσομαι	ft. ind. p. 1 sg.	»

*κήωμεν	aor.^{1} cong. a. 1 pl.	καίω
*κίδνατο	impf. ind. m. 3 sg.	κίδναμαι
*κίε	pr. impr. a. 2 sg.	κίω
*κίε	impf. ind. a. 3 sg.	»
*κιθαρίσδεν	pr. inf. a.	κιθαρίζω
κιθαριῶ	ft. ind. a. 1 sg.	»
κινδυνευθήσομαι	ft. ind. p. 1 sg.	κινδυνεύω
κινδυνεύσω	ft. ind. a. 1 sg.	»
*κινεῦ	pr. impr. m. 2 sg.	κινέω
κινηθείς	aor. pt. p. N sg.	»
κινηθήσομαι	ft. ind. p. 1 sg.	»
*κίνησα	aor.^{1} ind. a. 1 sg.	»
κινήσομαι	ft. ind. m. 1 sg.	»
*κινύρατο	aor.^{1} ind. m. 3 sg.	κινύρομαι
*κίοι	pr. ott. a. 3 sg.	κίω
*κίομεν	impf. ind. a. 1 pl.	»
*κιοῦσα	pr. pt. a. N sg. fm.	»
*κιρνάμεν, κιρνάναι	pr. inf. a.	[κεράννυμι], κίρνημι
*κιρνᾶσθαι	pr. inf. m.	» κιρνάω
*κίρνη	pr. impr. a. 2 sg.	» κίρνημι
κιχείην	aor.^{2} ott. a. 1 sg.	κιχάνω
κιχεῖν	aor.^{2} inf. a.	»
*κιχείς	aor.^{2} pt. a. N sg.	»
*κιχήμεναι, κιχῆναι	aor.^{2} inf. a.	»
*κιχήσατο	aor.^{1} ind. m. 3 sg.	»
*κιχησέμεν	ft. inf. a.	»
*κίχησι	aor.^{2} cong. a. 3 sg.	»
κιχήσομαι	ft. ind. m. 1 sg.	»
*κιχήτην	impf. ind. a. 2 du.	»
*κίχον	aor.^{2} ind. a. 1 sg./3 pl.	»
κίχρασθαι	pr. inf. m.	[χράω], κίχρημι
*κιών	pr. pt. a. N sg.	κίω
κλάγξας	aor.^{1} pt. a. N sg.	κλάζω
κλάγξω	ft. ind. a. 1 sg.	»
κλαδάσαι	aor.^{1} inf. a.	κλαδάω
*κλάεσκον	impf. ind. a. 1 sg./3 pl.	κλαίω
*κλάζον	impf. ind. a. 1 sg./3 pl.	κλάζω
*κλαήσω	ft. ind. a. 1 sg.	κλαίω
*κλαίοισθα	pr. ott. a. 2 sg.	»
*κλαῖον	impf. ind. a. 1 sg./3 pl.	»
*κλαιχθείς	aor. pt. p. N sg.	κλῄω, κλείω

*κλάξας	aor.^{1} pt. a. N sg.	κλήω, κλείω
*κλᾶξον	aor.^{1} impr. a. 2 sg.	» »
*κλαξῶ	ft. ind. a. 1 sg.	» »
*κλαρώεν	pr. inf. a.	κληρόω
*κλάσε	aor.^{1} ind. a. 3 sg.	κλάω
κλασθήσομαι	ft. ind. p. 1 sg.	»
*κλάσσατο	aor.^{1} ind. m. 3 sg.	»
*κλάσσε	aor.^{1} ind. a. 3 sg.	»
*κλαῦσα	aor.^{1} ind. a. 1 sg.	κλαίω
κλαῦσαι	aor.^{1} inf. a.	»
κλαυσθείς	aor. pt. p. N sg.	»
κλαυσθήσομαι	ft. ind. p. 1 sg.	»
κλαύσομαι, -σοῦμαι	ft. ind. m. 1 sg.	»
κλαύσω	ft. ind. a. 1 sg.	»
*κλεΐξαι	aor.^{1} inf. a.	κλείω
*κλεΐξω	ft. ind. a. 1 sg.	»
κλεισάμενος	aor.^{1} pt. m. N sg.	»
κλεισθήσομαι	ft. ind. p. 1 sg.	»
*κλεῖσον	aor.^{1} impr. a. 2 sg.	κλήζω
κλείσω	ft. ind. a. 1 sg.	κλείω
κλεπείς	aor. pt. p. N sg.	κλέπτω
*κλέπτεσκον	impf. ind. a. 1 sg./3 pl.	»
κλεύσομαι	ft. ind. m. 1 sg.	κλεύθομαι
κλεφθείς	aor. pt. p. N sg.	κλέπτω
κλέψομαι	ft. ind. m. 1 sg.	»
κλέψω	ft. ind. a. 1 sg.	»
κληθείς	aor. pt. p. N sg.	καλέω
κληθήσομαι	ft. ind. p. 1 sg.	»
*κλήισα	aor.^{1} ind. a. 1 sg.	κλήω, κλείω
*κληῖσαι	aor.^{1} inf. a.	» »
*κληΐσσομαι	ft. ind. m. 1 sg.	» »
κληΐσω	ft. ind. a. 1 sg.	κλήζω
κλῆσαι	aor.^{1} inf. a.	»
κλῆσαι	aor.^{1} inf. a.	κλήω, κλείω
κλήσασθαι	aor.^{1} inf. m.	κλήζω
κλησθῆναι	aor. inf. p.	»
κλήσω	ft. ind. a. 1 sg.	»
κλήσω	ft. ind. a. 1 sg.	κλήω, κλείω
κλιθήσομαι	ft. ind. p. 1 sg.	κλίνω
κλῖναι	aor.^{1} inf. a.	»
*κλίνησι	pr. cong. a. 3 sg.	»

κλινήσομαι	ft. ind. p. 1 sg.	κλίνω
κλῖνον	aor.[1] impr. a. 2 sg.	»
κλινῶ	ft. ind. a. 1 sg.	»
κλιῶ	ft. ind. a. 1 sg.	κλήω, κλείω
κλονηθέν	aor. pt. p. N sg. n.	κλονέω
κλονήσομαι	ft. ind. m. 1 sg.	»
κλονήσω	ft. ind. a. 1 sg.	»
*κλύζεσκον	impf. ind. a. 1 sg./3 pl.	κλύζω
*κλῦθι	aor.[2] impr. a. 2 sg.	κλύω
*κλύον	impf. ind. a. 1 sg./3 pl.	»
κλύσαι	aor.[1] inf. a.	κλύζω
κλύσω, *κλύσσω	ft. ind. a. 1 sg.	»
κλῦτε	aor.[2] impr. a. 2 pl.	κλύω
κλωσθείς	aor. pt. p. N sg.	κλώθω
κλώσω	ft. ind. a. 1 sg.	»
κλώσωμαι	aor.[1] cong. m. 1 sg.	»
κνᾷ, κνῇ	pr. ind. a. 3 sg.	κνάω
κναισθήσομαι	ft. ind. p. 1 sg.	κναίω
κνᾶν, κνῆν	pr. inf. a.	κνάω
κνᾶσθαι, κνῆσθαι	pr. inf. m.	»
*κνῆ	impf. ind. a. 3 sg.	»
κνήσομαι	ft. ind. m. 1 sg.	»
κνηστιῶσαι	pr. pt. a. N pl. fm.	κνηστιάω
κνίσω	ft. ind. a. 1 sg.	κνίζω
κοιλανῶ	ft. ind. a. 1 sg.	κοιλαίνω
κοιλῆναι	aor.[1] inf. a.	»
κοιλήνας	aor.[1] pt. a. N sg.	»
*κοιλήνατο	aor.[1] ind. m. 3 sg.	»
*κοιμάσω	ft. ind. a. 1 sg.	κοιμάω
*κοιμήθημεν	aor. ind. p. 1 pl.	»
κοιμηθήσομαι	ft. ind. p. 1 sg.	»
*κοίμησα	aor.[1] ind. a. 1 sg.	»
*κοιμήσατο	aor.[1] ind. m. 3 sg.	»
κοιμήσομαι	ft. ind. m. 1 sg.	»
κοιμήσω	ft. ind. a. 1 sg.	»
κοιμίσαι	aor.[1] inf. a.	κοιμίζω
κοιμίσω, κοιμιῶ	ft. ind. a. 1 sg.	»
κοινωνήσομαι	ft. ind. m. 1 sg.	κοινωνέω
κοινωνήσω	ft. ind. a. 1 sg.	»
κοινώσομαι, *-άσομαι	ft. ind. m. 1 sg.	κοινόω
κοινώσω	ft. ind. a. 1 sg.	»

*κολᾷ	ft. ind. m. 2 sg.	κολάζω
κολασθήσομαι	ft. ind. p. 1 sg.	»
κολάσομαι	ft. ind. m. 1 sg.	»
κολάσω	ft. ind. a. 1 sg.	»
κολαφθέν	aor. pt. p. N sg. n.	κολαπτω
κολάψασα	aor.[1] pt. a. N sg. fm.	»
κολάψω	ft. ind. a. 1 sg.	»
κολληθείς	aor. pt. p. N sg.	κολλάω
κολουθήσομαι	ft. ind. p. 1 sg.	κολούω
κολούσω	ft. ind. a. 1 sg.	»
κολωμένους	ft. pt. m. A pl. msch.	κολάζω
κομήσειν	ft. inf. a.	κομάω
*κομιζέμεν	pr. inf. a.	κομίζω
*κομίξαι	aor.[1] inf. a.	»
κομιοῦμαι, *-εῦμαι	ft. ind. m. 1 sg.	»
*κόμισα	aor.[1] ind. a. 1 sg.	»
*κομισάμην	aor.[1] ind. m. 1 sg.	»
κομισθήσομαι	ft. ind. p. 1 sg.	»
κομίσομαι	ft. ind. m. 1 sg.	»
κομίσω, κομιῶ	ft. ind. a. 1 sg.	»
κομψευσάμενος	aor.[1] pt. m. N sg.	κομψεύω
*κονάβησε	aor.[1] ind. a. 3 sg.	κοναβέω
κονιοῦμαι	ft. ind. m. 1 sg.	κονίω
κοπήσομαι	ft. ind. p. 1 sg.	κόπτω
κοπιάσω	ft. ind. a. 1 sg.	κοπιάω
κοπρῶσαι	aor.[1] inf. a.	κοπρόω
κοπρώσω	ft. ind. a. 1 sg.	»
*κορέεις	ft. ind. a. 2 sg.	κορέννυμι, κορέω
κορέοιτο	pr. ott. m. 3 sg.	» »
κορέσαι	aor.[1] inf. a.	» »
*κορεσαίατο	aor.[1] ott. m. 3 pl.	» »
κορεσθήσομαι	ft. ind. p. 1 sg.	» »
*κορεσσάμεθα	aor.[1] ind. m. 1 pl.	» »
κορέσω, *κορέσσω	ft. ind. a. 1 sg.	» »
κορήσατε	aor.[1] impr. a. 2 pl.	κορέω = spazzare
*κορυσσάμενος	aor.[1] pt. m. N sg.	κορύσσω
*κόρυσσε	impf. ind. a. 3 sg.	»
*κορυσσέμεν	pr. inf. a.	»
κορύψω	ft. ind. a. 1 sg.	κορύπτω
*κόσμηθεν	aor. ind. p. 3 pl.	κοσμέω
κοσμῆσαι	aor.[1] inf. a.	»

*κοτέεσκε	impf. ind. a. 3 sg.	κοτέω
*κοτέοντο	impf. ind. m. 3 pl.	»
*κοτέσασα	aor.[1] pt. a. N sg. fm.	»
*κοτέσσατο	aor.[1] ind. m. 3 sg.	»
*κοτέσσεται	aor.[1] cong. m. 3 sg.	»
κοτταβιῶ	ft. ind. a. 1 sg.	κοτταβίζω
κουφισθείς	aor. pt. p. N sg.	κουφίζω
κουφισθήσομαι	ft. ind. p. 1 sg.	»
κουφιῶ	ft. ind. a. 1 sg.	»
κοχλάσῃ	aor.[1] cong. a. 3 sg.	κοχλάζω
*κόψα	aor.[1] ind. a. 1 sg.	κόπτω
κόψομαι	ft. ind. m. 1 sg.	»
κόψω	ft. ind. a. 1 sg.	»
κραδανθῆναι	aor. inf. p.	κραδαίνω
κραθείς	aor. pt. p. N sg.	κεράννυμι
κραθήσομαι	ft. ind. p. 1 sg.	»
κρᾶναι	aor.[1] inf. a.	κραίνω
*κρανέεσθαι	ft. inf. m.	»
κρανθήσομαι	ft. ind. p. 1 sg.	»
κρανῶ, *κρανέω	ft. ind. a. 1 sg.	»
κράξω	ft. ind. a. 1 sg.	κράζω
*κράτεσκον	impf. ind. a. 1 sg./3 pl.	κρατέω
κρατηθήσομαι	ft. ind. p. 1 sg.	»
κρατησάμενοι	aor.[1] pt. m. N pl.	»
*κράτησε	aor.[1] ind. a. 3 sg.	»
κρατήσομαι	ft. ind. m. 1 sg.	»
κρεμᾷ	ft. ind. a. 3 sg.	κρεμάννυμι
κρεμαίμην	pr. ott. m. 1 sg.	[»], κρέμαμαι
*κρέμαντο	impf. ind. m. 3 pl.	» »
*κρέμασα	aor.[1] ind. a. 1 sg.	»
κρεμάσαι	aor.[1] inf. a.	»
κρεμάσασθαι	aor.[1] inf. m.	»
κρέμασθαι	pr. inf. m.	»
κρεμασθείη	aor. ott. p. 3 sg.	»
κρεμασθήσομαι	ft. ind. p. 1 sg.	»
κρεμάσω	ft. ind. a. 1 sg.	»
κρεμήσομαι	ft. ind. m. 1 sg.	»
κρεμῶ, *κρεμόω	ft. ind. a. 1 sg.	»
κρέμωμαι	pr. cong. m. 1 sg.	[»], κρέμαμαι
κρέξω	ft. ind. a. 1 sg.	κρέκω
*κρέτησαι	aor.[1] inf. a.	κρατέω

*κρηῆναι	aor.[1] inf. a.	[κραίνω], κραιαίνω
*κρηήνατε	aor.[1] impr. a. 2 pl.	» »
*κρήηνον	aor.[1] impr. a. 2 sg.	» »
κρημνιεῖ	ft. ind. a. 3 sg.	κρημνίζω
*κρῆναι	aor.[1] inf. a.	κραίνω
κριθείς	aor. pt. p. N sg.	κρίνω
*κρίθεν	aor. ind. p. 3 pl.	»
κριθῆναι	aor. inf. p.	»
κριθήσομαι	ft. ind. p. 1 sg.	»
*κρίκε	aor.[2] ind. a. 3 sg.	κρίζω
κρῖναι	aor.[1] inf. a.	κρίνω
κρῖναι	aor.[1] impr. m. 2 sg.	»
κρινθείς	aor. pt. p. N sg.	»
*κρινθεῖτε	aor. ott. p. 2 pl.	»
*κρινθήμεναι	aor. inf. p.	»
*κρίνναι	aor.[1] inf. a.	»
κρινοῦμαι	ft. ind. m. 1 sg.	»
κρινῶ, *κρινέω	ft. ind. a. 1 sg.	»
κρούσω	ft. ind. a. 1 sg.	κρούω
*κρυβῆναι	aor. inf. p.	κρύπτω
κρυβήσομαι	ft. ind. p. 1 sg.	»
*κρύπτασκε, -εσκε	impf. ind. a. 3 sg.	»
κρυφείς	aor. pt. p. N sg.	»
*κρύφθην	aor. ind. p. 1 sg.	»
κρυφθῆναι	aor. inf. p.	»
κρυφ(θ)ήσομαι	ft. ind. p. 1 sg.	»
*κρύψα	aor.[1] ind. a. 1 sg.	»
κρύψομαι	ft. ind. m. 1 sg.	»
κρύψω	ft. ind. a. 1 sg.	»
κρώξω	ft. ind. a. 1 sg.	κρώζω
*κτάθεν	aor. ind. p. 3 pl.	κτείνω
*κτάμεν(αι)	aor.[2] inf. a.	»
*κτάμενος	aor.[2] pt. m. N sg.	»
κτανεῖν	aor.[2] inf. a.	»
*κτανέοντα	ft. pt. a. A sg. msch.	»
κτανθείς	aor. pt. p. N sg.	»
κτανθήσομαι	ft. ind. p. 1 sg.	»
κτάνοιμι	aor.[2] ott. a. 1 sg.	»
*κτάνον	aor.[2] ind. a. 1 sg./3 pl.	»
κτανών	aor.[2] pt. a. N sg.	»
*κτάς	aor.[2] pt. a. N sg.	»

*κτάσθαι	aor.^{2} inf. m.	κτείνω
*κτᾶσθαι	pr. inf. m.	κτάομαι
*κτεατίσσατο	aor.^{1} ind. m. 3 sg.	κτεατίζω
*κτεατίσσομαι	ft. ind. m. 1 sg.	»
*κτεῖνα	aor.^{1} ind. a. 1 sg.	κτείνω
*κτείνεσκε	impf. ind. a. 3 sg.	»
*κτείνωμι	pr. cong. a. 1 sg.	»
*κτενέει	ft. ind. a. 3 sg.	»
κτενισθείη	aor. ott. p. 3 sg.	κτενίζω
*κτένναις	aor.^{1} pt. a. N sg.	κτείνω
κτενῶ, *κτενέω	ft. ind. a. 1 sg.	»
*κτερειζέμεν	pr. inf. a.	κτερ(ε)ίζω
*κτερεΐξαι	aor.^{1} inf. a.	»
κτεριῶ, *κτερεΐξω	ft. ind. a. 1 sg.	»
*κτέωμεν	aor.^{2} cong. a. 1 pl.	κτείνω
κτηθείς	aor. pt. p. N sg.	κτάομαι
κτηθήσομαι	ft. ind. p. 1 sg.	»
κτήσομαι	ft. ind. m. 1 sg.	»
*κτίσα, κτίσσα	aor.^{1} ind. a. 1 sg.	κτίζω
κτισθήσομαι	ft. ind. p. 1 sg.	»
κτίσω	ft. ind. a. 1 sg.	»
*κτυπέεσκον	impf. ind. a. 1 sg./3 pl.	κτυπέω
*κτύπησα	aor.^{1} ind. a. 1 sg.	»
*κτύπον	aor.^{2} ind. a. 1 sg./3 pl.	»
κτῴμην	pr. ott. m. 1 sg.	κτάομαι
κυβερνῆσαι	aor.^{1} inf. a.	κυβερνάω
*κύδαινε	impf. ind. a. 3 sg.	κυδαίνω
κυδανῶ	ft. ind. a. 1 sg.	»
*κύδηνα	aor.^{1} ind. a. 1 sg.	»
*κυδιάασκον	impf. ind. a. 1 sg./3 pl.	κυδιάω
*κυδιόων	pr. pt. a. N sg.	»
*κύεσσα	pr. pt. a. N sg. fm.	κυέω
κυηθήσομαι	ft. ind. p. 1 sg.	»
κυήσομαι	ft. ind. m. 1 sg.	»
κυήσω	ft. ind. a. 1 sg.	»
*κύθε	aor.^{2} ind. a. 3 sg.	κεύθω
*κυκήθην	aor. ind. p. 1 sg.	κυκάω
κυκλήσομεν	ft. ind. a. 1 pl.	κυκλέω
κυκλωθήσομαι	ft. ind. p. 1 sg.	κυκλόω
*κυκλώσαις	aor.^{1} pt. a. N sg.	»
κυκλώσομαι	ft. ind. m. 1 sg.	»

κυκλώσω	ft. ind. a. 1 sg.	κυκλόω
κυλινδηθείς	aor. pt. p. N sg.	[κυλίνδω], κυλινδέω
κυλινδήσω	ft. ind. a. 1 sg.	» »
κυλισθήσομαι	ft. ind. p. 1 sg.	»
κυλίσομαι	ft. ind. m. 1 sg.	»
κυλίσω	ft. ind. a. 1 sg.	»
κυμανῶ	ft. ind. a. 1 sg.	κυμαίνω
*κύνεον	impf. ind. a. 1 sg./3 pl.	κυνέω
κυνηθήσομαι	ft. ind. p. 1 sg.	»
κυνήσομαι	ft. ind. m. 1 sg.	»
κυνιῶ	ft. ind. a. 1 sg.	κυνίζω
κυρηβάσασθαι	aor.[1] inf. m.	κυρηβάζω
κυρηβάσω	ft. ind. a. 1 sg.	»
κυρῆσαι	aor.[1] inf. a.	κυρέω, κύρω
κυρήσω	ft. ind. a. 1 sg.	» »
κυρίξω	ft. ind. a. 1 sg.	κυρίττω
*κῦρον	impf. ind. a. 1 sg./3 pl.	κύρω, κυρέω
*κύρσαι	aor.[1] inf. a.	» »
*κύρσω	ft. ind. a. 1 sg.	» »
κυρωθῆναι	aor. inf. p.	κυρόω
κυρώσω	ft. ind. a. 1 sg.	»
*κύσα, κύσσα	aor.[1] ind. a. 1 sg.	κύω
κύψας	aor.[1] pt. a. N sg.	κύπτω
κύψω	ft. ind. a. 1 sg.	»
*κώκυσα	aor.[1] ind. a. 1 sg.	κωκύω
κωκῦσαι	aor.[1] inf. a.	»
κωκύσομαι	ft. ind. m. 1 sg.	»
κωκύσω	ft. ind. a. 1 sg.	»
κωλυθήσομαι	ft. ind. p. 1 sg.	κωλύω
κωλύσομαι	ft. ind. m. 1 sg.	»
κωλύσω	ft. ind. a. 1 sg.	»
*κωμάξατε	aor.[1] impr. a. 2 pl.	κωμάζω
*κώμασα	aor.[1] ind. a. 1 sg.	»
κωμάσομαι, *-άξομαι	ft. ind. m. 1 sg.	»
κωμάσω, *-άξω	ft. ind. a. 1 sg.	»

Λ

λαβέ, *λάβε	aor.^{2} impr. a. 2 sg.	λαμβάνω
λαβεῖν	aor.^{2} inf. a.	»
*λάβεν	aor.^{2} ind. a. 3 sg.	»
λαβέσθαι	aor.^{2} inf. m.	»
*λάβεσκον	impf. ind. a. 1 sg./3 pl.	»
λάβῃ, *λάβῃσι	aor.^{2} cong. a. 3 sg.	»
λάβοιμι	aor.^{2} ott. a. 1 sg.	»
λαβοίμην	aor.^{2} ott. m. 1 sg.	»
*λαβόμην	aor.^{2} ind. m. 1 sg.	»
λαβόν	aor.^{2} pt. a. N sg. n.	»
λαβοῦ	aor.^{2} impr. m. 2 sg.	»
λαβοῦσα	aor.^{2} pt. a. N sg. fin.	»
λάβω	aor.^{2} cong. a. 1 sg.	»
λάβωμαι	aor.^{2} cong. m. 1 sg.	»
λαβώμεθα	aor.^{2} cong. m. 1 pl.	»
λάβωμεν	aor.^{2} cong. a. 1 pl.	»
λαβών	aor.^{2} pt. a. N sg. msch.	»
*λάγχανον	impf. ind. a. 1 sg./3 pl.	λαγχάνω
*λάε	impf. ind. a. 3 sg.	λάω
*λάετε	pr. impr. a. 2 pl.	»
*λάζεο, λάζευ	pr. impr. m. 2 sg.	λάζομαι
*λάζετο	impf. ind. m. 3 sg.	»
*λαζοίατο	pr. ott. m. 3 pl.	»
*λάζοντο	impf. ind. m. 3 pl.	»
*λάζου	pr. impr. m. 2 sg.	»
*λάζυσθε	pr. ind./impr. m. 2 pl.	»
*λάθε	aor.^{2} ind. a. 3 sg.	λανθάνω
λαθεῖν, *λαθέμεν	aor.^{2} inf. a.	»
λαθέσθαι, *λάθεσθαι	aor.^{2} inf. m.	»
*λάθετο	aor.^{2} ind. m. 3 sg.	»
λάθῃ, *λάθῃσι	aor.^{2} cong. a. 3 sg.	»
λάθηται	aor.^{2} cong. m. 3 sg.	»
λάθοι	aor.^{2} ott. a. 3 sg.	»
*λαθοίατο	aor.^{2} ott. m. 3 pl.	»
λάθοιεν	aor.^{2} ott. a. 3 pl.	»

λάθοιμι	aor.^{2} ott. a. 1 sg.	λανθάνω
λαθοίμην	aor.^{2} ott. m. 1 sg.	»
*λάθον	aor.^{2} ind. a. 1 sg./3 pl.	»
λαθοῦσα	aor.^{2} pt. a. N sg. fm.	»
λάθω	aor.^{2} cong. a. 1 sg.	»
λάθωμαι	aor.^{2} cong. m. 1 sg.	»
λαθών	aor.^{2} pt. a. N sg. msch.	»
λάθωνται	aor.^{2} cong. m. 3 pl.	»
λακεῖν	aor.^{2} inf. a.	λάσκω
λακήσας	aor.^{1} pt. a. N sg.	»
λακήσομαι	ft. ind. m. 1 sg.	»
λάκοιμι	aor.^{2} ott. a. 1 sg.	»
*λάκον	aor.^{2} ind. a. 1 sg./3 pl.	»
λακτιῶ	ft. ind. a. 1 sg.	λακτίζω
*λαλαγεῦντες	pr. pt. a. N pl.	λαλαγέω
*λαλαγεῦσι	pr. ind. a. 3 pl.	»
λαλαγῆσαι	aor.^{1} inf. a.	»
*λαμβάνοσαν	impf. ind. a. 3 pl.	λαμβάνω
*λάμπε, λάμπεσκεν	impf. ind. a. 3 sg.	λάμπω
*λάμπετο	impf. ind. m. 3 sg.	»
λάμπῃ	pr. cong. a. 3 sg.	»
λαμφθείς	aor. pt. p. N sg.	»
*λαμφθήσομαι	ft. ind. p. 1 sg.	λαμβάνω
*λαμψεῖσθαι	ft. inf. m.	»
*λάμψομαι	ft. ind. m. 1 sg	»
· λάμψομαι	ft. ind. m. 1 sg.	λάμπω
λάμψω	ft. ind. a. 1 sg.	»
*λανθανόμην	impf. ind. m. 1 sg.	λανθάνω
*λάνθανον	impf. ind. a. 1 sg./3 pl.	»
*λάξας	aor.^{1} pt. a. N sg.	λάζω
*λάξομαι	ft. ind. m. 1 sg.	λαγχάνω
*λαπάξειν	ft. inf. a.	λαπάττω
*λαπῆναι	aor.^{2} inf. a.	λέπω
*λαπήσομαι	ft. ind. p. 1 sg.	»
*λασάμενος	aor.^{1} pt. m. N sg.	λανθάνω
*λάσδευ	pr. impr. m. 2 sg.	λάζομαι
*λασεῦμαι	ft. ind. m. 1 sg.	λανθάνω
*λασεύμεσθα	ft. ind. m. 1 pl.	»
*λάσην	ft. inf. a.	»
*λασθῆμεν	aor. inf. p.	»
*λάσκον	impf. ind. a. 1 sg./3pl.	λάσκω

*λασῶ	ft. ind. a. 1 sg.	λανθάνω
λαφύξασθαι	aor.^{1} inf. m.	λαφύττω
λαφύξω	ft. ind. a. 1 sg.	»
*λαχαινέμεν	pr. inf. a.	λαχαίνω
λαχεῖν	aor.^{2} inf. a.	λαγχάνω
λαχήνω	aor.^{1} cong. a. 1 sg.	λαχαίνω
λάχῃ, *λάχῃσι	aor.^{2} cong. a. 3 sg.	λαγχάνω
λάχοι	aor.^{2} ott. a. 3 sg.	»
λάχοιεν	aor.^{2} ott. a. 3 pl.	»
*λαχοίην	aor.^{2} ott. a. 1 sg.	»
*λαχοῖσα	aor.^{2} pt. a. N sg. fm.	»
*λάχον	aor.^{2} ind. a. 1 sg./3 pl.	»
λαχών	aor.^{2} pt. a. N sg. msch.	»
λάχωσι	aor.^{2} cong. a. 3 pl.	»
λαψάμενος	aor.^{1} pt. m. N sg.	λάπτω
*λαψῇ	ft. ind. m. 2 sg.	λαμβάνω
λάψομαι	ft. ind. m. 1 sg.	λάπτω
λάψω	ft. ind. a. 1 sg.	»
*λάων	pr. pt. a. N sg.	λάω
λεανθῶ	aor. cong. p. 1 sg.	λεαίνω
λεανῶ	ft. ind. a. 1 sg.	»
λεγήσομαι	ft. ind. p. 1 sg.	λέγω
*λέγμενος	aor.^{2} pt. m. N sg.	»
λεγόντων	pr. impr. a. 3 pl.	»
λέγου	pr. impr. m. 2 sg.	»
*λειαίνει	pr. ind. a. 3 sg.	λεαίνω
*λειανέω	ft. ind. a. 1 sg.	»
*λειανθείς	aor. pt. p. N sg.	»
*λειανθέωσι	aor. cong. p. 3 pl.	»
*λείβεαι	pr. ind. m. 2 sg.	λείβω
*λειβέμεν	pr. inf. a.	»
*λεῖβον, λέιβεσκον	impf. ind. a. 1 sg./3 pl.	»
*λείηνα	aor.^{1} ind. a. 1 sg.	λεαίνω
*λειήναιο	aor.^{1} ott. m. 1 sg.	»
*λειηνάμην	aor.^{1} ind. m. 1 sg.	»
*λειήνας	aor.^{1} pt. a. N sg.	»
λεῖξαι	aor.^{1} inf. a.	λείχω
λείξας	aor.^{1} pt. a. N sg.	»
λείξω	ft. ind. a. 1 sg.	»
*λείοντα	pr. pt. a. A sg.	[λάω], λῶ, λείω
*λείπετο	impf. ind. m. 3 sg.	λείπω

*λεῖπον, λείπεσκον	impf. ind. a. 1 sg./3 pl.	λείπω
λειφθείη	aor. ott. p. 3 sg.	»
λειφθείς	aor. pt. p. N sg.	»
λειφθῇ	aor. cong. p. 3 sg.	»
*λείφθην	aor. ind. p. 1 sg.	»
λειφθῆναι	aor. inf. p.	»
λειφθήσομαι	ft. ind. p. 1 sg.	»
λειχθέν	aor. pt. p. N sg. n.	λείχω
λεῖψαι	aor.^{1} inf. a.	λείβω
λεῖψαι	aor.^{1} inf. a.	λείπω
λείψειε	aor.^{1} ott. a. 3 sg.	»
λείψομαι	ft. ind. m. 1 sg.	»
λεῖψον	aor.^{1} impr. a. 2 sg.	»
λείψω	ft. ind. a. 1 sg.	»
*λέκτο	aor.^{2} ind. m. 3 sg.	λέγω
*λέκτο	aor.^{2} ind. m. 3 sg.	λέχομαι
*λελαβέσθαι	aor.^{2} inf. m.	λαμβάνω
*λελάβηκα	pf. ind. a. 1 sg.	»
*λελαβήκειν	ppf. ind. a. 1 sg.	»
*λέλαγμαι	pf. ind. m. 1 sg.	λαγχάνω
*λέλαθα	pf. ind. a. 1 sg.	λανθάνω
*λελαθέμεν	aor.^{2} inf. a.	»
*λελαθέναι	pf. inf. a.	»
*λελαθέσθαι	aor.^{2} inf. m.	»
*λελαθέσθω	aor.^{2} impr. m. 3 sg.	»
*λελάθῃ	aor.^{2} cong. a. 3 sg.	»
*λελάθοιμι	aor.^{2} ott. a. 1 sg.	»
*λελάθοιτο	aor.^{2} ott. m. 3 sg.	»
*λελάθοντο	aor.^{2} ind. m. 3 pl.	»
*λελαθών, λελάθων	aor.^{2} pt. a. N sg.	»
*λελάθωνται	aor.^{2} cong. m. 3 pl.	»
*λέλακε	pf. ind. a. 3 sg.	λάσκω
*λελάκοντο	aor.^{2} ind. m. 3 pl.	»
λελάκτικα	pf. ind. a. 1 sg.	λακτίζω
*λελακυῖα	pf. pt. a. N sg. fm.	λάσκω
*λέλαμμαι	pf. ind. m. 1 sg.	λαμβάνω
*λέλαμμαι	pf. ind. m. 1 sg.	λέπω
λέλαμπα	pf. ind. a. 1 sg.	λάμπω
λελάμπρυνται	pf. ind. m. 3 sg.	λαμπρύνω
*λελαπάχθαι	pf. inf. m.	λαπάττω
*λελαπάχθω	pf. impr. m. 3 sg.	»

*λελᾶσθαι	pf. inf. m.	λανθάνω
*λέλασμαι	pf. ind. m. 1 sg.	»
*λελασμένος	pf. pt. m. N sg.	»
λέλαφα	pf. ind. a. 1 sg.	λάπτω
*λελάφθαι	pf. inf. m.	λαμβάνω
*λελάφθω	pf. impr. m. 3 sg.	»
*λελάχασι	pf. ind. a. 3 pl.	λαγχάνω
*λελάχαται	pf. ind. m. 3 pl.	»
*λελάχητε	aor.[2] cong. a. 2 pl.	»
*λελάχοι	aor.[2] ott. a. 3 sg.	»
*λέλαχον	aor.[2] ind. a. 1 sg./3 pl.	»
*λελαχώς	pf. pt. a. N sg.	»
*λελάχωσι	aor.[2] cong. a. 3 pl.	»
*λελεασμένος	pf. pt. m. N sg.	λεαίνω
λέλεγμαι	pf. ind. m. 1 sg.	λέγω
*λελειάνθαι	pf. inf. m.	λεαίνω
*λελειασμένος	pf. pt. m. N sg.	»
λέλειμμαι	pf. ind. m. 1 sg.	λείπω
*λέλειπτο	ppf. ind. m. 3 sg.	»
λελεῖφθαι	pf. inf. m.	»
λελειχμότες	pf. pt. a. N pl.	λιχμάω
λελείψομαι	fta. ind. m. 1 sg.	λείπω
λέλεμμαι	pf. ind. m. 1 sg.	λέπω
λέλεξαι	pf. ind. m. 2 sg.	λέγω
λελέξομαι	fta. ind. m. 1 sg.	»
*λελέπρηκε	pf. ind. a. 3 sg.	λεπράω
λελεπτύνθαι	pf. inf. m.	λεπτύνω
λελέπτυσμαι	pf. ind. m. 1 sg.	»
λελεύκασμαι	pf. ind. m. 1 sg.	λαυκαίνω
λελευκωμένος	pf. pt. m. N sg.	λευκόω
λέλεχα	pf. ind. a. 1 sg.	λέγω
λέληθα	pf. ind. a. 1 sg.	λανθάνω
λεληθέναι	pf. inf. a.	»
λελήθη	pf. cong. a. 3 sg.	»
*λέληκε	pf. ind. a. 3 sg.	λάσκω
*λεληκώς	pf. pt. a. N sg.	»
*λέλημμαι	pf. ind. m. 1 sg.	λαμβάνω
*λελημμένος	pf. pt. m. N sg.	»
*λέληπτε	pf. ind. m. 2 pl.	»
λελῆσθαι	pf. inf. m.	λανθάνω
λέλησμαι	pf. ind. m. 1 sg.	»

λέλησμαι	pf. ind. m. 1 sg.	λῄζομαι, ληίζομαι
λελήσομαι	fta. ind. m. 1 sg.	λανθάνω
*λελήφαται	pf. ind. m. 3 pl.	λαμβάνω
λελήψομαι	fta. ind. m. 1 sg.	»
*λελίαστο	ppf. ind. m. 3 sg.	λιλαίομαι
*λελίημαι	pf. ind. m. 1 sg.	»
*λελίηντο	ppf. ind. m. 3 pl.	»
*λελίητο	ppf. ind. m. 3 sg.	»
λελιθωμένον	pf. pt. m. N sg. n.	λιθόω
λελικμημένος	pf. pt. m. N sg.	λικμάω
*λέλιμμαι	pf. ind. m. 1 sg.	λίπτομαι
*λελιμμένος	pf. pt. m. N sg.	»
λελίπασμαι	pf. ind. m. 1 sg.	λιπαίνω
λελιχμότες	pf. pt. a. N pl.	λιχμάω
λελόγισμαι	pf. ind. m. 1 sg.	λογίζομαι
*λέλογχα	pf. ind. a. 1 sg.	λαγχάνω
*λελόγχασι	pf. ind. a. 3 pl.	»
*λελόγχει	ppf. ind. a. 3 sg.	»
λελοιδόρηκα	pf. ind. a. 1 sg.	λοιδορέω
λέλοιπα	pf. ind. a. 1 sg.	λείπω
λέλουμαι, λέλουσμαι	pf. ind. m. 1 sg.	λούω
λελουμένος	pf. pt. m. N sg.	»
λέλουται	pf. ind. m. 3 sg.	»
λελοχισμένον	pf. pt. m. N sg. n.	λοχίζω
*λελοχυῖα	pf. pt. a. N sg. fm.	λέχομαι
λελυγισμένα	pf. pt. m. NA pl. n.	λυγίζω
λέλυκα	pf. ind. a. 1 sg.	λύω
λέλυμαι	pf. ind. m. 1 sg.	»
λελυμάνθαι	pf. inf. m.	λυμαίνομαι
λελύμανται	pf. ind. m. 3 sg.	»
λελύμασμαι	pf. ind. m. 1 sg.	»
*λελῦντο	pf. ott. m. 3 pl.	λύω
λελύπηκα	pf. ind. a. 1 sg.	λυπέω
λελύπημαι	pf. ind. m. 1 sg.	»
λέλυσο	pf. impr. m. 2 sg.	λύω
λελύσομαι	fta. ind. m. 1 sg.	»
*λελυσσήκη	pf. cong. a. 3 sg.	λυττάω
*λελῦτο	pf. ott. m. 3 sg.	λύω
λελώβημαι	pf. ind. m. 1 sg.	λωβάομαι
λελωβημένος	pf. pt. m. N sg.	»
*λελώβητο	ppf. ind. m. 3 sg.	»

λελωφηκυῖαν	pf. pt. a. A sg. fm.	λωφάω
*λέμψομαι	ft. ind. m. 1 sg.	λαμβάνω
λέξαι	aor.[1] inf. a.	λέγω
λεξαίμην	aor.[1] ott. m. 1 sg.	»
λέξαιμι	aor.[1] ott. a. 1 sg.	»
λεξάμενος	aor.[1] pt. m. N sg.	»
*λεξάμην	aor.[1] ind. m. 1 sg.	»
λέξασθαι	aor.[1] inf. m.	»
*λεξάσθην	aor.[1] ind. m. 3 du.	λέχομαι
*λεξάσθων	aor.[1] impr. m. 3 pl.	»
*λέξατο	aor.[1] ind. m. 3 sg.	λέγω
*λέξεται	aor.[1] cong. m. 3 sg.	»
*λέξο, λέξεο	aor.[2] impr. m. 2 sg.	λέχομαι
λέξομαι, *λεξοῦμαι	ft. ind. m. 1 sg.	λέγω
*λέξομαι	ft. ind. m. 1 sg.	λέχομαι
λέξον	aor.[1] impr. a. 2 sg.	λέγω
λέξω	ft. ind. a. 1 sg.	»
λεπτυνῶ	ft. ind. a. 1 sg.	λεπτύνω
λευκᾶναι	aor.[1] inf. a.	λευκαίνω
λευκωθείς	aor. pt. p. N sg.	λευκόω
λευσθείς	aor. pt. p. N sg.	λεύω
λευσθήσομαι	ft. ind. p. 1 sg.	»
*λεῦσσε	impf. ind. a. 3 sg.	λεύσσω
*λεύσσειε	aor.[1] ott. a. 3 sg.	»
*λεῦσσον, λεύσσεσκον	impf. ind. a. 1 sg./3 pl.	»
λεύσω	ft. ind. a. 1 sg.	λεύω
*λεύσω	ft. ind. a. 1 sg.	λεύσσω
*λέχθαι	aor.[2] inf. m.	λέγω
λεχθείς	aor. pt. p. N sg.	»
λεχθῇ	aor. cong. p. 3 sg.	»
λεχθήσομαι	ft. ind. p. 1 sg.	»
*λεψέμεν	ft. inf. a.	λέπω
λέψω	ft. ind. a. 1 sg.	»
*λέωμι	pr. ott. a. 1 sg.	[λάω], λῶ, λείω
*λέων	pr. pt. a. N sg.	» » »
*λέωντι	pr. cong. a. 3 pl.	» » »
*λῇ	pr. ind./cong. a. 3 sg.	» »
*ληβασεῖσθε	ft. ind. m. 2 pl.	λωβάομαι
*ληγέμεναι	pr. inf. a.	λήγω
*ληθάνει	pr. ind. a. 3 sg.	[λανθάνω], ληθάνω
*λήθεαι	pr. ind. m. 2 sg.	» λήθω

*λήθειν	pr. inf. a.	[λανθάνω], λήθω
*λήθεσκε	impf. ind. a. 3 sg.	» »
*λήθετο	impf. ind. m. 3 sg.	» »
*λῆθον	impf. ind. a. 1 sg./3 pl.	» »
*λήθου	pr. impr. m. 2 sg.	» »
*λήθων	pr. pt. a. N sg.	» »
*ληίσηται	aor.¹ cong. m. 3 sg.	λήζομαι, ληίζομαι
*ληίσσατο	aor.¹ ind. m. 3 sg.	» »
*ληίσσομαι	ft. ind. m. 1 sg.	» »
*λῆν	pr. inf. a.	[λάω], λῶ
λήξειεν	aor.¹ ott. a. 3 sg.	λήγω
λήξομαι	ft. ind. m. 1 sg.	λαγχάνω
λήξω	ft. ind. a. 1 sg.	λήγω
ληρήσης	aor.¹ cong. a. 2 sg.	ληρέω
*λῇς	pr. ind./cong. a. 2 sg.	[λάω], λῶ
*λησάμενος	aor.¹ pt. m. N sg.	λανθάνω
*λησάμην	aor.¹ ind. m. 1 sg.	»
*λήσειεν	aor.¹ ott. a. 3 sg.	»
λήσειν	ft. inf. a.	»
λήσομαι	ft. ind. m. 1 sg.	»
ληστεύσω	ft. ind. a. 1 sg.	ληστεύω
λήσω	ft. ind. a. 1 sg.	λανθάνω
*λῆτε	pr. cong. a. 2 pl.	[λάω], λῶ
ληφθείς	aor. pt. p. N sg.	λαμβάνω
ληφθήσομαι	ft. ind. p. 1 sg.	»
ληφθῶσι	aor. cong. p. 3 pl.	»
ληχθείς	aor. pt. p. N sg.	λαγχάνω
λήψομαι	ft. ind. m. 1 sg.	λαμβάνω
λήψω	ft. ind. a. 1 sg.	»
*λιασθείς	aor. pt. p. N sg.	λιάζομαι
*λίασθεν	aor. ind. p. 3 pl.	»
*λίγξε	aor.¹ ind. a. 3 sg.	λίγγω
λικμήσω	ft. ind. a. 1 sg.	λικμάω
*λιλαίεαι	pr. ind. m. 2 sg.	λιλαίομαι
*λιλαίεο	pr. impr. m. 2 sg.	»
*λιλαίετο	impf. ind. m. 3 sg.	»
λιμώξεται	ft. ind. m. 3 sg.	λιμώττω
λιπανθῆναι	aor. inf. p.	λιπαίνω
λίπε	aor.² impr. a. 2 sg.	λείπω
*λίπε	aor.² ind. a. 3 sg.	»
λιπεῖν, *λιπέειν	aor.² inf. a.	»

λιπέσθαι	aor.^{2} inf. m.	λείπω
λιπέτω	aor.^{2} impr. a. 3 sg.	»
λίπη	aor.^{2} cong. a. 3 sg.	»
λιπηνάμενος	aor.^{1} pt. m. N sg.	λιπαίνω
λίπησθε	aor.^{2} cong. m. 2 pl.	λείπω
λιποίμην	aor.^{2} ott. m. 1 sg.	»
λίποιμι	aor.^{2} ott. a. 1 sg.	»
*λιποῖσα, λίποισα	aor.^{2} pt. a. N sg. fm.	»
*λιπόμην	aor.^{2} ind. m. 1 sg.	»
*λίπον	aor.^{2} ind. a. 1 sg./3 pl.	»
*λίποντο	aor.^{2} ind. m. 3 pl.	»
λιποῦ	aor.^{2} impr. m. 2 sg.	»
λιποῦσα	aor.^{2} pt. a. N sg. fm.	»
λίπω	aor.^{2} cong. a. 1 sg.	»
λιπών	aor.^{2} pt. a. N sg. msch.	»
*λίσαι	aor.^{1} impr. m. 2 sg.	λίσσομαι
λίση	aor.^{1} cong. m. 2 sg.	»
*λίσομαι	ft. ind. m. 1 sg.	»
*λίσσεαι	pr. ind. m. 2 sg.	»
*λίσσεο	pr. impr. m. 2 sg.	»
*λίσσετο, λισσέσκετο	impf. ind. m. 3 sg.	»
*λίσσηαι	pr. cong. m. 2 sg.	»
*λίσσοιτο	pr. ott. m. 3 sg.	»
*λιτανεύσομεν	aor.^{1} cong. a. 1 pl.	λιτανεύω
λιταργιῶ	ft. ind. a. 1 sg.	λιταργίζω
*λιτέσθαι	aor.^{2} inf. m.	λίσσομαι
*λιτοίμην	aor.^{2} ott. m. 1 sg.	»
*λίχμαζον, -άζεσκον	impf. ind. a. 1 sg./3 pl.	λιχμάω, -άζω
λιχμήση	aor.^{1} cong. a. 3 sg.	»
λιχμήσομαι	ft. ind. m. 1 sg.	»
λογήσει	ft. ind. a. 3 sg.	λογάω, λογέω
*λόε	impf. ind. a. 3 sg.	[λούω], λόω
*λόει	pr. ind. a. 3 sg.	» »
*λόεον	impf. ind. a. 1 sg./3 pl.	» λοέω
*λόεσθαι	pr. inf. m.	» λόω
*λοέσσαι	aor.^{1} ott. a. 3 sg.	» λοέω
*λοέσσαι	aor.^{1} inf. a.	» »
*λοεσσάμενος	aor.^{1} pt. m. N sg.	» »
*λοέσσας	aor.^{1} pt. a. N sg.	» »
*λοέσσατο	aor.^{1} ind. m. 3 sg.	» »
*λοέσσομαι	ft. ind. m. 1 sg.	» »

*λοέσσω	ft. ind. a. 1 sg.	[λούω], λοέω
λοιδορεῖ	pr. ind. m. 2 sg.	λοιδορέω
λοιδορήσομαι	ft. ind. m. 1 sg.	»
λοιδορήσω	ft. ind. a. 1 sg.	»
λοιμώξω	ft. ind. a. 1 sg.	λοιμώττω
*λόον	impf. ind. a. 1 sg./3 pl.	[λούω], λόω
λούμενος	pr. pt. m. N sg.	»
*λοῦσα	aor.^{1} ind. a. 1 sg.	»
λοῦσαι	aor.^{1} inf. a.	»
*λούσαντο	aor.^{1} ind. m. 3 pl.	»
λούσειε	aor.^{1} ott. a. 3 sg.	»
λοῦσθαι	pr. inf. m.	»
λούσομαι	ft. ind. m. 1 sg.	»
λοῦσον	aor.^{1} impr. a. 2 sg.	»
λούσω, *λουσῶ	ft. ind. a. 1 sg.	»
*λοχεύθη	aor. ind. p. 3 sg.	λοχεύω
*λοχῆσαι	aor.^{1} inf. a.	λοχάω
*λοχήσομαι	ft. ind. m. 1 sg.	»
λοχίσαντος	aor.^{1} pt. a. G sg.	λοχίζω
λοχισθέντες	aor. pt. p. N pl.	»
*λυγιξεῖν	ft. inf. a.	λυγίζω
*λυγιξῶ	ft. ind. a. 1 sg.	»
λυγίσαντος	aor.^{1} pt. a. G sg.	»
λυγίσασθαι	aor.^{1} inf. m.	»
λυγισθέντα	aor. pt. p. NA pl. n.	»
*λυγωθείς	aor. pt. p. N sg.	λυγόω
*λύε, λύεσκε	impf. ind. a. 3 sg.	λύω
λῦε	pr. impr. a. 2 sg.	»
*λυέμεν	pr. inf. a.	»
λυθεῖεν, λυθείησαν	aor. ott. p. 3 pl.	»
λυθείην	aor. ott. p. 1 sg.	»
λύθεν	aor. ind. p. 3 pl.	»
*λύθην	aor. ind. p. 1 sg.	»
λυθήσομαι	ft. ind. p. 1 sg.	»
*λῦθι	aor.^{2} impr. a. 2 sg.	»
λυθῶσι	aor. cong. p. 3 pl.	»
λυμᾶναι	aor.^{1} inf. a.	λυμαίνομαι
λυμάνῃ	aor.^{1} cong. a. 3 sg.	»
λυμανθέν	aor. pt. p. N sg. n.	»
λυμανοῦμαι	ft. ind. m. 1 sg.	»
*λύμενος	aor.^{2} pt. m. N sg.	λύω

*λύμην	aor.^{2} ind. m. 1 sg.	λύω
*λύντο	aor.^{2} ind. m. 3 pl.	»
λύξω	ft. ind. a. 1 sg.	λύζω
*λυόμην	impf. ind. m. 1 sg.	λύω
*λύον	impf. ind. a. 1 sg./3 pl.	»
*λύοντο	impf. ind. m. 3 pl.	»
*λυπέο	pr. impr. m. 2 sg.	λυπέω
λυπήσεις	ft. ind. a. 2 sg.	»
λυπήσομαι	ft. ind. m. 1 sg.	»
*λυποίατο	pr. ott. m. 3 pl.	»
*λῦσαν	aor.^{1} ind. a. 3 pl.	λύω
λύσομαι	ft. ind. m. 1 sg.	»
*λυσσῆν	pr. inf. a.	λυττάω
*λυσσωθείην	aor. ott. p. 1 sg.	»
*λυσσώων	pr. pt. a. N sg.	»
λύσω	ft. ind. a. 1 sg.	λύω
*λύτο, λῦτο	aor.^{2} ind. m. 3 sg.	»
*λωβάσησθε	aor.^{1} cong. m. 2 pl.	λωβάομαι
λωβέονται	pr. ind. m. 3 pl.	[»], λωβέομαι
λωβηθείς	aor. pt. p. N sg.	»
*λωβήσαιο	aor.^{1} ott. m. 2 sg.	»
*λωβήσασθε	aor.^{1} ind. m. 2 pl.	»
λωβήση	ft. ind. m. 2 sg.	»
*λωβήσησθε	aor.^{1} cong. m. 2 pl.	»
λωβήσομαι	ft. ind. m. 1 sg.	»
*λωβῆται	pr. ind. m. 3 sg.	»
*λῴη	pr. ott. a. 3 sg.	[λάω], λῶ
*λῶμες	pr. ind. a. 1 pl.	» »
*λῶνται	pr. cong. m. 3 pl.	» »
*λῶντι	pr. pt. a. D sg.	» »
*λῶντι	pr. ind. a. 3 pl.	» »
*λῶντο, λώοντο	impf. ind. m. 3 pl.	[λούω], λόω
*λωσάμενος	aor.^{1} pt. m. N sg.	» »
λωφήσει	ft. ind. a. 3 sg.	λωφάω

M

μαγῆναι	aor. inf. p.	μάττω
μαγῶ	aor. cong. p. 1 sg.	»
μαδήση	aor.^{1} cong. a. 3 sg.	μαδάω

*μάθε	aor.[2] ind. a. 3 sg.	μανθάνω
μάθε	aor.[2] impr. a. 2 sg.	»
μαθεῖν	aor[2]. inf. a.	»
μαθήσει, *μαθησῇ	ft. ind. m. 2 sg.	»
μαθήσομαι, *-θεῦμαι	ft. ind. m. 1 sg.	»
μαθήσω	ft. ind. a. 1 sg.	»
μάθοιμι	aor.[2] ott. a. 1 sg.	»
μαθοῦσα	aor.[2] pt. a. N sg. fm.	»
μάθω	aor.[2] cong. a. 1 sg.	»
μαθών	aor.[2] pt. a. N sg. msch.	»
*μαιμάεντι	pr. pt. a. D sg.	μαιμάω
*μαίμησα	aor.[1] ind. a. 1 sg.	»
*μαιμώων	pr. pt. a. N sg.	»
*μαιμώωσι	pr. ind. a. 3 pl.	»
*μαίνεο	pr. impr. m. 2 sg.	μαίνομαι
*μαίνετο	impf. ind. m. 3 sg.	»
μαινοίμην	pr. ott. m. 1 sg.	»
*μαιωθεῖσα	aor. pt. p. N sg. fm.	μαιόομαι
*μαιώσατο	aor.[1] ind. m. 3 sg.	»
μακαρίσαντες	aor.[1] pt. a. N pl.	μακαρίζω
μακαρισθείς	aor. pt. p. N sg.	»
μακαριῶ	ft. ind. a. 1 sg.	»
μακκοάσω	ft. ind. a. 1 sg.	μακκοάω
μακρυνθήσομαι	ft. ind. p. 1 sg.	μακρύνω
μακρυνῶ	ft. ind. a. 1 sg.	»
*μακών	aor.[2] pt. a. N sg.	μηκάομαι
μαλακισθήσομαι	ft. ind. p. 1 sg.	μαλακίζω
μαλάξω	ft. ind. a. 1 sg.	μαλάττω
μαλαχθείς	aor. pt. p. N sg.	»
μανείς	aor. pt. p. N sg.	μαίνομαι
μανῆναι	aor. inf. p.	»
μανήσομαι	ft. ind. p. 1 sg.	»
μανοῦμαι	ft. ind. m. 1 sg.	»
*μαντευσάμην	aor.[1] ind. m. 1 sg.	μαντεύομαι
μαντευσθέντα	aor. pt. p. NA pl. n.	»
μαντεύσομαι	ft. ind. m. 1 sg.	»
μανῶ	ft. ind. a. 1 sg.	μαίνομαι
μᾶξαι	aor.[1] inf. a.	μάττω
*μαξάμην	aor.[1] ind. m. 1 sg.	»
μάξαντες	aor.[1] pt. a. N pl.	»
μάξομαι	ft. ind. m. 1 sg.	»

μάξω	ft. ind. a. 1 sg.	μάττω
*μαπέειν	aor.² inf. a.	μάρπτω
μαρανθήσομαι	ft. ind. p. 1 sg.	μαραίνω
μαρανῶ	ft. ind. a. 1 sg.	»
*μαρναίμεθα	pr. ott. m. 1 pl.	μάρναμαι
*μαρνάμεθα	impf. ind. m. 1 pl.	»
*μαρνάμενος	pr. pt. m. N sg.	»
*μάρναο	pr. impr. m. 2 sg.	»
*μάρνασθαι	pr. inf. m.	»
*μάρνατο	impf. ind. m. 3 sg.	»
*μαρνώμεσθα	pr. cong. m. 1 pl.	»
*μάρπτησι	pr. cong. a. 3 sg.	μάρπτω
μαρτυρηθήσομαι	ft. ind. p. 1 sg.	μαρτυρέω
μαρτυρήσομαι	ft. ind. m. 1 sg.	»
μαρτυρήσω	ft. ind. a. 1 sg.	»
μαρτυροῦμαι	ft. ind. m. 1 sg.	»
μάρψας	aor.¹ pt. a. N sg.	μάρπτω
μάρψω	ft. ind. a. 1 sg.	»
*μάσασθαι	aor.¹ inf. m.	μά(ι)ομαι
*μασεῦμαι	ft. ind. m. 1 sg.	μανθάνω
*μάσσομαι	ft. ind. m. 1 sg.	μά(ι)ομαι
*μαστευέμεν	pr. inf. a.	μαστεύω
*μάστευσα	aor.¹ ind. a. 1 sg.	»
*μαστεύεσκον	impf. ind. a. 1 sg./3 pl.	»
μαστιγωθείς	aor. pt. p. N sg.	μαστιγόω
μαστιγωθήσομαι	ft. ind. p. 1 sg.	»
μαστιγώσομαι	ft. ind. m. 1 sg.	»
μαστιγώσω	ft. ind. a. 1 sg.	»
*μάστιξα	aor.¹ ind. a. 1 sg.	μαστίζω
μάστιξον	aor.¹ impr. a. 2 sg.	»
μαστίξω	ft. ind. a. 1 sg.	»
μαστιχθείς	aor. pt. p. N sg.	»
ματαιωθήσεται	ft. ind. p. 3 sg.	ματαιόω
ματεύσω	ft. ind. a. 1 sg.	ματεύω
μάχει	pr. ind. m. 2 sg.	μάχομαι
μαχεῖ	ft. ind. m. 2 sg.	»
*μαχε(ι)όμενος	pr. pt. m. N sg.	»
μαχεῖται	ft. ind. m. 3 sg.	»
*μαχέοιντο	pr. ott. m. 3 pl.	»
*μαχέονται	ft. ind. m. 3 pl.	»
μαχέσαιο	aor.¹ ott. m. 2 sg.	»

μαχέσασθαι, *-σσασθαι	aor.¹ inf. m.	μάχομαι
μαχεσθήσομαι	ft. ind. p. 1 sg.	»
μαχέσθων	pr. impr. m. 3 pl.	»
*μαχέσκετο	impf. ind. m. 3 sg.	»
μαχέσομαι, *-σσομαι	ft. ind. m. 1 sg.	»
*μαχεσσαίμεσθα	aor.¹ ott. m. 1 pl.	»
*μαχεσσαμένω	aor.¹ pt. m. NA du.	»
μαχήσασθαι	aor.¹ inf. m.	»
*μαχήσομαι	ft. ind. m. 1 sg.	»
μαχοῦμαι	ft. ind. m. 1 sg	»
*μαχούμενος	pr. pt. m. N sg.	»
μεγαλυνθήσομαι	ft. ind. p. 1 sg.	μεγαλύνω
μεγαλυνῶ	ft. ind. a. 1 sg.	»
μεγεθυνθῆναι	aor. inf. p.	μεγεθύνω
*μεδέσθω	pr. impr. m. 3 sg.	μέδομαι
*μεδήσομαι	ft. ind. m. 1 sg.	»
*μεδοίατο	pr. ott. m. 3 pl.	»
μεθ-, μεθυπ(ο)-:	*togliere è cercare sotto l'iniziale risultante*	
μεθύσας	aor.¹ pt. a. N sg.	μεθύσκω
*μεθύσθην	aor. inf. p.	»
μεθυσθήσομαι	ft. ind. p. 1 sg.	»
μεθύσω	ft. ind. a. 1 sg.	»
μείγνυ	pr. impr. a. 2 sg.	μ(ε)ίγνυμι
*μείγνυον	impf. ind. a. 1 sg./3 pl.	[»], μειγνύω
μειδῆσαι	aor.¹ inf. a.	μειδ(ι)άω
μειδήσας	aor.¹ pt. a. N sg.	»
*μείδησε	aor.¹ ind. a. 3 sg.	»
*μειδιᾷ, -ιάᾳ, -ιάει	pr. ind. a. 3 sg.	»
*μειδιάασκε	impf. ind. a. 3 sg.	»
*μειδιᾶν	pr. inf. a.	»
*μειδιᾶσαι	aor.¹ inf. a.	»
*μειδιάσας	aor.¹ pt. a. N sg.	»
*μειδιάων, -ιόων	pr. pt. a. N sg. msch.	»
*μειδιῶσα	pr. pt. a. N sg. fm.	»
*μειλίξατο	aor.¹ ind. m. 3 sg.	μειλίσσω
*μειλίξω	ft. ind. a. 1 sg.	»
*μεῖνε	aor.¹ ind. a. 3 sg.	μένω
μεῖνον	aor.¹ impr. a. 2 sg.	»
μεῖξαι	aor.¹ inf. a.	μ(ε)ίγνυμι
μείξομαι	ft. ind. m. 1 sg.	»
μείξω	ft. ind. a. 1 sg.	»

*μείρεο	pr. impr. m. 2 sg.	μείρομαι
μειχθῆναι	aor. inf. p.	μ(ε)ίγνυμι
μειχθήσομαι	ft. ind. p. 1 sg.	»
μειχθήτω	aor. impr. p. 3 sg.	»
μελᾶναι	aor.¹ inf. a.	μελαίνω
*μελάνθησαν	aor. ind. p. 3 pl.	»
*μελέμεν	pr. inf. a.	μέλω
*μελεσέμεν	ft. inf. a.	»
μελέσθω	pr. impr. m. 3 sg.	»
μελετήσας	aor.¹ pt. a. N sg.	μελετάω
μελετήσομαι	ft. ind. m. 1 sg.	»
μελετήσω	ft. ind. a. 1 sg.	»
μεληθέν	aor. pt. p. N sg. n.	μέλω
μελῆσαι	aor.¹ inf. a.	»
μελήσαιμι	aor.¹ ott. a. 1 sg.	»
μελησάτω	aor.¹ impr. a. 3 sg.	»
μελήσω	ft. ind. a. 1 sg.	»
*μελίξομαι	ft. ind. m. 1 sg.	μελίζω = cantare
μελιῶ	ft. ind. a. 1 sg.	» = smembrare
*μέλλεσκον	impf. ind. a. 1 sg./3 pl.	μέλλω
μελλήσω	ft. ind. a. 1 sg.	»
*μέλλον	impf. ind. a. 1 sg./3 pl.	»
*μέλον	impf. ind. a. 1 sg./3 pl.	μέλω
μελόντων	pr. impr. a. 3 pl.	»
*μέλπον	impf. ind. a. 1 sg./3 pl.	μέλπω
μελψάμενος	aor.¹ pt. m. N sg.	»
μέλψας	aor.¹ pt. a. N sg.	»
μέλψομαι	ft. ind. m. 1 sg.	»
μέλψω	ft. ind. a. 1 sg.	»
*μεμάασι	pf. ind. a. 3 pl.	[μά(ι)ομαι], μαίνομαι
μέμαγμαι	pf. ind. m. 1 sg.	μάττω
μεμάθηκα	pf. ind. a. 1 sg.	μανθάνω
μεμαθήκεσαν	ppf. ind. a. 3 pl.	»
μεμάθημαι	pf. ind. m. 1 sg.	»
*μεμακκοακώς	pf. pt. a. N sg.	μακκοάω
μεμάκρυμμαι	pf. ind. m. 1 sg.	μακρύνω
*μεμακυῖα	pf. pt. a. N sg. fm.	μηκάομαι
*μεμαλώς	pf. pt. a. N sg.	μέλω
*μέμαμεν	pf. ind. a. 1 pl.	[μά(ι)ομαι], μαίνομαι
μεμάνηκα	pf. ind. a. 1 sg.	μαίνομαι
μεμάνημαι	pf. ind. m. 1 sg.	»

μεμάντευμαι	pf. ind. m. 1 sg.	μαντεύομαι
*μεμάποιεν	aor.² ott. a. 3 pl.	μάρπτω
μεμάραμμαι, -σμαι	pf. ind. m. 1 sg.	μαραίνω
*μεμάραντο	ppf. ind. m. 3 pl.	»
μέμαρμαι	pf. ind. m. 1 sg.	μείρομαι
*μέμαρπε	pf. ind. a. 3 sg.	μάρπτω
*μεμαρπώς	pf. pt. a. N sg.	»
μεμαρτύρημαι	pf. ind. m. 1 sg.	μαρτυρέω
*μέμασαν	ppf. ind. a. 3 pl.	[μά(ι)ομαι], μαίνομαι
*μέματε	pf. ind. a. 2 pl.	» »
*μέματον	pf. ind. a. 2/3 du.	» »
*μεμάτω	pf. impr. a. 3 sg.	» »
*μεμαυῖα	pf. pt. a. N sg. fm.	» »
μέμαχα	pf. ind. a. 1 sg.	μάττω
μεμάχημαι	pf. ind. m. 1 sg.	μάχομαι
*μεμαώς	pf. pt. a. N sg. msch.	[μά(ι)ομαι], μαίνομαι
*μέμβλεσθε	pf. ind. m. 2 pl.	μέλω
*μέμβλεται	pf. ind. m. 3 sg.	»
*μέμβλετο	ppf. ind. m. 3 sg.	»
*μέμβλονται	pf. ind. m. 3 pl.	»
μέμβλωκα	pf. ind. a. 1 sg.	βλώσκω
μεμεγαλυμμένος	pf. pt. m. N sg.	μεγαλύνω
μεμεγεθυσμένα	pf. pt. m. NA pl. n.	μεγεθύνω
μεμέθυσμαι	pf. ind. m. 1 sg.	μεθύσκω
*μεμείξομαι	fta. ind. m. 1 sg.	μ(ε)ίγνυμι
*μεμείχαται	pf. ind. m. 3 pl.	»
μεμειωμένων	pf. pt. m. G pl.	μειόω
μεμέλαμμαι	pf. ind. m. 1 sg.	μελαίνω
μεμελετηκώς	pf. pt. a. N sg.	μελετάω
μεμέληκα	pf. ind. a. 1 sg.	μέλω
μεμεληκώς	pf. pt. a. N sg.	»
μεμελήμεθα	pf. ind. m. 1 pl.	»
μεμέληνται	pf. ind. m. 3 pl.	»
*μεμέλησο	ppf. ind. m. 2 sg.	»
μεμέληται	pf. ind. m. 3 sg.	»
*μεμέλητο	ppf. ind. m. 3 sg.	»
μεμέλισμαι	pf. ind. m. 1 sg.	μελίζω = smembrare
μεμελλημένος	pf. pt. m. N sg.	μέλλω
μεμένηκα	pf. ind. a. 1 sg.	μένω
μεμέρικα	pf. ind. a. 1 sg.	μερίζω
μεμέρισμαι	pf. ind. m. 1 sg.	»

μεμεσεμβόληται	pf. ind. m. 3 sg.	μεσεμβολέω
μέμετεωρισμένοι	pf. pt. m. N pl.	μετεωρίζω
μεμήκυσμαι	pf. ind. m. 1 sg.	μηκύνω
*μεμηκώς	pf. pt. m. N pl.	μετεωρίζω
*μέμηλε	pf. ind. a. 3 sg.	μέλω
*μεμήλη	pf. cong. a. 3 sg.	»
μέμηνα	pf. ind. a. 1 sg.	μαίνομαι
μεμήνυκα	pf. ind. a. 1 sg.	μηνύω
μεμήνυται	pf. ind. m. 3 sg.	»
μεμηνώς	pf. pt. a. N sg.	μαίνομαι
*μεμήρυκεν	pf. ind. a. 3 sg.	μηρύομαι
μεμηχάνημαι	pf. ind. m. 1 sg.	μηχανάομαι
μεμίαγκα	pf. ind. a. 1 sg.	μιαίνω
μεμίαμμαι, -σμαι	pf. ind. m. 1 sg.	»
μεμιάνθαι, μεμιάσθαι	pf. inf. m.	»
μεμίανται	pf. ind. m. 3 sg.	»
μέμιγμαι	pf. ind. m. 1 sg.	μ(ε)ίγνυμι
μεμιγμένος	pf. pt. m. N sg.	»
μεμίμημαι	pf. ind. m. 1 sg.	μιμέομαι
μεμινυθήκασι	pf. ind. a. 3 pl.	μινυθέω
μεμίξομαι	fta. ind. m. 1 sg.	μ(ε)ίγνυμι
μεμίσηκα	pf. ind. a. 1 sg.	μισέω
μεμίσημαι	pf. ind. m. 1 sg.	»
μεμίσθωμαι	pf. ind. m. 1 sg.	μισθόω
μέμιχα	pf. ind. a. 1 sg.	μ(ε)ίγνυμι
*μεμίχαται	pf. ind. m. 3 pl.	»
μεμῖχθαι	pf. inf. m.	»
*μεμναίατο	pf. ott. m. 3 pl.	μιμνήσκω
*μέμναιμαι	pf. ind. m. 1 sg.	»
*μέμναισο, μέμνασο	pf. impr. m. 2 sg.	»
*μέμνεο	pf. impr. m. 2 sg.	»
*μεμνεώμεθα	pf. cong. m. 1 pl.	»
*μεμνέῳτο	pf. ott. m. 3 sg.	»
*μέμνῃ, μέμνηαι	pf. ind. m. 2 sg.	»
μέμνημαι	pf. ind. m. 1 sg.	»
μεμνημένος	pf. pt. m. N sg.	»
μεμνήμην	pf. ott. m. 1 sg.	»
μεμνημόνευκα	pf. ind. a. 1 sg.	μνημονεύω
μεμνῆσθαι	pf. inf. m.	μιμνησκω
μέμνησο	pf. impr. m. 2 sg.	»
μεμνήσομαι	fta. ind. m. 1 sg.	»

μεμνήστευκα	pf. ind. a. 1 sg.	μνηστεύω
μεμνήστευμαι	pf. ind. m. 1 sg.	»
*μέμνητο	ppf. ind. m. 3 sg.	μιμνήσκω
*μεμνῆτο	pf. ott. m. 3 sg.	»
μεμνοῖο	pf. ott. m. 2 sg.	»
μεμνοῖτο	pf. ott. m. 3 sg.	»
μέμνωμαι	pf. cong. m. 1 sg.	»
μεμνῷτο	pf. ott. m. 3 sg.	»
*μεμογηώς	pf. pt. a. N sg.	μογέω
μεμοίραται	pf. ind. m. 3 sg.	μοιράω
μεμοιχεῦσθαι	pf. inf. m.	μοιχεύω
μεμόλυγκα	pf. ind. a. 1 sg.	μολύνω
μεμόλυμμαι, -σμαι	pf. ind. m. 1 sg.	»
μεμολυσμένα	pf. pt. m. NA pl. n.	»
*μέμονα	pf. ind. a. 1 sg.	[μά(ι)ομαι], μαίνομαι
*μεμόνει	ppf. ind. a. 3 sg.	» »
*μεμονέναι	pf. inf. a.	» »
*μεμόρακται	pf. ind. m. 3 sg.	μείρομαι, μοράζομαι
*μεμόρηκα	pf. ind. a. 1 sg.	» μορέω
*μεμορημένος	pf. pt. m. N sg.	» »
*μεμόρηται	pf. ind. m. 3 sg.	» »
*μεμόρθαι, μέμορθαι	pf. inf. m.	»
*μεμορμένος	pf. pt. m. N sg.	»
μέμορται	pf. ind. m. 3 sg.	»
*μεμορυγμένα	pf. pt. m. NA pl. n.	μορύσσω
*μεμουνωμένοι	pf. pt. m. N pl.	μονόω
μεμούσωκε	pf. ind. a. 3 sg.	μουσόω
μεμουσωμένος	pf. pt. m. N sg.	»
μεμούσωται	pf. ind. m. 3 sg.	»
μεμύηται	pf. ind. m. 3 sg.	μυέω
μεμύθευκα	pf. ind. a. 1 sg.	μυθεύω
μεμύθευται	pf. ind. m. 3 sg.	»
μέμυκα	pf. ind. a. 1 sg.	μύω
*μεμύκειν	ppf. ind. a. 1 sg.	»
μεμύλληκε	pf. ind. a. 3 sg.	μυλλάω
μεμυστιλημένοι	pf. pt. m. N pl. msch.	μυστιλάομαι
μεμφθείς	aor. pt. p. N sg.	μέμφομαι
μεμφθῇ	aor. cong. p. 3 sg.	»
μεμφθῆναι	aor. inf. p.	»
μεμφθήσομαι	ft. ind. p. 1 sg.	»
μέμψαιτο	aor.[1] ott. m. 3 sg.	»

μέμψας	aor.[1] pt. a. N sg.	μέμφομαι
μέμψομαι	ft. ind. m. 1 sg.	»
μεμωλυσμένα	pf. pt. m. NA pl. n.	μωλύ(ν)ω
μεμωραμμέναι	pf. pt. m. N pl. fm.	μωραίνω
*μενέμεν	pr. inf. a.	μένω
*μενεῦντι	ft. ind. a. 3 pl.	»
*μενέω	ft. ind. a. 1 sg.	»
μενθηριῶ	ft. ind. a. 1 sg.	μενθηρίζω
*μενοίνα	impf. ind. a. 3 sg.	μενοινάω
*μενοινάᾳ	pr. ind. a. 3 sg.	»
*μενοίνεον	impf. ind. a. 1 sg./3 pl.	»
*μενοινήῃσι	pr. cong. a. 3 sg.	»
*μενοινήσειε	aor.[1] ott. a. 3 sg.	»
*μενοίνησεν	aor.[1] ind. a. 3 sg.	»
μενοινήσωσι	aor.[1] cong. a. 3 pl.	»
μενῶ	ft. ind. a. 1 sg.	μένω
*μερίξας	aor.[1] pt. a. N sg.	μερίζω
μεριοῦμαι	ft. ind. m. 1 sg.	»
μερισθήσομαι	ft. ind. p. 1 sg.	»
*μερμήριξα	aor.[1] ind. a. 1 sg.	μερμηρίζω
*μερμηρίξω	ft. ind. a. 1 sg.	»
μεσεγγυηθέντα	aor. pt. p. A sg.	μεσεγγυάω
μεσεγγυῆσαι	aor.[1] inf. a.	»
μεσεγγυήσασθαι	aor.[1] inf. m.	»
μεσολαβηθῆναι	aor. inf. p.	μεσολαβέω
μεσολαβήσας	aor.[1] pt. a. N sg.	»
μετ(α)-, μεταδι(α)-:	*togliere e cercare sotto l'iniziale risultante*	
μετακαθ-, μετακατα-:	*togliere e cercare sotto l'iniziale risultante*	
μεταμπ-, μεταμφ(ι)-:	*togliere e cercare sotto l'iniziale risultante*	
μεταν(α)-, -παρ(α)-:	*togliere e cercare sotto l'iniziale risultante*	
μεταρ- (+ ρ):	*togliere e cercare sotto l'iniziale ῥ-*	
μεταρσιωθέν	aor. pt. p. N sg. n.	μεταρσιόω
μετασυ-, μετασυν-:	*togliere e cercare sotto l'iniziale risultante*	
μετεγ-, μετεισ-:	*togliere e cercare sotto l'iniziale risultante*	
μετεκ-, μετεμ-:	*togliere e cercare sotto l'iniziale risultante*	
μετεν-, μετεξ-:	*togliere e cercare sotto l'iniziale risultante*	
μετεξαν-, μετεπι-:	*togliere e cercare sotto l'iniziale risultante*	
μετεωρισθεῖσ	aor. pt. p. N	μετεωρίζω
μετεωριῶ	ft. ind. a. 1 sg.	»
μετρήσαντες	aor.[1] pt. a. N pl.	μετρέω
*μήδετο	impf. ind. m. 3 sg.	μήδομαι

*μήδοντο	impf. ind. m. 3 pl.	μήδομαι
μηκυνῶ, *μηκυνέω	ft. ind. a. 1 sg.	μηκύνω
μηνάμενος	aor.[1] pt. m. N sg.	μαίνομαι
*μήνατο	aor.[1] ind. m. 3 sg.	»
μηνῖσαι	aor.[1] inf. a.	μηνίω
μηνιῶ, μηνίσω	ft. ind. a. 1 sg.	»
μηνυθήσομαι	ft. ind. p. 1 sg.	μηνύω
μηνῦσαι	aor.[1] inf. a.	»
μήνυσον	aor.[1] impr. a. 2 sg.	»
μηνύσω	ft. ind. a. 1 sg.	»
*μηρυσάμην	aor.[1] ind. m. 1 sg.	μηρύομαι
*μήσατο	aor.[1] ind. m. 3 sg.	μήδομαι
*μήσεαι	ft. ind. m. 2 sg.	»
μήσομαι	ft. ind. m. 1 sg.	»
*μητιάασθαι	pr. inf. m.	μητιάω
*μητιάασθε	pr. impr. m. 2 pl.	»
*μητιάασκον	impf. ind. a. 1 sg./3 pl.	»
μητιάσομαι	ft. ind. m. 1 sg.	»
*μητιόων	pr. pt. a. N sg.	»
*μητιόωντο	impf. ind. m. 3 pl.	»
*μητιόωσι	pr. ind. a. 3 pl.	»
μητίσομαι	ft. ind. m. 1 sg.	μητίομαι
*μηχανάασθαι	pr. inf. m.	μηχανάομαι
*μηχανάασθε	pr. ind. m. 2 pl.	»
*μηχανάαται	pr. cong. m. 3 sg.	»
μηχανήσομαι	ft. ind. m. 1 sg.	»
*μηχανόωνται	pr. ind. m. 3 pl.	»
*μηχανόωντο	impf. ind. m. 3 pl.	»
*μηχανόῳτο	pr. ott. m. 3 sg.	»
μιάνας	aor.[1] pt. a. N sg.	μιαίνω
μιανεῖ	ft. ind. a. 3 sg.	»
*μιάνθην	aor. ind. p. 1 sg.	»
μιανθήσομαι	ft. ind. p. 1 sg.	»
μιγ-	*vedi sotto* μειγ *da*	μ(ε)ίγνυμι
*μιγήμεναι, μιγῆν(αι)	aor. inf. p.	»
*μίγην	aor. ind. p. 1 sg.	»
μιγήσομαι	ft. ind. p. 1 sg.	»
*μίγμενος	aor.[2] pt. m. N sg.	»
*μίκτο	aor.[2] ind. m. 3 sg.	»
μιμηθήσομαι	ft. ind. p. 1 sg.	μιμέομαι
μιμήσομαι	ft. ind. m. 1 sg.	»

*μίμνασκον, -εσκον	impf. ind. a. 1 sg./3 pl.	[μένω], μίμνω
*μιμνήσκεο	pr. impr. m. 2 sg.	μιμνήσκω
*μιμνήσκοντο	impf. ind. m. 3 pl.	»
*μιμνόντεσσι	pr. pt. a. D pl.	[μένω], μίμνω
μινυθῆσαι	aor.^{1} inf. a.	μινυθέω
μινυθήσω	ft. ind. a. 1 sg.	»
μιξ-	*vedi sotto* μειξ- *da*	μ(ε)ίγνυμι
*μίσγεαι	pr. ind./cong. m. 2 sg.	[»], μίσγω
*μίσγετο, -έσκετο	impf. ind. m. 3 sg.	» »
μισηθήσομαι	ft. ind. p. 1 sg.	μισέω
μισήσομαι	ft. ind. m. 1 sg.	»
μισήσω	ft. ind. a. 1 sg.	»
μίσθωσον	aor.^{1} impr. a. 2 sg.	μισθόω
μιχθῇ	aor. cong. p. 3 sg.	μ(ε)ίγνυμι
*μιχθήμεναι, -θῆναι	aor. inf. p.	»
μιχθήσομαι	ft. ind. p. 1 sg.	»
*μνάασθαι, μνᾶσθαι	pr. inf. m.	[μιμνήσκω], μνάομαι
*μνάσθω	pr. impr. m. 3 sg.	» »
*μνάσκετο	impf. ind. m. 3 sg.	» »
*μνᾶται	pr. ind. m. 3 sg.	» »
μνημονευθήσομαι	ft. ind. p. 1 sg.	μνημονεύω
μνημονεύσομαι	ft. ind. m. 1 sg.	»
μνησαίμην	aor.^{1} ott. m. 1 sg.	μιμνήσκω
μνησάμενος	aor.^{1} pt. m. N sg.	»
μνήσασθαι	aor.^{1} inf. m.	»
*μνησάσκετο	aor.^{1} ind. m. 3 sg.	»
μνησάτω	aor.^{1} impr. a. 3 sg.	»
*μνήσεαι	ft. ind. m. 2 sg.	»
μνησθῆναι	aor. inf. p.	»
μνησθήσομαι	ft. ind. p. 1 sg.	»
μνήσομαι	ft. ind. m. 1 sg.	»
μνηστεύσομαι	ft. ind. m. 1 sg.	μνηστεύω
μνήσω	ft. ind. a. 1 sg.	μιμνήσκω
*μνώεο	pr. impr. m. 2 sg.	[»], μνάομαι
*μνώμεθα	impf. ind. m. 1 pl.	» »
μνῶνται	pr. ind. m. 3 pl.	» »
*μνωόμενος	pr. pt. m. N sg.	» »
*μνώοντο	impf. ind. m. 3 pl.	» »
*μογέεσκον	impf. ind. a. 1 sg./3 pl.	μογέω
*μόγησα	aor.^{1} ind. a. 1 sg.	»
μοιρηθεῖσα	aor.pt. p. N sg. fm.	μοιράω

μοιχευθῆναι	aor. inf. p.	μοιχεύω
μοιχεύσεται	ft. ind. m. 3 sg.	»
*μόλε	aor.² impr. a. 2 sg.	βλώσκω
μολεῖν	aor.² inf. a.	»
μόλῃ	aor.² cong. a. 3 sg.	»
*μόλοι	aor.² ott. a. 3 sg.	»
*μόλον	aor.² ind. a. 1 sg./3 pl.	»
μολοῦμαι	ft. ind. m. 1 sg.	»
μολυνθήσομαι	ft. ind. p. 1 sg.	μολύνω
μολυνῶ	ft. ind. a. 1 sg.	»
μολών	aor.² pt. a. N sg.	βλώσκω
μονωθείς	aor. pt. p. N sg.	μονόω
*μόρησε	aor.¹ ind. a. 3 sg.	μείρομαι, μορέω
*μορήσω	ft. ind. a. 1 sg.	» »
*μορμύξαντες	aor.¹ pt. a. N pl.	μορμύσσομαι
*μορξάμενοι	aor.¹ pt. m. N pl.	(ὀ)μόργνυμι
*μόρξαντο	aor.¹ ind. m. 3 pl.	»
μορφωθῇ	aor. cong. p. 3 sg.	μορφόω
μορφώσαντες	aor.¹ pt. a. N pl.	»
μοτώσω	ft. ind. a. 1 sg.	μοτόω
μουσωθείς	aor. pt. p. N sg.	μουσόω
*μοχθεῦντες	pr. pt. a. N pl.	μοχθέω
μοχθήσειν	ft. inf. a.	»
μόχλωσον	aor.¹ impr. a. 2 sg.	μοχλόω
μυδώσας	aor.¹ pt. a. N sg.	μυδόω
μυζήσας	aor.¹ pt. a. N sg.	μυζάω
μυζήσω	ft. ind. a. 1 sg.	»
μυζῶσαι	pr. pt. a. N pl. fm.	»
μυηθείην	aor. ott. p. 1 sg.	μυέω
μυηθήσομαι	ft. ind. p. 1 sg.	»
μυήσας	aor.¹ pt. a. N sg.	»
μυθεῖ, *μυθεῖαι	pr. ind. a. 2 sg.	μυθέομαι
*μυθεόμην	impf. ind. m. 1 sg.	»
*μυθέσκοντο	impf. ind. m. 3 pl.	»
μυθεύσασα	aor.¹ pt. a. N sg. fm.	μυθεύω
*μυθήσατο	aor.¹ ind. m. 3 sg.	μυθέομαι
μυθήσομαι	ft. ind. m. 1 sg.	»
*μύκεσκε	aor.²/impf. ind. a. 3 sg.	μυκάομαι
μυκήσομαι	ft. ind. m. 1 sg.	»
*μύκον	aor.² ind. a. 1 sg./3 pl.	»
μυξάμενος	aor.¹ pt. m. N sg.	μύσσομαι

μύξομαι	ft. ind. m. 1 sg.	μύσσομαι
μύξω	ft. ind. a. 1 sg.	»
μύξω	ft. ind. a. 1 sg.	μύζω
*μύρετο	impf. ind. m. 3 sg.	μύρω
*μύρηαι	pr. cong. m. 2 sg.	»
*μῦρον	impf. ind. a. 1 sg./3 pl.	»
*μύσαν	aor.[1] ind. a. 3 pl.	μύω
μυσαχθείς	aor. pt. p. N sg.	μυσάττομαι
μυσαχθήσομαι	ft. ind. p. 1 sg.	»
μύσω	ft. ind. a. 1 sg.	μύω
μωλυθεῖσα	aor. pt. p. N sg. fm.	μωλύ(ν)ω
*μωμάσατο	aor.[1] ind. m. 3 sg.	μωμάομαι
*μωμάσομαι	ft. ind. m. 1 sg.	»
*μωμέεσθαι	pr. inf. m.	»
*μώμενος	pr. pt. m. N sg.	[μά(ι)ομαι], μῶμαι
*μωμεῦνται	pr. ind. m. 3 pl.	μωμάομαι
μωμήσομαι	ft. ind. m. 1 sg.	»
*μῶνται	pr. ind. m. 3 pl.	[μά(ι)ομαι], μῶμαι
μωρανθήσεται	ft. ind. p. 3 sg.	μωραίνω
μωρανῶ	ft. ind. a. 1 sg.	»
μῶσθαι	pr. inf. m.	[μά(ι)ομαι], μῶμαι
*μῶσο	pr. impr. m. 2 sg.	» »
*μῶται	pr. ind. m. 3 sg.	» »
μῷτο	pr. ott. m. 3 sg.	» »

N

*ναιέμεν(αι)	pr. inf. a.	ναίω
*ναίεσκον	impf. ind. a. 1 sg./3 pl.	»
*ναιήσαντο	aor.[1] ind. m. 3 pl.	»
νάξω	ft. ind. a. 1 sg.	νάττω
ναρκήσω	ft. ind. a. 1 sg.	ναρκάω
*νάσσα	aor.[1] ind. a. 1 sg.	ναίω
*νάσσομαι	ft. ind. m. 1 sg.	»
ναυπηγηθῇ	aor. cong. p. 3 sg.	ναυπηγέω
ναυστολήσω	ft. ind. a. 1 sg.	ναυστολέω
ναυτίλασθαι	aor.[1] inf. m.	ναυτίλλομαι
*ναυτίλεται	aor.[1] cong. m. 3 sg.	»
νεανιευθέντα	aor. pt. p. NA pl. n.	νεανιεύομαι
νεανιεύσομαι	ft. ind. m. 1 sg.	»

*νεάσαι	aor.[1] inf. a.	νεάζω
*νέεσθαι	pr. inf. m.	νέομαι, νεῦμαι
*νέεσθε	pr. ind. m. 2 pl.	» »
*νέηαι	pr. cong. m. 2 sg.	» »
νεῖ	pr. ind. a. 3 sg.	νέω = nuotare
*νεῖαι	pr. ind. m. 2 sg.	νέομαι, νεῦμαι
*νεικείησι	pr. cong. a. 3 sg.	νεικέω
*νείκειον, -κείεσκον	impf. ind. a. 1 sg./3 pl.	»
*νείκεσα, νείκεσσα	aor.[1] ind. a. 1 sg.	»
*νεικέσω	ft. ind. a. 1 sg.	»
*νεῖμα	aor.[1] ind. a. 1 sg.	νέμω
νεῖν	pr. inf. a.	νέω = nuotare
*νεῖο	pr. impr. m. 2 sg.	νέομαι, νεῦμαι
*νεῖσθαι	pr. inf. m.	» »
*νεῖσθε	pr. ind. m. 2 pl.	» »
*νεῖται	pr. ind. m. 3 sg.	» »
νείψω	ft. ind. a. 1 sg.	νείφω
νεκρωθῆναι	aor. inf. p.	νεκρόω
νεμεῖ	ft. ind. m. 2 sg.	νέμω
*νεμέομαι	ft. ind. m. 1 sg.	»
*νεμέσα	pr. impr. a. 2 sg.	νεμεσάω
*νεμέσασκε	impf. ind. a. 3 sg.	»
*νεμέσησα	aor.[1] ind. a. 1 sg.	»
*νεμεσήσεαι	ft. ind. m. 2 sg.	»
νεμεσήσομαι	ft. ind. m. 1 sg.	»
νεμεσήσω	ft. ind. a. 1 sg.	»
*νεμεσσᾷ	pr. ind. a. 3 sg.	»
*νεμέσσα	pr. impr. a. 2 sg.	»
*νεμέσσαιτο	aor.[1] ott. m. 3 sg.	»
*νεμέσσηθεν	aor. ind. p. 3 pl.	»
*νεμηθήσομαι	ft. ind. p. 1 sg.	νέμω
νεμήσομαι	ft. ind. m. 1 sg.	»
νεμήσω	ft. ind. a. 1 sg.	»
*νέμοντο	impf. ind. m. 3 pl.	»
νεμοῦμαι	ft. ind. m. 1 sg.	»
νεμῶ	ft. ind. a. 1 sg.	»
νεναγμένη	pf. pt. m. N sg. fm.	νάττω
*νένακτο	ppf. ind. m. 3 sg.	»
νεναρκηκυῖα	pf. pt. a. N sg. fm.	ναρκάω
νένακται	pf. ind. m. 3 sg.	νάττω
νένασται	pf. ind. m. 3 sg.	ναίω

*νεναυάγηκα	pf. ind. a. 1 sg.	ναυαγέω
νεναυπηγημένη	pf. pt. m. N sg. fm.	ναυπηγέω
νεναυσίακα	pf. ind. a. 1 sg.	ναυσιάω
νεναυστόληκα	pf. ind. a. 1 sg.	ναυστολέω
νενεανιευμένοις	pf. pt. m. D pl. m./n.	νεανιεύομαι
*νενέαται	pf. ind. m. 3 pl.	νέω = accumulare
νενεκρῶσθαι	pf. inf. m.	νεκρόω
νενέμηκα	pf. ind. a. 1 sg.	νέμω
νενέμημαι	pf. ind. m. 1 sg.	»
νενεμῆσθαι	pf. inf. m.	»
νένευκα	pf. ind. a. 1 sg.	νέω = nuotare
νένευκα	pf. ind. a. 1 sg.	νεύω
νενεωλκημένα	pf. pt. m. NA pl. n.	νεωλκέω
νένησμαι	pf. ind. m. 1 sg.	νέω = filare
νενη(σ)μένος	pf. pt. m. N sg.	νέω = accumulare
νενῆχθαι	pf. inf. m.	νήχω
νενίκηκα	pf. ind. a. 1 sg.	νικάω
νένιμμαι	pf. ind. m. 1 sg.	νίζω, νίπτω
νενόηθι	pf. impr. a. 2 sg.	νοέω
νενόηκα	pf. ind. a. 1 sg.	»
νενόημαι	pf. ind. m. 1 sg.	»
*νενομίδαται	pf. ind. m. 3 pl.	νομίζω
νενόμικα	pf. ind. a. 1 sg.	»
νενόμισμαι	pf. ind. m. 1 sg.	»
*νενομίχθαι	pf. inf. m.	»
νενοσηκός	pf. pt. a. N sg. n.	νοσέω
νενοσσευκότων	pf. pt. a. G pl.	νεοττεύω, νοσσεύω
νενοσσευμένα	pf. pt. m. NA pl. n.	» »
νενόσφισμαι	pf. ind. m. 1 sg.	νοσφίζω
νενόωται	pf. ind. m. 3 sg.	νοόω
νένυγμαι	pf. ind. m. 1 sg.	νύττω
νενυμφαγώγηκα	pf. ind. a. 1 sg.	νυμφαγωγέω
*νένωκα	pf. ind. a. 1 sg.	νοέω
νένωμαι	pf. ind. m. 1 sg.	»
*νεοίμην	pr. ott. m. 1 sg.	νέομαι, νεῦμαι
νέομεν	pr. ind. a. 1 pl.	νέω = nuotare
*νεόμην	impf. ind. m. 1 sg.	νέομαι, νεῦμαι
*νέον	impf. ind. a. 1 sg./3 pl.	νέω = nuotare
*νεύμεθα	pr. ind. m. 1 pl.	νέομαι, νεῦμαι
*νεύμενος	pr. pt. m. N sg.	» »
*νεῦσα	aor.[1] ind. a. 1 sg.	νεύω

νεῦσαι	aor.[1] inf. a.	νέω = nuotare
νεύσομαι, -σοῦμαι	ft. ind. m. 1 sg.	» = »
νεύσομαι	ft. ind. m. 1 sg.	νεύω
νεύσω	ft. ind. a 1 sg.	»
*νεώμεθα	pr. cong. m. 1 pl.	νέομαι, νεῦμαι
νέων	pr. pt. a. N sg.	νέω = nuotare
νεωτεριῶ	ft. ind. a. 1 sg.	νεωτερίζω
*νηῆσαι	aor.[1] inf. a.	ν(η)έω = accumulare
*νήησαν	aor. [1] ind. a. 3 pl.	» »
*νηησάσθω	aor.[1] impr. m. 3 sg.	» »
*νηήσεται	ft. ind. m. 3 sg.	» »
νηθέντα	aor. pt. p. NA pl. n.	νέω = filare
*νηξαμένη	aor.[1] pt. m. N sg. fm.	νήχω
νήξομαι	ft. ind. m. 1 sg.	»
νήξω	ft. ind. a. 1 sg.	»
νῆσαι	aor.[1] inf. a.	νέω = filare
νησάμενος	aor.[1] pt. m. N sg.	νέω = accumulare
νήσομαι	ft. ind. m. 1 sg.	» »
νήσω	ft. ind. a. 1 sg.	» »
νήσω	ft. ind. a. 1 sg.	νέω = filare
*νηχέμεναι	pr. inf. a.	νήχω
νηχήσομαι	ft. ind. m. 1 sg.	»
*νήχοντο	impf. ind. m. 3 pl.	»
νήψω	ft. ind. a. 1 sg.	νήφω
*νίζετο	impf. ind. m. 3 sg.	[νίπτω], νίζω
*νίκα, νίκη	impf. ind. a. 3 sg.	νικάω
*νικαθῇ	aor. cong. p. 3 sg.	»
*νικαξῇ	ft. ind. m. 2 sg.	»
*νικαξοῦμαι	ft. ind. m. 1 sg.	»
*νικάσκομεν	impf. ind. a. 1 pl.	»
νικηθέντες	aor. pt. p. N pl.	»
*νίκησε, νίκασε	aor.[1] ind. a. 3 sg.	»
νικήσομαι	ft. ind. m. 1 sg.	»
νικήσω, *νικάσω	ft. ind. a. 1 sg.	»
νικῷ	pr. ott. a. 3 sg.	»
νικῷεν	pr. ott a. 3 pl.	»
νικῴην	pr. ott. a. 1 sg.	»
*νίσεο	pr. impr. m. 2 sg.	νίσ(σ)ομαι
*νίσεται	pr. ind. m. 3 sg.	»
*νίσηται	pr. cong. m. 3 sg.	»
*νίσονται	pr. ind. m. 3 pl.	»

*νίσοντο	impf. ind. m. 3 pl.	νίσ(σ)ομαι
*νίσσει	pr. ind. m. 2 sg.	»
*νίσσετο	impf. ind. m. 3 sg.	»
*νιφέμεν	pr. inf. a.	ν(ε)ίφω
νιφήσομαι	ft. ind. m. 1 sg.	[νίζω], νίπτω
*νίψα	aor.[1] ind. a. 1 sg.	» »
νίψαι	aor.[1] inf. a.	» »
*νίψατο	aor.[1] ind. m. 3 sg.	» »
νίψομαι	ft. ind. m. 1 sg.	» »
νίψω	ft. ind. a. 1 sg.	» »
νίψω	ft. ind. a. 1 sg.	ν(ε)ίφω
*νοεῦντες	pr. pt. a. N pl.	νοέω
νοηθήσομαι	ft. ind. p. 1 sg.	»
*νόησα	aor.[1] ind. a. 1 sg.	»
νοησάμενος	aor.[1] pt. m. N sg.	»
*νοήσατο	aor.[1] ind. m. 3 sg.	»
νομιοῦμαι	ft. ind. m. 1 sg.	νομίζω
νομιοῦμεν	ft. ind. a. 1 pl.	»
*νόμισα	aor.[1] ind. a. 1 sg.	»
νομισθήσομαι	ft. ind. p. 1 sg.	»
νομίσω, νομιῶ	ft. ind. a. 1 sg.	»
νοσῆσαι	aor.[1] inf. a.	νοσέω
νοστήσατο	aor.[1] ind. m. 3 sg.	νοστέω
νοστήσομεν	ft. ind. a. 1 pl.	»
νοσφισθείς	aor. pt. p. N sg.	νοσφίζω
*νοσφι(σ)σάμην	aor.[1] ind. m. 1 sg.	»
*νοσφίσσομαι	ft. ind. m. 1 sg.	»
νοσφίσω, νοσφιῶ	ft. ind. a. 1 sg.	»
νουθετηθῆναι	aor. inf. p.	νουθετέω
νοωθεῖσα	aor. pt. p. N sg. fm.	νοόω
νυγείη	aor. ott. p. 3 sg.	νύττω
νυγείς	aor. pt. p. N sg.	»
νυμφεύσομαι	ft. ind. m. 1 sg.	νυμφεύω
*νύξε	aor.[1] ind. a. 3 sg.	νύττω
*νύσσεν	impf. ind. a. 3 sg.	»
νυστάξω	ft. ind. a. 1 sg.	νυστάζω
νυχεύσω	ft. ind. a. 1 sg.	νυχεύω
νυχθῆναι	aor. inf. p.	νύττω
*νωμάσας	aor.[1] pt. a. N sg.	νωμάω
*νώμασκε	impf. ind. a. 3 sg.	»
*νωμάσοισι	ft. ind. a. 3 pl.	»

*νώμησαν	aor.[1] ind. a. 3 pl.	νωμάω
νωσάμενος	aor.[1] pt. m. N sg.	νοέω
*νῶσι	pr. ind. a. 3 pl.	νέω = filare
νωτίσαι	aor.[1] inf. a.	νωτίζω

Ξ

ξανήσω	ft. ind. a. 1 sg.	ξανάω
ξανῶ	ft. ind. a. 1 sg.	ξαίνω
*ξείνισα, *ξείνισσα	aor.[1] ind. a. 1 sg.	ξε(ι)νίζω
ξενισθείς	aor. pt. p. N sg.	»
ξενίσω, ξενιῶ	ft. ind. a. 1 sg.	»
ξενώσεται	ft. ind. m. 3 sg.	ξενόω
*ξέσα, ξέσσα	aor.[1] ind. a. 1 sg.	ξέω
ξεσθῆναι	aor. inf. p.	»
ξέσω	ft. ind. a. 1 sg.	»
ξηρᾶναι, *ξηρῆναι	aor.[1] inf. a.	ξηραίνω
ξηρανθήσομαι	ft. ind. p. 1 sg.	»
ξηρανοῦμαι	ft. ind. m. 1 sg.	»
ξηρανῶ	ft. ind. a. 1 sg.	»
ξυ...-:	*vedi sotto συ...-*	
ξυλισάμενος	aor.[1] pt. m. N sg.	ξυλίζομαι
*ξῦον	impf. ind. a. 1 sg./3 pl.	ξύω
ξύρας	aor.[1] pt. a. N sg.	[ξυρέω], ξύρω
ξυρᾶσθαι	pr. inf. m.	» ξυράω
ξυρεῖν	pr. inf. a.	»
ξυρηθήσομαι	ft. ind. p. 1 sg.	» ξυράω
ξυρήσας	aor.[1] pt. a. N sg.	» »
ξυρήσομαι	ft. ind. m. 1 sg.	» »
ξυρήσω	ft. ind. a. 1 sg.	» »
ξῦσαι	aor.[1] inf. a.	ξύω
ξύσας	aor.[1] pt. a. N sg.	»
ξύσασθαι	aor.[1] inf. m.	»
ξυσθείς	aor. pt. p. N sg.	»
ξύσω	ft. ind. a. 1 sg.	»

O

*ὀάριζον	impf. ind. a. 1 sg./3 pl.	ὀαρίζω
ὀγκώσομαι	ft. ind. m. 1 sg.	ὀγκόω
ὀγκώσω	ft. ind. a. 1 sg.	»
*ὀδαξήσεται	ft. ind. m. 3 sg.	ὀδάξω, -ξάω
ὀδεύσας	aor.¹ pt. a. N sg.	ὀδεύω
ὀδηθείης	aor. ott. p. 2 sg.	ὀδάω
ὀδῆσαι	aor.¹ inf. a.	»
ὀδοι(πε)πόρηκα	pf. ind. a. 1 sg.	ὀδοιπορέω
ὀδοιπορήκεσαν	ppf. ind. a. 3 pl.	»
ὀδοιπορήσω	ft. ind. a. 1 sg.	»
*ὀδυνᾶσαι	pr. ind. m. 2 sg.	ὀδυνάω
ὀδυνηθήσομαι	ft. ind. p. 1 sg.	»
ὀδυνῆσαι	aor.¹ inf. a.	»
ὀδυνήσομαι	ft. ind. m. 1 sg.	»
ὀδυνήσω	ft. ind. a. 1 sg.	»
*ὀδυράμενος	aor.¹ pt. m. N sg.	ὀδύρομαι
*ὀδύρετο, ὀδυρέσκετο	impf. ind. m. 3 sg.	»
ὀδυροῦμαι	ft. ind. m. 1 sg.	»
*ὀδύσαντο	aor.¹ ind. m. 3 pl.	ὀδύσσομαι, -υίομαι
ὀδύσασθαι	aor.¹ inf. m.	» »
*ὀδυσσάμενος	aor.¹ pt. m. N sg.	» »
ὄδωδα	pf. ind. a. 1 sg.	ὄζω
ὀδώδειν	ppf. ind. a. 1 sg.	»
*ὀδώδυσται	pf. ind. m. 3 sg.	ὀδύσσομαι, -υίομαι
ὀδώσει	ft. ind. a. 3 sg.	ὀδόω
ὀζήσω, *ὀζέσω	ft. ind. a. 1 sg.	ὄζω
οἶδα, *ὄιδα	pf. ind. a. 1 sg.	[οἶδα], εἴδομαι
οἴδαμεν	pf. ind. a. 1 pl.	» »
οἴδασι	pf. ind. a. 3 pl.	» »
οἴδατον	pf. ind. a. 2 du.	» »
οἰδήσω	ft. ind. a. 1 sg.	οἰδάω
*ὀίζυσα	aor.¹ ind. a. 1 sg.	ὀιζύω
οἰηθείην	aor. ott. p. 1 sg.	οἴομαι
οἰηθείς	aor. pt. p. N sg.	»
οἰηθήσομαι	ft. ind. p. 1 sg.	»

οἰήσομαι	ft. ind. m. 1 sg.	οἴομαι	
*οἶκα	pf. ind. a. 1 sg.	ἔοικα	
*οἴκατε	pf. ind. a. 2 pl.	»	
*οἰκέαται	pf. ind. m. 3 pl.	οἰκέω	
*οἰκείη	pr. ott. a. 3 sg.	»	
*οἴκεις	pr. pt. a. N sg.	»	
*οἴκεον	impf. ind. a. 1 sg./3 pl.	»	
*οἴκημαι	pf. ind. m. 1 sg.	»	
*οἴκησα	aor.^{1} ind. a. 1 sg.	»	
οἰκήσομαι	ft. ind. m. 1 sg.	»	
οἰκήσω	ft. ind. a. 1 sg.	»	
οἰκιοῦμαι	ft. ind. m. 1 sg.	οἰκίζω	
*οἴκισα	aor.^{1} ind. a. 1 sg.	»	
οἰκισθήσομαι	ft. ind. p. 1 sg.	»	
*οἴκισμαι	pf. ind. m. 1 sg.	»	
οἰκιῶ	ft. ind. a. 1 sg.	»	
οἰκοδομηθήσεται	ft. ind. p. 3 sg.	οἰκοδομέω	
οἰκοδομημένοι	pf. pt. m. N pl.	»	
οἰκοδομήσω	ft. ind. a. 1 sg.	»	
*οἶκτ(ε)ιρα	aor.^{1} ind. a. 1 sg.	οἰκτ(ε)ίρω	
οἰκτειρηθῆναι	aor. inf. p.	»	
οἰκτειρήσω	ft. ind. a. 1 sg.	»	-ρέω
οἰκτιρῶ	ft. ind. a. 1 sg.	»	
οἰκτιῶ	ft. ind. a. 1 sg.	οἰκτίζω	
*οἰκώς	pf. pt. a. N sg.	ἔοικα	
οἵμην	aor.^{2} ott. m. 1 sg.	ἵημι	
οἴμησεν	aor.^{1} ind. a. 3 sg.	οἰμάω	
*οἴμωγμαι	pf. ind. m. 1 sg.	οἰμώζω	
οἰμώξομαι	ft. ind. m. 1 sg.	»	
οἰμώξω	ft. ind. a. 1 sg.	»	
οἰμωχθείς	aor. pt. p. N sg.	»	
οἰνοποίηκα	pf. ind. a. 1 sg.	οἰνοποιέω	
*οἰνοχόει	impf. ind. a. 3 sg.	οἰνοχοέω	
*οἰνοχοεῦσα	pr. pt. a. N sg. fm.	»	
οἰνοχοήσω	ft. ind. a. 1 sg.	»	
οἶντο	aor.^{2} ott. m. 3 pl.	ἵημι	
οἰνωθείς	aor. pt. p. N sg.	οἰνόω	
οἰνωθήσομαι	ft. ind. p. 1 sg.	»	
οἰνωμένος	pf. pt. m. N sg.	»	
οἰνῶσαι	aor.^{1} inf. a.	»	
οἶξας	aor.^{1} pt. a. N sg.	οἴγνυμι	

οἴξω	ft. ind. a. 1 sg.	οἴγνυμι
οἴοιτο	pr. ott m. 3 sg.	οἴομαι
*οἶσαι	aor.[1] inf. a.	[φέρω]
*ὀίσασθαι	aor.[1] inf. m.	οἴομαι
*ὀίσατο	aor.[1] ind. m. 3 sg.	»
*οἶσε	pr./(ft.) impr. a. 2 sg.	[φέρω]
*οἶσειν	pr./(ft.) inf. a.	»
*οἰσεῖται	ft. ind. m. 3 sg.	»
*οἰσέμεν(αι)	pr./(ft.) inf. a.	»
*οἰσέτω	pr./(ft.) impr. a. 3 sg.	»
*οἶσθα(ς)	pf. ind. a. 2 sg.	[οἶδα], εἴδομαι
*οἰσθείς	aor. pt. p. N sg.	οἴομαι
οἰσθήσομαι	ft. ind. p. 1 sg.	[φέρω]
οἴσομαι	ft. ind. m. 1 sg.	»
*οἰσόντων	pr./(ft.) impr. a. 3 pl.	»
*ὀισ(σ)άμενος	aor.[1] pt. m. N sg.	οἴομαι
*οἶσται	pf. ind. m. 3 sg.	[φέρω]
οἰστρηθείς	aor. pt. p. N sg.	οἰστράω, -έω
*οἴστρησα	aor.[1] ind. a. 1 sg.	» »
οἰστρήσω	ft. ind. a. 1 sg.	» »
οἴσω, *οἰσῶ	ft. ind. a. 1 sg.	φέρω
οἶχε (per οἴχεο?)	pr. impr. (m.?) 2 sg.	οἴχομαι
*οἴχεαι	pr. ind. m. 2 sg.	»
*οἴχημαι	pf. ind. m. 1 sg.	»
οἰχήσομαι	ft. ind. m. 1 sg.	»
οἰχθέντος	aor. pt. p. G sg.	οἴγνυμι
*οἰχόμην	impf. ind. m. 1 sg.	οἴχομαι
οἴχωκα	pf. ind. a. 1 sg.	»
*οἰχώκεε	ppf. ind. a. 3 sg.	»
οἰχωκώς	pf. pt. a. N sg.	»
*οἰώθη	aor. ind. p. 3 sg.	οἰόομαι
*οἰωνιζόμην	impf. ind. m. 1 sg.	οἰωνίζομαι
οἰωνιοῦμαι	ft. ind. m. 1 sg.	»
οἰωνίσαιτο	aor.[1] ott. m. 3 sg.	»
οἰωνισάμενος	aor.[1] pt. m. N sg.	»
*ὀκλάσσαιντο	aor.[1] ott. m. 3 pl.	ὀκλάζω
ὀκλάσω	ft. ind. a. 1 sg.	»
ὀκνήσω	ft. ind. a. 1 sg.	ὀκνέω
ὀλβιῶ	ft. ind. a. 1 sg.	ὀλβίζω
*ὀλέεσθε	ft. ind. m. 2 pl.	ὄλλυμι
*ὀλέεσκον	impf. ind. a. 1 sg./3 pl.	»

ὀλεῖ	ft. ind. a. 3 sg.	ὄλλυμι
ὀλεῖται	ft. ind. m. 3 sg.	»
*ὄλεκον, ὀλέκεσκον	impf. ind. a. 1 sg./3 pl.	[»], ὀλέκω
*ὀλέκοντο	impf. ind. m. 3 pl.	» »
*ὀλέομαι	ft. ind. m. 1 sg.	»
*ὄλεσα	aor.^{1} ind. a. 1 sg.	»
*ὀλέσαις	aor.^{1} pt. a. N sg.	»
ὀλεσθῆναι	aor. inf. p.	»
ὀλεσθήσομαι	ft. ind. p. 1 sg.	»
*ὀλέσκετο	aor.^{2}/impf. ind. m. 3 sg.	»
*ὄλεσσα	aor.^{1} ind. a. 1 sg.	»
*ὀλέσ(σ)ω, ὀλέω	ft. ind. a. 1 sg.	»
*ὄληαι	aor.^{2} cong. m. 2 sg.	»
ὀλιγωθήσεται	ft. ind. p. 3 sg.	ὀλιγόω
ὀλιγώσεις	ft. ind. a. 2 sg.	»
ὀλισθεῖν	aor.^{2} inf. a.	ὀλισθάνω
ὀλισθήσω	ft. ind. a. 1 sg.	»
*ὄλισθον	aor.^{2} ind. a. 1 sg./3 pl.	»
ὀλισθών	aor.^{2} pt. a. N sg.	»
ὄλκασον	aor.^{1} impr. a. 2 sg.	ὀλκάζω
ὀλλύς	pr. pt. a. N sg.	ὄλλυμι
ὄλοιντο, *ὀλοίατο	aor.^{2} ott. m. 3 pl.	»
ὁλοκαυτῶσαι	aor.^{1} inf. a.	ὁλοκαυτόω
*ὀλόλυξα	aor.^{1} ind. a. 1 sg.	ὀλολύζω
ὀλολύξομαι	ft. ind. m. 1 sg.	»
ὀλολύξω	ft. ind. a. 1 sg.	»
ὀλόμενος	aor.^{2} pt. m. N sg.	ὄλλυμι
*ὀλόμην	aor.^{2} ind. m. 1 sg.	»
ὀλοῦμαι	ft. ind. m. 1 sg.	»
*ὀλοφύραο	aor.^{1} ind. m. 2 sg.	ὀλοφύρομαι
*ὀλοφύρατο	aor.^{1} ind. m. 3 sg.	»
ὀλοφυρθείς	aor. pt. p. N sg.	»
ὀλοφυροῦμαι	ft. ind. m. 1 sg.	»
ὀλῶ	ft. ind. a. 1 sg.	ὄλλυμι
ὄλωλα, ὀλώλεκα	pf. ind. a. 1 sg.	»
ὀλώλειν, ὀλωλέκειν	ppf. ind. a. 1 sg.	»
ὀμ- (*per ἀνα-*):	*togliere e cercare sotto l'iniziale risultante*	
ὁμαλισθήσομαι	ft. ind. p. 1 sg.	ὁμαλίζω
ὁμαλίσω, ὁμαλιῶ	ft. ind. a. 1 sg.	»
*ὅμαρτεν	aor.^{2} ind. a. 3 sg.	ὁμαρτέω
ὁμαρτήσειεν	aor.^{1} ott. a. 3 sg.	»

ὁμαρτήσω	ft. ind. a. 1 sg.	ὁμαρτέω
*ὁμαρτήτην	impf. ind. a. 3 du.	»
ὁμιλήσαντες	aor.[1] pt. a. N pl.	ὁμιλέω
ὁμιλήσω	ft. ind. a. 1 sg.	»
*ὁμίλλει	pr. ind. a. 3 sg.	»
*ὀμιώμεθα	ft. ind. m. 1 pl.	ὄμνυμι
ὀμνυέτω	pr. impr. a. 3 sg.	[»], ὀμνύω
*ὄμνυ(θι)	pr. impr. a. 2 sg.	»
ὀμνύντων	pr. impr. a. 3 pl.	»
ὀμνύουσα	pr. pt. a. N sg. fm.	[»], ὀμνύω
ὁμοιωθήσομαι	ft. ind. p. 1 sg.	ὁμοιόω
ὁμοιώσομαι	ft. ind. m. 1 sg.	»
*ὁμόκλα	impf. ind. a. 3 sg.	ὁμοκλάω
*ὁμόκλεον	impf. ind. a. 1 sg./3 pl.	»
ὁμόκλησα	aor.[1] ind. a. 1 sg.	»
*ὁμοκλήσασκε	aor.[1] ind. a. 3 sg.	»
ὁμολογήσομαι	ft. ind. m. 1 sg.	ὁμολογέω
ὁμολογήσω	ft. ind. a. 1 sg.	»
ὀμόρξαις	aor.[1] ott. a. 2 sg.	ὀμόργνυμι
ὀμορξαμένη	aor.[1] pt. m. N sg. fm.	»
*ὀμόρξατο	aor.[1] ind. m. 3 sg.	»
ὀμόρξομαι	ft. ind. m. 1 sg.	»
ὀμόρξω	ft. ind. a. 1 sg.	»
ὀμορχθείς	aor. pt. p. N sg.	»
*ὄμοσα, ὄμοσσα	aor.[1] ind. a. 1 sg.	ὄμνυμι
ὀμοσθήσομαι	ft. ind. p. 1 sg.	»
ὁμοσιτῆσαι	aor.[1] inf. a.	ὁμοσιτέω
*ὀμόσσαις	aor.[1] pt. a. N sg.	ὄμνυμι
ὀμόσω	ft. ind. a. 1 sg.	»
ὀμοῦμαι	ft. ind. m. 1 sg.	»
ὁμωθῆναι	aor. inf. p.	ὁμόω
ὀμώμοκα	pf. ind. a. 1 sg.	ὄμνυμι
*ὀμωμόκει	ppf. ind. a. 3 sg.	»
*ὀμώμονται	pf. ind. m. 3 pl.	»
ὀμωμοσμένος	pf. pt. m. N sg.	»
ὀμώμο(σ)ται	pf. ind. m. 3 sg.	»
ὄν	pr. pt. a. N sg. n.	εἰμί
**ὀν- (per ἀν-):*	*togliere e cercare sotto*	*l'iniziale risultante*
*ὀναίμην	aor.[2] ott. m. 1 sg.	ὀνίνημι
ὀνασεῖ, ὀνάσει	ft. ind. a. 3 sg.	»
ὄνασθαι	aor.[2] inf. m.	»

ὀνειδιεῖσθε	ft. ind. m. 2 pl.	ὀνειδίζω
ὀνειδιοῦμαι	ft. ind. m. 1 sg.	»
ὀνειδισθήσομαι	ft. ind. p. 1 sg.	»
ὀνειδίσω, ὀνειδιῶ	ft. ind. a. 1 sg.	»
ὀνήμενος	aor.² pt. m. N sg.	ὀνίνημι
*ὄνησα	aor.¹ ind. a. 1 sg.	»
*ὄνησο	aor.² impr. m. 2 sg.	»
ὀνήσω	ft. ind. a. 1 sg.	»
ὀνίναμαι	pr. ind. m. 1 sg.	»
ὀνινάναι	pr. inf. a.	»
ὀνινάς	pr. pt. a. N sg. msch.	»
ὀνινᾶσα	pr. pt. a. N sg. fm.	»
ὀνηθῆναι	aor. inf. p.	» ὀνέομαι
ὄνοιτο	pr. ott. m. 3 sg.	ὄνομαι
*ὀνόμασται	pf. ind. m. 3 sg.	ὀνομάζω
ὀνομάσω	ft. ind. a. 1 sg.	»
*ὀνόμηνα	aor.¹ ind. a. 1 sg.	ὀνομαίνω
ὄνοσαι	pr. ind. m. 2 sg.	ὄνομαι
ὀνόσαιτο	aor.¹ ott. m. 3 sg.	»
ὀνόσασθαι	aor.¹ inf. m.	»
ὀνόσομαι, *-όσσομαι	ft. ind. m. 1 sg.	»
*ὀνύμαξα	aor.¹ ind. a. 1 sg.	ὀνομάζω
*ὀνυμάξει	ft. ind. a. 3 sg.	»
*ὀνυμάξομαι	ft. ind. m. 1 sg.	»
ὄντων	pr. impr. a. 3 pl.	εἰμί
ὄντων	pr. pt. a. G pl.	»
ὀξῦναι	aor.¹ inf. a.	ὀξύνω
ὀξυνθείη	aor. ott. p. 3 sg.	»
ὀξυνθήσομαι	ft. ind. p. 1 sg.	»
ὀξυνῶ	ft. ind. a. 1 sg.	»
*ὄπαζον	impf. ind. a. 1 sg./3 pl.	ὀπάζω
ὀπασθείς	aor. pt. p. N sg.	»
*ὄπασσα	aor.¹ ind. a. 1 sg.	»
*ὀπάσσατο	aor.¹ ind. m. 3 sg.	»
*ὀπάσσεαι	aor.¹ cong. m. 2 sg.	»
ὀπάσω, *ὀπάσσω	ft. ind. a. 1 sg.	»
ὀπιπεύσας	aor.¹ pt. a. N sg.	ὀπιπεύω
ὀπιπεύσεις	ft. ind. a. 2 sg.	»
ὁπλιοῦμαι, *-ίσομαι	ft. ind. m. 1 sg.	ὁπλίζω
*ὅπλισθεν	aor. ind. p. 3 pl.	»
*ὁπλισόμεσθα	aor.¹ cong. m. 1 pl.	»

*ὁπλίσσατο	aor.[1] ind. m. 3 sg.	ὁπλίζω
*ὀπτῶντες	pr. pt. a. N pl.	ὀπτάω
*ὀπτεύμενος	pr. pt. m. N sg.	»
ὀπτηθῆναι	aor. inf. p.	»
*ὀπτήσαντες	aor.[1] pt. a. N pl.	»
ὀπτήσομαι	ft. ind. m. 1 sg.	»
ὀπτήσω	ft. ind. a. 1 sg.	»
*ὀπυασθώμεθα (dub.)	aor. cong. p. 1 pl.	ὀπυάζομαι
ὀπύσομαι	ft. ind. m. 1 sg.	ὀπυ(ί)ω
ὀπύσω	ft. ind. a. 1 sg.	»
ὄπωπα	pf. ind. a. 1 sg.	[ὁράω], ὄπωπα
ὀπώπει, *ὀπώπεε	ppf. ind. a. 3 sg.	» »
ὀπώπεσαν	ppf. ind. a. 3 pl.	» »
*ὀπωπήσασθαι	aor.[1] inf. m.	» ὀπωπέω
*ὀπωριεῦντες	ft. pt. a. N pl.	ὀπωρίζω
*ὀπωριξάμην	aor.[1] ind. m. 1 sg.	»
ὀπωρίξασθαι	aor.[1] inf. m.	»
ὀπωρίσω, ὀπωριῶ	ft. ind. a. 1 sg.	»
*ὅρα	impf. ind. a. 3 sg.	ὁράω
ὁρᾷ	pr. ind. a. 3 sg.	»
*ὁράᾳς	pr. ind. a. 2 sg.	»
ὁραθῆναι	aor. inf. p.	»
ὁραθήσομαι	ft. ind. p. 1 sg.	»
ὁρᾶν	pr. inf. a.	»
*ὁρᾶτο	impf. ind. m. 3 sg.	»
ὀργανῶ	ft. ind. a. 1 sg.	ὀργαίνω
ὀργάσαι	aor.[1] inf. a.	ὀργάζω
ὀργάσασθαι	aor.[1] inf. m.	»
ὄργασον	aor.[1] impr. a. 2 sg.	»
ὀργηκότες	pf. pt. a. N pl.	ὀργάω
ὀργιοῦμαι	ft. ind. m. 1 sg.	ὀργίζω
ὀργίσαι	aor.[1] inf. a.	»
ὀργισθῆναι	aor. inf. p.	»
ὀργισθήσομαι	ft. ind. p. 1 sg.	»
ὀργιῶ	ft. ind. a. 1 sg.	»
ὀρεῖται	ft. ind. m. 3 sg.	ὄρνυμι
ὀρέξαι	aor.[1] inf. a.	ὀρέγω, -γνυμι
ὄρεξαι	aor.[1] impr. m. 2 sg.	» »
ὀρεξάμενος	aor.[1] pt. m. N sg.	» »
ὄρεξον	aor.[1] impr. a. 2 sg.	» »
ὀρέξω	ft. ind. a. 1 sg.	» »

*ὀρέοντο	impf./aor.[2] ind. m. 3 pl.	ὄρνυμι
*ὀρεῦντι	pr. ind. a. 3 pl.	ὁράω
ὀρεχθείη	aor. ott. p. 3 sg.	ὀρέγω, -γνυμι
ὀρεχθῆναι	aor. inf. p.	»
*ὁρῇ	pr. ind. a. 3 sg.	ὁράω
*ὅρηαι	pr. ind. m. 2 sg.	»
*ὁρῆν	pr. inf. a.	»
*ὄρηται	aor.[2] cong. m. 3 sg.	ὄρνυμι
*ὄρθαι	aor.[3] inf. m.	»
ὀρθωθείς	aor. pt. p. N sg.	ὀρθόω
ὀρθωθῇ	aor. cong. p. 3 sg.	»
ὀρθῶσαι	aor.[1] inf. a.	»
*ὀρθώσατο	aor.[1] ind. m. 3 sg.	»
ὀριγνήσομαι	ft. ind. m. 1 sg.	ὀριγνάομαι
*ὄρινα	aor.[1] ind. a. 1 sg.	ὀρίνω
*ὀρίνθην	aor. ind. p. 1 sg.	»
ὁριοῦμαι	ft. ind. m. 1 sg.	ὁρίζω
ὁρισθήσομαι	ft. ind. p. 1 sg.	»
ὁρίσω, ὁριῶ	ft. ind. a. 1 sg.	»
*ὁρκιξέω	ft. ind. a. 1 sg.	ὁρκίζω
*ὅρμαινε	impf. ind. a. 3 sg.	ὁρμαίνω
*ὅρμαον, ὅρμαόν	aor.[1] impr. a. 2 sg.	ὁρμάω
*ὁρμάσω	ft. ind. a. 1 sg.	»
*ὁρμέαται	pf. ind. m. 3 pl.	»
*ὁρμέατο	ppf. ind. m. 3 pl.	»
ὄρμενος	aor.[2] pt. m. N sg.	ὄρνυμι
ὁρμηθήσομαι	ft. ind. p. 1 sg.	ὁρμάω
ὁρμήσομαι	ft. ind. m. 1 sg.	»
ὁρμήσω	ft. ind. a. 1 sg.	»
ὁρμιοῦμαι	ft. ind. m. 1 sg.	ὁρμίζω
*ὁρμίσσω	ft. ind. a. 1 sg.	»
*ὄρνυθι	pr. impr. a. 2 sg.	ὄρνυμι
*ὀρνύμεν(αι)	pr. inf. a.	»
ὄρνυτε	pr. impr. a. 2 pl.	»
*ὀρόθυνα	aor.[1] ind. a. 1 sg.	ὀροθύνω
*ὀρόθυνε(ν)	impf. ind. a. 3 sg.	»
*ὀρόθυνον	aor.[1] impr. a. 2 sg.	»
ὀροθυνῶ	ft. ind. a. 1 sg.	»
ὀρόμενος	aor.[2] pt. m. N sg.	ὄρνυμι
*ὄροντο	impf./aor.[2] ind. m. 3 pl.	» ὄρομαι
*ὄρουσα	aor.[1] ind. a. 1 sg.	ὀρούω

ὀρούσας	aor.^{1} pt. a. N sg.	ὀρούω
ὀρούσω	ft. ind. a. 1 sg.	»
ὄρσαι	aor.^{1} inf. a.	ὄρνυμι
*ὄρσασκεν	aor.^{1} ind. a. 3 sg.	»
ὄρσειαν	aor.^{1} ott. a. 3 pl.	»
*ὄρσο, ὄρσεο, ὄρσευ	aor.^{2} impr. m. 2 sg.	»
ὄρσον	aor.^{1} impr. a. 2 sg.	»
ὄρσω	ft. ind. a. 1 sg.	»
*ὄρυξα	aor.^{1} ind. a. 1 sg.	ὀρύττω
ὀρύξω	ft. ind. a. 1 sg.	»
ὀρυχ(θ)ήσομαι	ft. ind. p. 1 sg.	»
ὀρφανιεῖς	ft. ind. a. 2 sg.	ὀρφανίζω
*ὀρχεῦντι	pr. ind. a. 3 pl.	ὀρχέω
ὀρχήσασθαι	aor.^{1} inf. m.	» ὀρχέομαι
ὀρχήσομαι	ft. ind. m. 1 sg.	» »
ὁρῶμεν	pr. ind. a. 1 pl.	ὁράω
*ὁρώμην	impf. ind. m. 1 sg.	»
ὄρωρα	pf. ind. a. 1 sg.	ὄρνυμι
*ὀρώρεγμαι	pf. ind. m. 1 sg.	ὀρέγω, -γνυμι
ὀρώρειν	ppf. ind. a. 1 sg.	ὄρνυμι
*ὀρώρεται	pf. ind. m. 3 sg.	»
*ὀρωρέχαται	pf. ind. m. 3 pl.	ὀρέγω, -γνυμι
*ὀρωρέχατο	ppf. ind. m. 3 pl.	» »
*ὀρώρῃ	pf. cong. a. 3 sg.	ὄρνυμι
*ὁρώρηκα	pf. ind. a. 1 sg.	ὁράω
*ὀρώρηται	pf. cong. m. 3 sg.	ὄρνυμι
ὀρώρυγμαι	pf. ind. m. 1 sg.	ὀρύττω
ὀρωρύγμην	ppf. ind. m. 1 sg.	»
ὀρώρυκται	pf. ind. m. 3 sg.	»
ὀρωρύξομαι	fta. ind. m. 1 sg.	»
ὀρώρυχα	pf. ind. a. 1 sg.	»
ὀρωρύχειν	ppf. ind. a. 1 sg.	»
*ὀσσόμην	impf. ind. m. 1 sg.	ὄσσομαι
ὀσφρανθήσομαι	ft. ind. p. 1 sg.	ὀσφραίνομαι
*ὄσφραντο	aor.^{1} ind. m. 3 pl.	»
ὀσφρέσθαι	aor.^{2} inf. m.	»
ὀσφρηθῆναι	aor. inf. p.	»
ὀσφρήσομαι	ft. ind. m. 1 sg.	»
ὀσφρόμενος	aor.^{2} pt. m. N sg.	»
ὀτοτύξομαι	ft. ind. m. 1 sg.	ὀτοτύζω
*ὄτρυνα	aor.^{1} ind. a. 1 sg.	ὀτρύνω

*ὀτρυνέμεν	pr. inf. a.	ὀτρύνω	
*ὀτρυνέω	ft. ind. a. 1 sg.	»	
*ὀτρύνησι	aor.^{1} cong. a. 3 sg.	»	
*ὄτρυνον, -ύνεσκον	impf. ind. a. 1 sg./3 pl.	»	
ὄτρυνον	aor.^{1} impr. a. 2 sg.	»	
οὗ	aor.^{2} impr. m. 2 sg.	ἵημι	
*οὐδεΐσαντες	aor.^{1} pt. a. N pl.	οὐδεΐζω	
*οὔνεσθε	pr. ind. m. 2 pl.	ὄνομαι	
*οὐνομανέω	ft. ind. a. 1 sg.	ὀνομαίνω	
*οὔρεον, οὔρεσκον	impf. ind. a. 1 sg./3 pl.	οὐρέω	
οὐρήθην	aor. ind. p. 1 sg.	»	
*οὐρήκειν	ppf. ind. a. 1 sg.	»	
*οὔρησα	aor.^{1} ind. a. 1 sg.	»	
οὐρήσομαι	ft. ind. m. 1 sg.	»	
οὐρήσω	ft. ind. a. 1 sg.	»	
*οὔρισα	aor.^{1} ind. a. 1 sg.	οὐρίζω	
οὐριῶ	ft. ind. a. 1 sg.	»	
οὖσα	pr. pt. a. N sg. fm.	εἰμί	
*οὐτᾷ	pr. ind. a. 3 sg.	οὐτάω	
*οὖτα	aor.^{2} ind. a. 3 sg.	»	
*οὔταε	pr. impr. a. 2 sg.	»	
*οὐτάμεν(αι)	aor.^{2} inf. a.	»	
*οὐτάμενος	aor.^{2} pt. m. N sg.	»	
*οὔτασα	aor.^{1} ind. a. 1 sg.	»	-άζω
*οὐτασθείς	aor. pt. p. N sg.	»	»
*οὔτασκε	impf. ind. a. 3 sg.	»	»
*οὔτασται	pf. ind. m. 3 sg.	»	»
*οὐτάσω	ft. ind. a. 1 sg.	»	»
*οὐτηθείς	aor. pt. p. N sg.	»	
*οὔτησα	aor.^{1} ind. a. 1 sg.	»	
*οὐτήσασκε	aor.^{1} ind. a. 3 sg.	»	
*οὐτήσω	ft. ind. a. 1 sg.	»	
ὀφειλέσω, -ήσω	ft. ind. a. 1 sg.	ὀφείλω	
*ὀφείλετο	impf. ind. m. 3 sg.	»	
ὀφειληθείς	aor. pt. p. N sg.	»	
*ὄφειλον	impf. ind. a. 1 sg./3 pl.	»	
*ὀφέλλειεν	aor.^{2} ott. a. 3 pl.	ὀφέλλω	
*ὀφελλέμεν	pr. inf. a.	»	
*ὀφέλλετο	impf. ind. m. 3 sg.	»	
*ὄφελλον	impf. ind. a. 1 sg./3 pl.	»	
*ὀφέλλωσιν	aor.^{2} cong. a. 3 pl.	»	

ὀφθείησαν	aor. ott. p. 3 pl.	[ὁράω]
ὀφθείς	aor. pt. p. N sg.	»
ὀφθῆναι, *ὀφθήμεν	aor. inf. p.	»
ὀφθήσομαι	ft. ind. p. 1 sg.	»
ὀφλανεῖ	ft. ind. a. 3 sg.	ὀφλ(ισκ)άνω
ὀφλεῖν	aor.^{2} inf. a.	»
ὀφλήσω	ft. ind. a. 1 sg.	»
ὄφλοιμι	aor.^{2} ott. a. 1 sg.	»
ὄφλωμεν	aor.^{2} cong. a. 1 pl.	»
ὀφλών	aor.^{2} pt. a. N sg.	»
*ὀχέεσκον	impf. ind. a. 1 sg./3 pl.	ὀχέω
ὀχετεῦσαι	aor.^{1} inf. a.	ὀχετεύω
ὀχετεύσομαι	ft. ind. m. 1 sg.	»
ὀχηθῆναι	aor. inf. p.	ὀχέω
*ὀχήμενος	pr. pt. m. N sg.	»
*ὀχήσατο	aor.^{1} ind. m. 3 sg.	»
ὀχήσομαι	ft. ind. m. 1 sg.	»
ὀχήσω	ft. ind. a. 1 sg.	»
ὀχθήσω	ft. ind. a. 1 sg.	ὀχθέω
*ὄψαιντο	aor.^{1} ott. m. 3 pl.	[ὁράω]
*ὄψατο	aor.^{1} ind. m. 3 sg.	»
*ὄψεαι	ft. ind. m. 2 sg.	»
*ὄψησθε	aor.^{1} cong. m. 2 pl.	»
ὄψοιντο, *ὀψοίατο	ft. ott. m. 3 pl.	»
ὄψομαι	ft. ind. m. 1 sg.	»

Π

παγείς	aor. pt. p. N sg.	πήγνυμι
*πάγεν	aor. ind. p. 3 pl.	»
*πάγην	aor. ind. p. 1 sg.	»
παγῆναι	aor. inf. p.	»
παγήσομαι	ft. ind. p. 1 sg.	»
*πάδη	pr. impr. a. 2 sg.	πηδάω
*παδῇ	pr. ind. a. 3 sg.	»
*παδήσομαι	ft. ind. m. 1 sg.	»
*παήσομαι	ft. ind. m. 1 sg.	παύω
*πάθε	aor.^{2} ind. a. 3 sg.	πάσχω
παθεῖν	aor.^{2} inf. a.	»
πάθοι	aor.^{2} ott. a. 3 sg.	»

παθών	aor.² pt. a. N sg.	πάσχω
παῖ, παῖε	pr. impr. a. 2 sg.	παίω
παιδαγωγήσομαι	ft. ind. m. 1 sg.	παιδαγωγέω
παιδαγωγήσω	ft. ind. a. 1 sg.	»
*παιδδωᾶν	pr. pt. a. G pl. fm.	παίζω
παιδευθήσομαι	ft. ind. p. 1 sg.	παιδεύω
παιδεύσομαι	ft. ind. m. 1 sg.	»
παιδεύσω	ft. ind. a. 1 sg.	»
παιήσω	ft. ind. a. 1 sg.	παίω
παῖξαι, παῖσαι	aor.¹ inf. a.	παίζω
παίξομαι, *-ξοῦμαι	ft. ind. m. 1 sg.	»
παίξω	ft. ind. a. 1 sg.	»
*παίσατε	aor.¹ impr. a. 2 pl.	»
*παισεῖται	ft. ind. m. 3 sg.	πάσχω
παίσω	ft. ind. a. 1 sg.	παίζω
παιώνισον	aor.² impr. a. 2 sg.	παιωνίζω
παλαισθείς	aor. pt. p. N sg.	παλαίω
παλαισόμενος	ft. pt. m. N sg.	»
παλαίσω	ft. ind. a. 1 sg.	»
παλαιωθέν	aor. pt. p. N sg. n.	παλαιόω
παλαμήσομαι, *-άσομαι	ft. ind. m. 1 sg.	παλαμάομαι
παλάξαι	aor.¹ inf. a.	παλάσσω
*παλαξέμεν	aor.¹ inf. a.	»
παλάξω	ft. ind. a. 1 sg.	»
παλείς	aor. pt. p. N sg.	πάλλω
*πάλλον	impf. ind. a. 1 sg./3 pl.	»
*πάλτο	aor.² ind. m. 3 sg.	»
παλύνας	aor.¹ pt. a. N sg.	παλύνω
πανουργήσασα	aor.¹ pt. a. N sg. fm.	πανουργέω
*πᾶξαι	aor.¹ inf. a.	πήγνυμι
*πάξαις	aor.¹ pt. a. N sg.	»
*πάξω	ft. ind. a. 1 sg.	»
παπτανῶ, *-νέω	ft. ind. a. 1 sg.	παπταίνω
*πάπτηνα	aor.¹ ind. a. 1 sg.	»
παρ(α)-:	*togliere e cercare sotto l'iniziale risultante*	
*παραγορεῖτο	impf. ind. m. 3 sg.	παρηγορέω
παραδι(α)-, -καθ-:	*togliere e cercare sotto l'iniziale risultante*	
παρακατ(α)-, -μεθ-:	*togliere e cercare sotto l'iniziale risultante*	
παραμφι-, παραν(α)-:	*togliere e cercare sotto l'iniziale risultante*	
παρανενόμηκα	pf. ind. a. 1 sg.	παρανομέω
παρανενόμημαι	pf. ind. m. 1 sg.	»

παρανθ-, παραπερι-:	*togliere e cercare sotto l'iniziale risultante*	
παραπ(ο)-, παραπρο-:	*togliere e cercare sotto l'iniziale risultante*	
παραπροσ-:	*togliere e cercare sotto l'iniziale risultante*	
παραρ- (+ ρ):	*togliere e cercare sotto l'iniziale ῥ-*	
παρασυ-, παρασυγ-:	*togliere e cercare sotto l'iniziale risultante*	
παρασυλ- (+ λ):	*togliere e cercare sotto l'inizilae λ-*	
παρασυμ- (+ μ):	*togliere e cercare sotto l'iniziale μ-*	
παρασυν-, παραφ-:	*togliere e cercare sotto l'iniziale risultante*	
*πάρδε	aor.^{2} impr. a. 2 sg.	πέρδομαι
*παρδεῖν	aor.^{2} inf. a.	»
*παρδήσομαι	ft. ind. m. 1 sg.	»
παρεγ-, παρεισ-:	*togliere e cercare sotto l'iniziale risultante*	
παρεκ-, παρεκκαθ-:	*togliere e cercare sotto l'iniziale risultante*	
παρεμ-, παρεν-:	*togliere e cercare sotto l'iniziale risultante*	
παρενόμησα	aor.^{1} ind. a. 1 sg.	παρανομέω
παρενόμουν	impf. ind. a. 1 sg./3 pl.	»
παρεξ-:	*togliere e cercare sotto l'iniziale risultante*	
παρεπι-, παρεφ-:	*togliere e cercare sotto l'iniziale risultante*	
*παρηγορέεσκε	impf. ind. a. 3 sg.	παρηγορέω
*παρηγορεόμενος	pr. pt. m. N sg.	»
παρηγόρησα	aor.^{1} ind. a. 1 sg.	»
παρηγορήσομαι	ft. ind. m. 1 sg.	»
παρηγορήσω	ft. ind. a. 1 sg.	»
παρηνομήθην	aor. ind. p. 1 sg.	παρανομέω
παρηνόμηκα	pf. ind. a. 1 sg.	»
παρηνομήκειν	ppf. ind. a. 1 sg.	»
παρηνόμησα	aor.^{1} ind. a. 1 sg.	»
παρηνόμουν	impf. ind. a. 1 sg./3 pl.	»
παρρησιασθήσομαι	ft. ind. p. 1 sg.	παρρησιάζομαι
παρρησιάσομαι	ft. ind. m. 1 sg.	»
παρυπαντ-, παρυπερ-:	*togliere e cercare sotto l'iniziale risultante*	
παρυπ(ο)-, παρυφ-:	*togliere e cercare sotto l'iniziale risultante*	
πάσαι	aor.^{1} inf. a.	πάττω
*πασαμένα	aor.^{1} pt. m. NA pl. n.	πατέομαι
πασάμενος	aor.^{1} pt. m. N sg.	πάττω
*πασάμην	aor.^{1} ind. m. 1 sg.	πατέομαι
πάσασθαι	aor.^{1} inf. m.	»
πασθησόμενος	ft. pt. p. N sg.	πάττω
*πάσομαι	ft. ind. m. 1 sg.	πάομαι
*πάσομαι	ft. ind. m. 1 sg.	πατέομαι
*πάσσασθαι	aor.^{1} inf. m.	»

*πάσω	ft. ind. a. 1 sg.	πάττω
*πατάγεσκον	impf. ind. a. 1 sg./3 pl.	παταγέω
πατάξαι	aor.¹ inf. a.	πατάσσω
πάταξον	aor.¹ impr. a. 2 sg.	»
πατάξω	ft. ind. a. 1 sg.	»
παταχθήσομαι	ft. ind. p. 1 sg.	»
πατηθέντες	aor. pt. p. N pl.	πατέω
πατήσομαι	ft. ind. m. 1 sg.	»
πατήσω	ft. ind. a. 1 sg.	»
*παύεσκον	impf. ind. a. 1 sg./3 pl.	παύω
*παύετο, παυέσκετο	impf. ind. m. 3 sg.	»
*παύθην	aor. ind. p. 1 sg.	»
*παῦσα	aor.¹ ind. a. 1 sg.	»
παύσαι	aor.¹ ott. a. 3 sg.	»
παῦσαι	aor.¹ inf. a.	»
παύσαιτο	aor.¹ ott. m. 3 sg.	»
*παυσέμεν	ft. inf. a.	»
παυ(σ)θήσομαι	ft. ind. p. 1 sg.	»
παύσομαι	ft. ind. m. 1 sg.	»
παύσω	ft. ind. a. 1 sg.	»
*παχθῇ	aor. cong. p. 3 sg.	πήγνυμι
παχυνθῇ	aor. cong. p. 3 sg.	παχύνω
*πεδάασκον	impf. ind. a. 1 sg./3 pl.	πεδάω
πεδηθείς	aor. pt. p. N sg.	»
*πέδησεν	aor.¹ ind. a. 3 sg.	»
*πειθέμεν	pr. inf. a.	πείθω
*πείθεο	pr. impr. m. 2 sg.	»
*πεῖθον, πείθεσκον	impf. ind. a. 1 sg./3 pl.	»
*πείκειν	pr. inf. a.	πέκω
*πείκετε	pr. impr. a. 2 pl.	»
*πεῖν	aor.² inf. a.	πίνω
*πεινᾶμες	pr. ind. a. 1 pl.	πεινάω
πεινάσω, πεινήσω	ft. ind. a. 1 sg.	»
πεινῆν, *πεινήμεναι	pr. inf. a.	»
πεινῇς	pr. ind. a. 2 sg.	»
πείρα	pr. impr. a. 2 sg.	πειράω
*πεῖρα	aor.¹ ind. a. 1 sg.	πείρω
πειραθείς	aor. pt. p. N sg.	πειράω
πειραθῆναι	aor. inf. p.	»
πειραθήσομαι	ft. ind. p. 1 sg.	»
*πειράξω	ft. ind. a. 1 sg.	» -άζω

πειρασάμενος	aor.^{1} pt. m. N sg.	πειράω
*πειρασεῖσθε	ft. ind. m. 2 pl.	»
πειράσομαι	ft. ind. m. 1 sg.	»
*πείρασον	aor.^{1} impr. a. 2 sg.	» -άζω
πειράσω	ft. ind. a. 1 sg.	»
*πειρηθείην	aor. ott. p. 1 sg.	»
*πειρηθῆναι	aor. inf. p.	»
*πειρήναντε	aor.^{1} pt. a. NA du.	πειραίνω
*πειρήνας	aor.^{1} pt. a. N sg.	περαίνω
*πείρησα	aor.^{1} ind. a. 1 sg.	πειράω
*πειρήσομαι	ft. ind. m. 1 sg.	»
*πειρήσω	ft. ind. a. 1 sg.	»
*πείσαις	aor.^{1} pt. a. N sg.	πείθω
*πείσεαι	ft. ind. m. 2 sg.	»
πείσειε	aor.^{1} ott. a. 3 sg.	»
*πεισέμεν	ft. inf. a.	»
πεισθῆναι	aor. inf. p.	»
πεισθήσομαι	ft. ind. p. 1 sg.	»
πείσοιτο	ft. ott. m. 3 sg.	»
πείσομαι	ft. ind. m. 1 sg.	πάσχω
πείσομαι	ft. ind. m. 1 sg.	πείθω
πείσω	ft. ind. a. 1 sg.	»
*πέλα	pr. impr. a. 2 sg.	πελά(ζ)ω
*πελάαν	pr. inf. a.	»
*πελάει	pr. ind. a. 3 sg.	»
*πέλαζε	impf. ind. a. 3 sg.	»
*πέλασα, *πέλασσα	aor.^{1} ind. a. 1 sg.	»
*πελασαίατο	aor.^{1} ott. m. 3 pl.	»
πελάσασθαι	aor.^{1} inf. m.	»
πελασθείς	aor. pt. p. N sg.	»
*πέλασθεν	aor. ind. p. 3 pl.	»
πελασθῆναι	aor. inf. p.	»
*πελάσσαι	aor.^{1} inf. a.	»
πελάσω	ft. ind. a. 1 sg.	»
*πέλε	pr. impr. a. 2 sg.	πέλω
*πέλει	pr. ind. m. 2 sg.	»
*πέλει	pr. ind. a. 3 sg.	»
*πέλεις	pr. ind. a. 2 sg.	»
*πελέ(με)ναι	pr. inf. a.	»
*πελεμιζέμεν	pr. inf. a.	πελεμίζω
*πελεμίζετο	impf. ind. m. 3 sg.	»

*πελέμιξα	aor.[1] ind. a. 1 sg.	πελεμίζω
*πελεμίχθην	aor. ind. p. 1 sg.	»
*πέλε(ν)	impf. ind. a. 3 sg.	πέλω
*πέλες	impf. ind. a. 2 sg.	»
*πέλεσθαι	pr. inf. m.	»
*πέλεσθε	pr. ind. m. 2 pl.	»
*πελέσθω	pr. impr. m. 3 sg.	»
*πελέσκετο	impf. ind. m. 3 sg.	»
*πέλεται	pr. ind. m. 3 sg.	»
*πέλευ	pr. impr. m. 2 sg.	»
*πέλῃ	pr. cong. a. 3 sg.	»
*πέληται	pr. cong. m. 3 sg.	»
*πέλοι	pr. ott. a. 3 sg.	»
*πέλοιτο	pr. ott. m. 3 sg.	»
*πελόμενος	pr. pt. m. N sg.	»
*πελόμεσθα	pr. ind. m. 1 pl.	»
*πέλον	impf. ind. a. 1 sg./3 pl.	»
*πέλονται	pr. ind. m. 3 pl.	»
*πέλοντο	impf. ind. m. 3 pl.	»
*πέλουσα	pr. pt. a. N sg. fm.	»
*πέλουσι	pr. ind. a. 3 pl.	»
*πελῶ	ft. ind. a. 1 sg.	πελά(ζ)ω
*πελώμεθα	aor.[2] cong. m. 1 pl.	πέλω
*πεμπέμεν(αι)	pr. inf. a.	πέμπω
*πέμπον, πέμπεσκον	impf. ind. a. 1 sg./3 pl.	»
πεμφθῆναι	aor. inf. p.	»
*πέμψα	aor.[1] ind. a. 1 sg.	»
πέμψασθαι	aor.[1] inf. m.	»
*πεμψέμεναι	ft. inf. a.	»
πέμψομαι	ft. ind. m. 1 sg.	»
πέμψω, *πεμψῶ	ft. ind. a. 1 sg.	»
πενηθείς	aor. pt. p. N sg.	πενέω
*πενθείετον	pr. ind. a. 2 du.	πενθέω
*πενθήμεναι	pr. inf. a.	»
πενθήσω	ft. ind. a. 1 sg.	»
*πένοντο	impf. ind. m. 3 pl.	πένομαι
πενωθείς	aor. pt. p. N sg.	» πενόομαι
πέξασθαι	aor.[1] inf. m.	πέκω
πέξηται	aor.[1] cong. m. 3 sg.	»
*πέπαγα	pf. ind. a. 1 sg.	πήγνυμι
*πεπαγοίην	pf. ott. a. 1 sg.	»

*πεπαθυῖα	pf. pt. a. N sg. fm.	πάσχω
πέπαιγμαι	pf. ind. m. 1 sg.	παίζω
πεπαιδαγώγηκα	pf. ind. a. 1 sg.	παιδαγωγέω
πεπαιδαγώγημαι	pf. ind. m. 1 sg.	»
πεπαίδευκα	pf. ind. a. 1 sg.	παιδεύω
πεπαίδευμαι	pf. ind. m. 1 sg.	»
πέπαικα	pf. ind. a. 1 sg.	παίω
πέπαικα	pf. ind. a. 1 sg.	παίζω
πεπαίσθω	pf. impr. m. 3 sg.	»
πέπαισμαι	pf. ind. m. 1 sg.	»
πέπαισμαι	pf. ind. m. 1 sg.	παίω
πέπαιχα	pf. ind. a. 1 sg.	παίζω
πεπαῖχθαι	pf. inf. m.	»
πεπαίχθω	pf. impr. m. 3 sg.	»
πεπάλαγμαι	pf. ind. m. 1 sg.	παλάσσω
πεπάλαικα	pf. ind. a. 1 sg.	παλαίω
πεπάλαισμαι	pf. ind. m. 1 sg.	»
πεπαλαίωκα	pf. ind. a. 1 sg.	παλαιόω
πεπαλαιῶσθαι	pf. inf. m.	»
*πεπάλακτο	ppf. ind. m. 3 sg.	παλάσσω
*πεπαλάσθαι, -άχθαι	pf. inf. m.	»
*πεπάλασθε	pf. ind. m. 2 pl.	»
*πέπαλμαι	pf. ind. m. 1 sg.	πάλλω
*πεπαλών	aor.² pt. a. N sg.	»
πέπαμαι	pf. ind. m. 1 sg.	πάομαι
πεπαμένος	pf. pt. m. N sg.	»
πεπάνθαι	pf. inf. m.	πεπαίνω
πεπανθήσομαι	ft. ind. p. 1 sg.	»
πεπανούργηκα	pf. ind. a. 1 sg.	πανουργέω
πέπαρμαι	pf. ind. m. 1 sg.	πείρω
πεπαρρησίασμαι	pf. ind. m. 1 sg.	παρρησιάζομαι
πεπαρρησιασμένα	pf. pt. m. NA pl. n.	»
*πέπαρτο	ppf. ind. m. 3 sg.	πείρω
πεπαρῴνηκα	pf. ind. a. 1 sg.	παροινέω
πεπαρῴνημαι	pf. ind. m. 1 sg.	»
πεπᾶσθαι	pf. inf. m.	πάομαι
*πέπασθε	pf. ind. m. 2 pl.	πάσχω
πεπασμένος	pf. pt. m. N sg.	πάττω
*πεπάσμην	ppf. ind. m. 1 sg.	πατέομαι
πεπάσομαι	fta. ind. m. 1 sg.	πάομαι
*πέπαστο	ppf. ind. m. 3 sg.	πάττω

πεπάταγμαι	pf. ind. m. 1 sg.	πατάσσω
πεπάτηκας	pf. ind. a. 2 sg.	πατέω
πεπατημένην	pf. pt. m. A sg. fm.	»
*πέπατο	ppf. ind. m. 3 sg.	πάομαι
πέπαυκα	pf. ind. a. 1 sg.	παύω
πέπαυμαι	pf. ind. m. 1 sg.	»
πεπαύσομαι	fta. ind. m. 1 sg.	»
πεπαχνῶσθαι	pf. inf. m.	παχνόω
πεπάχυμμαι, -σμαι	pf. ind. m. 1 sg.	παχύνω
πεπεδημένος	pf. pt. m. N sg.	πεδάω
πέπεικα	pf. ind. a. 1 sg.	πείθω
πεπείνηκα	pf. ind. a. 1 sg.	πεινάω
πεπείρακα	pf. ind. a. 1 sg.	πειράω
πεπείραμαι, *-ημαι	pf. ind. m. 1 sg.	»
*πεπείρανται	pf. ind. m. 3 sg.	περαίνω
*πεπειράσθω	pf. impr. m. 3 sg.	πειράω
πεπειρασμένος	pf. pt. m. N sg.	» -άζω
πεπεῖσθαι	pf. inf. m.	πείθω
*πέπεισθι	pf. impr. a. 2 sg.	»
πέπεισμαι	pf. ind. m. 1 sg.	»
πέπεκται	pf. ind. m. 3 sg.	πέκω
πέπεμμαι	pf. ind. m. 1 sg.	πέττω, πέπτω
πεπεμμένον	pf. pt. m. N sg. n.	» »
πεπεμμένος	pf. pt. m. N sg. msch.	πέμπω
πέπεμπται	pf. ind. m. 3 sg.	»
πεπέμφθαι	pf. inf. m.	»
πεπένθηκα	pf. ind. a. 1 sg.	πενθέω
πεπέρακα	pf. ind. a. 1 sg.	περάω = attraversare
πεπεράνθαι, -άσθαι	pf. inf. m.	περαίνω
πεπεράνθω	pf. impr. m. 3 sg.	»
*πεπέρανται	pf. ind. m. 3 sg.	»
πεπερασμένος	pf. pt. m. N sg.	»
*πεπερημένος	pf. pt. m. N sg.	περάω = πιπράσκω
πεπερονημέναι	pf. pt. m. N pl. fm.	περονάω
πεπέτακα	pf. ind. a. 1 sg.	πετάννυμι
πεπέτασμαι	pf. ind. m. 1 sg.	»
πεπέφθαι	pf. inf. m.	πέττω, πέπτω
πέπηγα	pf. ind. a. 1 sg.	πήγνυμι
*πεπήγει	ppf. ind. a. 3 sg.	»
πέπηγμαι	pf. ind. m. 1 sg.	»
πεπήδηκα	pf. ind. a. 1 sg.	πηδάω

πεπήδημαι	pf. ind. m. 1 sg.	πηδάω
*πέπηκτο	ppf. ind. m. 3 sg.	πήγνυμι
πεπηλωμένος	pf. pt. m. N sg.	πηλόω
πεπηρωμένος	pf. pt. m. N sg.	πηρόω
πέπηχα	pf. ind. a. 1 sg.	πήγνυμι
*πεπήχεσαν	ppf. ind. a. 3 pl.	»
πεπίασμαι	pf. ind. m. 1 sg.	πιάζω, πιέζω
πεπίασμαι	pf. ind. m. 1 sg.	πιαίνω
πεπίεσμαι, *-γμαι	pf. ind. m. 1 sg.	πιέζω
*πέπιθε	aor.^{2} impr. a. 2 sg.	πείθω
*πεπιθεῖν	aor.^{2} inf. a.	»
*πεπιθέσθαι	aor.^{2} inf. m.	»
*πεπιθήσω	aor.^{1} cong. a. 1 sg.	[»], πιθέω
*πεπίθοιτο	aor.^{2} ott. m. 3 sg.	»
*πεπίθοντο	aor.^{2} ind. m. 3 pl.	»
πεπιλημένον	pf. pt. m. N sg. n.	πιλέω
*πεπιστεύκειν	ppf. ind. a. 1 sg.	πιστεύω
πεπίστευται	pf. ind. m. 3 sg.	»
πέπλακα	pf. ind. a. 1 sg.	πλάττω
πεπλάνημαι	pf. ind. m. 1 sg.	πλανάω
πέπλασμαι	pf. ind. m. 1 sg.	πλάττω
πέπλεγμαι	pf. ind. m. 1 sg.	πλέκω
πεπλεόνακα	pf. ind. a. 1 sg.	πλεονάζω
πεπλεόνασμαι	pf. ind. m. 1 sg.	»
πέπλευκα	pf. ind. a. 1 sg.	πλέω
πέπλευσμαι	pf. ind. m. 1 sg.	»
πεπλευσμένος	pf. pt. m. N sg.	»
*πέπλεχε	pf. ind. a. 3 sg.	πλέκω
*πεπλήαται	pf. ind. m. 3 pl.	πελά(ζ)ω o πίμπλημι
πέπληγα	pf. ind. a. 1 sg.	πλήττω
*πεπληγέμεν	aor.^{2} inf. a.	»
πεπληγένα.	pf. inf. a.	»
*πεπλήγετο	aor.^{2} ind. m. 3 sg.	»
πεπλήγῃ	pf. cong. a. 3 sg.	»
πέπληγμαι	pf. ind. m. 1 sg.	»
*πέπληγον	aor.^{2} ind. a. 1 sg./3 pl.	»
*πεπλήγοντο	aor.^{2} ind. m. 3 pl.	»
πεπληγώς	pf. pt. a. N sg.	»
πέπληθα	pf. ind. a. 1 sg.	πλήθω
πέπληκα	pf. ind. a. 1 sg.	πίμπλημι
*πέπλημαι	pf. ind. m. 1 sg.	πελά(ζ)ω

πεπλημένος	pf. pt. m. N sg.	πελά(ζ)ω
πεπλημμελημένα	pf. pt. m. NA pl. n.	πλημμελέω
πέπληνται	pf. ind. m. 3 pl.	πίμπλημι
πεπλήξομαι	fta. ind. m. 1 sg.	πλήττω
πεπλήρωκα	pf. ind. a. 1 sg.	πληρόω
πεπληρώσομαι	fta. ind. m. 1 sg.	»
πεπλήρωται	pf. ind. m. 3 sg.	»
πεπλησίακα	pf. ind. a. 1 sg.	πλησιάζω
πέπλησμαι	pf. ind. m. 1 sg.	πίμπλημι
πεπλήσομαι	fta. ind. m. 1 sg.	»
πέπληχα	pf. ind. a. 1 sg.	πλήττω
πέπλιγμαι	pf. ind. m. 1 sg.	πλίσσομαι
πεπλουτηκέναι	pf. inf. a.	πλουτέω
πέπλοχα	pf. ind. a. 1 sg.	πλέκω
πέπλυμαι	pf. ind. m. 1 sg.	πλύνω
πεπλυμένος	pf. pt. m. N sg.	»
*πέπλωκα	pf. ind. a. 1 sg.	[πλέω], πλώω
πέπνευκα	pf. ind. a. 1 sg.	πνέω
πέπνευσμαι	pf. ind. m. 1 sg.	»
πέπνιγμαι	pf. ind. m. 1 sg.	πνίγω
πεπνίξομαι	fta. ind. m. 1 sg.	»
*πέπνυμαι	pf. ind. m. 1 sg.	πέπνυμαι
*πεπνυμένος	pf. pt. m. N sg.	»
*πεπνῦσθαι	pf. inf. m.	»
*πέπνυσο	pf. impr. m. 2 sg.	»
*πέπνυσο	ppf. ind. m. 2 sg.	»
πεποδισμένος	pf. pt. m. N sg.	ποδίζω
πεπόθηκα	pf. ind. a. 1 sg.	ποθέω
πεπόθημαι	pf. ind. m. 1 sg.	»
πέποιθα	pf. ind. a. 1 sg.	πείθω
*πεποίθεα	ppf. ind. a. 1 sg.	»
πεποίθη	pf. cong. a. 3 sg.	»
πεποιθοίη	pf. ott. a. 3 sg.	»
*πεποίθομεν	pf. cong. a. 1 pl.	»
πεποίκιλκα	pf. ind. a. 1 sg.	ποικίλλω
*πεποίκιλται	pf. ind. m. 3 sg.	»
πεποιωμένον	pf. pt. m. N sg. n.	ποιόω
πεπολέμηκα	pf. ind. a. 1 sg.	πολεμέω
πεπολέμημαι	pf. ind. m. 1 sg.	»
πεπολεμήσομαι	fta. ind. m. 1 sg.	»
πεπολιόρκημαι	pf. ind. m. 1 sg.	πολιορκέω

πεπόλισται	pf. ind. m. 3 sg.	πολίζω
*πεπόλιστο	ppf. ind. m. 3 sg.	»
πεπολίτευμαι	pf. ind. m. 1 sg.	πολιτεύω
πέπομαι	pf. ind. m. 1 sg.	πίνω
πέπομφα	pf. ind. a. 1 sg.	πέμπω
*πεπονέαται	pf. ind. m. 3 pl.	πονέω
*πεπονήατο	ppf. ind. m. 3 pl.	»
πεπόνηκα, πεπόνεκα	pf. ind. a. 1 sg.	»
πεπόνημαι	pf. ind. m. 1 sg.	»
*πεπόνητο	ppf. ind. m. 3 sg.	»
πέπονθα	pf. ind. a. 1 sg.	πάσχω
*πεπόνθειν	ppf. ind. a. 1 sg.	»
πεπονθώς	pf. pt. a. N sg.	»
πέπορδα	pf. ind. a. 1 sg.	πέρδομαι
πεπορεῖν	aor.² inf. a.	πορεῖν
πεπόρευμαι	pf. ind. m. 1 sg.	πορεύω
πεπορθημένης	pf. pt. m. G sg. fm.	πορθέω
πεπόρικα	pf. ind. a. 1 sg.	πορίζω
πεπόρισμαι	pf. ind. m. 1 sg.	»
πεπόσθαι	pf. inf. m.	πίνω
*πέποσθε	pf. ind. m. 2 pl.	πάσχω
*πέποσχα	pf. ind. a. 1 sg.	»
*πεπόταμαι	pf. ind. m. 1 sg.	ποτάομαι
*πεποτήατο	ppf. ind. m. 3 pl.	»
πεπότημαι	pf. ind. m. 1 sg.	»
πεποτῆσθαι	pf. inf. m.	»
*πεπότητο	ppf. ind. m. 3 sg.	»
*πέπραγα	pf. ind. a. 1 sg.	πράττω
πέπραγμαι	pf. ind. m. 1 sg.	»
πεπραγμάτευμαι	pf. ind. m. 1 sg.	πραγματεύομαι
πέπρακα	pf. ind. a. 1 sg.	πέρνημι, πιπράσκω
πέπραμαι	pf. ind. m. 1 sg.	» »
πεπράξομαι	fta. ind. m. 1 sg	πράττω
πεπρᾶσθαι	pf. inf. m.	πέρνημι, πιπράσκω
πεπράσομαι	fta. ind. m. 1 sg.	» »
πεπραϋσμένος	pf. pt. m. N sg.	πραΰνω
πέπραχα	pf. ind. a. 1 sg.	πράττω
πεπρέσβευκα	pf. ind. a. 1 sg.	πρεσβεύω
πεπρέσβευμαι	pf. ind. m. 1 sg.	»
*πέπρηγα	pf. ind. a. 1 sg.	πράττω
*πέπρηγμαι	pf. ind. m. 1 sg.	»

πέπρηκα	pf. ind. a. 1 sg.	πίμπρημι
πέπρημαι	pf. ind. m. 1 sg.	»
*πέπρημαι	pf. ind. m. 1 sg.	πέρνημι, πιπράσκω
*πεπρῆσθαι	pf. inf. m.	» »
*πεπρήσθω	pf. impr. m. 3 sg.	» »
πέπρησμαι	pf. ind. m. 1 sg.	πρήθω
πέπρησμαι	pf. ind. m. 1 sg.	πίμπρημι
*πέπρησο	pf. impr. m. 2 sg.	πέρνημι, πιπράσκω
*πεπρήσομαι	fta. ind. . 1 sg.	» »
*πέπρηχα	pf. ind. a. 1 sg.	πράττω
πέπρικα	pf. ind. a. 1 sg.	πρίω
πέπρισμαι	pf. ind. m. 1 sg.	»
πεπροοιμίασμαι	pf. ind. m. 1 sg.	προοιμιάζομαι
πεπροφήτευμαι	pf. ind. m. 1 sg.	προφητεύω
πεπρυτανευμένον	pf. pt. m. NA sg. n.	πρυτανεύω
*πέπρωται	pf. ind. m. 3 sg.	πορεῖν
*πέπρωτο	ppf. ind. m. 3 sg.	»
πέπταμαι	pf. ind. m. 1 sg.	πετάννυμι
*πέπτατο	ppf. ind. m. 3 sg.	»
*πεπτέαται	pf. ind. m. 3 pl.	»
πεπτερύγωμαι	pf. ind. m. 1 sg.	πτερυγόω
*πεπτεώς, πεπτηώς	pf. pt. a. N sg.	πίπτω
*πεπτηώς	pf. pt. a. N sg.	πτήσσω
πέπτυγμαι	pf. ind. m. 1 sg.	πτύσσω
πέπτωκα	pf. ind. a. 1 sg.	πίπτω
*πεπτώκειν	ppf. ind. a. 1 sg.	»
πεπτωκώς	pf. pt. a. N sg.	»
πεπύγικα	pf. ind. a. 1 sg.	πυγίζω
*πεπύθοιτο	aor.[2] ott. m. 3 sg.	πυνθάνομαι
*πεπυκάδμενος	pf. pt. m. N sg.	πυκάζω
πεπύκασμαι	pf. ind. m. 1 sg.	»
πεπυκνωκότες	pf. pt. a. N pl.	πυκνόω
πεπύκνωνται	pf. ind. m. 3 pl.	»
πεπύκτευται	pf. ind. m. 3 sg.	πυκτεύω
πεπυρακτωμένα	pf. pt. m. NA pl. n.	πυρακτόω
πεπυργωμέναι	pf. pt. m. N pl. fm.	πυργόω
πεπύρεγμαι	pf. ind. m. 1 sg.	πυρέττω
πεπύρεχα	pf. ind. a. 1 sg.	»
πεπυρωμένος	pf. pt. m. N sg.	πυρόω
πεπύσθαι	pf. inf. m.	πυνθάνομαι
*πεπύσθην	ppf. ind. m. 2 du.	»

πέπυσμαι	pf. ind. m. 1 sg.	πυνθάνομαι
πεπυσμένος	pf. pt. m. N sg.	»
*πέπυσσαι	pf. ind. m. 2 sg.	»
*πέπυστο	ppf. ind. m. 3 sg.	»
πεπωλήσεται	fta. ind. m. 3 sg.	πωλέω
πέπωκα	pf. ind. a. 1 sg.	πίνω
*περάαν	ft. inf. a.	περάω = πιπράσκω
*περάαν	pr. inf. a.	» = attraversare
*περάασκε	impf. ind. a. 3 sg.	» »
περαιωθήσομαι	ft. ind. p. 1 sg.	περαιόω
περαιώσω	ft. ind. a. 1 sg.	»
*πέρχον	impf. ind. a. 1 sg./3 pl.	περάω = attraversare
περανθῆναι	aor. inf. p.	περαίνω
περανθήσομαι	ft. ind. p. 1 sg.	»
περανοῦμαι	ft. ind. m. 1 sg.	»
περανῶ, *περανέω	ft. ind. a. 1 sg.	»
περᾶσαι	aor.^{1} inf. a.	περάω = attraversare
*περάσαις	aor.^{1} pt. a. N sg.	» »
περάσαντες	aor.^{1} pt. a. N pl.	» = πιπράσκω
περάσειας	aor.^{1} ott. a. 2 sg.	» = attraversare
περάσειε	aor.^{1} ott. a. 3 sg.	» = πιπράσκω
περάσητε	aor.^{1} cong. a. 2 pl.	» »
περασθήσομαι	ft. ind. p. 1 sg.	περαίνω
*πέρασσα	aor.^{1} ind. a. 1 sg.	περάω = πιπράσκω
*περάσω	ft. ind. a. 1 sg.	» »
περάσω	ft. ind. a. 1 sg.	» = attraversare
*πέρησα	aor.^{1} ind. a. 1 sg.	» »
*περησέμεναι	ft. inf. a.	» »
*περήσω	ft. ind. a. 1 sg.	» »
*πέρθαι	aor.^{2} inf. m.	πέρθω
*πέρθετο	impf. ind. m. 3 sg.	»
περι-:	*togliere e cercare sotto l'iniziale risultante*	
περιαμφι-, περιαν-:	*togliere e cercare sotto l'iniziale risultante*	
περιαπο-, περιδι(α)-:	*togliere e cercare sotto l'iniziale risultante*	
περιεκ-, περιεμ-:	*togliere e cercare sotto l'iniziale risultante*	
περιεν-, περιεξ-:	*togliere e cercare sotto l'iniziale risultante*	
περικαθ-, περικατ(α)-:	*togliere e cercare sotto l'iniziale risultante*	
περικαταρ- (+ ρ):	*togliere e cercare sotto l'iniziale ῥ-*	
περιρ- (+ ρ):	*togliere e cercare sotto l'iniziale ῥ-*	
περισυγ-:	*togliere e cercare sotto l'iniziale risultante*	
περνάμενος	pr. pt. m. N sg.	πέρνημι, πιπράσκω

*περνάς	pr. pt. a. N sg.	πέρνημι, πιπράσκω
*περνᾶσι	pr. ind. a. 3 pl.	» »
*πέρνασκε	impf. ind. a. 3 sg.	» »
πέρνησον	aor.[1] impr. a. 2 sg.	» »
*περόνησε	aor.[1] ind. a. 3 sg.	περονάω
*περόων	pr. pt. a. N sg.	περάω = attraversare
*περόωντο	impf. ind. m. 3 pl.	» »
πέρσαι	aor.[1] inf. a.	πέρθω
*περσέμεν	ft. inf. a.	»
πέρσομαι	ft. ind. m. 1 sg.	»
πέρσω	ft. ind. a. 1 sg.	»
*πέσε	aor.[2] ind. a. 3 sg.	πίπτω
πεσεῖν	aor.[2] inf. a.	»
*πεσέονται	ft. ind. m. 3 pl.	»
*πέσεται	ft. ind. m. 3 sg.	»
*πέσησι	aor.[2] cong. a. 3 sg.	»
*πεσοίης	aor.[2] ott. a. 2 sg.	»
πεσοῦμαι, *-σσέομαι	ft. ind. m. 1 sg.	»
*πεσσέμεν	pr. inf. a.	πέττω, πέπτω
πεσών	aor.[2] pt. a. N sg.	πίπτω
*πέτασα	aor.[1] ind. a. 1 sg.	πετάννυμι
*πετάσαντο	aor. [1] ind. m. 3 pl.	»
*πετάσθησαν	aor. ind. p. 3 pl.	»
*πετασθήσομαι	ft. ind. p. 1 sg.	πέτομαι
*πέτασσαι	aor.[1] impr. m. 2 sg.	[»], πέταμαι
*πέτασσαν	aor.[1] ind. a. 3 pl.	πετάννυμι
*πετάσω	ft. ind. a. 1 sg.	»
πέτει, *πέτεαι	pr. ind. m. 2 sg.	πέτομαι
πετήσομαι	ft. ind. m. 1 sg.	»
*πετόμην	impf. ind. m. 1 sg.	»
*πετρώσατο	aor.[1] ind. m. 3 sg.	πετρόω
πετῶ	ft. ind. a. 1 sg.	πετάννυμι
*πευθόμην	impf. ind. m. 1 sg.	[πυνθάνομαι], πεύθομαι
*πεύσασα	aor.[1] pt. a. N sg. fm.	»
*πεύσεαι	ft. ind. m. 2 sg.	»
πεύσομαι, *-σοῦμαι	ft. ind. m. 1 sg.	»
πέφαγκα	pf. ind. a. 1 sg.	φαίνω
*πεφάναντι	pf. ind. a. 3 pl.	»
πεφανέρωται	pf. ind. m. 3 sg.	φανερόω
πεφάνθαι	pf. inf. m.	φαίνω
*πέφανται	pf. ind. m. 3 sg.	»

*πέφανται	pf. ind. m. 3 pl.	πεφνεῖν
πεφαντασιωμένος	pf. pt. m. N sg. msch.	φαντασιόω
πεφαραγγωμένη	pf. pt. m. N sg. fm.	φαραγγόω
*πεφαργμένος	pf. pt. m. N sg. msch.	φράττω
πεφαρμαγμένοι	pf. pt. m. N pl. msch.	φαρμάττω
πεφαρμάκευσαι	pf. ind. m. 2 sg.	φαρμακεύω
πεφαρμακωμένον	pf. pt. m. N sg. n.	φαρμακόω
πεφάρμαχθε	pf. impr. m. 2 pl.	φαρμάττω
πεφάσθαι	pf. inf. m.	πεφνεῖν
πεφάσθω	pf. impr. m. 3 sg.	φημί
πέφασμαι	pf. ind. m. 1 sg.	φαίνω
*πεφασμένος	pf. pt. m. N sg.	»
*πεφασμένος	pf. pt. m. N sg.	φημί
*πέφαται	pf. ind. m. 3 sg.	»
*πέφαται	pf. ind. m. 3 sg.	φαίνω
*πέφαται	pf. ind. m. 3 sg.	πεφνεῖν
πεφατισμένον	pf. pt. m. N sg. n.	φατίζω
πεφάτισται	pf. ind. m. 3 sg.	»
πεφεῖσθαι	pf. inf. m.	φείδομαι
πεφεισμένος	pf. pt. m. N sg.	»
πεφενάκικε	pf. ind. a. 3 sg.	φενακίζω
πεφερνισμένη	pf. pt. m. N sg. fm.	φερνίζω
πέφευγα	pf. ind. a. 1 sg.	φεύγω
πεφευγέναι	pf. inf. a.	»
πέφευγοι	pf. ott. a. 3 sg.	»
πεφευγότες	pf. pt. a. N pl.	»
*πέφη	aor.^{2} ind. a. 3 sg.	φάω
πεφήμισμαι	pf. ind. m. 1 sg.	φημίζω
πέφηνα	pf. ind. a. 1 sg.	φαίνω
*πεφήσεται	fta. ind. m. 3 sg.	»
*πέφθακα	pf. ind. a. 1 sg.	φθάνω
πεφθήσομαι	ft. ind. p. 1 sg.	πέττω, πέπτω
*πεφιδημένος	pf. pt. m. N sg.	φείδομαι
*πεφιδήσεται	fta. ind. m. 3 sg.	»
*πεφιδοίμην	aor.^{2} ott. m. 1 sg.	»
*πεφιδόμην	aor.^{2} ind. m. 1 sg.	»
*πεφιλαμένος	pf. pt. m. N sg.	φιλέω
πεφιλανθρώπηκε	pf. ind. a. 3 sg.	φιλανθρωπέω
πεφιλανθρωπημένος	pf. pt. m. N sg.	»
πεφίληκα	pf. ind. a. 1 sg.	φιλέω
πεφίλημαι	pf. ind. m. 1 sg.	»

πεφιλήσομαι	fta. ind. m. 1 sg.	φιλέω
πεφιλοδοξηκώς	pf. pt. a. N sg.	φιλοδοξέω
πεφιλοκαληκότων	pf. pt. a. G pl. msch.	φιλοκαλέω
πεφιλολογῆσθαι	pf. inf. m.	φιλολογέω
πεφιλοσόφηκα	pf. ind. a. 1 sg.	φιλοσοφέω
πεφιλοτέχνημαι	pf. ind. m. 1 sg.	φιλοτεχνέω
πεφιλοτίμημαι	pf. ind. m. 1 sg.	φιλοτιμέομαι
πεφίμωσο	pf. impr. m. 2 sg.	φιμόω
πέφλασμαι	pf. ind. m. 1 sg.	φλάω
πέφλεγμαι	pf. ind. m. 1 sg.	φλέγω
*πεφνέμεν	aor.[2] inf. a.	πεφνεῖν
*πέφνη	aor.[2] cong. a. 3 sg.	»
*πέφνον	aor.[2] ind. a. 1 sg./3 pl.	»
*πεφνών	aor.[2] pt. a. N sg.	»
*πεφοβήατο	ppf. ind. m. 3 pl.	φοβέω
πεφόβημαι	pf. ind. m. 1 sg.	»
πεφόρημαι	pf. ind. m. 1 sg.	φορέω
*πεφόρητο	ppf. ind. m. 3 sg.	»
πεφορτισμένος	pf. pt. m. N sg.	φορτίζω
πεφορτωμένος	pf. pt. m. N sg.	φορτόω
πεφόρυγμαι	pf. ind. m. 1 sg.	φορύσσω
πέφραγα	pf. ind. a. 1 sg.	φράττω
πέφραγμαι	pf. ind. m. 1 sg.	»
*πέφραδε	aor.[2] impr. a. 2 sg.	φράζω
*πεφραδέειν, -δέμεν	aor.[2] inf. a.	»
*πεφραδμένος	pf. pt. m. N sg.	»
*πέφραδοι	aor.[2] ott. a. 3 sg.	»
*πέφραδον	aor.[2] ind. a. 1 sg./3 pl.	»
πέφρακα	pf. ind. a. 1 sg.	»
πέφρακα	pf. ind. a. 1 sg.	φράττω
*πεφράκεσαν	ppf. ind. a. 3 pl.	»
πέφρασμαι	pf. ind. m. 1 sg.	φράζω
πέφρικα	pf. ind. a. 1 sg.	φρίττω
*πεφρίκοντες	pf. pt. a. N pl.	»
πεφροιμίασμαι	pf. ind. m. 1 sg.	φροιμιάζομαι *per* προοι-
πεφρόνηκα	pf. ind. a. 1 sg.	φρονέω
πεφρονηματισμένοι	pf. pt. m. N pl.	φρονηματίζομαι
πεφρόντικα	pf. ind. a. 1 sg.	φροντίζω
πεφροντισμένος	pf. pt. m. N sg.	»
πεφρούρημαι	pf. ind. m. 1 sg.	φρουρέω
πέφρυγμαι	pf. ind. m. 1 sg.	φρύγω

*πεφύασι	pf. ind. a. 3 pl.	φύω
πεφυγαδευμένοι	pf. pt. m. N pl.	φυγαδεύω
*πεφύγγων, πεφυζώς	pf. pt. a. N sg.	φεύγω
πεφυγμένος	pf. pt. m. N sg.	»
πεφύη	pf. cong. a. 3 sg.	φύω
πέφυκα	pf. ind. a. 1 sg.	»
*πεφύκει	ppf. ind. a. 3 sg.	»
πεφύλαγμαι	pf. ind. m. 1 sg.	φυλάττω
πεφύλακα, πεφύλαχα	pf. ind. a. 1 sg.	»
πεφύλαξο	pf. impr. m. 2 sg.	»
πεφυλάχθαι	pf. inf. m.	»
πεφύρακα	pf. ind. a. 1 sg.	φυράω
περύραμαι, *-ημαι	pf. ind. m. 1 sg.	»
πέφυρμαι	pf. ind. m. 1 sg.	φύρω
*πεφύρσομαι	fta. ind. m. 1 sg.	»
πεφυσαμένοι	pf. pt. m. N pl.	φυσάω
πεφυσιωμένος	pf. pt. m. N sg.	φυσιόω
πεφύτευκα	pf. ind. a. 1 sg.	φυτεύω
*πεφυῶτας	pf. pt. a. A pl. msch.	φύω
πέφωγμαι, -ωσμαι	pf. ind. m. 1 sg.	φώγω, φῴζω
πεφωτισμένος	pf. pt. m. N sg.	φωτίζω
πέψαι	aor.[1] inf. a.	πέττω, πέπτω
πέψω	ft. ind. a. 1 sg.	» »
*πήγνυον	impf. ind. a. 1 sg./3 pl.	[πήγνυμι], πηγνύω
*πηγνύουσι, πηγνῦσι	pr. ind. a. 3 pl.	» »
πήγνυτο	pr. ott. m. 3 sg.	»
*πήγνυτο	impf. ind. m. 3 sg.	»
*πηδεῦντα	pr. pt. a. A sg. msch.	πηδάω
*πήδησα	aor.[1] ind. a. 1 sg.	»
πηδῆσαι, *πηδεῦσαι	aor.[1] inf. a.	»
πηδήσομαι	ft. ind. m. 1 sg.	»
πηδήσω	ft. ind. a. 1 sg.	»
*πῆκτο	aor.[2] ind. m. 3 sg.	πήγνυμι
*πῆλα	aor.[1] ind. a. 1 sg.	πάλλω
*πῆλαι	aor.[1] inf. a.	»
*πήλασθαι	aor.[1] inf. m.	»
πηλώσασθαι	aor.[1] inf. m.	πηλόω
*πημάνας	aor.[1] pt. a. N sg.	πημαίνω
πημανθῆναι	aor. inf. p.	»
πημανθῇς	aor. cong. p. 2 sg.	»
πημανοῦμαι	ft. ind. m. 1 sg.	»

πημανῶ, *πημανέω	ft. ind. a. 1 sg.	πημαίνω
*πημήναντο	aor.^{1} ind. m. 3 pl.	»
*πῆξα	aor.^{1} ind. a. 1 sg.	πήγνυμι
πῆξαι	aor.^{1} inf. a.	»
πήξομαι	ft. ind. m. 1 sg.	»
πήξω	ft. ind. a. 1 sg.	»
πηρωθέν	aor. pt. p. N sg. n.	πηρόω
πηχθείς	aor. pt. p. N sg.	πήγνυμι
*πῆχθεν	aor. ind. p. 3 pl.	»
*πίανα	aor.^{1} ind. a. 1 sg.	πιαίνω
πιανθείς	aor. pt. p. N sg.	»
πιανθήσεται	ft. ind. p. 3 sg.	»
πιανῶ	ft. ind. a. 1 sg.	»
πιάσας, *πιάξας	aor.^{1} pt. a. N sg.	[πιέζω], πιάζω
πιασθῆναι	aor. inf. p.	πιαίνω
*πιασθήσομαι	ft. ind. p. 1 sg.	[πιέζω], πιάζω
πίε	aor.^{2} impr. a. 2 sg.	πίνω
*πίε	aor.^{2} ind. a. 3 sg.	»
*πιέειν	aor.^{2} inf. a.	»
*πιέζευν	impf. ind. a. 1 sg./3 pl.	[πιέζω], πιεζέω
πιεζούμενος, *-ζεύ-	pr. pt. m. N sg.	» »
πιεῖσθαι	ft. inf. m.	πίνω
πιέξαι	aor.^{1} inf. a.	πιέζω
πιέξας, πιέσας	aor.^{1} pt. a. N sg.	»
πιέξῃς	aor.^{1} cong. a. 2 sg.	»
*πιέουσα	aor.^{2} pt. a. N sg. fm.	πίνω
*πίεσαι	ft. ind. m. 2 sg	»
πιεσθείς	aor. pt. p. N sg.	πιέζω
πιεσθήσομαι	ft. ind. p. 1 sg.	»
πιέσω, *πιέσσω	ft. ind. a. 1 sg.	»
πίῃσθα	aor.^{2} cong. a. 2 sg.	πίνω
πιθεῖν	aor.^{2} inf. a.	πείθω
*πίθεο	aor.^{2} impr. m. 2 sg.	»
πιθέσθαι	aor.^{2} inf. m.	»
*πιθήσας	aor.^{1} pt. a. N sg.	[»], πιθέω
*πιθήσω	ft. ind. a. 1 sg.	» »
πῖθι	aor.^{2} impr. a. 2 sg.	πίνω
πιθοίμην	aor.^{2} ott. m. 1 sg.	πείθω
πιθόμενος	aor.^{2} pt. m. N sg.	»
*πιθόμην	aor.^{2} ind. m. 1 sg.	»
*πίθον	aor.^{2} ind. a. 1 sg./3 pl.	»

πιθοῦ	aor.[2] impr. m. 2 sg.	πείθω
πίθωμαι	aor.[2] cong. m. 1 sg.	»
πιθών	aor.[2] pt. a. N sg.	»
*πικρανέομαι	ft. ind. m. 1 sg.	πικραίνω
πικρανθήσομαι	ft. ind. p. 1 sg.	»
πικρανῶ	ft. ind. a. 1 sg.	»
πιληθεῖσα	aor. pt. p. N sg. fm.	πιλέω
πιλήσαντες	aor.[1] pt. a. N pl.	»
*πιλνᾷ	pr. ind. a. 3 sg.	πιλνάω, πίλναμαι
πιλώσας	aor.[1] pt. a. N sg.	πιλόω
*πίμπλαντο	impf. ind. m. 3 pl.	πίμπλημι
*πιμπλάς	pr. pt. a. N sg.	»
*πίμπλεισι	pr. ind. a. 3 pl.	»
πίμπλη, *πίμπλα	pr. impr. a. 2 sg.	»
*πιπμλῆσι	pr. cong. a. 3 sg.	»
πιμπρᾶναι	pr. inf. a.	πίμπρημι
*πιμπράντες	pr. pt. a. N pl.	»
πίμπρη	pr. impr. a. 2 sg.	»
*πῖνε	impf. ind. a. 3 sg.	πίνω
*πινέμεν(αι)	pr. inf. a.	»
πίνεο	pr. impr. m. 2 sg.	»
*πίνεσκον	impf. ind. a. 1 sg./3 pl.	»
*πίνετο	impf. ind. m. 3 sg.	»
*πινεύμενος	pr. pt. m. N sg.	»
πινώμεθα	pr. cong. m. 1 pl.	»
πίομαι	ft. ind. m. 1 sg.	»
*πίον	aor.[2] ind. a. 1 sg./3 pl.	»
πιοῦμαι	ft. ind. m. 1 sg.	»
πιοῦσα	aor.[2] pt. a. N sg. fm.	»
πιπρᾶν	pr. inf. a.	[πιμπρημι], πιπράω
*πίπτεσκον	impf. ind. a. 1 sg./3 pl.	πίπτω
*πίπτησι	pr. cong. a. 3 sg.	»
*πῖπτον	impf. ind. a. 1 sg./3 pl.	»
πισαίμην	aor.[1] ott. m. 1 sg.	πιπίσκω
πιστευθησόμενος	ft. pt. p. N sg.	πιστεύω
πιστεῦσαι	aor.[1] inf. a.	»
πιστεύσω	ft. ind. a. 1 sg.	»
πιστωθείς	aor. pt. p. N sg.	πιστόω
πίσω	ft. ind. a. 1 sg.	πιπίσκω
*πίτνα	impf. ind. a. 3 sg.	[πετάννυμι], πίτνημι
*πίτνατο	impf. ind. m. 3 sg.	» »

πιών	aor.² pt. a. N sg.	πίνω
*πλαγείς	aor. pt. p. N sg.	πλήττω
πλαγῆναι	aor. inf. p.	»
πλαγήσομαι	ft. ind. p. 1 sg.	»
*πλάγξα	aor.¹ ind. a. 1 sg.	πλάζω
*πλάγξομαι	ft. ind. m. 1 sg.	»
*πλάγχθην	aor. ind. p. 1 sg.	»
*πλάζετο	impf. ind. m. 3 sg.	»
*πλάζον	impf. ind. a. 1 sg./3 pl.	»
πλαθείς	aor. pt. p. N sg.	πελά(ζ)ω
*πλαναθείς	aor. pt. p. N sg.	πλανάω
*πλαναθῇς	aor. cong. p. 2 sg.	»
πλανηθήσομαι, *-αθή-	ft. ind. p. 1 sg.	»
πλανήσομαι	ft. ind. m. 1 sg.	»
πλανήσω	ft. ind. a. 1 sg.	»
πλακείς	aor. pt. p. N sg.	πλέκω
πλακῆναι	aor. inf. p.	»
πλακήσομαι	ft. ind. p. 1 sg.	»
*πλᾶξα	aor.¹ ind. a. 1 sg.	πλήττω
πλασθήσομαι	ft. ind. p. 1 sg.	πλάττω
πλάσομαι	ft. ind. m. 1 sg.	»
*πλάσσα	aor.¹ ind. a. 1 sg.	»
πλάσω	ft. ind. a. 1 sg.	»
πλεῖ	pr. ind. a. 3 sg.	πλέω
πλεῖ	pr. impr. a. 2 sg.	»
πλεκείς	aor. pt. p. N sg.	πλέκω
πλέξαι	aor.¹ inf. a.	»
πλέξασθαι	aor.¹ inf. m.	»
πλέξομαι	ft. ind. m. 1 sg.	»
πλέξω	ft. ind. a. 1 sg.	»
πλεονάσω	ft. ind. a. 1 sg.	πλεονάζω
πλεονεκτήσω	ft. ind. a. 1 sg.	πλεονεκτέω
*πλέον	impf. ind. a. 1 sg./3 pl.	πλέω
πλευσθήσομαι	ft. ind. p. 1 sg.	»
πλεύσομαι, -σοῦμαι	ft. ind. m. 1 sg.	»
πλεύσω	ft. ind. a. 1 sg.	»
πλεχθείς	aor. pt. p. N sg.	πλέκω
πλεχθήσομαι	ft. ind. p. 1 sg.	»
πληγείς	aor. pt. p. N sg.	πλήττω
πληγῆναι	aor. inf. p.	»
πληγήσομαι	ft. ind. p. 1 sg.	»

πλήμενος	aor.² pt. m. N sg.	πίμπλημι
πλημμεληθέντα	aor. pt. p. NA pl. n.	πλημμελέω
πλημμελήσας	aor.¹ pt. a. N sg.	»
*πλῆνται	pf. ind. m. 3 pl.	πίμπλημι
*πλῆντο	aor.² ind. m. 3 pl.	»
*πλῆντο	aor.² ind. m. 3 pl.	πελά(ζ)ω
*πλῆξα	aor.¹ ind. a. 1 sg.	πλήττω
πλῆξαι	aor.¹ inf. a.	»
πληξάμενος	aor.¹ pt. m. N sg.	»
*πληξάμην	aor.¹ ind. m. 1 sg.	»
πλήξω	ft. ind. a. 1 sg.	»
πληρωθείς	aor. pt. p. N sg.	πληρόω
πληρωθήσομαι	ft. ind. p. 1 sg.	»
πληρώσομαι	ft. ind. m. 1 sg.	»
πληρώσω	ft. ind. a. 1 sg.	»
*πλῆσα	aor.¹ ind. a. 1 sg.	πίμπλημι
πλῆσαι	aor.¹ inf. a.	»
πλησάμενος	aor.¹ pt. m. N sg.	»
*πλήσατο	aor.¹ ind. m. 3 sg.	»
πλησθείς	aor. pt. p. N sg.	»
*πλῆσθεν, πλήσθησαν	aor. ind. p. 3 pl.	»
πλησθῆναι	aor. inf. p.	»
πλησθήσομαι	ft. ind. p. 1 sg.	»
πλήσομαι	ft. ind. m. 1 sg.	»
πλήσω	ft. ind. a. 1 sg.	»
*πλῆτο	aor.² ind. m. 3 sg.	»
*πλῆτο	aor.² ind. m. 3 sg.	πελά(ζ)ω
πληχθείς	aor. pt. p. N sg.	πλήττω
*πλίσσοντο	impf. ind. m. 3 pl.	πλίσσομαι
*πλόμενος	aor.² pt. m. N sg.	πέλω
πλουτιῶ	ft. ind. a. 1 sg.	πλουτίζω
πλυθείσης	aor. pt. p. G sg. fm.	πλύνω
πλυθῇ	aor. cong. p. 3 sg.	»
πλυθήσομαι	ft. ind. p. 1 sg.	»
*πλῦνα	aor.¹ ind. a. 1 sg.	»
πλυνάμενος	aor.¹ pt. m. N sg.	»
*πλύνεσκον	impf. ind. a. 1 sg./3 pl.	»
πλυνοῦμαι	ft. ind. m. 1 sg.	»
πλυνῶ, *πλυνέω	ft. ind. a. 1 sg.	»
*πλώειν	pr. inf. a.	[πλέω], πλώω
πλωισθῆναι	aor. inf. p.	πλωίζω

*πλώοιεν	pr. ott. a. 3 pl.	[πλέω], πλώω
*πλῶον, πλώεσκον	impf. ind. a. 1 sg./3 pl.	» »
*πλωούσας	pr. pt. a. A pl. fm.	» »
*πλώς	aor.^{2} pt. a. N sg.	» »
πλῶσαι	aor.^{1} inf. a.	» »
πλώσομαι	ft. ind. m. 1 sg.	» »
πλώσω	ft. ind. a. 1 sg.	» »
*πλώων	pr. pt. a. N sg. msch.	» »
*πνέοισα	pr. pt. a. N sg. fm.	πνέω
*πνέον	impf. ind. a. 1 sg./3 pl.	»
πνεῦσαι	aor.^{1} inf. a.	»
πνευσθήσομαι	ft. ind. p. 1 sg.	»
πνεύσομαι	ft. ind. m. 1 sg.	»
πνεύσω	ft. ind. a. 1 sg.	»
πνιγήσομαι	ft. ind. p. 1 sg.	πνίγω
*πνιξεῖσθε	ft. ind. m. 2 pl.	»
πνίξον	aor.^{1} impr. a. 2 sg.	»
πνίξω	ft. ind. a. 1 sg.	»
*πνυθείης	aor. ott. p. 2 sg.	πέπνυμαι
ποδισθείς	aor. pt. p. N sg.	ποδίζω
*πόθεον, ποθέεσκον	impf. ind. a. 1 sg./3 pl.	ποθέω
*πόθεσα	aor.^{1} ind. a. 1 sg.	»
*ποθέσαι	aor.^{1} inf. a.	»
ποθέσομαι	ft. ind. m. 1 sg.	»
*ποθήμεναι	pr. inf. a.	»
ποθήσομαι	ft. ind. p. 1 sg.	πίνω
ποθήσω	ft. ind. a. 1 sg.	ποθέω
*ποίεον, ποιέεσκον	impf. ind. a. 1 sg./3 pl.	ποιέω
*ποιεύμενος	pr. pt. m. N sg.	»
*ποίησα	aor.^{1} ind. a. 1 sg.	»
*ποιησέμεν	ft. inf. a.	»
ποικῖλαι	aor.^{1} inf. a.	ποικίλλω
ποικίλας	aor.^{1} pt. a. N sg.	»
ποικιλθέν	aor. pt. p. N sg. n.	»
*ποίκιλλε	impf. ind. a. 3 sg.	»
ποικιλῶ	ft. ind. a. 1 sg.	»
*ποιναθεῖσα	aor. pt. p. N sg. fm.	ποινάομαι
*ποινασόμεσθα	ft. ind. m. 1 pl.	»
ποινίξασθαι	aor.^{1} inf. m.	ποινίζομαι
*ποίπνυον, -νύεσκον	impf. ind. a. 1 sg./3 pl.	ποιπνύω
ποιφύξαντος	aor.^{1} pt. a. G sg. msch.	ποιφύσσω

*ποιφυξεῖς	ft. ind. a. 2 sg.	ποιφύσσω
ποιωθέν	aor. pt. p. N sg. n.	ποιόω
ποκίσω, ποκιῶ	ft. ind. a. 1 sg.	ποκίζω
*πολεμέεσκε	impf. ind. a. 3 sg.	πολεμέω
πολεμηθήσομαι	ft. ind. p. 1 sg.	»
πολεμήσομαι	ft. ind. m. 1 sg.	»
πολεμήσω	ft. ind. a. 1 sg.	»
*πολεμιζέμεν(αι)	pr. inf. a.	πολεμίζω
*πολέμιξα	aor.[1] ind. a. 1 sg.	»
πολεμίξω	ft. ind. a. 1 sg.	»
πολεμώσεσθε	ft. ind. m. 2 pl.	πολεμόω
πολιορκηθήσομαι	ft. ind. p. 1 sg.	πολιορκέω
πολιορκήσομαι	ft. ind. m. 1 sg.	»
πολιορκήσω	ft. ind. a. 1 sg.	»
*πόλισσα	aor.[1] ind. a. 1 sg.	πολίζω
πολιτεύσομαι	ft. ind. m. 1 sg.	πολιτεύω
πολιτεύσω	ft. ind. a. 1 sg.	»
πολλαπλασιάσαντες	aor.[1] pt. a. N pl.	πολλαπλασιάζω
*ποναθῇ	aor. cong. p. 3 sg.	πονέω
*πονέεσθαι	pr. inf. m.	»
*πονείατο	ppf. ind. m. 3 pl.	»
*πόνησα	aor.[1] ind. a. 1 sg.	»
*πονήσατο	aor.[1] ind. m. 3 sg.	»
*πονήσομαι	ft. ind. m. 1 sg.	»
πονήσω, *πονέσω	ft. ind. a. 1 sg.	»
ποντισθείς	aor. pt. p. N sg.	ποντίζω
πορεῖν	aor.[2] inf. a.	πορεῖν
πορευθήσομαι	ft. ind. p. 1 sg.	πορεύω
*πόρευσα	aor.[1] ind. a. 1 sg.	»
*πορεύσομαι	ft. ind. m. 1 sg.	»
πορεύσω	ft. ind. a. 1 sg.	»
πορθῆσαι	aor.[1] inf. a.	πορθέω
πόρθμευσον	aor.[1] impr. a. 2 sg.	πορθμεύω
ποριοῦμαι	ft. ind. m. 1 sg.	πορίζω
πορισθήσομαι	ft. ind. p. 1 sg.	»
πορίσω,ποριῶ	ft. ind. a. 1 sg.	»
*πορσαίνεσκον	impf. ind. a. 1 sg./3 pl.	[πορσύνω], πορσαίνω
*πορσανέω	ft. ind. a. 1 sg.	» »
*πόρσυνε	impf. ind. a. 3 sg.	»
πορσυνῶ, *πορσυνέω	ft. ind. a. 1 sg.	»
πορών	aor.[2] pt. a. N sg.	πορεῖν

*ποταθείην	aor. ott. p. 1 sg.	ποτάομαι	
*ποτᾶτο	impf. ind. m. 3 sg.	»	
*ποτέοντο	impf. ind. m. 3 pl.	»	-έομαι
*ποτεῦ	pr. impr. a. 2 sg.	»	
*πότῃ	pr. ind. m. 2 sg.	»	
*ποτήμενος	pr. pt. m. N sg.	»	
*ποτήσομαι	ft. ind. m. 1 sg.	»	
*ποτῆται	pr. ind. m. 3 sg.	»	
***ποτι-** (*per* **προσ-**):	*togliere e cercare sotto l'iniziale risultante*		
ποτιῶ	ft. ind. a. 1 sg.	ποτίζω	
πραθείη	aor. ott. p. 3 sg.	πέρνημι, πιπράσκω	
πραθῆναι	aor. inf. p.	» »	
πραθήσομαι	ft. ind. p. 1 sg.	» »	
*πράθον	aor.^{2} ind. a. 1 sg./3 pl.	πέρθω	
πράξομαι	ft. ind. m. 1 sg.	πράττω	
πράξω	ft. ind. a. 1 sg.	»	
*πραϋνθήσομαι	ft. ind. p. 1 sg.	πραΰνω	
πραϋνῶ	ft. ind. a. 1 sg.	»	
πραχθήσομαι	ft. ind. p. 1 sg.	πράττω	
πρέπον	impf. ind. a. 1 sg./3 pl.	πρέπω	
πρέψω	ft. ind. a. 1 sg.	»	
*πρηθείς	aor. pt. p. N sg.	πέρνημι, πιπράσκω	
*πρήνιξα	aor.^{1} ind. a. 1 sg.	πρηνίζω	
πρηνιχθείς	aor. pt. p. N sg.	»	
*πρήξω	ft. ind. a. 1 sg.	πράττω	
*πρῆσα	aor.^{1} ind. a. 1 sg.	πίμπρημι	
πρῆσαι	aor.^{1} inf. a.	»	
πρησθῆναι	aor. inf. p.	»	
πρησθήσομαι	ft. ind. p. 1 sg.	»	
πρήσω	ft. ind. a. 1 sg.	»	
*πρηΰνατο	aor.^{1} ind. m. 3 sg.	πραΰνω	
*πρία, πρίασο	aor.^{2} impr. m. 2 sg.	πρίαμαι	
πριαίμην	aor.^{2} ott. m. 1 sg.	»	
πριάμενος	aor.^{2} pt. m. N sg.	»	
πρίασθαι	aor.^{2} inf. m.	»	
*πρίατο	aor.^{2} ind. m. 3 sg.	»	
πρῖε	pr. impr. a. 2 sg.	πρίω	
*πρίῃ	aor.^{2} cong. m. 2 sg.	πρίαμαι	
πρίηται	aor.^{2} cong. m. 3 sg.	»	
πρισθήσομαι	ft. ind. p. 1 sg.	πρίω	
πρίσω	ft. ind. a. 1 sg.	»	

*πρίω	aor.[2] impr. m. 2 sg.	πρίαμαι
πρίωμαι	aor.[2] cong. m. 1 sg.	»
προ-:	*togliere e cercare sotto l'iniziale risultante*	
προαν(α)-, -ανακαθ-:	*togliere e cercare sotto l'iniziale risultante*	
προαπ(ο)-, -αποκαθ-:	*togliere e cercare sotto l'iniziale risultante*	
προαπορ- (+ ρ):	*togliere e cercare sotto l'iniziale ῥ-*	
προαφ-:	*togliere e cercare sotto l'iniziale risultante*	
προδι(α)-, -διακατ-:	*togliere e cercare sotto l'iniziale risultante*	
προδιεξ-:	*togliere e cercare sotto l'iniziale risultante*	
προεγ-, προεγκαθ-:	*togliere e cercare sotto l'iniziale risultante*	
*προεθυμέετο	impf. ind. m. 3 sg.	προθυμέομαι
προεισ-:	*togliere e cercare sotto l'iniziale risultante*	
προεκ-, προεκκαθ-:	*togliere e cercare sotto l'iniziale risultante*	
προεμ-, προεν-:	*togliere e cercare sotto l'iniziale risultante*	
προεξ-, προεπ(ι)-:	*togliere e cercare sotto l'iniziale risultante*	
προεπαφ-, προεφ-:	*togliere e cercare sotto l'iniziale risultante*	
προεφήτευον	impf. ind. a. 1 sg./3 pl.	προφητεύω
προεφήτευσα	aor.[1] ind. a. 1 sg.	»
προηνάλωσα	aor.[1] ind. a. 1 sg.	προαναλίσκω
προθυμηθήσομαι	ft. ind. p. 1 sg.	προθυμέομαι
προθυμήσομαι	ft. ind. m. 1 sg.	»
**προκαθ-*:	*togliere e cercare sotto l'iniziale risultante*	
*προκαλίζεο	pr. impr. m. 2 sg.	προκαλίζομαι
*προκαλίζετο	impf. ind. m. 3 sg.	»
προκατ(α)-, -καταν-:	*togliere e cercare sotto l'iniziale risultante*	
προμεθ-, προμετα-:	*togliere e cercare sotto l'iniziale risultante*	
προξενήσω	ft. ind. a. 1 sg.	προξενέω
προοιμιασάμην	aor.[1] ind. m. 1 sg.	προοιμιάζομαι
προοιμιάσομαι	ft. ind. m. 1 sg.	»
προπαρ-:	*togliere e cercare sotto l'iniziale risultante*	
προπερι-, -περικαθ-:	*togliere e cercare sotto l'iniziale risultante*	
προπεφήτευμαι	pf. ind. m. 1 sg.	προφητεύω
προπρο-:	*togliere e cercare sotto l'iniziale risultante*	
προρ- (+ ρ):	*togliere e cercare sotto l'iniziale ῥ-*	
προσ-, προσαμφι-:	*togliere e cercare sotto l'iniziale risultante*	
προσαν(α), -ανακαθ-:	*togliere e cercare sotto l'iniziale risultante*	
προσαναρ- (+ ρ):	*togliere e cercare sotto l'iniziale ῥ-*	
προσαντ(ι)-, -αντεπι-:	*togliere e cercare sotto l'iniziale risultante*	
προσαπ(ο)-:	*togliere e cercare sotto l'iniziale risultante*	
προσαπορ- (+ ρ):	*togliere e cercare sotto l'iniziale ῥ-*	
προσαφ-:	*togliere e cercare sotto l'iniziale risultante*	

προσδι(α)-, -διαν-:	*togliere e cercare sotto l'iniziale risultante*	
προσεγ-:	*togliere e cercare sotto l'iniziale risultante*	
προσεισ-, προσεκ-:	*togliere e cercare sotto l'iniziale risultante*	
προσεμ-, προσεν-:	*togliere e cercare sotto l'iniziale risultante*	
προσεξ-, προσεξαν-:	*togliere e cercare sotto l'iniziale risultante*	
προσεπ-, προσεπαν-:	*togliere e cercare sotto l'iniziale risultante*	
προσεπεισ-, -επεκ-:	*togliere e cercare sotto l'iniziale risultante*	
προσεπεμ-, -επεξ-:	*togliere e cercare sotto l'iniziale risultante*	
προσεπι-:	*togliere e cercare sotto l'iniziale risultante*	
προσεπικατ(α)-:	*togliere e cercare sotto l'iniziale risultante*	
προσεπιπαρα-:	*togliere e cercare sotto l'iniziale risultante*	
προσεπιρ- (+ ρ):	*togliere e cercare sotto l'iniziale ῥ-*	
προσκαθ-, -κατ(α)-:	*togliere e cercare sotto l'iniziale risultante*	
προσμετ(α)-:	*togliere e cercare sotto l'iniziale risultante*	
προσπαρ(α)-, -παρεισ-:	*togliere e cercare sotto l'iniziale risultante*	
προσπαρεμ-:	*togliere e cercare sotto l'iniziale risultante*	
προσπερι-:	*togliere e cercare sotto l'iniziale risultante*	
προσσυγ-:	*togliere e cercare sotto l'iniziale risultante*	
προσσυλ- (+ λ):	*togliere e cercare sotto l'iniziale λ-*	
προσσυν-:	*togliere e cercare sotto l'iniziale risultante*	
προσυ-, προσυγ-:	*togliere e cercare sotto l'iniziale risultante*	
προσυλ- (+ λ):	*togliere e cercare sotto l'iniziale λ-*	
προσυμ- (+ μ):	*togliere e cercare sotto l'iniziale μ-*	
προσυν-:	*togliere e cercare sotto l'iniziale risultante*	
προσυπ-, -υπανα-:	*togliere e cercare sotto l'iniziale risultante*	
προσυπεμ-:	*togliere e cercare sotto l'iniziale risultante*	
προσυπερ-, προσυπο-:	*togliere e cercare sotto l'iniziale risultante*	
προσυρ- (+ ρ):	*togliere e cercare sotto l'iniziale ῥ-*	
προσυφ-:	*togliere e cercare sotto l'iniziale risultante*	
προὐ- (πρου-):	*togliere e cercare sotto ἐ-*	
προὐθυμήθην	aor. ind. p. 1 sg.	προθυμέομαι
προὐθυμούμην	impf. ind. m. 1 sg.	»
προὐμηθήθην	aor. ind. p. 1 sg.	προμηθέομαι
προὐξένηκα	pf. ind. a. 1 sg.	προξενέω
προὐξένησα	aor.[1] ind. a. 1 sg.	»
προυπ-:	*togliere e cercare sotto l'iniziale risultante*	
προυπεκ-, προυπεξ-:	*togliere e cercare sotto l'iniziale risultante*	
προυπο-:	*togliere e cercare sotto l'iniziale risultante*	
προυπορ- (+ ρ):	*togliere e cercare sotto l'iniziale ῥ-*	
προυφ-:	*togliere e cercare sotto l'iniziale risultante*	
προὐφασιζόμην	impf. ind. m. 1 sg.	προφασίζομαι

προὐφασισάμην	aor.[1] ind. m. 1 sg.	προφασίζομαι
προὐφασίσθην	aor. ind. p. 1 sg.	»
προφασιοῦμαι	ft. ind. m. 1 sg.	»
προφητεύσω, *προφα-	ft. ind. a. 1 sg.	προφητεύω
πρυτανεύσαντες	aor.[1] pt. a. N pl.	πρυτανεύω
πταίης	aor.[2] ott. a. 2 sg.	πέτομαι
πταιθέντα	aor. pt. p. N pl. n.	πταίω
πταίσω	ft. ind. a. 1 sg.	»
*πτακών	aor.[2] pt. a. N sg.	πτήσσω
πτάμενος	aor.[2] pt. m. N sg.	πέτομαι
πτάραντες	aor.[1] pt. a. N pl.	πταίρω, πτάρνυμαι
πταρείς	aor. pt. p. N sg.	» »
πταρῶ	ft. ind. a. 1 sg.	»
πτάς	aor.[2] pt. a. N sg. msch.	πέτομαι
πτᾶσα	aor.[2] pt. a. N sg. fm.	»
πτάσθαι	aor.[2] inf. m.	»
πτᾶται	aor.[2] cong. m. 3 sg.	»
*πτάτο	aor.[2] ind. m. 3 sg.	»
πτερνιῶ	ft. ind. a. 1 sg.	πτερνίζω
πτερυγιῶ	ft. ind. a. 1 sg.	πτερυγίζω
πτερύξομαι	ft. ind. m. 1 sg.	πτερύττομαι
πτέσθαι	aor.[2] inf. m.	πέτομαι
*πτῆξα	aor.[1] ind. a. 1 sg.	πτήσσω
πτήξω	ft. ind. a. 1 sg.	»
πτῆναι	aor.[2] inf. a.	πέτομαι
πτήσομαι	ft. ind. m. 1 sg.	»
*πτῆται	aor.[2] cong. m. 3 sg.	»
πτίσω	ft. ind. a. 1 sg.	πτίσσω
πτοήσω	ft. ind. a. 1 sg.	πτο(ι)έω
*πτολέμιξε	aor.[1] ind. a. 3 sg.	πολεμίζω, πτολ-
*πτολεμίξω	ft. ind. a. 1 sg.	» »
πτόμενος	aor.[2] pt. m. N sg.	πέτομαι
πτυέντα	aor.[2] pt. a. A sg. msch.	πτύω
*πτύξατο	aor.[1] ind. m. 3 sg.	πτύσσω
πτύξομαι	ft. ind. m. 1 sg.	»
πτυρῆναι	aor. inf. p.	πτύρομαι
πτύσαι	aor.[1] inf. a.	πτύω
πτυσθήσομαι	ft. ind. p. 1 sg.	»
πτύσομαι	ft. ind. m. 1 sg.	»
πτύσω	ft. ind. a. 1 sg.	»
πυθέσθαι	aor.[2] inf. m.	πυνθάνομαι

*πύθεσκον	impf. ind. a. 1 sg./3 pl.	πύθω
*πύθηαι	aor.^{2} cong. m. 2 sg.	πυνθάνομαι
*πυθοίατο	aor.^{2} ott. m. 3 pl.	»
*πυθόμενος	pr. pt. m. N sg.	πύθω
*πυθόμην	aor.^{2} ind. m. 1 sg.	πυνθάνομαι
*πυθοῦ, πυθεῦ	aor.^{2} impr. m. 2 sg.	»
*πύκασα	aor.^{1} ind. a. 1 sg.	πυκάζω
πυκάσαι	aor.^{1} inf. a.	»
*πυκάσαντο	aor.^{1} ind. m. 3 pl.	»
*πυκάσσας	aor.^{1} pt. a. N sg.	»
*πυκάσσομαι	ft. ind. m. 1 sg.	»
πυκάσω	ft. ind. a. 1 sg.	»
πυκάσωμαι	aor.^{1} cong. m. 1 sg.	»
*πυνθανόμην	impf. ind. m. 1 sg.	πυνθάνομαι
πυρακτωθείς	aor. pt. p. N sg.	πυρακτόω
πυργωθείς	aor. pt. p. N sg.	πυργόω
πυρέξω	ft. ind. a. 1 sg.	πυρέττω
πυριᾶν, *πυριῆν	pr. inf. a.	πυριάω
*πυριῆσθαι	pr. inf. m.	»
πυρωθέντων	aor. pt. p. G pl.	πυρόω
πυρωσαμένη	aor.^{1} pt. m. N sg. fm.	»
*πῦσα	aor.^{1} ind. a. 1 sg.	πύθω
*πύσω	ft. ind. a. 1 sg.	»
*πῶ, πῶθι	aor.^{2} impr. a. 2 sg.	πίνω
*πώλεαι	pr. ind. m. 2 sg.	πωλέομαι, -εῦμαι
*πωλέεσκε	impf. ind. a. 3 sg.	πωλέω
*πωλεῖτο	impf. ind. m. 3 sg.	πωλέομαι, -εῦμαι
*πωλέσκετο	impf. ind. m. 3 sg.	» »
*πωλεύμενος	pr. pt. m. N sg.	» »
*πωλεύμην	impf. ind. m. 1 sg.	» »
*πωλήσεαι	ft. ind. m. 2 sg.	» »
πωλήσεται	ft. ind. m. 3 sg.	πωλέω
*πωλησεῦντι	ft. ind. a. 3 pl.	»
πωλήσω	ft. ind. a. 1 sg.	»
*πωτάομαι	ft. ind. m. 1 sg.	πωτάομαι
*πωτῶντο	impf. ind. m. 3 pl.	»

Ρ

ῥαγείς	aor. pt. p. N sg.	ῥήγνυμι
ῥαγῆναι	aor. inf. p.	»
ῥαγήσομαι	ft. ind. p. 1 sg.	»
*ῥαίησι	pr. cong. a. 3 sg.	ῥαίω
*ῥαινέμεν	pr. inf. a.	ῥαίνω
*ῥαίνοντο	impf. ind. m. 3 pl.	»
ῥαῖσαι	aor.¹ inf. a.	ῥαίω
*ῥαισέμεναι	ft. inf. a.	»
ῥαίσῃ	aor.¹ cong. a. 3 sg.	»
ῥαίσομαι	ft. ind. m. 1 sg.	»
ῥαίσω	ft. ind. a. 1 sg.	»
ῥάνασθαι	aor.¹ inf. m.	ῥαίνω
ῥανθείς	aor. pt. p. N sg.	»
ῥανῶ	ft. ind. a. 1 sg.	»
ῥάξομαι	ft. ind. m. 1 sg.	ῥάττω
ῥάξω	ft. ind. a. 1 sg.	»
ῥαπισθείην	aor. ott. p. 1 sg.	ῥαπίζω
ῥάσσατε	aor.¹ impr. a. 2 pl.	ῥάζω
ῥαφῆναι	aor. inf. p.	ῥάπτω
ῥαφήσομαι	ft. ind. p. 1 sg.	»
ῥαχθῆναι	aor. inf. p.	ῥάττω
*ῥάψα	aor.¹ ind. a. 1 sg.	ῥάπτω
ῥάψω	ft. ind. a. 1 sg.	»
*ῥέε	impf. ind. a. 3 sg.	ῥέω
*ῥέζον, ῥέζεσκον	impf. ind. a. 1 sg./3 pl.	ῥέζω
*ῥέξα	aor.¹ ind. a. 1 sg.	»
*ῥέξαις	aor.¹ pt. a. N sg.	»
ῥέξω	ft. ind. a. 1 sg.	»
*ῥέον	impf. ind. a. 1 sg./3 pl.	ῥέω
ῥεράπισμαι	pf. ind. m. 1 sg.	ῥαπίζω
*ῥέρευκα	pf. ind. a. 1 sg.	ῥέω
*ῥέριμμαι	pf. ind. m. 1 sg.	ῥίπτω
ῥερίφθαι	pf. inf. m.	»
ῥερυπωμένος	pf. pt. m. N sg.	ῥυπόω
ῥεῦσαι	aor.¹ inf. a.	ῥέω

ῥεύσομαι, ῥευσοῦμαι	ft. ind. m. 1 sg.	ῥέω
ῥεύσω	ft. ind. a. 1 sg.	»
ῥεχθείη	aor. ott. p. 3 sg.	ῥέζω
ῥεχθείς	aor. pt. p. N sg.	»
ῥέψω	ft. ind. a. 1 sg.	ῥέπτω
*ῥηγνύατο	impf. ind. m. 3 pl.	ῥήγνυμι
*ῥηγνύμην	impf. ind. m. 1 sg.	»
*ῥήγνυσκε	impf. ind. a. 3 sg.	»
*ῥήγνυται	pr. cong. m. 3 sg.	»
ῥηθείς	aor. pt. p. N sg.	εἴρω = dire
ῥηθῆναι	aor. inf. p.	» »
ῥηθήσομαι	ft. ind. p. 1 sg.	» »
*ῥῆξα	aor.^{1} ind. a. 1 sg.	ῥήγνυμι
*ῥήξαντο	aor.^{1} ind. m. 3 pl.	»
ῥήξας	aor.^{1} pt. a. N sg.	»
ῥήξομαι	ft. ind. m. 1 sg.	»
ῥήξω	ft. ind. a. 1 sg.	»
ῥηχθῇ	aor. cong. p. 3 sg.	»
*ῥίγησα	aor.^{1} ind. a. 1 sg.	ῥιγέω
ῥιγήσω	ft. ind. a. 1 sg.	»
ῥιγοῦντα	pr. pt. a. A sg. msch.	ῥιγόω
ῥιγῷ	pr. cong. a. 3 sg.	»
ῥιγῴη	pr. ott. a. 3 sg.	»
ῥιγῶν	pr. pt. a. N sg. msch.	ῥιγέω
*ῥιγῶν	pr. inf. a.	ῥιγόω
*ῥιγῶσα	pr. pt. a. N sg. fm.	»
*ῥιγωσέμεν	ft. inf. a.	»
ῥιγώσω	ft. ind. a. 1 sg.	»
ῥινηθέν	aor. pt. p. NA sg. n.	ῥινάω
*ῥιπτάζεσκε	impf. ind. a. 3 sg.	ῥιπτάζω
ῥιπτάσαι	aor.^{1} inf. a.	»
ῥιπτασθείς	aor. pt. p. N sg.	»
*ῥίπτασκον, -εσκον	impf. ind. a. 1 sg./3 pl.	ῥίπτω
ῥιφ(θ)είς	aor. pt. p. N sg.	»
ῥιφ(θ)ήσομαι	ft. ind. p. 1 sg.	»
*ῥῖψα	aor.^{1} ind. a. 1 sg.	»
ῥῖψαι	aor.^{1} inf. a.	»
ῥίψας, *ῥίψαις	aor.^{1} pt. a. N sg.	»
*ῥίψαντο	aor.^{1} ind. m. 3 pl.	»
ῥίψασθαι	aor.^{1} inf. m.	»
ῥίψω	ft. ind. a. 1 sg.	»

*ῥοίβδησα	aor.^{1} ind. a. 1 sg.	ῥοιβδέω
*ῥοίζασκον, -εσκον	impf. ind. a. 1 sg./3 pl.	ῥοιζέω
*ῥοίζησα	aor.^{1} ind. a. 1 sg.	»
*ῥοφήσει	ft. ind. m. 2 sg.	ῥοφέω
*ῥοφήσεις	ft. ind. a. 2 sg.	»
*ῥύατο	impf. ind. m. 3 pl.	(ἐ)ρύομαι
*ῥύετο	impf. ind. m. 3 sg.	»
ῥυηθήσομαι	ft. ind. p. 1 sg.	ῥέω
ῥυῆναι	aor. inf. p.	»
ῥυήσομαι	ft. ind. m. 1 sg.	»
*ῥυοίατο	pr. ott. m. 3 pl.	(ἐ)ρύομαι
*ῥύοισθε	pr. ott. m. 2 pl.	»
*ῥύοιτο	pr. ott. m. 3 sg.	»
*ῥύοντο	impf. ind. m. 3 pl.	»
ῥυπανῶ	ft. ind. a. 1 sg.	ῥυπαίνω
*ῥύσατο	aor.^{1} ind. m. 3 sg.	(ἐ)ρύομαι
*ῥυσεῦνται	ft. ind. m. 3 pl.	»
*ῥύσηται	aor.^{1} cong. m. 3 sg.	»
*ῥῦσθαι	pr. inf. m.	»
*ῥύσκευ	impf. ind. m. 2 sg.	»
ῥύσομαι	ft. ind. m. 1 sg.	»
ῥυφῆσαι	aor.^{1} inf. a.	ῥυφάω
ῥυφήσασθαι	aor.^{1} inf. m.	»
*ῥώετο	impf. ind. m. 3 sg.	ῥώομαι
*ῥώοντο	impf. ind. m. 3 pl.	»
ῥωσθήσομαι	ft. ind. p. 1 sg.	ῥώννυμι
*ῥώσονται, -ωνται	aor.^{1} cong. m. 3 pl.	ῥώομαι
ῥώσω	ft. ind. a. 1 sg.	ῥώννυμι

Σ

σαβάξας	aor.^{1} pt. a. N sg.	σαβάζω
σαγηνεύσαιεν	aor.^{1} ott. a. 3 pl.	σαγηνεύω
*σαῖνον	impf. ind. a. 1 sg./3 pl.	σαίνω
σαλευθήσομαι	ft. ind. p. 1 sg.	σαλεύω
σαλεύσω	ft. ind. a. 1 sg.	»
*σάλπιγξα	aor.^{1} ind. a. 1 sg.	σαλπίζω
σαλπίσω, σαλπιῶ	ft. ind. a. 1 sg.	»
σανῶ	ft. ind. a. 1 sg.	σαίνω
σάξω	ft. ind. a. 1 sg.	σάττω

*σαοῖ	pr. ind. a. 3 sg.	[σῴζω],	σαόω
*σάου	pr. impr. m. 2 sg.	»	»
*σαοῦσι	pr. ind. a. 3 pl.	»	»
σαπείς	aor. pt. p. N sg.	σήπω	
σαπῇ, *σαπήῃ	aor. cong. p. 3 sg.	»	
σαπήσομαι	ft. ind. p. 1 sg.	»	
σαρῶ	ft. ind. a. 1 sg.	σαίρω	
σάσω	ft. ind. a. 1 sg.	σάττω	
*σάω	impf. ind. a. 3 sg.	[σῴζω],	σάωμι
*σάω	pr. impr. a. 2 sg.	»	»
*σαωθείς	aor. pt. p. N sg.	»	σαόω
*σαωθῆναι	aor. inf. p.	»	»
*σαωθήτω	aor. impr. p. 3 sg.	»	»
*σάως	pr. ind. a. 2 sg.	»	σάωμι
*σάωσε	aor.[1] ind. a. 3 sg.	»	σαόω
*σαωσέμεν(αι)	ft. inf. a.	»	»
*σαώσομαι	ft. ind. m. 1 sg.	»	»
*σαώσω	ft. ind. a. 1 sg.	»	»
σβείς	aor.[2] pt. a. N sg.	σβέννυμι	
*σβέννυντο	impf. ind. m. 3 pl.	»	
σβεσθείς	aor. pt. p. N sg.	»	
σβεσθήσομαι	ft. ind. p. 1 sg.	»	
*σβέσσαι	aor.[1] inf. a.	»	
*σβέσσατο	aor.[1] ind. m. 3 sg.	»	
σβέσω, *σβέσσω	ft. ind. a. 1 sg.	»	
σβῆναι	aor.[2] inf. a.	»	
σβήσομαι	ft. ind. m. 1 sg.	»	
σβῆτε	aor.[2] impr. a. 2 pl.	»	
*σβῶσαι	aor.[1] inf. a.	»	
*σεβάσσατο	aor.[1] ind. m. 3 sg.	σεβάζομαι	
σεβήσομαι	ft. ind. m. 1 sg.	σέβω	
σεβισθείς	aor. pt. p. N sg.	σεβίζω	
σεβιῶ	ft. ind. a. 1 sg.	»	
*σείετο	impf. ind. m. 3 sg.	σείω	
*σεῖον, σείασκον	impf. ind. a. 1 sg./3 pl.	»	
*σεῖσα	aor.[1] ind. a. 1 sg.	»	
*σείσατο	aor.[1] ind. m. 3 sg.	»	
σείσω	ft. ind. a. 1 sg.	»	
σεσαγηνευμένοι	pf. pt. m. N pl.	σαγηνεύω	
σεσαγμένος	pf. pt. m. N sg.	σάττω	
σέσακται	pf. ind. m. 3 sg.	»	

σεσάλευμαι	pf. ind. m. 1 sg.	σαλεύω
σεσάλπιγκται, -ισται	pf. ind. m. 3 sg.	σαλπίζω
*σεσαρώς	pf. pt. a. N sg.	σαίρω
σεσάχθω	pf. impr. m. 3 sg.	σάττω
σέσεικα	pf. ind. a. 1 sg.	σείω
σέσεισμαι	pf. ind. m. 1 sg.	»
σεσήμαγκα	pf. ind. a. 1 sg.	σημαίνω
σεσημάνθαι	pf. inf. m.	»
*σεσήμανται	pf. ind. m. 3 sg.	»
σεσήμασμαι	pf. ind. m. 1 sg.	»
σεσημείωμαι	pf. ind. m. 1 sg.	σημειόω
σέσημμαι	pf. ind. m. 1 sg.	σήπω
σέσηπα	pf. ind. a. 1 sg.	»
σέσηρα	pf. ind. a. 1 sg.	σαίρω
σέσησμαι	pf. ind. m. 1 sg.	σήθω
σεσίγασμαι	pf. ind. m. 1 sg.	σιγάζω
σεσίγηκα	pf. ind. a. 1 sg.	σιγάω
σεσίγημαι	pf. ind. m. 1 sg.	»
σεσιγήσομαι	fta. ind. m. 1 sg.	»
σεσινάπικα	pf. ind. a. 1 sg.	σιναπίζω
σεσιναπισμένα	pf. pt. m. NA pl. n.	»
σεσινωμένα	pf. pt. m. NA pl. n.	σινόω
σεσίτισμαι	pf. ind. m. 1 sg.	σιτίζω
σεσιώπηκα	pf. ind. a. 1 sg.	σιωπάω
σεσοβήκαμεν	pf. ind. a. 1 pl.	σοβέω
σεσοβῆσθαι	pf. inf. m.	»
*σεσοῆσθαι	pf. inf. m.	σοέω = σεύω
σεσοφισμένος	pf. pt. m. N sg.	σοφίζω
σεσυλήκασιν	pf. ind. a. 3 pl.	συλάω
σεσυλημένον	pf. ind. m. NA sg. n.	»
σέσυρκα	pf. ind. a. 1 sg.	σύρω
σέσυρμαι	pf. ind. m. 1 sg.	»
σέσωκα	pf. ind. a. 1 sg.	σῴζω
*σεσωμένος	pf. pt. m. N sg.	»
σεσῶσθαι	pf. inf. m.	»
*σέσωσμαι	pf. ind. m. 1 sg.	»
*σεσώσμεθα	pf. ind. m. 1 pl.	»
σέσωται, *σέσωσται	pf. ind. m. 3 sg.	»
σεσωφρονηκώς	pf. pt. a. N sg.	σωφρονέω
σεσωφρονημένα	pf. pt. m. NA pl. n.	»
*σεῦα	aor.[1] ind. a. 1 sg.	σεύω

*σεύατο	aor.[1] ind. m. 3 sg.	σεύω
*σευέμεν(αι)	pr. inf. a.	»
*σεύεσκε	impf. ind. a. 3 sg.	»
*σεύῃ	aor.[1] cong. a. 3 sg.	»
*σεύονται, σεύωνται	aor.[1] cong. m. 3 pl.	»
*σεῦται	pr. ind. m. 3 sg.	»
σεφθείς	aor. pt. p. N sg.	σέβω
σέψω	ft. ind. a. 1 sg.	»
*σήκασθεν	aor. ind. p. 3 pl.	σηκάζω
σηκασθέντες	aor. pt. p. N pl. msch.	»
*σήμαινε, -αίνεσκεν	impf. ind. a. 3 sg.	σημαίνω
σημανθήσομαι	ft. ind. p. 1 sg.	»
σημανοῦμαι	ft. ind. m. 1 sg.	»
σημανῶ, *σημανέω	ft. ind. a. 1 sg.	»
*σήμηνα	aor.[1] ind. a. 1 sg.	»
*σήσας	aor.[1] pt. a. N sg.	σήθω
σήψω	ft. ind. a. 1 sg.	σήπω
σιαλῶσαι	aor.[1] inf. a.	σιαλόω
*σίγα	pr. impr. a. 2 sg.	σιγάω
σιγάσας	aor.[1] pt. a. N sg.	σιγάζω
*σιγάσω	aor.[1] cong. a. 1 sg.	σιγάω
σιγηθήσομαι	ft. ind. p. 1 sg.	»
*σιγῆν	pr. inf. a.	»
*σιγῇς	pr. cong. a. 2 sg.	»
σιγήσομαι	ft. ind. m. 1 sg.	»
σιγήσω	ft. ind. a. 1 sg.	»
*σιγῴμι	pr. ott. a. 1 sg.	»
*σινέσκετο	impf. ind. m. 3 sg.	σίνομαι
*σίνηαι	pr. cong. m. 2 sg.	»
σινήσομαι	ft. ind. m. 1 sg.	»
*σινοίατο	pr. ott. m. 3 pl.	»
*σίξα	aor.[1] ind. a. 1 sg.	σίζω
*σιτέσκοντο	impf. ind. m. 3 pl.	σιτέω
*σιτήθην, σιτάθην	aor. ind. p. 1 sg.	»
σιτήσας	aor.[1] pt. a. N sg.	»
σιτήσομαι	ft. ind. m. 1 sg.	»
σιτιοῦμαι, *-ιεῦμαι	ft. ind. m. 1 sg.	σιτίζω
σιωπᾶν	pr. inf. a.	σιωπάω
*σιώπησα	aor.[1] ind. a. 1 sg.	»
σιωπήσομαι	ft. ind. m. 1 sg.	»
σκαφήσομαι	ft. ind. p. 1 sg.	σκάπτω

σκάψω	ft. ind. a. 1 sg.	σκάπτω
*σκέδασα	aor.[1] ind. a. 1 sg.	σκεδάννυμι
σκεδασθήσομαι	ft. ind. p. 1 sg.	»
σκεδάσω, σκεδῶ	ft. ind. a. 1 sg.	»
σκελοῦμαι	ft. ind. m. 1 sg.	σκέλλω
σκελῶ	ft. ind. a. 1 sg.	»
σκεπάσω	ft. ind. a. 1 sg.	σκεπάζω
σκεπήσομαι	ft. ind. p. 1 sg.	σκέπτομαι
σκέπτετο	impf. ind. m. 3 sg.	»
σκευασθῇ	aor. cong. p. 3 sg.	σκευάζω
σκευασθήσομαι	ft. ind. p. 1 sg.	»
σκευάσω	ft. ind. a. 1 sg.	»
σκεφθῆναι	aor. inf. p.	σκέπτομαι
*σκεψάμην	aor.[1] ind. m. 1 sg.	»
σκέψασθαι	aor.[1] inf. m.	»
σκέψομαι	ft. ind. m. 1 sg.	»
*σκήλειε	aor.[1] ott. a. 3 sg.	σκέλλω
σκηνησάμενος	aor.[1] pt. m. N sg.	σκηνάω, σκηνέω
σκήψαιτο	aor.[1] ott. m. 3 sg.	σκήπτω
σκήψας	aor.[1] pt. a. N sg.	»
σκήψομαι	ft. ind. m. 1 sg.	»
σκήψω	ft. ind. a. 1 sg.	»
σκιμφθῇ	aor. cong. p. 3 sg.	σκίμπτομαι
*σκίμψατο	aor.[1] ind. m. 3 sg.	»
σκιῶ	ft. ind. a. 1 sg.	σκιάζω
σκλῆναι	aor.[2] inf. a.	σκέλλω
σκλήσομαι	ft. ind. m. 1 sg.	»
σκολοπιοῦμαι	ft. ind. m. 1 sg.	σκολοπίζω
σκοπήσω	ft. ind. a. 1 sg.	σκοπέω
σκορπιῶ	ft. ind. a. 1 sg.	σκορπίζω
σκοτισθήτωσαν	aor. impr. p. 3 pl.	σκοτίζω
σκοτώσω	ft. ind. a. 1 sg.	σκοτόω
*σκύζοντο	impf. ind. m. 3 pl.	σκύζομαι
σκυλεύσαντες	aor.[1] pt. a. N pl.	σκυλεύω
*σκύσσαιτο	aor.[1] ott. m. 3 sg.	σκύζομαι
σκώψομαι	ft. ind. m. 1 sg.	σκώπτω
σκώψω	ft. ind. a. 1 sg.	»
σμαραγήσῃ	aor.[1] cong. a. 3 sg.	σμαραγέω
*σμασαμένα	aor.[1] pt. m. N sg. fm.	σμάω
σμῇ, *σμᾷ	pr. ind. a. 3 sg.	»
σμησάμενοι	aor.[1] pt. m. N pl.	»

σμῆται, *σμᾶται	pr. ind. m. 3 sg.	σμάω
*σμώμενος	pr. pt. m. N sg.	»
*σοβήσετο	aor.[1] ind. m. 3 sg.	σοβέω
*σόει	impf. ind. a. 3 sg.	σοέω = σεύω
*σόῃ	pr. cong. a. 3 sg.	[σῴζω], σόω
σολοικιῶ	ft. ind. a. 1 sg.	σολοικίζω
σοῦ	pr. impr. m. 2 sg.	σεύω
*σοῦνται	pr. ind. m. 3 pl.	»
σοῦσθαι	pr. inf. m.	»
*σούσθω	pr. impr. m. 3 sg.	»
σοφίσασθαι	aor.[1] inf. m.	σοφίζω
σοῷ	pr. ott. a. 3 sg.	[σῴζω], σόω
*σόωσι, σοῶσι	pr. cong. a. 3 pl.	» »
σπαράξομαι	ft. ind. m. 1 sg.	σπαράττω
σπαράξω	ft. ind. a. 1 sg.	»
*σπαρέσθαι	aor.[2] inf. m.	σπείρω
σπαρ(θ)ήσομαι	ft. ind. p. 1 sg.	»
*σπάσα	aor.[1] ind. a. 1 sg.	σπάω
*σπασάμην	aor.[1] ind. m. 1 sg.	»
σπάσας	aor.[1] pt. a. N sg.	»
σπασθῆναι	aor. inf. p.	»
σπασθήσομαι	ft. ind. p. 1 sg.	»
σπάσομαι	ft. ind. m. 1 sg.	»
*σπασσάμενος	aor.[1] pt. m. N sg.	»
*σπάσσασθε	aor.[1] impr. m. 2 pl.	»
*σπάσω	ft. ind. a. 1 sg.	»
σπεῖν	aor.[2] inf. a.	ἕπω
*σπεῖο	aor.[2] impr. m. 2 sg.	»
σπείρασθαι	aor.[1] inf. m.	σπείρω
*σπείρεσκον	impf. ind. a. 1 sg./3 pl.	»
*σπειρηθείς	aor. pt. p. N sg.	σπειράομαι
*σπεῖσα	aor.[1] ind. a. 1 sg.	σπένδω
σπεῖσαι	aor.[1] inf. a.	»
*σπείσασκε	aor.[1] ind. a. 3 sg.	»
*σπείσομεν	aor.[1] cong. a. 1 pl.	»
σπείσω	ft. ind. a. 1 sg.	»
*σπένδεσκον	impf. ind. a. 1 sg./3 pl.	»
*σπένδησθα	pr. cong. a. 2 sg.	»
σπέρξομαι	ft. ind. m. 1 sg.	σπέρχω
*σπέρσω	ft. ind. a. 1 sg.	σπείρω
σπερχθείς	aor. pt. p. N sg.	σπέρχω

σπέσθαι	aor.^{2} inf. m.	ἕπω
*σπευδέμεν	pr. inf. a.	σπεύδω
*σπεῦσα	aor.^{1} ind. a. 1 sg.	»
σπεύσομαι	ft. ind. m. 1 sg.	»
*σπεύσομεν	aor.^{1} cong. a. 1 pl.	»
σπεύσω	ft. ind. a. 1 sg.	»
σπῇ	aor.^{2} cong. m. 2 sg.	ἕπω
σπῇ	aor.^{2} cong. a. 3 sg.	»
σπόμενος	aor.^{2} pt. m. N sg.	»
σποράσαι	aor.^{1} inf. a.	σποράζω
σπουδασθήσομαι	ft. ind. p. 1 sg.	σπουδάζω
σπουδάσομαι	ft. ind. m. 1 sg.	»
σπουδάσω	ft. ind. a. 1 sg.	»
σπών	aor.^{2} pt. a. N sg. msch.	ἕπω
*στᾶ, στᾶθι	aor.^{2} impr. a. 2 sg.	ἵστημι
σταθείς	aor. pt. p. N sg.	»
*στάθεν	aor. ind. p. 3 pl.	»
σταθήσομαι	ft. ind. p. 1 sg.	»
σταθμήσας	aor.^{1} pt. a. N sg.	σταθμάω
σταθμήσεται	ft. ind. m. 3 sg.	»
σταθμήσωνται	aor.^{1} cong. m. 3 pl.	»
σταῖεν, σταίησαν	aor.^{2} ott. a. 3 pl.	ἵστημι
σταλήσομαι	ft. ind. p. 1 sg.	στέλλω
*στάλωσε	aor.^{1} ind. a. 3 sg.	[στηλόω], σταλόω
*στᾶμεν	aor.^{2} inf. a.	ἵστημι
*στάν	aor.^{2} ind. a. 3 pl.	»
στάν	aor.^{2} pt. a. NA sg. n.	»
*στάξα	aor.^{1} ind. a. 1 sg.	στάζω
*σταξεῦμες	ft. ind. a. 1 pl.	»
*στάξοισι	ft. ind. a. 3 pl.	»
στάξω	ft. ind. a. 1 sg.	»
στάς	aor.^{2} pt. a. N sg. msch.	ἵστημι
στᾶσα	aor.^{2} pt. a. N sg. fm.	»
*στάσειεν	aor.^{1} ott. a. 3 sg.	»
στασιάσω	ft. ind. a. 1 sg.	στασιάζω
*στάσκον	aor.^{2} ind. a. 3 pl.	ἵστημι
*στάσομαι	ft. ind. m. 1 sg.	»
*στασῶ	ft. ind. a. 1 sg.	»
στεγάσαι	aor.^{1} inf. a.	στεγάζω
*στεῖβον, στείβεσκον	impf. ind. a. 1 sg./3 pl.	στείβω
*στεῖλα	aor.^{1} ind. a. 1 sg.	στέλλω

*στειλάμην	aor.^{1} ind. m. 1 sg.	στέλλω
*στείομεν	aor.^{2} cong. a. 1 pl.	ἵστημι
στειρωθείσης	aor. pt. p. G sg. fm.	στειρόω
*στεῖχον	impf. ind. a. 1 sg./3 pl.	στείχω
στείψω	ft. ind. a. 1 sg.	στείβω
στελοῦμαι	ft. ind. m. 1 sg.	στέλλω
στελῶ, *στελέω	ft. ind. a. 1 sg.	»
στενάξω	ft. ind. a. 1 sg.	στενάζω
*στενάχεσκον	impf. ind. a. 1 sg./3 pl.	στενάχω
*στενάχιζε	impf. ind. a. 3 sg.	στεναχίζω, στον-
*στεναχίζετο	impf. ind. m. 3 sg.	» »
στέξω	ft. ind. a. 1 sg.	στέγω
*στερείς	aor.^{2} pt. a. N sg.	στερέω
στερεῖσθαι	pr. inf. m.	»
στερείσθω, -έσθω	pr. impr. m. 3 sg.	»
*στερέσαι	aor.^{1} inf. a.	»
*στερέσας	aor.^{1} pt. a. N sg.	»
στερηθήσομαι	ft. ind. p. 1 sg.	»
στερήσομαι	ft. ind. m. 1 sg.	»
στερήσω, στερῶ	ft. ind. a. 1 sg.	»
στέρξω	ft. ind. a. 1 sg.	στέργω
στεροῖτο	pr. ott. m. 3 sg.	στερέω
στερουμένους	pr. pt. m. A pl. msch.	»
στεφανωθήσομαι	ft. ind. p. 1 sg.	στεφανόω
στεφανώσομαι	ft. ind. m. 1 sg.	»
στεφθείς	aor. pt. p. N sg.	στέφω
στεφθήσομαι	ft. ind. p. 1 sg.	»
*στέφον	impf. ind. a. 1 sg./3 pl.	»
στέψομαι	ft. ind. m. 1 sg.	»
στέψω	ft. ind. a. 1 sg.	»
*στέωμεν	aor.^{2} cong. a. 1 pl.	ἵστημι
*στῆ	aor.^{2} ind. a. 3 sg.	»
*στήης	aor.^{2} cong. a. 2 sg.	»
στῆθι	aor.^{2} impr. a. 2 sg.	»
*στῆν	aor.^{2} ind. a. 1 sg.	»
στῆναι, *στήμεναι	aor.^{2} inf. a.	»
*στήριξα	aor.^{1} ind. a. 1 sg.	στηρίζω
στηρίξαι	aor.^{1} inf. a.	»
στηρίξειεν	aor.^{1} ott. a. 3 sg.	»
στηρίξομαι	ft. ind. m. 1 sg.	»
στηρισάτω	aor.^{1} impr. a. 3 sg.	»

στηρίσω, -ίξω, -ιῶ	ft. ind. a. 1 sg.	στηρίζω
στηριχθείς	aor. pt. p. N sg.	»
στηριχθήσομαι	ft. ind. p. 1 sg.	»
*στῆσα	aor.¹ ind. a. 1 sg.	ἵστημι
στῆσαι	aor.¹ inf. a.	»
στήσας	aor.¹ pt. a. N sg.	»
στήσασθαι	aor.¹ inf. m.	»
στήσομαι	ft. ind. m. 1 sg.	»
στήσω	ft. ind. a. 1 sg.	»
*στίζοισα	pr. pt. a. N sg. fm.	στίζω
στίξω	ft. ind. a. 1 sg.	»
στίχῃ	pr. cong. a. 3 sg.	στ(ε)ίχω
στιχθείς	aor. pt. p. N sg.	στίζω
στοιχειωθήσεται	ft. ind. p. 3 sg.	στοιχειόω
στοιχήσω	ft. ind. a. 1 sg.	στοιχέω
*στοναχεῦντι	pr. ind. a. 3 pl.	στοναχέω
στοναχῆσαι	aor.¹ inf. a.	»
*στονάχιζε	impf. ind. a. 3 sg.	στοναχίζω, στεν-
*στοναχίζετο	impf. ind. m. 3 sg.	» »
στορεννύς	pr. pt. a. N sg.	στόρνυμι, στορέννυμι
*στόρεσα	aor.¹ ind. a. 1 sg.	» »
στορέσαι	aor.¹ inf. a.	» »
*στορεσάμην	aor.¹ ind. m. 1 sg.	» »
στορέσας	aor.¹ pt. a. N sg.	» »
*στορεσεῖν	ft. inf. a.	» »
*στορεσεῦντι	ft. ind. a. 3 pl.	» »
στορεσθείς	aor. pt. p. N sg.	» »
στόρνυ	pr. impr. a. 2 sg.	» »
στορῶ	ft. ind. a. 1 sg.	» »
στραφείς, *στραφθείς	aor. pt. p. N sg.	στρέφω
στραφῆναι	aor. inf. p.	»
στραφήσομαι	ft. ind. p. 1 sg.	»
στρατεύσομαι	ft. ind. m. 1 sg.	στρατεύω
στρεβλωθῆναι	aor. inf. p.	στρεβλόω
στρεβλώσω	ft. ind. a. 1 sg.	»
*στρεφεδίνεον	impf. ind. a. 1 sg./3 pl.	στρεφεδινέω
στρεφθείς	aor. pt. p. N sg.	στρέφω
στρεφθήσομαι	ft. ind. p. 1 sg.	»
*στρέψα	aor.¹ ind. a. 1 sg.	»
στρέψας	aor.¹ pt. a. N sg.	»
*στρέψασκον	aor.¹ ind. a. 3 pl.	»

στρέψομαι	ft. ind. m. 1 sg.	στρέφω
στρέψω	ft. ind. a. 1 sg.	»
στροβήσω	ft. ind. a. 1 sg.	στροβέω
στρωννύσω	ft. ind. a. 1 sg.	στόρνυμι, στρωννύω
στρώσομαι	ft. ind. m. 1 sg.	» στρώννυμι
στρώσω	ft. ind. a. 1 sg.	» »
*στυγέεσκον	impf. ind. a. 1 sg./3 pl.	στυγέω
*στυγέοισι	pr. ind. a. 3 pl.	»
στυγηθήσομαι	ft. ind. p. 1 sg.	»
στυγήσομαι	ft. ind. m. 1 sg.	»
στυγήσω	ft. ind. a. 1 sg.	»
*στύξαιμι	aor.[1] ott. a. 1 sg.	»
στύσω	ft. ind. a. 1 sg.	στύω
*στυφέλιξε	aor.[1] ind. a. 3 sg.	στυφελίζω
στυφθείς	aor. pt. p. N sg.	στύφω
στῶ	aor.[2] cong. a. 1 sg.	ἵστημι
στωμυλοῦμαι	ft. ind. m. 1 sg.	στωμύλλω
συ-, συγ-:	*togliere e cercare sotto l'iniziale risultante*	
συγκαθ-, συγκατ(α)-:	*togliere e cercare sotto l'iniziale risultante*	
συγκαταρ- (+ ρ):	*togliere e cercare sotto l'iniziale ῥ-*	
συγκατεξαν-:	*togliere e cercare sotto l'iniziale risultante*	
*συθείς	aor. pt. p. N sg.	σεύω
*συθῇ	aor. cong. p. 3 sg.	»
*σύθην	aor. ind. p. 1 sg.	»
*σύθι	aor.[2] impr. a. 2 sg.	»
συλ- (+λ):	*togliere e cercare sotto l'iniziale λ-*	
*σύλα, σύλασκε	impf. ind. a. 3 sg.	συλάω
συληθήσομαι	ft. ind. p. 1 sg.	»
συλήσας	aor.[1] pt. a. N sg.	»
συλήσομαι	ft. ind. m. 1 sg.	»
συμ-:	*togliere e cercare sotto l'iniziale risultante*	
*σύμενος	aor.[2] pt. m. N sg.	σεύω
συμμεθ-, συμμετ(α)-:	*togliere e cercare sotto l'iniziale risultante*	
συμμεταρ- (+ ρ):	*togliere e cercare sotto l'iniziale ῥ-*	
συμπαρ(α)-:	*togliere e cercare sotto l'iniziale risultante*	
συμπαρεισ-, -παρεμ-:	*togliere e cercare sotto l'iniziale risultante*	
συμπερι-:	*togliere e cercare sotto l'iniziale risultante*	
συμπρο-, συμπροσ-:	*togliere e cercare sotto l'iniziale risultante*	
συν-:	*togliere e cercare sotto l'iniziale risultante*	
συναμπ-, συναν(α)-:	*togliere e cercare sotto l'iniziale risultante*	
συναναρ- (+ ρ):	*togliere e cercare sotto l'iniziale ῥ-*	

συναντ(ι)-:	*togliere e cercare sotto l'iniziale risultante*	
συναπ(ο)-:	*togliere e cercare sotto l'iniziale risultante*	
συναπορ- (+ *ρ*):	*togliere e cercare sotto l'iniziale ῥ-*	
συναφ-:	*togliere e cercare sotto l'iniziale risultante*	
συνδι(α)-:	*togliere e cercare sotto l'iniziale risultante*	
συνδιαρ- (+ *ρ*):	*togliere e cercare sotto l'iniziale ῥ-*	
συνδιεκ-, συνδιεξ-:	*togliere e cercare sotto l'iniziale risultante*	
συνεγ-, συνεισ-:	*togliere e cercare sotto l'iniziale risultante*	
συνεκ-, συνεκδια-:	*togliere e cercare sotto l'iniziale risultante*	
συνεμ-, συνεν-:	*togliere e cercare sotto l'iniziale risultante*	
συνεξ-, συνεξαν-:	*togliere e cercare sotto l'iniziale risultante*	
συνεξαπο-:	*togliere e cercare sotto l'iniziale risultante*	
συνεπ-, συνεπαν-:	*togliere e cercare sotto l'iniziale risultante*	
συνεπαφ-:	*togliere e cercare sotto l'iniziale risultante*	
συνεπεισ-, συνεπεκ-:	*togliere e cercare sotto l'iniziale risultante*	
συνεπεμ-, συνεπεξ-:	*togliere e cercare sotto l'iniziale risultante*	
συνεπι-:	*togliere e cercare sotto l'iniziale risultante*	
συνεπιρ- (+ *ρ*):	*togliere e cercare sotto l'iniziale ῥ-*	
συνεργήσω	ft. ind. a. 1 sg.	συνεργέω
συνεφ-:	*togliere e cercare sotto l'iniziale risultante*	
συνήργησα	aor.^{1} ind. a. 1 sg.	συνεργέω
συνήργουν	impf. ind. a. 1 sg./3 pl.	»
συννένοφα	pf. ind. a. 1 sg.	συννέφω
*συνοχωκότε	pf. pt. a. NA du.	συνόχωκα
συνυπ-, συνυπεξ-:	*togliere e cercare sotto l'iniziale risultante*	
συνυπερ-:	*togliere e cercare sotto l'iniziale risultante*	
συνυπο-, συνυφ-:	*togliere e cercare sotto l'iniziale risultante*	
συρ- (+ *ρ*):	*togliere e cercare sotto l'iniziale ῥ-*	
*σύριξα	aor.^{1} ind. a. 1 sg.	συρίζω
συρίξομαι	ft. ind. m. 1 sg.	»
συρίσω, -ίξω, -ιῶ	ft. ind. a. 1 sg.	»
συρῶ	ft. ind. a. 1 sg.	σύρω
συσ- (+ *σ*):	*togliere e cercare sotto l'iniziale σ-*	
*σύτο	aor.^{2} ind. m. 3 sg.	σεύω
σφαγείς	aor. pt. p. N sg.	σφάζω, σφάττω
σφαγῆναι	aor. inf. p.	» »
σφαγήσομαι	ft. ind. p. 1 sg.	» »
σφακελίσαντος	aor.^{1} pt. a. G sg.	σφακελίζω
σφάλαι	aor.^{1} ott. a. 3 sg.	σφάλλω
σφαλείς	aor. pt. p. N sg.	»
σφαλῆναι	aor. inf. p.	»

σφαλήσομαι	ft. ind. p. 1 sg.	σφάλλω
σφαλοῦμαι	ft. ind. m. 1 sg.	»
σφαλῶ	ft. ind. a. 1 sg.	»
σφάξω	ft. ind. a. 1 sg.	σφαζω, σφάττω
*σφετεριξάμενοι	aor.[1] pt. m. N pl.	σφετερίζω
σφετεριοῦμαι	ft. ind. m. 1 sg.	»
*σφηκώσατο	aor.[1] ind. m. 3 sg.	σφηκόω
*σφῆλα	aor.[1] ind. a. 1 sg.	σφάλλω
σφηνωθείς	aor. pt. p. N sg.	σφηνόω
σφίγξω	ft. ind. a. 1 sg.	σφίγγω
σφραγίσαι	aor.[1] inf. a.	σφραγίζω
*σφρηγίσσατο	aor.[1] ind. m. 3 sg.	»
σφύξω	ft. ind. a. 1 sg.	σφύζω
*σφύσδειν	pr. inf. a.	»
σχᾶν	pr. inf. a.	σχάζω, σχάω
σχασθήσομαι	ft. ind. p. 1 sg.	»
σχάσω	ft. ind. a. 1 sg.	»
*σχέθε	aor.[2] impr. a. 2 sg.	ἔχω
*σχεθέειν, σχεθέμεν	aor.[2] inf. a.	»
σχεθῆναι	aor. inf. p.	»
σχεθήσομαι	ft. ind. p. 1 sg.	»
*σχέθοι	aor.[2] ott. a. 3 sg.	»
*σχέθον	aor.[2] ind. a. 1 sg./3 pl.	»
*σχέθω	aor.[2] cong. a. 1 sg.	»
*σχεθών	aor.[2] pt. a. N sg.	»
σχεῖν, *σχέμεν	aor.[2] inf. a.	»
*σχέο	aor.[2] impr. m. 2 sg.	»
*σχές, σχέ	aor.[2] impr. a. 2 sg.	»
σχέσθαι	aor.[2] inf. m.	»
*σχέσθε	aor.[2] impr. m. 2 pl.	»
σχηματίσω, -ατιῶ	ft. ind. a. 1 sg.	σχηματίζω
*σχήσεσθαι	ft. inf. m.	ἔχω
*σχήσησθα	ft. ind. a. 2 sg.	»
σχήσομαι	ft. ind. m. 1 sg.	»
σχήσω	ft. ind. a. 1 sg.	»
*σχίζον	impf. ind. a. 1 sg./3 pl.	σχίζω
σχισθήσομαι	ft. ind. p. 1 sg.	»
*σχίσσα	aor.[1] ind. a. 1 sg.	»
σχίσω	ft. ind. a. 1 sg.	»
*σχοίατο	aor.[2] ott. m. 3 pl.	ἔχω
σχοίην, σχοῖμι	aor.[2] ott. a. 1 sg.	»

σχοίησαν	aor.[2] ott. a. 3 pl.	ἔχω
*σχοῖσα	aor.[2] pt. a. N sg. fm.	»
σχολασθέντα	aor. pt. p. N A pl. n.	σχολάζω
σχόμενος	aor.[2] pt. m. N sg.	ἔχω
σχοῦ	aor.[2] impr. m. 2 sg.	»
σχῶ	aor.[2] cong. a. 1 sg.	»
σχών	aor.[2] pt. a. N sg.	»
*σώεσθαι	pr. inf. m.	[σῴζω], σώω
*σώεσκον	impf. ind. a. 1 sg./3 pl.	» »
*σώετε	pr. impr. a. 2 pl.	» »
*σώετο	impf. ind. m. 3 sg.	» »
σωθείς	aor. pt. p. N sg.	»
σωθῆναι	aor. inf. p.	»
σωθήσομαι	ft. ind. p. 1 sg.	»
*σῶμαι	pr. ind. m. 1 sg.	σεύω
σωματίσαντος	aor. pt. a. G sg.	σωματίζω
σωματωθεῖσα	aor. pt. p. N sg. fm.	σωματόω
*σῴξω	ft. ind. a. 1 sg.	σῴζω
*σωόμην	impf. ind. m. 1 sg.	» σώω
*σωπάσομαι	ft. ind. m. 1 sg.	σιωπάω
σῶσαι	aor.[1] inf. a.	σῴζω
σώσαιεν	aor.[1] ott. a. 3 pl.	»
σωσαίμην	aor.[1] ott. m. 1 sg.	»
*σωσοίατο	ft. ott. m. 3 pl.	»
σώσομαι	ft. ind. m. 1 sg.	»
σῶσον	aor.[1] impr. a. 2 sg.	»
σώσω, *σωσῶ	ft. ind. a. 1 sg.	»
σωφρονήσεις	ft. ind. a. 2 sg.	σωρφονέω
σώωντες	pr. pt. a. N pl.	[σῴζω], σώω

T

ταγείς	aor. pt. p. N sg.	τάττω
*τάγευσαι	aor.[1] impr. m. 2 sg.	ταγεύω
ταγήσομαι	ft. ind. p. 1 sg.	τάττω
ταθείς	aor. pt. p. N sg.	τείνω
*τάθην	aor. ind. p. 1 sg.	»
ταθήσομαι	ft. ind. p. 1 sg.	»
*τκεαι	pr. ind. m. 2 sg.	τήκω
ατάκήσομαι	ft. ind. p. 1 sg.	»

*τακόμενος	pr. pt. m. N sg.	τήκω
ταλαιπορήσομαι	ft. ind. m. 1 sg.	ταλαιπορέω
*ταλάσσας	aor.^{1} pt. a. N sg.	τλάω
*ταλάσσατο	aor.^{1} ind. m. 3 sg.	»
*ταλάσσω	ft. ind. a. 1 sg.	»
ταμεῖν, *ταμέειν	aor.^{2} inf. a.	τέμνω
ταμέσθαι	aor.^{2} inf. m.	»
*τάμησι	aor.^{2} cong. a. 3 sg.	»
ταμιεύσομαι	ft. ind. m. 1 sg.	ταμιεύω
ταμιεύσω	ft. ind. a. 1 sg.	»
*ταμνέμεν	pr. inf. a.	τέμνω
*τάμνετο	impf. ind. m. 3 sg.	»
*τάμοιμι	aor.^{2} ott. a. 1 sg.	»
*τάμον	aor.^{2} ind. a. 1 sg./3 pl.	»
*ταμῶ	ft. ind. a. 1 sg.	»
*τανύοντο	impf. ind. m. 3 pl.	τανύω
*τάνυσθεν	aor. ind. p. 3 pl.	»
τανύσας	aor.^{1} pt. a. N sg.	»
*τάνυσσα	aor.^{1} ind. a. 1 sg.	»
*τανυσσάμενος	aor.^{1} pt. m. N sg.	»
*τανύσσομαι	ft. ind. m. 1 sg.	»
τανύσω, *-ύσσω, *-ύω	ft. ind. a. 1 sg.	»
*τάξω, *ταξῶ	ft. ind. a. 1 sg.	τάττω
ταπεινωθείς	aor. pt. p. N sg.	ταπεινόω
ταπεινωθήσεται	ft. ind. p. 3 sg.	»
ταπεινώσαντες	aor.^{1} pt. a. N pl.	»
ταράξομαι	ft. ind. m. 1 sg.	ταράττω
ταράξω	ft. ind. a. 1 sg.	»
*ταρασσέμεν	pr. inf. a.	»
ταραχθήσομαι	ft. ind. p. 1 sg.	»
ταρβήσας	aor.^{1} pt. a. N sg.	ταρβέω
ταριχευθῆναι	aor. inf. p.	ταριχεύω
*τάρπην	aor. ind. p. 1 sg.	τέρπω
ταρπῆναι, *-ήμεναι	aor. inf. p.	»
*τάρφθην	aor. ind. p. 1 sg.	»
*ταρχυθεῖσαν	aor. pt. p. A sg. fm.	ταρχύω
*ταρχύθην	aor. ind. p. 1 sg.	»
*τάρχυσα	aor.^{1} ind. a. 1 sg.	»
*ταρχυσάμην	aor.^{1} ind. m. 1 sg.	»
ταρχύσω	ft. ind. a. 1 sg.	»
ταφείς	aor. pt. p. N sg.	θάπτω

ταφῆναι	aor. inf. p.	θάπτω
ταφήσομαι	ft. ind. p. 1 sg.	»
ταχθείς	aor. pt. p. N sg.	τάττω
ταχθήσομαι	ft. ind. p. 1 sg.	»
τέγξας	aor. pt. a. N sg.	τέγγω
τέγξω	ft. ind. a. 1 sg.	»
*τέθαλα	pf. ind. a. 1 sg.	θάλλω
τεθάλφθαι	pf. inf. m.	θάλπω
τεθαλώς	pf. pt. a. N sg.	θάλλω
*τεθάμβηκε	pf. ind. a. 3 sg.	θαμβέω, θαμβεύω
τεθαμβημένος	pf. pt. m. N sg.	» »
τεθαμβωμένος	pf. pt. m. N sg.	θαμβόομαι
τέθαμμαι	pf. ind. m. 1 sg.	θάπτω
τεθανάτωκα	pf. ind. a. 1 sg.	θανατόω
τεθανάτωμαι	pf. ind. m. 1 sg.	»
τεθαρσήκασι	pf. ind. a. 3 pl.	θαρρέω, θαρσέω
τεθαύμακα	pf. ind. a. 1 sg.	θαυμάζω
τεθαύμασμαι	pf. ind. m. 1 sg.	»
*τεθάφαται	pf. ind. m. 3 pl.	θάπτω
τεθάφθαι	pf. inf. m.	»
τεθάφθω	pf. impr. m. 3 sg.	»
τεθάψομαι	fta. ind. m. 1 sg.	»
τεθέαμαι	pf. ind. m. 1 sg.	θεάομαι
τέθεικα	pf. ind. a. 1 sg.	τίθημι
τέθειμαι	pf. ind. m. 1 sg.	»
τεθειμένος	pf. pt. m. N sg.	»
τεθεῖσθαι	pf. inf. m.	»
τεθειωμένον	pf. pt. m. N sg. n.	θειόω
τεθέληκα	pf. ind. a. 1 sg.	(ἐ)θέλω
τεθεματίσθαι	pf. inf. m.	θεματίζω
τεθεμελιωμένη	pf. pt. m. N sg. fm.	θεμελιόω
τεθέρισμαι	pf. ind. m. 1 sg.	θερίζω
τεθέρμαγκα	pf. ind. a. 1 sg.	θερμαίνω
τεθέρμασμαι	pf. ind. m. 1 sg.	»
τεθέσπισται	pf. ind. m. 3 sg.	θεσπίζω
τεθεώρηκα	pf. ind. a. 1 sg.	θεωρέω
τεθεώρηται	pf. ind. m. 3 sg.	»
τέθηγμαι	pf. ind. m. 1 sg.	θήγω
τέθηκα	pf. ind. a. 1 sg.	τίθημι
τεθηλακώς	pf. pt. a. N sg.	θηλάζω
τέθηλε	pf. ind. a. 3 sg.	θάλλω

*τεθήλει	ppf. ind. a. 3 sg.	θάλλω
τεθηλέναι	pf. inf. a.	»
τεθήλη	pf. cong. a. 3 sg.	»
τεθήλυκα	pf. ind. a. 1 sg.	θηλύνω
τεθήλυμμαι, -σμαι	pf. ind. m. 1 sg.	»
τεθηλύνθαι	pf. inf. m.	»
τεθηλώς	pf. pt. a. N sg.	θάλλω
τεθημένος	pf. pt. m. N sg.	τίθημι
τεθῆναι	aor. inf. p.	»
τέθηπα	pf. ind. a. 1 sg.	[τέθηπα], θήπω
τεθηπώς	pf. pt. a. N sg.	» »
τεθήρακα	pf. ind. a. 1 sg.	θηράω
τεθήρευκα	pf. ind. a. 1 sg.	θηρεύω
τεθήρευμαι	pf. ind. m. 1 sg.	»
τεθηριωμένον	pf. pt. m. N sg. n.	θηριόω
τεθήσομαι	ft. ind. p. 1 sg.	τίθημι
τέθηται	pf. ind. m. 3 sg.	»
τεθίξομαι	fta. ind. m. 1 sg.	θιγγάνω
τέθλακα	pf. ind. a. 1 sg.	θλάω
τέθλασμαι	pf. ind. m. 1 sg.	»
τεθλασμένος	pf. pt. m. N sg.	»
τέθλιμμαι	pf. ind. m. 1 sg.	θλίβω
τέθλιφα	pf. ind. a. 1 sg.	»
τέθναθι	pf. impr. a. 2 sg.	θνήσκω
τεθναῖεν	pf. ott. a. 3 pl.	»
τεθναίην	pf. ott. a. 1 sg.	»
*τεθνάκην, -άμεν(αι)	pf. inf. a.	»
τέθναμεν	pf. ind. a. 1 pl.	»
τεθνάναι, τεθνᾶναι	pf. inf. a.	»
*τεθναξοῦμαι	fta. ind. m. 1 sg.	»
*τεθναότα	pf. pt. a. A sg.	»
τεθνᾶσι	pf. ind. a. 3 pl.	»
τέθνατον	pf. ind. a. 3 du.	»
τεθνάτω	pf. impr. a. 3 sg.	»
*τεθνεός	pf. pt. a. N sg. n.	»
*τεθνεώς	pf. pt. a. N sg. msch.	»
τέθνηκα	pf. ind. a. 1 sg.	»
τεθνηκέναι	pf. inf. a.	»
τεθνηκός	pf. pt. a. N sg. n.	»
τεθνηκυῖα	pf. pt. a. N sg. fm.	»
τεθνήκω	pf. cong. a. 1 sg.	»

τεθνηκώς, *τεθνώς	pt. pt. a. N sg. msch.	θνήσκω
τεθνήξομαι	fta. ind. m. 1 sg.	»
τεθνήξω	fta. ind. a. 1 sg.	»
τεθοίναμαι	pf. ind. m. 1 sg.	θοινάω
τεθορυβημένος	pf. pt. m. N sg.	θορυβέω
*τεθορυίης	pf. pt. a. G sg. fm.	θρῴσκω
*τεθοωμένος	pf. pt. m. N sg.	θοόω
τέθραμμαι	pf. ind. m. 1 sg.	τρέφω
τέθραυσμαι	pf. ind. m. 1 sg.	θραύω
τεθράφθαι	pf. inf. m.	τρέφω
τέθραφθε	pf. ind. m. 2 pl.	»
τεθρήνηται	pf. ind. m. 3 sg.	θρηνέω
τεθριάμβευκα	pf. ind. a. 1 sg.	θριαμβεύω
τεθρυλημένου	pf. pt. m. G sg.	θρυλέω
τέθρυμμαι	pf. ind. m. 1 sg.	θρύπτω
τέθυκα	pf. ind. a. 1 sg.	θύω
τέθυμαι	pf. ind. m. 1 sg.	»
τεθυμιαμένος	pf. pt. m. N sg.	θυμιάω
τέθυμμαι	pf. ind. m. 1 sg.	τύφω
τεθυμῶσθαι	pf. inf. m.	θυμόω
τεθυρσωμέναι	pf. pt. m. N pl. fm.	θυρσόω
τεθυρῶσθαι	pf. inf. m.	θυρόω
τέθυφα	pf. ind. a. 1 sg.	τύφω
τεθωρακισμένος	pf. pt. m. N sg.	θωρακίζω
*τεθωρηκώς	pf. pt. a. N sg.	θωρήσσω
τείλας	aor.^{1} pt. a. N sg.	τέλλω
*τεῖναν	aor.^{1} ind. a. 3 pl.	τείνω
τείνας	aor.^{1} pt. a. N sg.	»
*τείνεσκε	impf. ind. a. 3 sg.	»
*τεῖρε	impf. ind. a. 3 sg.	τείρω
τεῖσαι	aor.^{1} inf. a.	τίνω
τείσομαι	ft. ind. m. 1 sg.	»
τείσω	ft. ind. a. 1 sg.	»
τειχιῶ	ft. ind. a. 1 sg.	τειχίζω
*τεκεῖν	aor.^{2} inf. a.	τίκτω
*τεκεῖσθαι	ft. inf. m.	»
*τεκέσθαι	aor.^{2} inf. m.	»
τέκηαι	aor.^{2} cong. m. 2 sg.	»
τεκμαροῦμαι	ft. ind. m. 1 sg.	τεκμαίρω
τεκμήραντο	aor.^{1} ind. m. 3 pl.	»
τέκοιτο	aor.^{2} ott. m. 3 sg.	τίκτω

*τεκόμην	aor.^{2} ind. m. 1 sg.	τίκτω
*τέκον	aor.^{2} ind. a. 1 sg./3 pl.	»
τεκτανοῦμαι	ft. ind. m. 1 sg.	τεκταίνομαι
*τεκτήνατο	aor.^{1} ind. m. 3 sg.	»
τεκών	aor.^{2} pt. a. N sg.	τίκτω
*τελέεσκον	impf. ind. a. 1 sg./3 pl.	τελέω
*τελέθεσκε	impf. ind. a. 3 sg.	τελέθω
τελεῖσθαι, *-έεσθαι	ft. inf. m.	τελέω
τελεῖται	ft. ind. m. 3 sg.	»
*τελεόμενος	ft. pt. m. N sg.	»
*τέλεον, τέλεσκον	impf. ind. a. 1 sg./3 pl.	»
*τελέσθην	aor. inf. p.	»
τελεσθήσομαι	ft. ind. p. 1 sg.	»
*τέλεσσα	aor.^{1} ind. a. 1 sg.	»
τελέσω, *τελέω	ft. ind. a. 1 sg.	»
*τελεύμενος	pr. pt. m. N sg.	»
*τελεύτα	impf. ind. a. 3 sg.	τελευτάω
*τελεύτησαν	aor.^{1} ind. a. 3 pl.	»
τελευτήσομαι	ft. ind. m. 1 sg.	»
τελευτήσω	ft. ind. a. 1 sg.	»
τελιάσαντα	aor.^{1} pt. a. A sg. msch.	τελιάζω
τελῶ	ft. ind. a. 1 sg.	τελέω
τεμεῖν	aor.^{2} inf. a.	τέμνω
*τεμένισσε	aor.^{1} ind. a. 3 sg.	τεμενίζω
τεμέσθαι	aor.^{2} inf. m.	τέμνω
*τέμνεσκον	impf. ind. a. 1 sg./3 pl.	»
τεμοῦμαι	ft. ind. m. 1 sg.	»
τεμῶ, *τεμέω	ft. ind. a. 1 sg.	»
τεμών	aor.^{2} pt. a. N sg.	»
τενοῦμαι	ft. ind. m. 1 sg.	τείνω
τενῶ	ft. ind. a. 1 sg.	»
*τεξείεσθε	ft. ind. m. 2 pl.	τίκτω
τέξομαι	ft. ind. m. 1 sg.	»
τέξω	ft. ind. a. 1 sg.	»
τερέσω	ft. ind. a. 1 sg.	τερέω
τερετιῶ	ft. ind. a. 1 sg.	τερετίζω
*τέρπεσκον	impf. ind. a. 1 sg./3 pl.	τέρπω
*τέρπησι	pr. cong. a. 3 sg.	»
τέρσαι	aor.^{1} inf. a.	τέρσομαι
*τερσῆναι, -ήμεναι	aor. inf. p.	»
*τέρσηνε	aor.^{1} ind. a. 3 sg.	[»], τερσαίνω

τερφθείς	aor. pt. p. N sg.	τέρπω
τερφθήσομαι	ft. ind. p. 1 sg.	»
τέρψαιτο	aor.[1] ott. m. 3 sg.	»
τερψάμενος	aor.[1] pt. m. N sg.	»
τέρψομαι	ft. ind. m. 1 sg.	»
*τέρψομαι	aor.[1] cong. m. 1 sg.	»
τέρψω	ft. ind. a. 1 sg.	»
τέταγμαι	pf. ind. m. 1 sg.	τάττω
τέτᾰκα	pf. ind. a. 1 sg.	τείνω
*τέτᾱκα	pf. ind. a. 1 sg.	τήκω
*τέτακτο	ppf. ind. m. 3 sg.	τάττω
τεταλαιπώρηκα	pf. ind. a. 1 sg.	ταλαιπορέω
τεταλαιπώρημαι	pf. ind. m. 1 sg.	»
*τεταλκώς	pf. pt. a. N sg.	τέλλω
*τέταλμαι	pf. ind. m. 1 sg.	»
τεταμίευκα	pf. ind. a. 1 sg.	ταμιεύω
τεταμίευμαι	pf. ind. m. 1 sg.	»
*τέταντο	ppf. ind. m. 3 pl.	τείνω
τετανυμένος	pf. pt. m. N sg.	τανύω
τετανύσσεται	fta. ind. m. 3 sg.	»
τετάνυσται	pf. ind. m. 3 sg.	»
*τετάνυστο	ppf. ind. m. 3 sg.	»
τετάξομαι	fta. ind. m. 1 sg.	τάττω
τεταπεινωμένην	pf. pt. m. A sg. fm.	ταπεινόω
τετάραγμαι	pf. ind. m. 1 sg.	ταράττω
τεταρβηκώς	pf. pt. a. N sg.	ταρβέω
τεταριχευμένους	pf. pt. m. A pl. msch.	ταριχεύω
*τετάρπετο	aor.[2] ind. m. 3 sg.	τέρπω
*τεταρπόμενος	aor.[2] pt. m. N sg.	»
*τεταρπώμεθα	aor.[2] cong. m. 1 pl.	»
τεταρσωμέναι	pf. pt. m. N pl. fm.	ταρρόομαι, ταρσ-
τετάρσωται	pf. ind. m. 3 sg.	» »
τετάρχυμαι	pf. ind. m. 1 sg.	ταρχύω
*τέτατο	ppf. ind. m. 3 sg.	τείνω
*τετάφαται	pf. ind. m. 3 pl.	θάπτω
τέταχα	pf. ind. a. 1 sg.	τάττω
*τετάχαται	pf. ind. m. 3 pl.	»
*τετάχατο	ppf. ind. m. 3 pl.	»
τέτεγμαι	pf. ind. m. 1 sg.	τίκτω
τέτεικα	pf. ind. a. 1 sg.	τίνω
τετεικώς	pf. pt. a. N sg.	»

τέτεισται	pf. ind. m. 3 sg.	τίνω
τετείχισται	pf. ind. m. 3 sg.	τειχίζω
τετεκνωμένης	pf. pt. m. G sg. fm.	τεκνόω
τετέλεκα	pf. ind. a. 1 sg.	τελέω
τετέλεσμαι	pf. ind. m. 1 sg.	»
*τετέλεστο	ppf. ind. m. 3 sg.	»
τετελεύτηκα	pf. ind. a. 1 sg.	τελευτάω
τετελημένος	pf. pt. m. N sg.	τελέω
τετέληνται	pf. ind. m. 3 pl.	»
τετελώνηκα	pf. ind. a. 1 sg.	τελωνέω
τέτευγμαι	pf. ind. m. 1 sg.	τυγχάνω
τετεύξομαι	fta. ind. m. 1 sg.	τεύχω
τετεύτακα	pf. ind. a. 1 sg.	τευτάζω
τέτευχα	pf. ind. a. 1 sg.	τεύχω
τέτευχα	pf. ind. a. 1 sg.	τυγχάνω
*τετεύχαται	pf. ind. m. 3 pl.	τεύχω
*τετεύχατο	ppf. ind. m. 3 pl.	»
*τετεύχεν	pf. inf. a.	τυγχάνω
τετέχθαι	pf. inf. m.	τίκτω
τετεχνασμέναι	pf. pt. m. N pl. fm.	τεχνάζω
*τετεχνέαται	pf. ind. m. 3 pl.	τεχνάομαι
τέτηγμαι	pf. ind. m. 1 sg.	τήκω
τέτηκα	pf. ind. a. 1 sg.	»
τετήρηκα	pf. ind. a. 1 sg.	τηρέω
τετήρηται	pf. ind. m. 3 sg.	»
*τετιημένος	pf. pt. m. N sg.	τετίημαι
*τετιηότες	pf. pt. a. N pl.	»
*τετίησθον	pf. ind. m. 2 du.	»
τέτιλκα	pf. ind. a. 1 sg.	τίλλω
τέτιλμαι	pf. ind. m. 1 sg.	»
τέτιμαι	pf. ind. m. 1 sg.	τίω
τετιμένος	pf. pt. m. N sg.	»
τετίμηκα, *-ακα	pf. ind. a. 1 sg.	τιμάω
τετίμημαι	pf. ind. m. 1 sg.	»
τετιμήσομαι	fta. ind. m. 1 sg.	»
τετιμώρημαι	pf. ind. m. 1 sg.	τιμωρέω
τετίνακται	pf. ind. m. 3 sg.	τινάσσω
τετινάχθαι	pf. inf. m.	»
τέτλαθι	pf. impr. a. 2 sg.	τλάω
τετλαίην	pf. ott. a. 1 sg.	»
*τέτλαμεν	pf. ind. a. 1 pl.	»

τετλάναι, *-άμεν(αι)	pf. inf. a.	τλάω
τετλάτω	pf. impr. a. 3 sg.	»
τέτληκα	pf. ind. a. 1 sg.	»
*τετληότες, -ηῶτες	pf. pt. a. N pl.	»
*τετληυῖα	pf. pt. a. N sg. fm.	»
*τετληώς	pf. pt. a. N sg. msch.	»
*τετμάκει	ppf. ind. a. 3 sg.	τέμνω
τέτμηκα	pf. ind. a. 1 sg.	»
τέτμημαι, *-αμαι	pf. ind. m. 1 sg.	»
τετμήσομαι	fta. ind. m. 1 sg.	»
*τετμηώς	pf. pt. a. N sg.	»
τέτοκα	pf. ind. a. 1 sg.	τίκτω
τετόλμηκα	pf. ind. a. 1 sg.	τολμάω
τετολμημέναι	pf. pt. m. N pl. fm.	»
τετολμήσθω	pf. impr. m. 3 sg.	»
τετόνωται	pf. ind. m. 3 sg.	τονόω
τετόξευται	pf. ind. m. 3 sg.	τοξεύω
τετορευμένα	pf. pt. m. NA pl. n.	τορεύω
τετόρημαι	pf. ind. m. 1 sg.	τορέω
*τετορήσας	aor.[1] pt. a. N sg.	»
τέτραμμαι	pf. ind. m. 1 sg.	τρέπω
τετραμμένος	pf. pt. m. N sg.	»
τετρᾶναι	aor.[1] inf. a.	τετραίνω
τετράνας	aor.[1] pt. a. N sg.	»
τετρανῶ, *τετρανέω	ft. ind. a. 1 sg.	»
*τέτραπτο	ppf. ind. m. 3 sg.	τρέπω
τετραυμάτικα	pf. ind. a. 1 sg.	τραυματίζω
τετραυμάτισμαι	pf. ind. m. 1 sg.	»
τέτραφα	pf. ind. a. 1 sg.	τρέπω
τέτραφα	pf. ind. a. 1 sg.	τρέφω
*τετράφαται	pf. ind. m. 3 pl.	τρέπω
*τετράφατο	ppf. ind. m. 3 pl.	»
τετράφθω	pf. impr. m. 3 sg.	»
τετράχυκα	pf. ind. a. 1 sg.	τραχύνω
τετραχύνθαι	pf. inf. m.	»
τετράχυνται	pf. ind. m. 3 sg.	»
τετράχυσμαι	pf. ind. m. 1 sg.	»
τετράψομαι	fta. ind. a. 1 sg.	τρέπω
τετρέμηκα	pf. ind. a. 1 sg.	τρέμω
*τετρήατο	ppf. ind. m. 3 pl.	τετραίνω
τετρημένοσ	pf. pt. m. N sg.	»

*τέτρηνα	aor.¹ ind. a. 1 sg.	τετραίνω
*τετρήναντο	aor.¹ ind. m. 3 pl.	»
*τέτρηχα	pf. ind. a. 1 sg.	ταράττω
τέτριγα	pf. ind. a. 1 sg.	τρίζω
*τετριγῶτες	pf. pt. a. N pl.	»
τετριηράρχηκα	pf. ind. a. 1 sg.	τριηραρχέω
τέτριμμαι	pf. ind. m. 1 sg.	τρίβω
τέτριφα	pf. ind. a. 1 sg.	»
*τετρίφαται	pf. ind. m. 3 pl.	»
τετρίψεσθε	fta. ind. m. 2 pl.	»
τέτροφα	pf. ind. a. 1 sg.	τρέπω
τέτροφα	pf. ind. a. 1 sg.	τρέφω
τετρυγημένοι	pf. pt. m. N pl.	τρυγάω
τέτρυμαι	pf. ind. m. 1 sg.	τρύω
τετρυπήσθω	pf. impr. m. 3 sg.	τρυπάω
τετρυχωμένος	pf. pt. m. N sg.	τρυχόω
τέτρωγμαι	pf. ind. m. 1 sg.	τρώγω
τέτρωκα	pf. ind. a. 1 sg.	τιτρώσκω
τέτρωμαι	pf. ind. m. 1 sg.	»
τετρώσομαι	fta. ind. m. 1 sg.	»
τέτυγμαι	pf. ind. m. 1 sg.	τεύχω
*τετυκεῖν	aor.² inf. a.	»
*τετυκέσθαι	aor.² inf. m.	»
τέτυμμαι	pf. ind. m. 1 sg.	τύπτω
*τετυπόντες, τετύπ-	aor.² pt. a. N pl.	»
τετύπτηκα	pf. ind. a. 1 sg.	»
τετύπτημαι	pf. ind. m. 1 sg.	»
τετυπωμένα	pf. pt. m. N pl. n.	τυπόω
τετυρωμένοι	pf. pt. m. N pl.	τυρόω
τέτυφα	pf. ind. a. 1 sg.	τύπτω
τετύφθαι	pf. inf. m.	»
τετύφλωται	pf. ind. m. 3 sg.	τυφλόω
τετύφωμαι	pf. ind. m. 1 sg.	τυφόω
τέτυχα, *τετύχηκα	pf. ind. a. 1 sg.	τυγχάνω
τετυχηκώς, *-χηώς	pf. pt. a. N sg.	»
*τετύχησι	aor.² cong. a. 3 sg.	»
*τετύχοιμι	aor.² ott. a. 1 sg.	»
τετυχώς	pf. pt. a. N sg.	»
*τεῦξαν	aor.¹ ind. a. 3 pl.	τεύχω
τεύξασθαι	aor.¹ inf. m.	»
τεύξασθαι	aor.¹ inf. m.	τυγχάνω

τεύξομαι	ft. ind. m. 1 sg.	τεύχω	
τεύξομαι	ft. ind. m. 1 sg.	τυγχάνω	
τεύξω	ft. ind. a. 1 sg.	τεύχω	
τεχθήσομαι	ft. ind. p. 1 sg.	τίκτω	
*τεχνησάμην	aor.[1] ind. m. 1 sg.	τεχνάομαι	
τεχνήσομαι	ft. ind. m. 1 sg.	»	
τήξαιο	aor.[1] ott. m. 2 sg.	τήκω	
τήξομαι	ft. ind. m. 1 sg.	»	
τήξω	ft. ind. a. 1 sg.	»	
τηρήσαντες	aor.[1] pt. a. N pl.	τηρέω	
τηχθείς	aor. pt. p. N sg.	τήκω	
*τιέμεν	pr. inf. a.	τίω	
*τιέσκετο	impf. ind. m. 3 sg.	»	
*τιεσκόμενοι	pr. pt. m. N pl.	»	
*τίεσκον	impf. ind. a. 1 sg./3 pl.	»	
τιθέασι	pr. ind. a. 3 pl.	τίθημι	
τίθει	pr. impr. a. 2 sg.	»	τιθέω
*τίθει	impf. ind. a. 3 sg.	»	»
τιθεῖ	pr. ind. a. 3 sg.	»	»
τιθεῖεν	pr. ott. a. 3 pl.	»	
τιθείην	pr. ott. a. 1 sg.	»	
τιθεῖν	pr. inf. a.	»	τιθέω
τιθείς	pr. pt. a. N sg.	»	
τιθεῖς	pr. ind. a. 2 sg.	»	τιθέω
*τιθεῖσι, τίθεισι	pr. ind. a. 3 pl.	»	
τιθεῖτο	pr. ott. m. 3 sg.	»	
*τίθεν	impf. ind. a. 3 pl.	»	
τιθέναι, *-έμεν(αι)	pr. inf. a.	»	
*τίθεντι	pr. ind. a. 3 pl.	»	
*τίθεντο	impf. ind. m. 3 pl.	»	
*τίθεσαν, τίθεσκον	impf. ind. a. 3 pl.	»	
*τίθεσ(σ)ο, τίθευσο	pr. impr. m. 2 sg.	»	
*τιθεῦντες	pr. pt. a. N pl.	»	τιθέω
τίθου	pr. impr. m. 2 sg.	»	
τιθῶ	pr. cong. a. 1 sg.	»	
τιθῶμαι	pr. cong. m. 1 sg.	»	
τιθῶνται	pr. cong. m. 3 pl.	»	
τιθῶσι	pr. cong. a. 3 pl.	»	
τιθῇ	pr. cong. a. 3 sg.	»	
τιθῇ	pr. cong. m. 2 sg.	»	
*τίθη, τίθῃ	pr. ind. m. 2 sg.	»	

*τίθη	impf. ind. a. 3 sg.	τίθημι	
*τιθήμεν(αι)	pr. inf. a.	»	
*τιθήμενος	pr. pt. m. N sg.	»	
τίθησαι	pr. ind. m. 2 sg.	»	
τιθήσας	aor.[1] pt. a. N sg.	»	τιθέω
τιθήσεσθαι	ft. inf. m.	»	»
*τίθησθα	pr. ind. a. 2 sg.	»	
τίθησι, *τίθητι	pr. ind. a. 3 sg.	»	
*τιλλέσθην	impf. ind. m. 3 du.	τίλλω	
*τίλλοντο	impf. ind. m. 3 pl.	»	
τιλοῦμαι	ft. ind. m. 1 sg.	»	
τιλῶ	ft. ind. a. 1 sg.	»	
*τίμαθεν	aor. ind. p. 3 pl.	τιμάω	
*τιμασεῦντι	ft. ind. a. 3 pl.	»	
τιμηθήσομαι	ft. ind. p. 1 sg.	»	
*τίμησα, τίμασα	aor.[1] ind. a. 1 sg.	»	
τίμησαι	aor.[1] impr. m. 2 sg.	»	
τιμήσαι	aor.[1] ott. a. 3 sg.	»	
τιμῆσαι	aor.[1] inf. a.	»	
τιμήσομαι	ft. ind. m. 1 sg.	»	
τιμήσω	ft. ind. a. 1 sg.	»	
τιμωρήσομαι	ft. ind. m. 1 sg.	τιμωρέω	
τιμωρήσω	ft. ind. a. 1 sg.	»	
τιναγείς	aor. pt. p. N sg.	τινάσσω	
*τίναξα	aor.[1] ind. a. 1 sg.	»	
*τιναξάσθην	aor.[1] ind. m. 3 du.	»	
τινάξεται	ft. ind. m. 3 sg.	»	
τινάξω	ft. ind. a. 1 sg.	»	
τιναχθείς	aor. pt. p. N sg.	»	
*τινέμεν	pr. inf. a.	τίνω	
*τίνεσκον	impf. ind. a. 1 sg./3 pl.	»	
*τιννύς	pr. pt. a. N sg.	[»], τίννυμι	
*τίον, τῖον	impf. ind. a. 1 sg./3 pl.	τίω	
*τῖσα	aor.[1] ind. a. 1 sg.	»	
τίσασθαι	aor.[1] inf. m.	τίνω	
τίσομαι	ft. ind. m. 1 sg.	»	
τίσω	ft. ind. a. 1 sg.	»	
τίσω	ft. ind. a. 1 sg.	τίω	
*τιτήνας	aor.[1] pt. a. N sg.	τιταίνω	
τίτρα	pr. impr. a. 2 sg.	[τετραίνω], τιτράω	
τιτρᾶσα	pr. pt. a. N sg. fm.	»	τίτρημι

τιτρᾶται	pr. ind. m. 3 sg.	[τετραίνω], τιτράω
τίτρησι	pr. ind. a. 3 sg.	» τίτρημι
*τλᾶθι	aor.^{2} impr. a. 2 sg.	τλάω
*τλαῖεν	aor.^{2} ott. a. 3 pl.	»
*τλαίην	aor.^{2} ott. a. 1 sg.	»
*τλάς	aor.^{2} pt. a. N sg. msch.	»
*τλᾶσα	aor.^{2} pt. a. N sg. fm.	»
*τλάσομαι	ft. ind. m. 1 sg.	»
*τλῆ	aor.^{2} ind. a. 3 sg.	»
*τλῆθι	aor.^{2} impr. a. 2 sg.	»
*τλῇς	aor.^{2} cong. a. 2 sg.	»
*τλήσομαι	ft. ind. m. 1 sg.	»
*τμάγεν	aor. ind. p. 3 pl.	τμήγω
τμηθείς	aor. pt. p. N sg.	τέμνω
τμηθήσομαι	ft. ind. p. 1 sg.	»
τμήξω	ft. ind. a. 1 sg.	τμήγω
*τολμῇς	pr. ind. a. 2 sg.	τολμάω
τολμήσω, *τολμάσω	ft. ind. a. 1 sg.	»
*τολύπευσε	aor.^{1} ind. a. 3 sg.	τολυπεύω
τονθορύξει	ft. ind. a. 3 sg.	τονθορύζω
τοξεύσας	aor.^{1} pt. a. N sg.	τοξεύω
τορευθέν	aor. pt. p. N sg. n.	τορεύω
τορήσας	aor.^{1} pt. a. N sg.	τορέω
*τορνώσαντο	aor.^{1} ind. m. 3 pl.	τορνόομαι
*τορνώσεται	ft. ind. m. 3 sg.	»
*τόσσαι	aor.^{1} inf. a.	[τυγχάνω]
*τραγεῖν	aor.^{2} inf. a.	τρώγω
τραπείς	aor. pt. p. N sg.	τρέπω
τραπέσθαι	aor.^{2} inf. m.	»
τραπήσομαι	ft. ind. p. 1 sg.	»
*τραπόμην	aor.^{2} ind. m. 1 sg.	»
*τράπον	aor.^{2} ind. a. 1 sg./3 pl.	»
τραποῦ	aor.^{2} impr. m. 2 sg.	»
τραπῶ, *τραπείω	aor. cong. p. 1 sg.	»
τράπωνται	aor.^{2} cong. m. 3 pl.	»
τραφέμεν	aor.^{2} inf. a.	τρέφω
*τράφε(ν)	aor.^{2} ind. a. 3 sg.	»
*τράφεν	aor. ind. p. 3 pl.	»
*τράφεν	pr. inf. a.	»
τραφῆναι	aor. inf. p.	»
τραφήσομαι	ft. ind. p. 1 sg.	»

τραφθείς	aor. pt. p. N sg.	τρέπω
τραφθῆναι	aor. inf. p.	»
τραχηλιῶ	ft. ind. a. 1 sg.	τραχηλίζω
τραχυνθείς	aor. pt. p. N sg.	τραχύνω
*τραψῶ	ft. ind. a. 1 sg.	τρέπω
*τρεέτην	impf. ind. a. 2 du.	τρέω
*τρέον	impf. ind. a. 1 sg./3 pl.	»
*τρέπεσκε	impf. ind. a. 3 sg.	τρέπω
*τρέσσα	aor.¹ ind. a. 1 sg.	τρέω
τρεφθῆναι	aor. inf. p.	τρέφω
*τρέφοιν	pr. ott. a. 1 sg.	»
*τρέψα	aor.¹ ind. a. 1 sg.	τρέπω
τρέψαιμι	aor.¹ ott. a. 1 sg.	»
τρέψομαι	ft. ind. m. 1 sg.	»
τρέψον	aor.¹ impr. a. 2 sg.	»
τρέψω	ft. ind. a. 1 sg.	»
τρήσω	ft. ind. a. 1 sg.	τετραίνω
τριαχθῆναι	aor. inf. p.	τριάζω
*τριβέμεν(αι)	pr. inf. a.	τρίβω
*τρίβεσκον	impf. ind. a. 1 sg./3 pl.	»
τριβῆναι	aor. inf. p.	»
τριβήσομαι	ft. ind. p. 1 sg.	»
τριηραρχήσαντα	aor.¹ pt. a. A sg. msch.	τριηραρχέω
τριφθείς	aor. pt. p. N sg.	τρίβω
τριφθήσομαι	ft. ind. p. 1 sg.	»
τρίψας	aor.¹ pt. a. N sg.	»
τρίψομαι	ft. ind. m. 1 sg.	»
τρίψω	ft. ind. a. 1 sg.	»
*τρομέοντο	impf. ind. m. 3 pl.	τρομέω
*τρόμεσκε	impf. ind. a. 3 sg.	»
*τρομεῦσι	pr. ind. a. 3 pl.	»
τροπώσασθαι	aor.¹ inf. m.	τροπόω
τροχάσαι	aor.¹ inf. a.	τροχάζω
τροχιῶ	ft. ind. a. 1 sg.	τροχίζω
τρυγήσαντες	aor.¹ pt. a. N pl.	τρυγάω
τρυγήσομεν	ft. ind. a. 1 pl.	»
*τρύξεσκον	impf. ind. a. 1 sg./3 pl.	τρύζω
τρύξω	ft. ind. a. 1 sg.	τρύχω
τρύσω	ft. ind. a. 1 sg.	τρύω
τρυφέν	aor. pt. p. N sg. n.	θρύπτω
τρυφῆσαι	aor.¹ inf. a.	τρυφάω

*τρύχεσκεν	impf. ind. a. 3 sg.	τρύχω
τρυχωθῆναι	aor. inf. p.	τρυχόω
τρωθείς	aor. pt. p. N sg.	τιτρώσκω
τρωθήσομαι	ft. ind. p. 1 sg.	»
τρώξομαι	ft. ind. m. 1 sg.	τρώγω
*τρωπᾶσθαι	pr. inf. m.	τρωπάω
*τρωπάσκετο	impf. ind. m. 3 sg.	»
*τρῶσα	aor.^{1} ind. a. 1 sg.	τιτρώσκω
τρώσομαι	ft. ind. m. 1 sg.	»
τρώσω	ft. ind. a. 1 sg.	»
*τρωχῶσι	pr. ind. a. 3 pl.	τρωχάω
τυθήσομαι	ft. ind. p. 1 sg.	θύω
τυμβεῦσαι	aor.^{1} inf. a.	τυμβεύω
τυμπανιῶ	ft. ind. a. 1 sg.	τυμπανίζω
τυπεῖν	aor.^{2} inf. a.	τύπτω
τυπείς	aor. pt. p. N sg.	»
τυπήσομαι	ft. ind. p. 1 sg.	»
τυπτήσομαι	ft. ind m. 1 sg.	»
τυπτήσω	ft. ind. a. 1 sg.	»
τυπωθείς	aor. pt. p. N sg.	τυπόω
τυραννηθήσομαι	ft. ind. p. 1 sg.	τυραννέω, -νεύω
τυραννήσομαι	ft. ind. m. 1 sg.	» »
τυραννήσω, -εύσω	ft. ind. a. 1 sg.	» »
τυρβάσεις	ft. ind. a. 2 sg.	τυρβάζω
τυφήσομαι	ft. ind. p. 1 sg.	τύφω
τυφθείς	aor. pt. p. N sg.	τύπτω
τυφλωθέν	aor. pt. p. N sg. n.	τυφλόω
τυφλώσατο	aor.^{1} ind. m. 3 sg.	»
τυφωθείς	aor. pt. p. N sg.	τυφόω
τυχεῖν	aor.^{2} inf. a.	τυγχάνω
*τύχησε	aor.^{1} ind. a. 3 sg.	»
*τύχῃσι	aor.^{2} cong. a. 3 sg.	»
τυχθέν	aor. pt. p. N sg.	τεύχω
*τύχον	aor.^{2} ind. a. 1 sg./3 pl.	τυγχάνω
*τύχωμι	aor.^{2} cong. a. 1 sg.	»
τυχών	aor.^{2} pt. a. N sg.	»
*τύψε(ν)	aor.^{1} ind. a. 3 sg.	τύπτω
τύψω	ft. ind. a. 1 sg.	»
τύψωνται	aor.^{1} cong. m. 3 pl.	»
τωθάσομαι	ft. ind. m. 1 sg.	τωθάζω
τωθάσω	aor.^{1} cong. a. 1 sg.	»

Υ

ὑβριεῖν	ft. inf. a.	ὑβρίζω
ὑβρίκασι	pf. ind. a. 3 pl.	»
ὑβρίκειν	ppf. ind. a. 1 sg.	»
ὑβριοῦμαι	ft. ind. m. 1 sg.	»
ὕβρισα	aor.¹ ind. a. 1 sg.	»
ὑβρίσθην	aor. ind. p. 1 sg.	»
ὑβρισθήσομαι	ft. ind. p. 1 sg.	»
ὕβρισμαι	pf. ind. m. 1 sg.	»
ὕβριστο	ppf. ind. m. 3 sg.	»
ὑβρίσω, ὑβριῶ	ft. ind. a. 1 sg.	»
ὑγίακα	pf. ind. a. 1 sg.	ὑγιάζω
ὑγίανα, *ὑγίηνα	aor.¹ ind. a. 1 sg.	ὑγιαίνω
ὑγιανῶ	ft. ind. a. 1 sg.	»
ὑγιασθείς	aor. pt. p. N sg.	ὑγιάζω
ὑγιάσθην	aor. ind. p. 1 sg.	»
ὑγιασθήσομαι	ft. ind. p. 1 sg.	»
ὑγιάσω	ft. ind. a. 1 sg.	»
ὑλάκτει	impf. ind. a. 3 sg.	ὑλακτέω
ὕλαξα	aor.¹ ind. a. 1 sg.	ὑλάσκω
*ὑμάρτη	pr. impr. a. 2 sg.	ὁμαρτέω
*ὑμνεῦσα	pr. pt. a. N sg. fm.	ὑμνέω
*ὑμνεῦσιν	pr. ind. a. 3 pl.	»
*ὕμνην	pr. inf. a.	»
ὕμνησα	aor.¹ ind. a. 1 sg.	»
ὑμνήσω	ft. ind. a. 1 sg.	»
*ὑμνίωμες	pr. cong. a. 1 pl.	»
ὑπ-:	*togliere e cercare sotto l'iniziale risultante*	
ὑπαμπ-, ὑπαμφ-:	*togliere e cercare sotto l'iniziale risultante*	
ὑπαν(α)-, ὑπανακαθ-:	*togliere e cercare sotto l'iniziale risultante*	
ὑπαπ(ο)-:	*togliere e cercare sotto l'iniziale risultante*	
ὑπεγ-, ὑπεισ-:	*togliere e cercare sotto l'iniziale risultante*	
ὑπεκ-, ὑπεκκαθ-:	*togliere e cercare sotto l'iniziale risultante*	
ὑπεμ-, ὑπεν-:	*togliere e cercare sotto l'iniziale risultante*	
ὑπεξ-, ὑπεξαν(α)-:	*togliere e cercare sotto l'iniziale risultante*	
ὑπεπι-:	*togliere e cercare sotto l'iniziale risultante*	

ὑπερ-:	*togliere e cercare sotto l'iniziale risultante*	
ὑπεραν(α)-, -απ(ο)-:	*togliere e cercare sotto l'iniziale risultante*	
ὑπερδια-:	*togliere e cercare sotto l'iniziale risultante*	
ὑπερεισ-, ὑπερεκ-:	*togliere e cercare sotto l'iniziale risultante*	
ὑπερεμ-, ὑπερεν-:	*togliere e cercare sotto l'iniziale risultante*	
ὑπερεξ-:	*togliere e cercare sotto l'iniziale risultante*	
ὑπερεπ(ι)-:	*togliere e cercare sotto l'iniziale risultante*	
ὑπερκαθ-, -κατ(α)-:	*togliere e cercare sotto l'iniziale risultante*	
ὑπερυπο-:	*togliere e cercare sotto l'iniziale risultante*	
ὑπέσχημαι	pf. ind. m. 1 sg.	ὑπισχνέομαι
*ὑπέσχηντο	ppf. ind. m. 3 pl.	»
ὑπεσχόμην	aor.^{2} ind. m. 1 sg.	»
ὑπετοπήθην	aor. ind. p. 1 sg.	ὑποτοπέω
ὑπετόπησα	aor.^{1} ind. a. 1 sg.	»
ὑπετόπουν	impf. ind. a. 1 sg./3 pl.	»
ὑπεφ-:	*togliere e cercare sotto l'iniziale risultante*	
ὑπηρετηθέν	aor. pt. p. NA sg. n.	ὑπηρετέω
ὑπηρετήκειν	ppf. ind. a. 1 sg.	»
ὑπηρετήσω	ft. ind. a. 1 sg.	»
*ὑπίσχετο	impf. ind. m. 3 sg.	[ὑπισχνέομαι], -ίσχομαι
*ὑπισχνέετο	impf. ind. m. 3 sg.	»
*ὑπισχνοῦ	pr. impr. m. 2 sg.	»
*ὑπίσχοντο	impf. ind. m. 3 pl.	[»], -ίσχομαι
*ὑπνώεσκε	impf. ind. a. 3 sg.	ὑπνώω
ὑπνώθην	aor. ind. p. 1 sg.	ὑπνόω
ὕπνωκα	pf. ind. a. 1 sg.	»
ὑπνωμένος	pf. pt. m. N sg.	»
*ὑπνώοντας	pr. pt. a. A pl.	ὑπνώω
ὕπνωσα	aor.^{1} ind. a. 1 sg.	ὑπνόω
ὑπνώσομαι	ft. ind. m. 1 sg.	»
ὑπνώσω	ft. ind. a. 1 sg.	»
ὑπο-:	*togliere e cercare sotto l'iniziale risultante*	
ὑποδια-:	*togliere e cercare sotto l'iniziale risultante*	
ὑποκαθ-, ὑποκατ(α)-:	*togliere e cercare sotto l'iniziale risultante*	
ὑπομετα-:	*togliere e cercare sotto l'iniziale risultante*	
ὑποπερι-:	*togliere e cercare sotto l'iniziale risultante*	
ὑποπρο-:	*togliere e cercare sotto l'iniziale risultante*	
ὑπόπτευκα	pf. ind. a. 1 sg.	ὑποπτεύω
ὑπόπτευσα	aor.^{1} ind. a. 1 sg.	»
ὑποπτεύσω	ft. ind. a. 1 sg.	»
ὑπορ- (+ *ρ*):	*togliere e cercare sotto l'iniziale ῥ-*	

ὑποσυ-, ὑποσυγ-:	*togliere e cercare sotto l'iniziale risultante*	
ὑποσυλ- (+ λ):	*togliere e cercare sotto l'iniziale λ-*	
ὑποσυμ-:	*togliere e cercare sotto l'iniziale risultante*	
ὑποσχήσομαι	ft. ind. m. 1 sg.	ὑπισχνέομαι
ὑποτετόπηκα	pf. ind. a. 1 sg.	ὑποτοπέω
ὑπουργημένα	pf. pt. m. N pl. n.	ὑπουργέω
ὑπώπτευκα	pf. ind. a. 1 sg.	ὑποπτεύω
ὑπώπτευον	impf. ind. a. 1 sg./3 pl.	»
ὑπώπτευσα	aor.¹ ind. a. 1 sg.	»
ὗσα	aor.¹ ind. a. 1 sg.	ὕω
ὕσεται	ft. ind. m. 3 sg.	»
ὕσθην	aor. ind. p. 1 sg.	»
ὑσθήσεται	ft. ind. p. 3 sg.	»
ὑσμένος	pf. pt. m. N sg.	»
ὕσομαι	ft. ind. m. 1 sg.	»
ὑστερήθην	aor. ind. p. 1 sg	ὑστερέω
ὑστέρηκα	pf. ind. a. 1 sg.	»
ὑστερήκειν	ppf. ind. a. 1 sg.	»
ὑστέρησα	aor.¹ ind. a. 1 sg.	»
ὑστερήσω	ft. ind. a. 1 sg.	»
ὕσω	ft. ind. a. 1 sg.	ὕω
ὑφ-:	*togliere e cercare sotto l'iniziale risultante*	
ὕφαγκα	pf. ind. a. 1 sg.	ὑφαίνω
*ὑφαίνεσκον	impf. ind. a. 1 sg./3 pl.	»
ὕφανα, *ὕφηνα	aor.¹ ind. a. 1 sg.	»
ὑφάνθην	aor. ind. p. 1 sg.	»
ὕφανται, *ὑφήφανται	pf. ind. m. 3 sg.	»
ὑφανῶ	ft. ind. a. 1 sg.	»
ὕφασμαι, *ὑφήφασμαι	pf. ind. m. 1 sg.	»
ὑφεξ-:	*togliere e cercare sotto l'iniziale risultante*	
ὑφηνάμην	aor.¹ ind. m. 1 sg.	ὑφαίνω
ὑφήνας	aor.¹ pt. a. N sg.	»
*ὑφόωσι	pr. ind. a. 3 pl.	[»], ὑφάω
ὑψωθῇς	aor. cong. p. 2 sg.	ὑψόω
*ὑψώσαντο	aor.¹ ind. m. 3 pl.	»

Φ

*φᾶ	impf. ind. a. 3 sg.	φημί
*φάανθεν	aor. ind. p. 3 pl.	φαίνω
*φ(α)άνθην	aor. ind. p. 1 sg.	»
φαγεῖν, *φαγέμεν	aor.² inf. a.	[ἐσθίω]
φάγεσαι, φάγῃ	ft. ind. m. 2 sg.	»
φαγήσετε	ft. ind. a. 2 pl.	»
φάγομαι, *φαγοῦμαι	ft. ind. m. 1 sg.	»
φαγών	aor.² pt. a. N sg.	»
φαθί, φάθι	aor.² impr. a. 2 sg.	φημί
φαῖεν, φαίησαν	aor.² ott. a. 3 pl.	»
φαίην	aor.² ott. a. 1 sg.	»
φαῖμεν	aor.² ott. a. 1 pl.	»
*φαινέμεν	pr. inf. a.	φαίνω
*φαινέσκετο	impf. ind. m. 3 sg.	»
*φαίνεσκον	impf. ind. a. 1 sg./3 pl.	»
*φαίνοντο	impf. ind. m. 3 pl.	»
*φαῖσι	pr. ind. a. 3 sg./pl.	φημί
φαμέν	pr. ind. a. 1 pl.	»
*φάμεν	aor.² inf. a.	»
*φάμενος	pr. pt. m. N sg.	»
*φάν	aor.²/impf. ind. a. 3 pl.	»
φάναι	aor.² inf. a.	»
φανεῖεν	aor. ott. p. 3 pl.	φαίνω
φανείην	aor. ott. p. 1 sg.	»
φανείς	aor. pt. p. N sg.	»
φανεῖσθαι	ft. inf. m.	»
φανεῖται	ft. ind. m. 3 sg.	»
*φάνεν	aor. ind. p. 3 pl.	»
*φανέομαι	ft. ind. m. 1 sg.	»
*φάνεσκε	aor.² ind. a. 3 sg.	»
*φάνευ (dub.)	aor.² impr. m. 2 sg.	»
*φανέω	ft. ind. a. 1 sg.	»
*φανήῃ	aor. cong. p. 3 sg.	»
φάνηθι	aor. impr. p. 2 sg.	»
*φάνην	aor. ind. p. 1 sg.	»

φανῆναι, *-ήμεναι	aor. inf. p.	φαίνω
*φανήσειν	ft. inf. a.	»
φανήσομαι	ft. ind. p. 1 sg.	»
φανθέντα	aor. pt. p. NA pl. n.	»
*φανοίην	ft. ott. a. 1 sg.	»
φανοῖσθε	ft. ott. m. 2 pl.	»
φαντασθήσομαι	ft. ind. p. 1 sg.	φαντάζω
φαντασιωθείς	aor. pt. p. N sg.	φαντασιόω
φάντες	aor.^{2} pt. a. N pl.	φημί
*φαντί	pr. ind. a. 3 pl.	»
*φᾶντι	aor.^{2} cong. a. 3 pl.	»
*φάντο	impf./aor.^{2} ind. m. 3 pl.	»
φανῶ	ft. ind. a. 1 sg.	φαίνω
*φάο	aor.^{2} impr. m. 2 sg.	φημί
φαρμακεύσαντες	aor.^{1} pt. a. N pl.	φαρμακεύω
*φαρμακώσαισα	aor.^{1} pt. a. N sg. fm.	φαρμακόω
*φάρξαι	aor.^{1} inf. a.	φράττω
*φάρξας	aor.^{1} pt. a. N sg.	»
φάς	aor.^{2} pt. a. N sg. msch.	φημί
φᾶσα	aor.^{2} pt. a. N sg. fm.	»
*φάσαν	aor.^{2}/impf. ind. a. 3 pl.	»
*φᾶσε	aor.^{1} ind. a. 3 sg.	»
*φάσῃς	aor.^{1} cong. a. 2 sg.	»
φάσθαι	aor.^{2} inf. m.	»
*φάσθε	aor.^{2} ind./impr. m. 2 pl.	»
φάσθω	aor.^{2} impr. m. 3 sg.	»
φασί	pr. ind. a. 3 pl.	»
*φασί	pr. ind. a. 3 sg.	»
φάσκε	pr. impr. a. 2 sg.	[»], φάσκω
*φάσκον	impf. ind. a. 1 sg./3 pl.	» »
*φάσομαι	ft. ind. m. 1 sg.	»
*φασοῦμες	ft. ind. a. 1 pl.	»
*φασῶ	ft. ind. a. 1 sg.	»
φατέ	pr. ind. a. 2 pl.	»
*φατί	pr. ind. a. 3 sg.	»
φατισθεῖσα	aor. pt. p. N sg. fm.	φατίζω
*φάτο	aor.^{2}/impf. ind. m. 3 sg.	φημί
*φέβοντο	impf. ind. m. 3 pl.	[φοβέω], φέβομαι
*φείδοντο	impf. ind. m. 3 pl.	φείδομαι
*φείσατο	aor.^{1} ind. m. 3 sg.	»
φεισθήσομαι	ft. ind. p. 1 sg.	»

φείσομαι	ft. ind. m. 1 sg.	φείδομαι
φείσωμαι	aor.^{1} cong. m. 1 sg.	»
*φερβέμεν	pr. inf. a.	φέρβω
*φερέμεν	pr. inf. a.	φέρω
*φέρησθα	pr. cong. a. 2 sg.	»
*φέρησι	pr. cong. a. 3 sg.	»
φερνιῶ	ft. ind. a. 1 sg.	φερνίζω
*φερόμην	impf. ind. m. 1 sg.	φέρω
*φέρον, φέρεσκον	impf. ind. a. 1 sg./3 pl.	»
*φέρτε	pr. impr. a. 2 pl.	»
*φευγέμεν(αι)	pr. inf. a.	φεύγω
*φεύγεσκον	impf. ind. a. 1 sg./3 pl.	»
φεύξασθαι	aor.^{1} inf. m.	»
*φευξεῖσθαι	ft. inf. m.	»
φευξεῖται	ft. ind. m. 3 sg.	»
*φευξοίατο	ft. ott. m. 3 pl.	»
φεύξομαι, φευξοῦμαι	ft. ind. m. 1 sg.	»
φεύξω	ft. ind. a. 1 sg.	»
*φῆ	aor.^{2}/impf. ind. a. 3 sg.	φημί
φῇ, *φήῃ	aor.^{2} cong. a. 3 sg.	»
*φῆν	aor.^{2}/impf. ind. a. 1 sg.	»
φῆναι	aor.^{1} inf. a.	φαίνω
φήνας	aor.^{1} pt. a. N sg.	»
φήνασθαι	aor.^{1} inf. m.	»
*φήμιξα	aor.^{1} ind. a. 1 sg.	φημίζω
*φημιξάμην	aor.^{1} ind. m. 1 sg.	»
φημίξω	aor.^{1} cong. a. 1 sg.	»
*φῆς	aor.^{2}/impf. ind. a. 2 sg.	φημί
φῄς	pr. ind. a. 2 sg.	»
φῇς	aor.^{2} cong. a. 2 sg.	»
*φῆσαι	aor.^{1} inf. a.	»
φήσας	aor.^{1} pt. a. N sg.	»
*φήσειε	aor.^{1} ott. a. 3 sg.	»
φήσειν	ft. inf. a.	»
*φῆσθα, φῇσθα	aor.^{2}/impf. ind. a. 2 sg.	»
φησί	pr. ind. a. 3 sg.	»
*φῇσι	aor.^{2} cong. a. 3 sg.	»
φήσω	ft. ind. a. 1 sg.	»
φθαῖεν	aor.^{2} ott. a. 3 pl.	φθάνω
φθαίην	aor.^{2} ott. a. 1 sg.	»
*φθαίησι	aor.^{2} ott. a. 3 sg.	»

φθάμενος	aor.^{2} pt. m. N sg.	φθάνω	
*φθάν	aor.^{2} ind. a. 3 pl.	»	
φθαρείς	aor. pt. p. N sg.	φθείρω	
φθαρῆναι	aor. inf. p.	»	
φθαρήσομαι, *-ησοῦμαι	ft. ind. p. 1 sg.	»	
*φθαροῦμαι	ft. ind. m. 1 sg.	»	
φθάς	aor.^{2} pt. a. N sg.	φθάνω	
φθάσας	aor.^{1} pt. a. N sg.	»	
φθάσειαν	aor.^{1} ott. a. 3 pl.	»	
φθάσειε	aor.^{1} ott. a. 3 sg.	»	
φθάσον	aor.^{1} impr. a. 2 sg.	»	
φθάσω	ft. ind. a. 1 sg.	»	
φθατήσῃ	aor.^{1} cong. a. 3 sg.	φθατέω	
*φθέγγετο	impf. ind. m. 3 sg.	φθέγγομαι	
*φθεγξάμην	aor.^{1} ind. m. 1 sg.	»	
φθέγξομαι	ft. ind. m. 1 sg.	»	
φθείρας	aor.^{1} pt. a. N sg.	φθείρω	
*φθείρεσκε	impf. ind. a. 3 sg.	»	
φθείσομαι	ft. ind. m. 1 sg.	φθί(ν)ω	
φθείσω	ft. ind. a. 1 sg.	»	
φθερεῖ	ft. ind. m. 2 sg.	φθείρω	
*φθερείς	aor. pt. p. N sg.	»	
φθεροῦμαι, *-έομαι	ft. ind. m. 1 sg.	»	
*φθέρσει	ft. ind. a. 3 sg.	»	
φθερῶ, *φθερέω	ft. ind. a. 1 sg.	»	
*φθέωμεν	aor.^{2} cong. a. 1 pl.	φθάνω	
*φθέωσι	aor.^{2} cong. a. 3 pl.	»	
*φθῆ	aor.^{2} ind. a. 3 sg.	»	
*φθήῃ, φθῆσι	aor.^{2} cong. a. 3 sg.	»	
φθῆναι	aor.^{2} inf. a.	»	
φθήσομαι	ft. ind. m. 1 sg.	»	
*φθίεται	aor.^{2} cong. m. 3 sg.	φθί(ν)ω	
*φθίῃς	aor.^{2} cong. a. 2 sg.	»	
*φθίμενος	aor.^{2} pt. m. N sg.	»	
*φθίμην	aor.^{2} ott. m. 1 sg.	»	
φθινήσω	ft. ind. a. 1 sg.	»	φθινέω
*φθίνυθον, -ύθεσκον	impf. ind. a. 1 sg./3 pl.	»	φθινύθω
*φθιόμεσθα	aor.^{2} cong. m. 1 pl.	»	
φθίσας	aor.^{1} pt. a. N sg.	»	
φθίσασθαι	aor.^{1} inf. m.	»	
*φθίσθαι	aor.^{2} inf. m.	»	

φθίσω	ft. ind. a. 1 sg.	φθί(ν)ω
*φθῖτο	aor.^{2} ott. m. 3 sg.	»
φθονηθήσομαι	ft. ind. p. 1 sg.	φθονέω
φθονήσομαι	ft. ind. m. 1 sg.	»
φθῶ	aor.^{2} cong. a. 1 sg.	φθάνω
*φιαλεῖς (ἐφ-)	ft. ind. a. 2 sg.	(ἐ)φιάλλω
*φιαλοῦμεν ('φιαλ-)	ft. ind. a. 1 pl.	»
*φῖλαι	aor.^{1} impr. m. 2 sg.	φιλέω
*φιλάμενος	aor.^{1} pt. m. N sg.	»
φιλανθρωπηθείς	aor. pt. p. N sg.	φιλανθρωπέω
*φίλαντο	aor.^{1} ind. m. 3 pl.	φιλέω
*φίλατο	aor.^{1} ind. m. 3 sg.	»
*φιλέῃσι	pr. cong. a. 3 sg.	»
φίλει	pr. impr. a. 2 sg.	»
*φίλεισι	pr. ind. a. 3 pl.	»
*φίλεον, φιλέεσκον	impf. ind. a. 1 sg./3 pl.	»
*φιλήμεναι	pr. inf. a.	»
*φιλησέμεν	ft. inf. a.	»
φιλήσομαι	ft. ind. m. 1 sg.	»
φίλησον	aor.^{1} impr. a. 2 sg.	»
φιλήσω	ft. ind. a. 1 sg.	»
φιλολογηθέντα	aor. pt. p. A sg. m.	φιλολογέω
φιλοτιμηθήσομαι	ft. ind. p. 1 sg.	φιλοτιμέομαι
φιλοτιμήσομαι	ft. ind. m. 1 sg.	»
φιλοφρονήσομαι	ft. ind. m. 1 sg.	φιλοφρονέομαι
*φίλωνται	aor.^{1} cong. m. 3 pl.	φιλέω
φιμώσεις	ft. ind. a. 2 sg.	φιμόω
*φιτύσεαι	ft. ind. m. 2 sg.	φιτύω
φιτύσω	ft. ind. a. 1 sg.	»
*φλάσα	aor.^{1} ind. a. 1 sg.	φλάω
*φλασθῶ	aor. cong. p. 1 sg.	»
*φλάσσαιμι	aor.^{1} ott. a. 1 sg.	»
φλάσω, *φλασσῶ	ft. ind. a. 1 sg.	»
*φλέγετο	impf. ind. m. 3 sg.	φλέγω
φλεγήσομαι	ft. ind. p. 1 sg.	»
φλέξαι	aor.^{1} inf. a.	»
φλέξω	ft. ind. a. 1 sg.	»
*φλίψεται	ft. ind. m. 3 sg.	[θλίβω], φλίβω
φλογίσω, φλογιῶ	ft. ind. a. 1 sg.	φλογίζω
φλυαρηθέντες	aor. pt. p. N pl.	φλυαρέω
φλύσαι	aor.^{1} inf. a.	φλύ(ζ)ω

*φοβέαι	pr. ind. m. 2 sg.	φοβέω
*φοβέεσκον	impf. ind. a. 1 sg./3 pl.	»
*φοβέο, φόβευ	pr. impr. m. 2 sg.	»
*φοβέοντο	impf. ind. m. 3 pl.	»
*φοβεόντων	pr. impr. a. 3 pl.	»
*φόβηθεν	aor. ind. p. 3 pl.	»
φοβηθήσομαι	ft. ind. p. 1 sg.	»
φοβῆσαι	aor.[1] inf. a.	»
φόβησαι	aor.[1] impr. m. 2 sg.	»
*φόβησε	aor.[1] ind. a. 3 sg.	»
φοβήσομαι	ft. ind. m. 1 sg.	»
φοβήσω	ft. ind. a. 1 sg.	»
φοβοῦ	pr. impr. m. 2 sg.	»
φοιβανάτω	aor.[1] impr. a. 3 sg.	φοιβαίνω
*φοίβασε	aor.[1] ind. a. 3 sg.	φοιβάζω
φοιβήσασα	aor.[1] pt. a. N sg. fm.	φοιβάω
*φοινίξατο	aor.[1] ind. m. 3 sg.	φοινίσσω
φοινίξω	ft. ind. a. 1 sg.	»
*φοίτα	impf. ind. a. 3 sg.	φοιτάω
*φοιτάσῃς	aor.[1] cong. a. 2 sg.	»
*φοίτεσκον	impf. ind. a. 1 sg./3 pl.	»
*φοιτῆν	pr. inf. a.	»
φοιτήσασα	aor.[1] pt. a. N sg. fm.	»
*φοιτήτην	impf. ind. a. 3 du.	»
*φοιτίζεσκε	impf. ind. a. 3 sg.	φοιτίζω
φονεύσῃ	aor.[1] cong. a. 3 sg.	φονεύω
*φονώσαισιν	pr. pt. a. D pl. fm.	φονάω
*φορέεσκον	impf. ind. a. 1 sg./3 pl.	φορέω
*φορέῃσι	pr. cong. a. 3 sg.	»
φορέσω	ft. ind. a. 1 sg.	»
*φορεῦμαι	pr. ind. m. 1 sg.	»
φορηθείς	aor. pt. p. N sg.	»
*φορήμεθα	pr. ind. m. 1 pl.	»
*φορῆναι, φορήμεναι	pr. inf. a.	»
*φόρησα	aor.[1] ind. a. 1 sg.	»
φορήσας	aor.[1] pt. a. N sg.	»
φορήσομαι	ft. ind. m. 1 sg.	»
φορήσω	ft. ind. a. 1 sg.	»
φορτιούμενος	ft. pt. m. N sg.	φορτίζω
φορτίσας	aor.[1] pt. a. N sg.	»
*φορύξαι	aor.[1] inf. a.	φορύσσω

*φορύξας	aor.^{1} pt. a. N sg.	φορύσσω
φραγείς	aor. pt. p. N sg.	φράττω
φραγήσομαι	ft. ind. p. 1 sg.	»
*φράδασσε	aor.^{1} ind. a. 3 sg.	φραδάζω
*φράζεο, φράζευ	pr. impr. m. 2 sg.	φράζω
*φράζετο, -έσκετο	impf. ind. m. 3 sg.	»
*φράξα	aor.^{1} ind. a. 1 sg.	φράττω
φράξαι	aor.^{1} inf. a.	»
φράξαι	aor.^{1} impr. m. 2 sg.	»
φράξομαι	ft. ind. m. 1 sg.	»
φράξω	ft. ind. a. 1 sg.	»
*φράσα	aor.^{1} ind. a. 1 sg.	φράζω
φράσαι	aor.^{1} inf. a.	»
φράσαι	aor.^{1} impr. m. 2 sg.	»
*φρασάμην	aor.^{1} ind. m. 1 sg.	»
φράσομαι	ft. ind. m. 1 sg.	»
φράσον	aor.^{1} impr. a. 2 sg.	»
*φράσσαντο	aor.^{1} ind. m. 3 pl.	»
*φράσσασθαι	aor.^{1} inf. m.	»
*φράσσατε	aor.^{1} impr. a. 2 pl.	»
*φράσσεν	aor.^{1} ind. a. 3 sg.	»
*φράσσεται	aor.^{1} cong. m. 3 sg.	»
*φράσσομαι	ft. ind. m. 1 sg.	»
φράσω	ft. ind. a. 1 sg.	»
φραχθείς	aor. pt. p. N sg.	φράττω
*φραχθήσομαι	ft. ind. p. 1 sg.	»
*φρείς	aor.^{2} pt. a. N sg.	φρέω
*φρές	aor.^{2} impr. a. 2 sg.	»
*φρῆναι	aor.^{2} inf. a.	»
*φρήσετε	ft. ind. a. 2 pl.	»
*φρίξα	aor.^{1} ind. a. 1 sg.	φρίττω
φρίξας	aor.^{1} pt. a. N sg.	»
φρίξω	ft. ind. a. 1 sg.	»
*φρονέησι	pr. cong. a. 3 sg.	φρονέω
φρονείσθω	pr. impr. m. 3 sg.	»
*φρόνεον, -έεσκον	impf. ind. a. 1 sg./3 pl.	»
φρονηματισθέντες	aor. pt. p. N pl.	φρονηματίζομαι
φρονήσω	ft. ind. a. 1 sg.	φρονέω
φροντιοῦμαι	ft. ind. m. 1 sg.	φροντίζω
φρόντισον	aor.^{1} impr. a. 2 sg.	»
φροντιῶ	ft. ind. a. 1 sg.	»

φρουρήσομαι	ft. ind. m. 1 sg.	φρουρέω
φρουρήσω	ft. ind. a. 1 sg.	»
*φρούρουν	impf. ind. a. 1 sg./3 pl.	»
φρύξω, *φρυξῶ	ft. ind. a. 1 sg.	φρύγω
*φῦ	aor.^{2} ind. a. 3 sg.	φύω
φυγεῖν	aor.^{2} inf. a.	φεύγω
φύγῃ	aor.^{2} cong. a. 3 sg.	»
*φύγον, φύγεσκον	aor.^{2} ind. a. 1 sg./3 pl.	»
φυγών	aor.^{2} pt. a. N sg.	»
φυείς	aor. pt. p. N sg.	φύω
*φύεν	impf. ind. a. 3 sg.	»
*φυζηθέντες	aor. pt. p. N pl.	φυζάω
*φύη	aor.^{2} ott. a. 3 sg.	φύω
φύῃ	pr./aor.^{2} cong. a. 3 sg.	»
φυῇ	aor. cong. p. 3 sg.	»
φυῆναι	aor. inf. p.	»
φυήσομαι	ft. ind. p. 1 sg.	»
φυήσω	ft. ind. a. 1 sg.	»
φυθείς	aor. pt. p. N sg.	»
*φύλαξα	aor.^{1} ind. a. 1 sg.	φυλάττω
φύλαξαι	aor.^{1} impr. m. 2 sg.	»
φυλάξαι	aor.^{1} inf. a.	»
φυλάξομαι	ft. ind. m. 1 sg.	»
*φυλάξομεν	aor.^{1} cong. a. 1 pl.	»
φύλαξον	aor.^{1} impr. a. 2 sg.	»
φυλάξω	ft. ind. a. 1 sg.	»
*φύλασσε	impf. ind. a. 3 sg.	»
*φυλασσέμεναι	pr. inf. a.	»
φυλαχθήσομαι	ft. ind. p. 1 sg.	»
φῦναι, *φῦν, *φύμεναι	aor.^{2} inf. a.	φύω
*φύοντο	impf. ind. m. 3 pl.	»
φυράσω	ft. ind. a. 1 sg.	φυράω
φυρήσομαι	ft. ind. p. 1 sg.	φύρω
*φύρσαι	aor.^{1} inf. a.	»
*φυρσάμενος	aor.^{1} pt. m. N sg.	»
*φύρσας	aor.^{1} pt. a. N sg.	»
*φύρσω	ft. ind. a. 1 sg.	»
φυρῶσι	pr. ind. a. 3 pl.	φυράω
φύς	aor.^{2} pt. a. N sg.	φύω
φῦσαι	aor.^{1} inf. a.	»
*φυσέων	pr. pt. a. N sg.	φυσάω

φυσηθῇ	aor. cong. p. 3 sg.	φυσάω
φύσομαι	ft. ind. m. 1 sg.	φύω
φύσω	ft. ind. a. 1 sg.	»
*φυτευέμεν	pr. inf. a.	φυτεύω
*φύτευθεν	aor. ind. p. 3 pl.	»
φυτευθήσομαι	ft. ind. p. 1 sg.	»
φυτεύσομαι	ft. ind. m. 1 sg.	»
φυτεύσω	ft. ind. a. 1 sg.	»
φύω	pr./aor.^{2} cong. a. 1 sg.	φύω
φυῶ	aor. cong. p. 1 sg.	»
φῶ	aor.^{2} cong. a. 1 sg.	φημί
φῶγε	pr. impr. a. 2 sg.	φώγω
φωγνύναι	pr. inf. a.	[»], φώγνυμι
φώγνυται	pr. ind. m. 3 sg.	» »
φωνηθέντα	aor. pt. p. A sg. msch.	φωνέω
φωνήσας	aor.^{1} pt. a. N sg.	»
φωτισθέντος	aor. pt. p. G sg.	φωτίζω
φωτίσω	ft. ind. a. 1 sg.	»
φωχθείς	aor. pt. p. N sg.	φώγω, φώζω

X

χαδεῖν, *χαδέειν	aor.^{2} inf. a.	χανδάνω
*χάδον	aor.^{2} ind. a. 1 sg./3 pl.	»
χαδών	aor.^{2} pt. a. N sg.	»
*χάζεο	pr. impr. m. 2 sg.	χάζω
*χαζέσθην	impf. ind. m. 3 du.	»
*χάζετο	impf. ind. m. 3 sg.	»
*χαῖρε	impf. ind. a. 3 sg.	χαίρω
χαῖρε	pr. impr. a. 2 sg.	»
*χαῖρον, χαίρεσκον	impf. ind. a. 1 sg./3 pl.	»
χαιρόντων	pr. impr. a. 3 pl.	»
χαιρησάμενος	aor.^{1} pt. m. N sg.	»
χαιρήσω	ft. ind. a. 1 sg.	»
*χαλάξαις	aor. ^{1} pt. a. N sg.	χαλάω
*χαλάξει	ft. ind. a. 3 sg.	»
*χαλάσαντο	aor.^{1} ind. m. 3 pl.	»
χαλασθῇ	aor. cong. p. 3 sg.	»
χάλασον	aor.^{1} impr. a. 2 sg.	»
*χάλασσα	aor.^{1} ind. a. 1 sg.	»

*χαλάσσομεν	aor.[1] cong. a. 1 pl.	χαλάω
χαλάσω	ft. ind. a. 1 sg.	»
χαλεπανῶ	ft. ind. a. 1 sg.	χαλεπαίνω
χαλεπῆναι	aor.[1] inf. a.	»
*χαλεπήνῃ	aor.[1] cong. a. 3 sg.	»
χαλεφθείς	aor. pt. p. N sg.	χαλέπτω
*χάλεψα	aor.[1] ind. a. 1 sg.	»
*χαλκωθείς	aor. pt. p. N sg.	χαλκόω
*χαλόωσιν	pr. ind. a. 3 pl.	χαλάω
*χάνδανεν	impf. ind. a. 3 sg.	χανδάνω
χανεῖν	aor.[2] inf. a.	χαίνω, χάσκω
χανοῦμαι	ft. ind. m. 1 sg.	» »
χανών	aor.[2] pt. a. N sg.	» »
χαραδρωθείη	aor. ott. p. 3 sg.	χαραδρόομαι
χαρακτηρίσω	ft. ind. a. 1 sg.	χαρακτηρίζω
*χάραξε	aor.[1] ind. a. 3 sg.	χαράττω
χαράξω	ft. ind. a. 1 sg.	»
χαραχθείς	aor. pt. p. N sg.	»
χαρείην	aor. ott. p. 1 sg.	χαίρω
χαρείς	aor. pt. p. N sg.	»
*χάρη	aor. ind. p. 3 sg.	»
χαρῆναι	aor. inf. p.	»
χαρῇς	aor. cong. p. 2 sg.	»
χαρήσομαι, *-σοῦμαι	ft. ind. m. 1 sg.	»
χαριεῖ, χαριῇ	ft. ind. m. 2 sg.	χαρίζομαι
χαριεῖσθαι	ft. inf. m.	»
*χαριξάμην	aor.[1] ind. m. 1 sg.	»
χαριοῦμαι, *-ίξομαι	ft. ind. m. 1 sg.	»
χαρισαίμην	aor.[1] ott. m. 1 sg.	»
χαρίσαιτο	aor.[1] ott. m. 3 sg.	»
χαρισθείς	aor. pt. p. N sg.	»
χαρισθῆναι	aor. inf. p.	»
χαρισθήσομαι	ft. ind. p. 1 sg.	»
χαρίσομαι	ft. ind. m. 1 sg.	»
χάρισον	aor.[1] impr. a. 2 sg.	»
*χάρισσαι	aor.[1] impr. m. 2 sg.	»
χαριτώσομαι	ft. ind. m. 1 sg.	χαριτόω
χαριῶ	ft. ind. a. 1 sg.	χαρίζομαι
*χάροντο	aor.[2] ind. m. 3 pl.	χαίρω
χαροῦμαι	ft. ind. m. 1 sg.	»
χαρῶ	ft. ind. a. 1 sg.	»

*χασκεῦσα	pr. pt. a. N sg. fm.	χάσκω
χάσκῃς	pr. cong. a. 2 sg.	»
χάσκων	pr. pt. a. N sg.	»
*χασσάμενος	aor.¹ pt. m. N sg.	χάζω
*χάσσασθαι	aor.¹ inf. m.	»
*χάσσατο	aor.¹ ind. m. 3 sg.	»
χάσσομαι	ft. ind. m. 1 sg.	»
*χατέεσκε	impf. ind. a. 3 sg.	χατέω
*χέας	aor.¹ pt. a. N sg.	χέω
χέασθαι	aor.¹ inf. m.	»
*χέε	impf. ind. a. 3 sg.	»
*χεεῖτε	ft. ind. a. 2 pl.	»
χεθήσομαι	ft. ind. p. 1 sg.	»
χεῖ	pr. impr. a. 2 sg.	»
χειμασθῇ	aor. cong. p. 3 sg.	χειμάζω
χειμασθῆναι	aor. inf. p.	»
χειμάσω	ft. ind. a. 1 sg.	»
χεῖν	pr. inf. a.	χέω
*χειριξοῦντας	ft. pt. a. A pl. msch.	χειρίζω
*χειριξοῦντι	ft. ind. a. 3 pl.	»
χειριοῦμαι	ft. ind. m. 1 sg.	»
χειρισθείς	aor. pt. p. N sg.	»
χειριῶ	ft. ind. a. 1 sg.	»
χειρουργηθείς	aor. pt. p. N sg.	χειρουργέω
χειρουργήσασα	aor.¹ pt. a. N sg. fm.	»
χειρωθείς	aor. pt. p. N sg.	χειρόω
χειρώσομαι	ft. ind. m. 1 sg.	»
χεῖσθαι	pr. inf. m.	χέω
*χείσομαι	ft. ind. m. 1 sg.	χανδάνω
*χείω	pr. cong. a. 1 sg.	χέω
χέομαι	ft. ind. m. 1 sg.	»
χεόμενος	pr./ft. pt. m. N sg.	»
*χέον	impf. ind. a. 1 sg./3 pl.	»
*χεοῦσι	ft. ind. a. 3 pl.	»
χερνιφθείς	aor. pt. p. N sg.	χερνίπτομαι
χερνίψομαι	ft. ind. m. 1 sg.	»
χεσεῖν	aor.² inf. a.	χέζω
χέσομαι, *χεσοῦμαι	ft. ind. m. 1 sg.	»
*χεῦαν	aor.¹ ind. a. 3 pl.	χέω
*χεύατο	aor.¹ ind. m. 3 sg.	»
*χευάτω	aor.¹ impr. a. 3 sg.	»

*χεύεται	aor.^{1} cong. m. 3 sg.	χέω
*χεῦντα	pr. pt. a. A sg.	»
*χεύομεν	aor.^{1} cong. a. 1 pl.	»
*χεύσω, χεύω	ft. ind. a. 1 sg.	»
χέω, χεῶ	pr./ft. ind. a. 1 sg.	»
χηράμενος	aor.^{1} pt. m. N sg.	χαίρω
*χήρατο	aor.^{1} ind. m. 3 sg.	»
χηρεύσει	ft. ind. a. 3 sg.	χηρεύω
χηρεύσῃ	aor.^{1} cong. a. 3 sg.	»
*χήρωσε	aor.^{1} ind. a. 3 sg.	χηρόω
χηρώσει	ft. ind. a. 3 sg.	»
χλιανθείς	aor. pt. p. N sg.	χλιαίνω
χλιανῶ	ft. ind. a. 1 sg.	»
χοῖ	pr. ind. a. 3 sg.	χόω, χώννυμι
*χόλαισι	pr. ind. a. 3 pl.	χαλάω
*χολώθην	aor. ind. p. 1 sg.	χολόω
*χολώσατο	aor.^{1} ind. m. 3 sg.	»
*χολωσέμεν	ft. inf. a.	»
χολώσομαι	ft. ind. m. 1 sg.	»
χορεῦσαι	aor.^{1} inf. a.	χορεύω
χορεύσομαι	ft. ind. m. 1 sg.	»
χορεύσω	ft. ind. a. 1 sg.	»
χορηγηθέντων	aor. pt. p. G pl. msch.	χορηγέω
χορτάσω	ft. ind. a. 1 sg.	χορτάζω
χοῦν	pr. inf. a.	χόω, χώννυμι
χοῦσι	pr. ind. a. 3 pl.	» »
*χρᾷ	pr. ind. a. 3 sg.	χράω = proclamare
*χραῖσμε	aor.^{2} ind. a. 3 sg.	χραισμέω
χραισμεῖν	aor.^{2} inf. a.	»
χραισμῆσαι	aor.^{1} inf. a.	»
*χραίσμησε	aor.^{1} ind. a. 3 sg.	»
χραισμήσει	ft. ind. a. 3 sg.	»
*χραισμησέμεν	ft. inf. a.	»
*χραίσμῃ(σι)	aor.^{2} cong. a. 3 sg.	»
χρᾶν	pr. inf. a.	χράω = proclamare
χρᾶναι	aor.^{1} inf. a.	χραίνω
χρανθεῖσα	aor. pt. p. N sg. fm.	»
χράνῃ	aor.^{1} cong. a. 3 sg.	»
χρανῶ	ft. ind. a. 1 sg.	»
χρᾶσθαι	pr. inf. m.	χράομαι
χρᾶσθαι	pr. inf. m.	χράω = proclamare

χρᾶται	pr. ind. m. 3 sg.	χράομαι
*χρέεσθαι	pr. inf. m.	χράω = proclamare
χρείη	pr. ott. a. 3 sg.	χρή
*χρείων	pr. pt. a. N sg. msch.	χράω = proclamare
*χρείωνται	pr. cong. m. 3 pl.	χράομαι
*χρέο	pr. impr. m. 2 sg.	»
*χρέοιτο	pr. ott. m. 3 sg.	»
*χρέομαι	pr. ind. m. 1 sg.	»
*χρέομαι	pr. ind. m. 1 sg.	χράω = proclamare
*χρέονται	pr. ind. m. 3 pl.	χράομαι
*χρεώμενος	pr. pt. m. N sg.	»
*χρεώμενος	pr. pt. m. N sg.	χράω = proclamare
*χρέωνται	pr. cong. m. 3 pl.	χράομαι
*χρέωσα	pr. pt. a. N sg. fm.	χράω = proclamare
χρῇ	pr. ind. m. 2 sg.	χράομαι
*χρῇ	pr. ind. a. 3 sg.	χράω = proclamare
χρῇ	pr. cong. a. 3 sg.	χρή
*χρηίζων	pr. pt. a. N sg.	χρήζω
*χρηίσαι	aor.[1] inf. a.	»
*χρηίσας	aor.[1] pt. a. N sg.	»
*χρηίσειν	ft. inf. a.	»
*χρηίσω	ft. ind. a. 1 sg.	»
χρηματίσαι	aor.[1] inf. a.	χρηματίζω
χρηματίσω	ft. ind. a. 1 sg.	»
*χρῆν	pr. inf. a.	χρή
*χρῆν	impf. ind. a. 3 sg.	»
χρῆναι	pr. inf. a.	»
χρησάμενος	aor.[1] pt. m. N sg.	χράομαι
χρησάμενος	aor.[1] pt. m. N sg.	[χράω], κίχρημι
χρῆσαι	aor.[1] impr. m. 2 sg.	» »
χρήσας	aor.[1] pt. a. N sg.	» »
χρήσει	ft. ind. a. 3 sg.	χρή
χρῆσθαι	pr. inf. m.	χράομαι
χρῆσθε	pr. ind./impr. m. 2 pl.	»
χρησθέν	aor. pt. p. N sg. n.	χράω = proclamare
χρησθῇ	aor. cong. p. 3 sg.	χράομαι
χρήσθων	pr. impr. m. 3 pl.	»
χρησμοδοτισθῆναι	aor. inf. p.	χρησμοδοτίζω, -τέω
χρήσομαι	ft. ind. m. 1 sg.	χράομαι
χρήσομαι	ft. ind. m. 1 sg.	χράω = proclamare
χρησόμενος	ft. pt. m. N sg.	» »

χρῆσον	aor.[1] impr. a. 2 sg.	[χράω], κίχρημι
*χρῆσται	ft. ind. m. 3 sg.	χρή
χρηστηριασθῆναι	aor. inf. p.	χρηστηριάζω
χρηστηριάσομαι	ft. ind. m. 1 sg.	»
*χρήσω	ft. ind. a. 1 sg.	χράω = proclamare
χρήσω	ft. ind. a. 1 sg.	[χράω], κίχρημι
χρήσω	ft. ind. a. 1 sg.	χρήζω
χρῆται	pr. ind. m. 3 sg.	χράομαι
χριμφθείς	aor. pt. p. N sg.	χρίμπτω
*χρῖον, χρίεσκον	impf. ind. a. 1 sg./3 pl.	χρίω
*χρῖσα	aor.[1] ind. a. 1 sg.	»
χρισάμενος	aor.[1] pt. m. N sg.	»
χρίσας	aor.[1] pt. a. N sg.	»
χρισθήσομαι	ft. ind. p. 1 sg.	»
χρίσομαι	ft. ind. m. 1 sg.	»
χρίσω	ft. ind. a. 1 sg.	»
*χροισθεῖσαι	aor. pt. p. N pl. fm.	χροΐζω
*χροϊξεῖται	ft. ind. m. 3 sg.	»
χρονισθέντος	aor. pt. p. G sg.	χρονίζω
χρονιωθῇ	aor. cong. p. 3 sg.	χρονιόομαι
χρυσώσω	ft. ind. a. 1 sg.	χρυσόω
χρῶ	pr. impr. m. 2 sg.	χράομαι
χρώμεθα	pr. ind. m. 1 pl.	»
χρώμενος	pr. pt. m. N sg.	»
χρῴμην	pr. ott. m. 1 sg.	»
χρῷο	pr. ott. m. 2 sg.	»
χρῶνται	pr. ind. m. 3 pl.	»
χρωσθεῖσα	aor. pt. p. N sg. fm.	χρῴζω, χρώννυμι
χρωσθήσομαι	ft. ind. p. 1 sg.	» »
χρώσω	ft. ind. a. 1 sg.	» »
χρῷτο	pr. ott. m. 3 sg.	χράομαι
χυθείην	aor. ott. p. 1 sg.	χέω
χυθείς	aor. pt. p. N sg.	»
χυθήσομαι	ft. ind. p. 1 sg.	»
χυθῶ	aor. cong. p. 1 sg.	»
χυλισθέν	aor. pt. p. N sg. n.	χυλίζω
*χύμενος	aor.[2] pt. m. N sg.	χέω
*χύντο	aor.[2] ind. m. 3 pl.	»
χύτλασον	aor.[1] impr. a. 2 sg.	χυτλάζω
χυτλῶσαι	aor.[1] inf. a.	χυτλόω
χυτλώσασθαι	aor.[1] inf. m.	»

*χύτο	aor.^{2} ind. m. 3 sg.	χέω
*χώεο	pr. impr. m. 2 sg.	χώομαι
*χώετο	impf. ind. m. 3 sg.	»
χωλανῶ	ft. ind. a. 1 sg.	χωλαίνω
χῶν	pr. pt. a. N sg.	[χώννυμι], χόω
χωνευθείς	aor. pt. p. N sg.	χωνεύω
χωνεύσεις	ft. ind. a. 2 sg.	»
χωρηθήσομαι	ft. ind. p. 1 sg.	χωρέω
*χώρησα	aor.^{1} ind. a. 1 sg.	»
χωρήσομαι	ft. ind. m. 1 sg.	»
χωρήσω	ft. ind. a. 1 sg.	»
χωριῶ	ft. ind. a. 1 sg.	χωρίζω
χώσας	aor.^{1} pt. a. N sg.	χόω, χώννυμι
*χώσατο	aor.^{1} ind. m. 3 sg.	χώομαι
*χώσεται	ft. ind. m. 3 sg.	»
*χώσεται	aor.^{1} cong. m. 3 sg.	»
χωσθῆναι	aor. inf. p.	χόω, χώννυμι
χωσθήσομαι	ft. ind. p. 1 sg.	» »
χώσω	ft. ind. a. 1 sg.	» »

Ψ

ψαλίσω, -ιῶ, *-ίξω	ft. ind. a. 1 sg.	ψαλίζω
ψαλῶ	ft. ind. a. 1 sg.	ψάλλω
*ψαῦον, ψαύεσκον	impf. ind. a. 1 sg./3 pl.	ψαύω
ψαῦσαι	aor.^{1} inf. a.	»
ψαύσω	ft. ind. a. 1 sg.	»
ψεκασθέντα	aor. pt. p. N pl. n.	ψακάζω, ψε-
ψέξαι	aor.^{1} inf. a.	ψέγω
ψέξω	ft. ind. a. 1 sg.	»
*ψεύδεο	pr. impr. m. 2 sg.	ψεύδω
*ψευσάμην	aor.^{1} ind. m. 1 sg.	»
ψευσθήσομαι	ft. ind. p. 1 sg.	»
ψεύσομαι	ft. ind. m. 1 sg.	»
ψεῦσον	aor.^{1} impr. a. 2 sg.	»
ψεύσω	ft. ind. a. 1 sg.	»
ψηλαφησθήσομαι	ft. ind. p. 1 sg.	ψηλαφάω
ψηλαφήσω	ft. ind. a. 1 sg.	»
ψῆν	pr. inf. a.	ψάω
ψήξασθαι	aor.^{1} inf. m.	ψήχω

ψήξω	ft. ind. a. 1 sg.	ψήχω
ψήσω	ft. ind. a. 1 sg.	ψάω
ψηφιεῖ	ft. ind. a. 3 sg.	ψηφίζω
ψηφιοῦμαι	ft. ind. m. 1 sg.	»
ψηφισθῆναι	aor. inf. p.	»
ψηφιῶ	ft. ind. a. 1 sg.	»
ψηχθείς	aor. pt. p. N sg.	ψήχω
*ψίσεται	ft. ind. m. 3 sg.	ψί(ζ)ω
ψιῶ	ft. ind. a. 1 sg.	»
ψογηθήσονται	ft. ind. p. 3 pl.	ψογέω = ψέγω
ψογῆσαι	aor.^{1} inf. a.	» »
ψογίσαι	aor.^{1} inf. a.	ψογίζω = ψέγω
ψογισθήσεται	ft. ind. p. 3 sg.	» »
*ψοφήσετε	ft. ind. a. 2 pl.	ψοφέω
ψυγήσομαι	ft. ind. p. 1 sg.	ψύχω
ψῦξαι	aor.^{1} inf. a.	»
ψύξω	ft. ind. a. 1 sg.	»
ψυχαγωγηθείς	aor. pt. p. N sg.	ψυχαγωγέω
ψυχῆναι	aor. inf. p.	ψύχω
ψυχ(θ)ήσομαι	ft. ind. p. 1 sg.	»
ψῶ	pr. impr. m. 2 sg.	ψάω
ψωμιῶ	ft. ind. a. 1 sg.	ψωμίζω

Ω

ὦ	pr. cong. a. 1 sg.	εἰμί
ὧ	aor.^{2} cong. a. 1 sg.	ἵημι
ᾠακοστρόφουν	impf. ind. a. 1 sg./3 pl.	οἰακοστροφέω
ὠγκώθην	aor. ind. p. 1 sg.	ὀγκόω
ὤγκωμαι	pf. ind. m. 1 sg.	»
ὤγκωσα	aor.^{1} ind. a. 1 sg.	»
ὠδαγμένος	pf. pt. m. N sg.	ὀδάξω
ὠδάγμην	ppf. ind. m. 1 sg.	»
*ὠδαξάμην	aor.^{1} ind. m. 1 sg.	»
ὤδαξον	aor.^{1} impr. a. 2 sg.	»
ᾤδεον	impf. ind. a. 1 sg./3 pl.	οἰδέω
ᾤδηκα	pf. ind. a. 1 sg.	»
*ᾠδήκαντι	pf. ind. a. 3 pl.	»
ᾤδησα	aor.^{1} ind. a. 1 sg.	»
ὤδινα	aor.^{1} ind. a. 1 sg.	ὠδίνω

ὠδινήθην	aor. ind. p. 1 sg.	ὠδίνω
ὠδίνησα	aor.[1] ind. a. 1 sg.	»
ὠδινησάμην	aor.[1] ind. m. 1 sg.	»
ὠδινήσω	ft. ind. a. 1 sg.	»
ὡδοιπόρηται	pf. ind. m. 3 sg.	ὁδοιπορέω
ὡδοιπόρουν, *-όρεον	impf. ind. a. 1 sg./3 pl.	»
ὡδοπεποίηκα	pf. ind. a. 1 sg.	ὁδοποιέω
ὡδοπεποιήκεσαν	ppf. ind. a. 3 pl.	»
ὡδοποιημένος	pf. pt. m. N sg.	»
ὡδοποίουν	impf. ind. a. 1 sg./3 pl.	»
ὠδυνήθην	aor. ind. p. 1 sg.	ὀδυνάω
ὠδυράμην	aor.[1] ind. m. 1 sg.	ὀδύρομαι
ὠδύρθην	aor. ind. p. 1 sg.	»
ὠδώδειν	ppf. ind. a. 1 sg.	ὄζω
ὥδωσα	aor.[1] ind. a. 1 sg.	ὀδόω
ὧζε	impf. ind. a. 3 sg.	ὄζω
ὥζησα, *ὦζεσα	aor.[1] ind. a. 1 sg.	»
ὤζηκα	pf. ind. a. 1 sg.	»
ᾠήθην	aor. ind. p. 1 sg.	οἴομαι
*ὤθει	impf. ind. a. 3 sg.	ὠθέω
ὤθεον, *ὤθεσκον	impf. ind. a. 1 sg./3 pl.	»
ὤθησα	aor.[1] ind. a. 1 sg.	»
*ὠθήσω	ft. ind. a. 1 sg.	»
*ὠίετο	impf. ind. m. 3 sg.	οἴομαι
ὤικται	pf. ind. m. 3 sg.	οἴγνυμι
ὤιξε	aor.[1] ind. a. 3 sg.	»
ὠισάμην	aor.[1] ind. m. 1 sg.	οἴομαι
ὠίσθην	aor. ind. p. 1 sg.	»
ὠίχθην	aor. ind. p. 1 sg.	οἴγνυμι
ὤκειλα	aor.[1] ind. a. 1 sg.	ὀκέλλω
ὤκελλον	impf. ind. a. 1 sg./3 pl.	»
*ᾤκεον	impf. ind. a. 1 sg./3 pl.	οἰκέω
ᾠκήθην	aor. ind. p. 1 sg.	»
ᾤκηκα	pf. ind. a. 1 sg.	»
ᾤκημαι	pf. ind. m. 1 sg.	»
ᾤκησα	aor.[1] ind. a. 1 sg.	»
ᾠκησάμην	aor.[1] ind. m. 1 sg.	»
ᾤκικα	pf. ind. a. 1 sg.	οἰκίζω
ᾠκίκειν	ppf. ind. a. 1 sg.	»
ᾤκισα, *ᾤκισσα	aor.[1] ind. a. 1 sg.	»
ᾠκισάμην	aor.[1] ind. m. 1 sg.	»

ᾠκίσθην	aor. ind. p. 1 sg.	οἰκίζω	
ᾤκισμαι	pf. ind. m. 1 sg.	»	
ὤκλασα	aor.[1] ind. a. 1 sg.	ὀκλάζω	
ὤκνεον	impf. ind. a. 1 sg./3 pl.	ὀκνέω	
ὤκνησα	aor.[1] ind. a. 1 sg.	»	
ᾠκοδόμηκα	pf. ind. a. 1 sg.	οἰκοδομέω	
ᾠκοδόμησα	aor.[1] ind. a. 1 sg.	»	
ᾤκουν	impf. ind. a. 1 sg./3 pl.	οἰκέω	
ᾤκτειρα	aor.[1] ind. a. 1 sg.	οἰκτ(ε)ίρω	
ᾠκτείρησα	aor.[1] ind. a. 1 sg.	»	-ρέω
ᾤκτ(ε)ιρον	impf. ind. a. 1 sg./3 pl.	»	
ᾤκτισα	aor.[1] ind. a. 1 sg.	οἰκτίζω	
ᾠκτίσθην	aor. ind. p. 1 sg.	»	
ὤκχησα	aor.[1] ind. a. 1 sg.	ὀ(κ)χέω	
ὤλβισα	aor.[1] ind. a. 1 sg.	ὀλβίζω	
ὠλβίσθη	aor. ind. p. 3 sg.	»	
ὠλβισμένοι	pf. pt. m. N pl.	»	
ὤλεσα	aor.[1] ind. a. 1 sg.	ὄλλυμι	
ὠλέσθην	aor. ind. p. 1 sg.	»	
ὤλετο	aor.[2] ind. m. 3 sg.	»	
ὠλιγώθη	aor. ind. p. 3 sg.	ὀλιγόω	
ὠλιγωρημένος	pf. pt. m. N sg.	ὀλιγωρέω	
ὤλισθε(ν)	aor.[2] ind. a. 3 sg.	ὀλισθάνω	
ὠλισθεῖν	aor.[2] inf. a.	»	
ὠλίσθηκα	pf. ind. a. 1 sg.	»	
ὠλισθήκειν	ppf. ind. a. 1 sg.	»	
*ὠλισθήνασα	aor.[1] pt. a. N sg. fm.	»	
*ὠλίσθησαν, -σθηναν	aor.[1] ind. a. 3 pl.	»	
ὠλισθών	aor.[2] pt. a. N sg.	»	
ὠλλύμην	impf. ind. m. 1 sg.	ὄλλυμι	
ὤλλυσαν	impf. ind. a. 3 pl.	»	
ὠλοκαύτει	impf. ind. a. 3 sg.	ὁλοκαυτέω	
ὠλοκαύτωσαν	aor.[1] ind. a. 3 pl.	ὁλοκαυτόω	
ὠλόλυξα	aor.[1] ind. a. 1 sg.	ὀλολύζω	
ὠλόμην	aor.[2] ind. m. 1 sg.	ὄλλυμι	
ὠλοφυράμην	aor.[1] ind. m. 1 sg.	ὀλοφύρομαι	
ὦλοψεν	aor.[1] ind. a. 3 sg.	ὀλόπτω	
ὠλώλειν	ppf. ind. a. 1 sg.	ὄλλυμι	
*ὦμαι	pr. cong. m. 1 sg.	εἰμί	
ὧμαι	aor.[2] cong. m. 1 sg.	ἵημι	
ὡμάλισα	aor.[1] ind. a. 1 sg.	ὁμαλίζω	

ὡμαλίσθην	aor. ind. p. 1 sg.	ὁμαλίζω
ὡμάλισμαι	pf. ind. m. 1 sg.	»
ὡμάρτησα	aor.^{1} ind. a. 1 sg.	ὁμαρτέω
ὡμάρτουν, *-τευν	impf. ind. a. 1 sg./3 pl.	»
*ὤμειξα, ὤμηξα	aor.^{1} ind. a. 1 sg.	ὀμείχω
*ὤμειξε, ὤμιξε	aor.^{1} ind. a. 3 sg.	»
ᾤμην	impf. ind. m. 1 sg.	οἴομαι
ὡμήρησε	aor.^{1} ind. a. 3 sg.	ὁμηρέω
ὡμιλημένος	pf. pt. m. N sg.	ὁμιλέω
ὠμιῶ	ft. ind. a. 1 sg.	ὠμίζω
ὦμμαι	pf. ind. m. 1 sg.	[ὁράω]
ὠμμάτωσα	aor.^{1} ind. a. 1 sg.	ὀμματόω
ὠμμάτωται	pf. ind. m. 3 sg.	»
ὤμνυν	impf. ind. a. 1 sg.	ὄμνυμι
ὤμνυον	impf. ind. a. 1 sg./3 pl.	[»], ὀμνύω
ὠμόθην	aor. ind. p. 1 sg.	»
ὡμοιώθην	aor. ind. p. 1 sg.	ὁμοιόω
ὡμοίωμαι	pf. ind. m. 1 sg.	»
ὡμοίωσα	aor.^{1} ind. a. 1 sg.	»
ὡμολογήθην	aor. ind. p. 1 sg.	ὁμολογέω
ὡμολόγηκα	pf. ind. a. 1 sg.	»
ὡμολόγημαι	pf. ind. m. 1 sg.	»
ὡμολόγησα	aor.^{1} ind. a. 1 sg.	»
ὤμοσα, *ὤμοσσα	aor.^{1} ind. a. 1 sg.	ὄμνυμι
ὠμοσάμην	aor.^{1} ind. m. 1 sg.	»
ὠμόσθην	aor. ind. p. 1 sg.	»
ὠμόσω	aor.^{1} ind. m. 2 sg.	»
ὡμοφρόνηκα	pf. ind. a. 1 sg.	ὁμοφρονέω
ᾤμωγμαι	pf. ind. m. 1 sg.	οἰμώζω
ᾠμωγμένον	pf. pt. m. N sg. n.	»
ᾤμωζον	impf. ind. a. 1 sg./3 pl.	»
ὠμωμόκειν	ppf. ind. a. 1 sg.	ὄμνυμι
ᾤμωξα	aor.^{1} ind. a. 1 sg.	οἰμώζω
ὤν	pr. pt. a. N sg. msch.	εἰμί
*ὠνάθην	aor. ind. p. 1 sg.	ὀνίνημι
*ὠνάμην	aor.^{2} ind. m. 1 sg.	»
*ὤναο	aor.^{2} ind. m. 2 sg.	»
*ὤνασθε	aor.^{2} ind. m. 2 pl.	»
*ὠνασοῦμαι	ft. ind. m. 1 sg.	ὠνέομαι
*ὤνατο	aor.^{2} ind. m. 3 sg.	ὀνίνημι
*ὤνατο	aor.^{1} ind. m. 3 sg.	ὄνομαι

*ὠνέετο	impf. ind. m. 3 sg.	ὠνέομαι
ὠνείδικα	pf. ind. a. 1 sg.	ὀνειδίζω
ὠνείδισα	aor.^{1} ind. a. 1 sg.	»
ὠνειδίσθην	aor. ind. p. 1 sg.	»
*ὠνέοντο	impf. ind. m. 3 pl.	ὠνέομαι
ὠνηθήσεται	ft. ind. p. 3 sg.	»
ὠνήμην	aor.^{2} ind. m. 1 sg.	ὀνίνημι
ὠνησάμενος	aor.^{1} pt. m. N sg.	ὠνέομαι
ὠνησάμην	aor.^{1} ind. m. 1 sg.	»
ὠνησάμην	aor.^{1} ind. m. 1 sg.	ὀνίνημι
ὤνησαν	aor.^{1} ind. a. 3 pl.	»
ὠνήσασθαι	aor.^{1} inf. m.	ὠνέομαι
ὠνήσει	ft. ind. m. 2 sg.	»
ὤνησο	aor.^{2} impr. m. 2 sg.	ὀνίνημι
ὠνήσομαι	ft. ind. m. 1 sg.	ὠνέομαι
ὠνήσω	aor.^{1} ind. m. 2 sg.	ὀνίνημι
ὠνθυλευμένον	pf. pt. m. N sg. n.	ὀνθυλεύω
ὠνθύλευσα	aor.^{1} ind. a. 1 sg.	»
ὠνινάμην	impf. ind. m. 1 sg.	ὀνίνημι
*ὠνομάδαται	pf. ind. m. 3 pl.	ὀνομάζω
ὠνομάζετο	impf. ind. m. 3 sg.	»
ὠνόμαζον	impf. ind. a. 1 sg./3 pl.	»
ὠνόμακα	pf. ind. a. 1 sg.	»
ὠνόμασα	aor.^{1} ind. a. 1 sg.	»
ὠνομάσθην	aor. ind. p. 1 sg.	»
ὠνόμασμαι	pf. ind. m. 1 sg.	»
ᾠνομένος	pf. pt. m. N sg.	οἰνόω
ὠνόμηνα	aor.^{1} ind. a. 1 sg.	ὀνομαίνω
ὤνοντο	impf. ind. m. 3 pl.	ὄνομαι
ὠνοσάμην	aor.^{1} ind. m. 1 sg.	»
ὠνόσθην	aor. ind. p. 1 sg.	»
ὠνούμην	impf. ind. m. 1 sg.	ὠνέομαι
*ὠνούμηνα	aor.^{1} ind. a. 1 sg.	ὀνομαίνω
*ᾠνοχόεον	impf. ind. a. 1 sg./3 pl.	οἰνοχοέω
ᾠνοχόησα	aor.^{1} ind. a. 1 sg.	»
*ὦντι	pr. cong. a. 3 pl.	εἰμί
ὠνυχισάμην	aor.^{1} ind. m. 1 sg.	ὀνυχίζω
ὠνυχισμένος	pf. pt. m. N sg.	»
ᾦξα	aor.^{1} ind. a. 1 sg.	οἴγνυμι
ὤξυγκα	pf. ind. a. 1 sg.	ὀξύνω
ὤξυμμαι, ὤξυσμαι	pf. ind. m. 1 sg.	»

ὤξυνα	aor.^{1} ind. a. 1 sg.	ὀξύνω
ὠξύνθην	aor. ind. p. 1 sg.	»
ὤξυντο	ppf. ind. m. 3 pl.	»
ᾠόμην	impf. ind. m. 1 sg.	οἴομαι
ὤπαζον	impf. ind. a. 1 sg./3 pl.	ὀπάζω
ὤπασα	aor.^{1} ind. a. 1 sg.	»
ὠπασάμην	aor.^{1} ind. m. 1 sg.	»
ὠπίσατο	aor.^{1} ind. m. 3 sg.	ὀπίζομαι
*ὤπλεον	impf. ind. a. 1 sg./3 pl.	ὁπλέω
ὥπλικα	pf. ind. a. 1 sg.	ὁπλίζω
ὡπλίκει	ppf. ind. a. 3 sg.	»
ὥπλισα, *ὥπλισσα	aor.^{1} ind. a. 1 sg.	»
ὡπλισάμην, *-ισσά-	aor.^{1} ind. m. 1 sg.	»
*ὥπλισθεν	aor. ind. p. 3 pl.	»
ὡπλίσθην	aor. ind. p. 1 sg.	»
ὥπλισμαι	pf. ind. m. 1 sg.	»
ὡπλιτευκότες	pf. pt. a. N pl.	ὁπλιτεύω
ὦπται	pf. ind. m. 3 sg.	[ὁράω]
ὤπτηκα	pf. ind. a. 1 sg.	ὀπτάω
ὤπτημαι	pf. ind. m. 1 sg.	»
ὤπτησα	aor.^{1} ind. a. 1 sg.	»
ὤπυον, *ὤπυιον	impf. ind. a. 1 sg./3 pl.	ὀπύω, -υίω
*ὥρα	impf. ind. a. 3 sg.	ὁράω
ὡραΐσθην	aor. ind. p. 1 sg.	ὡρᾴζω, -αΐζω
ὡραϊσμένη	pf. pt. m. N sg. fm.	» »
ὡραιώθης	aor. ind. p. 2 sg.	ὡραιόομαι
*ὥρακα	pf. ind. a. 1 sg.	ὁράω
*ὡρακυῖαι	pf. pt. a. N pl. fm.	»
ὠργασμένος	pf. pt. m. N sg.	ὀργάζω
ὤργισα	aor.^{1} ind. a. 1 sg.	ὀργίζω
ὠργίσθην	aor. ind. p. 1 sg.	»
ὤργισμαι	pf. ind. m. 1 sg.	»
ὠρδυλευσάμην	aor.^{1} ind. m. 1 sg.	ὀρδυλεύω
ὤρεγμαι	pf. ind. m. 1 sg.	ὀρέγω, -γνυμι
ὤρεγον	impf. ind. a. 1 sg./3 pl.	»
ὤρεξα	aor.^{1} ind. a. 1 sg.	» -γνυμι
ὠρεξάμην	aor.^{1} ind. m. 1 sg.	» »
*ὤρετο	aor.^{2} ind. m. 3 sg.	ὄρνυμι
ὠρέχθην	aor. ind. p. 1 sg.	ὀρέγω, -γνυμι
*ὤρηκα	pf. ind. a. 1 sg.	ὁράω
*ὦρθεν	aor. ind. p. 3 pl.	ὄρνυμι

ὤρθωμαι	pf. ind. m. 1 sg.	ὀρθόω
ὤρθωσε(ν)	aor.[1] ind. a. 3 sg.	»
ὠριγνᾶτο	impf. ind. m. 3 sg.	ὀριγνάομαι
ὠριγνήθην	aor. ind. p. 1 sg.	»
*ὠρίζεσκον	impf. ind. a. 1 sg./3 pl.	ὀαρίζω
ὤρικα	pf. ind. a. 1 sg.	ὁρίζω
ὤρινα	aor.[1] ind. a. 1 sg.	ὀρίνω
ὠρίνατο	aor.[1] ind. m. 3 sg.	»
ὠρίνετο	impf. ind. m. 3 sg.	»
ὠρίνθην	aor. ind. p. 1 sg.	»
ὥρισα	aor.[1] ind. a. 1 sg.	ὁρίζω
ὡρισάμην	aor.[1] ind. m. 1 sg.	»
ὡρίσθην	aor. ind. p. 1 sg.	»
ὥρισμαι	pf. ind. m. 1 sg.	»
ὥριστο	ppf. ind. m. 3 sg.	»
ὡρκισμένοι	pf. pt. m. N pl.	ὁρκίζω
ὥρμαινε	impf. ind. a. 3 sg.	ὁρμαίνω
ὡρμᾶτο	impf. ind. m. 3 sg.	ὁρμάω
ὡρμήθην	aor. ind. p. 1 sg.	»
ὥρμηκα	pf. ind. a. 1 sg.	»
ὡρμήκειν	ppf. ind. a. 1 sg.	»
ὥρμημαι	pf. ind. m. 1 sg.	»
ὥρμηνα	aor.[1] ind. a. 1 sg.	ὁρμαίνω
ὥρμηντο	ppf. ind. m. 3 pl.	ὁρμάω
ὥρμησα	aor.[1] ind. a. 1 sg.	»
ὡρμησάμην	aor.[1] ind. m. 1 sg.	»
ὥρμισα	aor.[1] ind. a. 1 sg.	ὁρμίζω
ὡρμισάμην	aor.[1] ind. m. 1 sg.	»
ὡρμίσθην	aor. ind. p. 1 sg.	»
ὥρμισμαι	pf. ind. m. 1 sg.	»
*ὤρνυε	impf. ind. a. 3 sg.	[ὄρνυμι], ὀρνύω
ὤρνυντο	impf. ind. m. 3 pl.	»
ὤρνυτο	impf. ind. m. 3 sg.	»
ὠρόθυνα	aor.[1] ind. a. 1 sg.	ὀροθύνω
*ὠρόμην	aor.[2] ind. m. 1 sg.	ὄρνυμι
*ὤρορε	aor.[2] ind. a. 3 sg.	»
ὤρουον	impf. ind. a. 1 sg./3 pl.	ὀρούω
ὤρουσα	aor.[1] ind. a. 1 sg.	»
*ὦρσα	aor.[1] ind. a. 1 sg.	ὄρνυμι
*ὦρτο	aor.[2] ind. m. 3 sg.	»
ὠρύγην	aor. ind. p. 1 sg.	ὀρύττω

ὤρυγμαι	pf. ind. m. 1 sg.	ὀρύττω
ὤρυξα	aor.¹ ind. a. 1 sg.	»
ὠρυξάμην	aor.¹ ind. m. 1 sg.	»
ὠρυσάμην	aor.¹ ind. m. 1 sg.	ὠρύομαι
ὠρύσομαι	ft. ind. m. 1 sg.	»
ὠρύχθην	aor. ind. p. 1 sg.	ὀρύττω
ὠρχείσθην	impf. ind. m. 3 du.	ὀρχέομαι
*ὠρχεῦντο	impf. ind. m. 3 pl.	»
ὠρχήθην	aor. ind. p. 1 sg.	»
ὠρχησάμην	aor.¹ ind. m. 1 sg.	»
ὠρχούμην	impf. ind. m. 1 sg.	»
ὠρφάνισε, *-ισσε	aor.¹ ind. a. 3 sg.	ὀρφανίζω
*ὡρῶμεν	impf. ind. a. 1 pl.	ὁράω
ὡρώμην	impf. ind. m. 1 sg.	»
ὠρώρει	ppf. ind. a. 3 sg.	ὄρνυμι
ὠρωρύγμην	ppf. ind. m. 1 sg.	ὀρύττω
ὠρωρύχειν	ppf. ind. a. 1 sg.	»
*ὦσα	aor.¹ ind. a. 1 sg.	ὠθέω
*ὤσασκε	aor.¹ ind. a. 3 sg.	»
*ὠσέμεν	ft. inf. a.	»
ὤσθην	aor. ind. p. 1 sg.	»
ὠσθήσομαι	ft. ind. p. 1 sg.	»
ὦσι	pr. cong. a. 3 pl.	εἰμί
ὦσι	aor.² cong. a. 3 pl.	ἵημι
ὠσμᾶτο	impf. ind. m. 3 sg.	ὀσμάομαι
*ὠσμένος	pf. pt. m. N sg.	ὠθέω
ὤσομαι	ft. ind. m. 1 sg.	»
*ὦσται	pf. ind. m. 3 sg.	»
ὠστιεῖ	ft. ind. a. 3 sg.	ὠστίζομαι
ᾤστρησα	aor.¹ ind. a. 1 sg.	οἰστράω, -έω
ὠσφράνθην	aor. ind. p. 1 sg.	ὀσφραίνομαι
ὠσφρήσαντο	aor.¹ ind. m. 3 pl.	»
ὠσφρόμην	aor.² ind. m. 1 sg.	»
ὤσφροντο (-αντο?)	aor.² ind. m. 3 pl.	»
ὤσω	ft. ind. a. 1 sg.	ὠθέω
ὠτότυξα	aor.¹ ind. a. 1 sg.	ὀτοτύζω
ὤτρυνα	aor.¹ ind. a. 1 sg.	ὀτρύνω
ὤτρυνον	impf. ind. a. 1 sg./3 pl.	»
οὖσα	pr. pt. a. N sg. fm.	εἰμί
ὠφείληκα	pf. ind. a. 1 sg.	ὀφείλω
ὠφειλήκειν	ppf. ind. a. 1 sg.	»

ὠφείλησα	aor.^{1} ind. a. 1 sg.	ὀφείλω
ὤφειλον	impf. ind. a. 1 sg./3 pl.	»
ὠφελείσθων	pr. impr. m. 3 pl.	ὠφελέω
ὠφέλετε	aor.^{2} ind. a. 2 pl.	ὀφείλω
ὠφελήθην	aor. ind. p. 1 sg.	ὠφελέω
ὠφεληθήσομαι	ft. ind. p. 1 sg.	»
ὠφέληκα	pf. ind. a. 1 sg.	»
ὠφελήκη	ppf. ind. a. 1 sg.	»
ὠφέλημαι	pf. ind. m. 1 sg.	»
ὠφέλησα	aor.^{1} ind. a. 1 sg.	»
ὠφελήσομαι	ft. ind. m. 1 sg.	»
ὠφελήσω	ft. ind. a. 1 sg.	»
*ὤφελλε	impf. ind. a. 3 sg.	ὀφέλλω
*ὤφελλον	impf. ind. a [illegible] sg./3 pl.	ὀφείλω
ὤφελον	aor.^{2} ind. [illegible] g./3 pl.	»
ὠφέλουν	impf. ind. a. 1 sg./3 pl.	ὠφελέω
ὤφθην	aor. ind. p. 1 sg.	[ὁράω]
ὤφληκα	pf. ind. a. 1 sg.	ὀφλισκάνω
ὠφλήκει	ppf. ind. a. 3 sg.	»
ὠφληκώς	pf. pt. a. N sg.	»
ὤφλημαι	pf. ind. m. 1 sg.	»
ὤφλησα	aor.^{1} ind. a. 1 sg.	»
ὠφλίσκανον	impf. ind. a. 1 sg./3 pl.	»
ὦφλον	aor.^{2} ind. a. 1 sg./3 pl.	»
ὠχεῖτο, *ὠχέετο	impf. ind. m. 3 sg.	ὀχέω
ὠχέτευκε	pf. ind. a. 3 sg.	ὀχετεύω
ᾤχηκα	pf. ind. a. 1 sg.	οἴχομαι
ᾠχήκει	ppf. ind. a. 3 sg.	»
ᾤχημαι	pf. ind. m. 1 sg.	»
*ὤχθησαν	aor.^{1} ind. a. 3 pl.	ὀχθέω
ᾠχόμην	impf. ind. m. 1 sg.	οἴχομαι
ὤχουν	impf. ind. a. 1 sg./3 pl.	ὀχέω
*ὠχρήσαντα	aor.^{1} pt. a. A sg. msch.	ὠχράω
*ὠχριηκώς	pf. pt. a. N sg.	ὠχρ(ι)άω
*ὠχριήσας	aor.^{1} pt. a. N sg.	»
ᾤχωκε	pf. ind. a. 3 sg.	οἴχομαι
ὦψαι	pf. ind. m. 2 sg.	[ὁράω]
*ὤψεον	impf. ind. a. 1 sg./3 pl.	ὀψείω